普通高等教育"十一五"国家级规划教材
教育部普通高等教育精品教材
"十三五"高职院校财经精品系列教材

资产评估
——全案模拟与操作
(第四版)

主　编◎徐　平
副主编◎林　俐　　柳树玲　　汤文思

西南财经大学出版社
Southwestern University of Finance & Economics Press
中国·成都

图书在版编目(CIP)数据

资产评估:全案模拟与操作/徐平主编 . —4 版.—成都:西南财经大学出版社,2021. 8
ISBN 978-7-5504-5012-7

Ⅰ. ①资… Ⅱ. ①徐… Ⅲ. ①资产评估 Ⅳ. ①F20

中国版本图书馆 CIP 数据核字(2021)第 163057 号

资产评估——全案模拟与操作(第四版)

主编 徐平

责任编辑:陈何真璐
封面设计:何东琳设计工作室 张姗姗
责任印制:朱曼丽

出版发行	西南财经大学出版社(四川省成都市光华村街 55 号)
网　　址	http://cbs. swufe. edu. cn
电子邮件	bookcj@ swufe. edu. cn
邮政编码	610074
电　　话	028-87353785
照　　排	四川胜翔数码印务设计有限公司
印　　刷	四川煤田地质制图印刷厂
成品尺寸	185mm×260mm
印　　张	20. 25
字　　数	482 千字
版　　次	2021 年 8 月第 4 版
印　　次	2021 年 8 月第 1 次印刷
印　　数	1— 3000 册
书　　号	ISBN 978-7-5504-5012-7
定　　价	49. 80 元

第四版前言

中国的资产评估业是随着经济体制改革而发展起来的新兴行业，与发达国家相比起步较晚。资产评估作为一门职业或企事业单位资产管理相关岗位工作，对训练有素的专业人员有着较大的需求。在资产评估的专识教育与职业教育中，应该找到一种新的教学方法和实训方式，让学生在模拟演练中知书明理、触类旁通，掌握应有的技能。因此，让教材更具针对性、实用性和适用性是编者在书稿设计与编排中费尽心思力求突破的重要方面。

本书特色突出表现在：以一家模拟企业为评估对象，通过丰富的案例介绍与详细的解析过程，将评估方法、评估程序、评估规范、评估中的要点与难点，浅显而全面地讲授给学生；采用大量的图例和表格，避免枯燥烦冗的整篇文字叙述，让学生能够感觉常新，保持求知兴趣；详尽的范例和实用的表格，可以作为学生日后工作中的参考素材和操作指南；集编者多年从业经验、专业知识于操作技能之中，实务与理论有机结合，易学易讲；各章配有案例解析和思考题，有助于学生进行思维训练，提高其解决问题的能力。

本书注重实务操作的讲解与分析，同时也注重内容的系统性、新颖性和发展性。由徐平主编的原教材《资产评估理论与实务》中的个别章节经修改后在此书中得到沿用。新教材在体例设计与内容编排上有了显著的变化，其具体内容包括资产评估的概念、程序与基本方法，资产评估的前期工作，资产清查、核实与鉴定，机器设备评估，不动产评估，无形资产评估，其他资产与负债评估，企业价值评估，资产评估报告的编制，审查与档案管理。本书既适用于高等院校资产评估、财经与工商管理类专业学生的教学，也可作为专业评估人员及其关联业务人员的参考用书。

本书是编者多年教学、科研及从业经验的结晶。徐平担任本书主编，林俐、柳树玲、汤文思任副主编。其中，徐平（教授、资产评估师）编写第一章、第二章、第四章、第五章、第九章（第一、二、三节）；林俐（教授）编写第三章、第七章；高翔（资产评估师、注册会计师）编写第六章；傅文捷（资产评估师）编写第八章、第九章（第四节）；柳树玲（讲师）编写第十章；汤文思（讲师）编写第十一章。全书由徐平总纂。

第四版前言

2009年11月，教育部高等教育司对已出版的普通高等教育“十一五”规划教材进行了专家评审，确定本书为精品教材，将其列入普通高等教育精品教材书目，并推荐该书为高等院校选用教材。

2018年本书第三版发行后，中国资产评估协会先后发布了若干资产评估执业准则、资产评估准则，以及多项资产评估指导意见等。为此，编者在本书第四版编修中，对书中部分内容进行了修改与调整。此外，为适应经济发展方式的转变和新型经济活动增多的需要，书中增加了资源资产评估与其他资产评估业务介绍相关章节与内容，教师可根据实际情况安排教学。

限于编者的学识水平及所掌握的资料，书中不足之处在所难免，诚挚地希望读者不吝赐正。

本书第四版的修撰得到西南财经大学出版社的大力支持与帮助，在此表示衷心感谢。

编者

2021年7月于成都

内容简介　　主编简介

目 录

目 录

第一章　资产评估概述

资产评估有着严谨、规范的程序和科学、实用的方法。熟悉和掌握资产评估的基本概念、各种评估方法，了解评估方法所适用的条件，有助于增强认识问题和解决问题的能力。本章侧重于资产评估基本理论与概念的讲解并通过适当的评估案例说明各种方法的具体运用和操作要点。

建议教学时数：12

第一节　资产评估的相关概念

第一～四章
串讲视频

一、资产的概念

（一）资产的概念

明确资产的概念有助于对资产的特性及其价值的认识和理解，也有助于动态地分析资产的整合状况与其贡献能力。

什么是资产？资产的实质是一种经济资源。这种经济资源能够为其所有者或使用者提供未来的经济收益。资产也是一种权利，即被拥有、被控制或支配。当然，资产必须是能够以货币计量的，这样，才能用价值来表现和估算资产数量的大小。

（二）资产的类别

按照不同的标准，可以将资产分成不同的类别，如图 1-1 至图 1-6 所示。

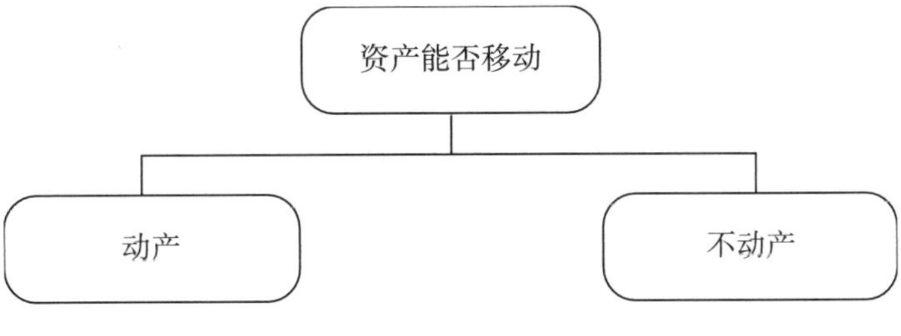

图 1-1　按照资产的可移动特性对资产分类框图

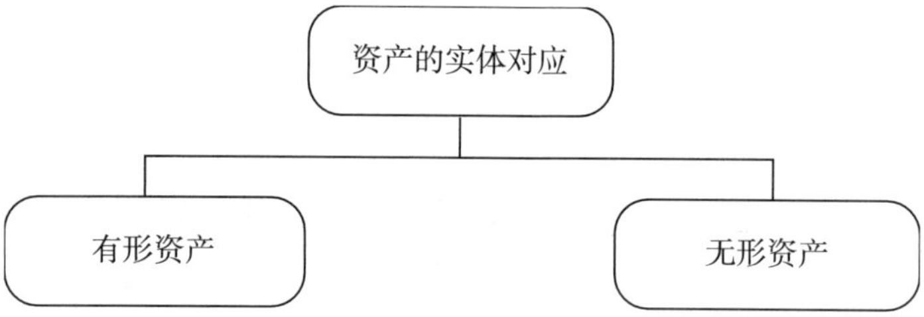

图 1-2 按照资产的实体对应特性对资产分类框图

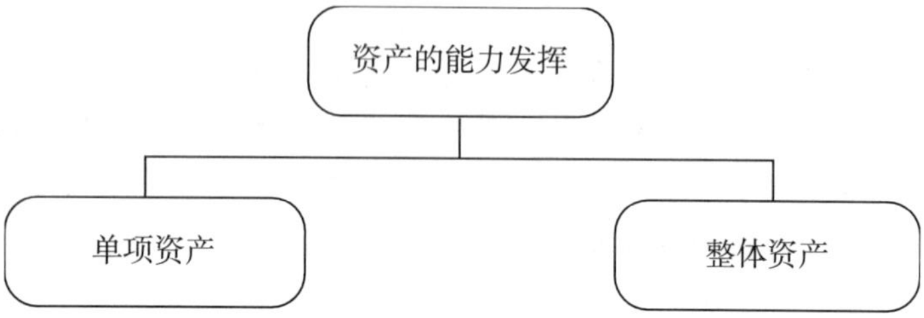

图 1-3 按照资产的能力发挥对资产分类框图

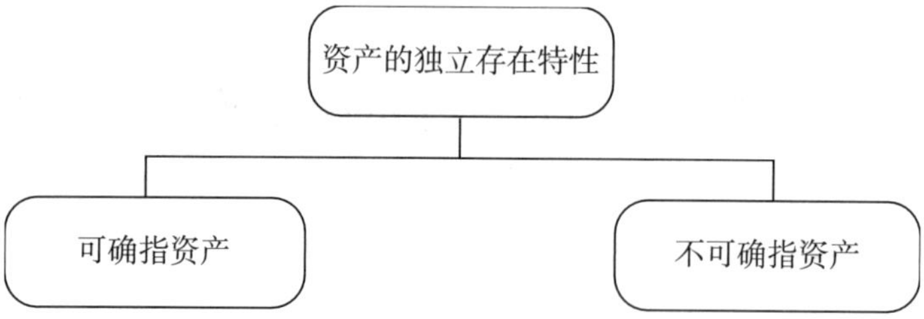

图 1-4 按照资产的独立存在特性对资产分类框图

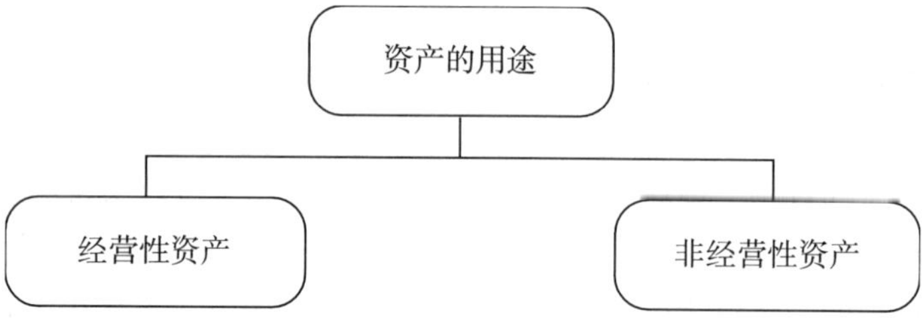

图 1-5 按照资产的用途对资产分类框图

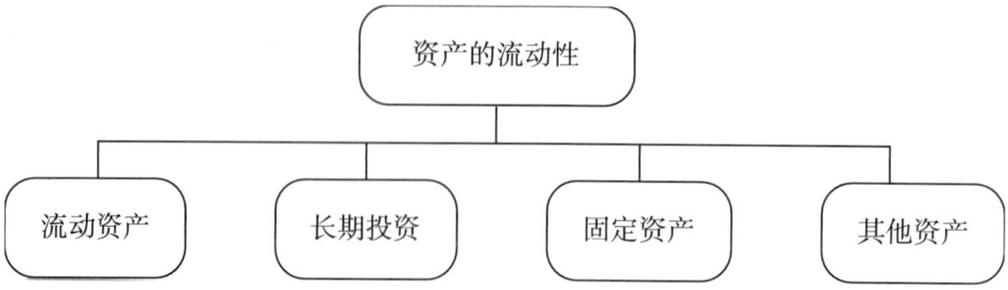

图 1-6 按照资产的流动性对资产分类框图

资产评估中区分和考虑资产的类别与属性，有助于恰当选择评估方法和充分估计资产的贡献能力。企业中常常能看到以下一些资产（图 1-7 至图 1-10）：

图 1-7　资产——货币资金

图 1-8　资产——房屋建筑

图 1-9　资产——机器设备

图 1-10　资产——专业技术

二、资产评估的概念

（一）资产评估活动的产生

对物品估价和作价的活动产生于商品经济早期。可以想象到在以物易物的初级社会阶段就应该有简单的评估活动，否则人们就不可能进行物品交换。伴随着社会经济高速发展，经济活动中越来越需要专业的和科学的资产评估，这是因为资产评估是经济主体间进行资产交易的基础和经济利益分配的依据，也是各方权利确认的公认标准。

（二）资产评估的定义

根据《中华人民共和国资产评估法》，可知资产评估“是指评估机构及其评估专业人员根据委托对不动产、动产、无形资产、企业价值、资产损失或者其他经济权益进行评定、估算，并出具评估报告的专业服务行为”。具体地讲，资产评估是指在假设的经济环境条件下，由评估机构及其专业人员依据国家有关规定和标准，根据特定的目的，遵守法律、法规和独立、客观、公正的原则，依照规范的程序，选择适当的价值类型，运用科学的方法，受托对资产某一时点的价值进行评定、估算，并出具评估报告的专业服务行为。

（三）资产评估的特点

表 1-1 列出了资产评估的一些特点：

表 1-1　资产评估的特点及说明

序号	特点	特点说明
1	市场性	资产的评估价值受到市场条件的限制和市场交易的检验
2	公正性	资产评估是一种合同行为，但不受委托人的意愿影响
3	专业性	资产评估涉及和包含了各种相关的专业技术知识

表 1-1（续）

序号	特点	特点说明
4	咨询性	评估结果是专业评估机构给出的、可资参考的鉴证意见
5	现实性	资产评估与经济活动密切相关，是资产交易的现实需要
6	预测性	资产的价值实际表现为其未来的收益或贡献能力
7	时效性	资产的价值随着市场条件和其自身获利能力变化而变化
8	规范性	资产评估活动和评估人员的行为受到法规和准则的约束
9	发展性	资产评估是一门科学，不断在融合和吸收先进的知识

三、资产评估中的价格与价值

资产的价格是资产在转让或交易活动中的等值货币数额表现，通常是在特定的条件下出让方和接受方的博弈结果。这个结果是一个事实，但不一定是合理的、公允的或者理性的。评估价值则是根据资产的效用、稀缺、需求、可让渡四个特征而确定的一个评估结果，其公允性来自评估人员的专业认识，即价值是对合理价格的期望值，是理性分析的结果。

四、资产的价值类型

价值类型是指资产评估结果的价值属性及其表现形式。评估人员应该充分认识资产的价值类型，分析和把握不同价值类型对资产评估结果的影响，一般地，在资产评估报告中应该说明所评估资产的价值类型。

价值类型反映资产的不同特征。特定经济行为、特定市场条件与评估对象的特别情况都会不同程度地影响资产评估价值。价值类型也表明了不同的评估标准。现行的国际资产评估标准有四个，即以市场价值为基础的评估标准、以非市场价值为基础的评估标准、以财务报告及会计事项为目的的资产评估标准和以资产担保、抵押为目的的评估标准。不同的价值类型都应该对应于在假设条件下最有可能实现的价值。

价值类型不同的分类见表 1-2：

表 1-2　价值类型一览表

<table>
<tr><th>分类Ⅰ</th><th>分类Ⅱ</th><th>分类Ⅲ</th><th>分类Ⅳ</th></tr>
<tr><td rowspan="6">市场价值</td><td rowspan="4">继续使用价值</td><td rowspan="3">重置成本</td><td>抵押价值</td></tr>
<tr><td>保险价值</td></tr>
<tr><td>保全价值</td></tr>
<tr><td rowspan="3">现行市价</td><td>课税价值</td></tr>
<tr><td rowspan="4">公开市场价值</td><td>租赁价值</td></tr>
<tr><td>转让价值</td></tr>
<tr><td rowspan="6">非市场价值</td><td rowspan="3">收益现值</td><td>投资价值</td></tr>
<tr><td>交易价值</td></tr>
<tr><td rowspan="4">清算变现价值</td><td>兼并价值</td></tr>
<tr><td rowspan="3">清算价格</td><td>拍卖价值</td></tr>
<tr><td>清算价值</td></tr>
<tr><td>补偿价值</td></tr>
</table>

根据《国际评估准则》，市场价值是指自愿买方与自愿卖方在评估基准日进行正常的市场营销之后所达成的公平交易中，某项资产应当进行交易的价值估计数额，当事人双方应充分知情、谨慎行事，不受任何强迫压制。市场价值的概念反映的是市场整体的理解和行为，是评估市场经济下大部分资产的价值基础。

非市场价值也称为市场价值以外的价值。凡不符合市场价值定义条件的资产价值类型都属于非市场价值，包括投资价值、清算价值、在用价值、残余价值等。

关于价值类型的选择和作用，可参见中国资产评估协会《资产评估价值类型指导意见》中的有关内容。

五、评估目的

资产评估活动服务于一定的目的，特定的经济活动要求进行资产评估。在评估中，必须设定和根据评估目的开展相应工作。评估报告只能用于载明的评估目的。常见的评估目的有：

（1）资产转让、交易或置换；

（2）企业并购、分立或合资；

（3）企业清算；

（4）资产拍卖、抵押、租赁；

（5）企业股权变动或产权转让；

（6）非货币资产投资；

（7）涉讼资产处置；

（8）清产核资。

根据国家有关规定，国有企业改制时必须进行资产评估。

六、评估基准日

资产的评估价值具有时效性特点，即资产在不同的时点具有不同的价值；资产的评估价值具有市场性特点，即资产的价值实现受到市场条件的限制，当假设的市场条件发生变化后，资产的价值也会发生变化。因此，资产评估必须设定一个基准日，评估中对资产价值的取价标准均为评估基准日有效的价格标准。

七、评估专业人员

评估专业人员包括评估师和其他具有评估专业知识及实践经验的评估从业人员。评估师是指通过评估师资格考试的评估专业人员。评估专业人员从事评估业务，应当加入评估机构，并且只能在一个评估机构从事业务。对受理的评估业务，评估机构应当指定至少两名评估专业人员承办。作为评估专业人员，要接受和完成规定的继续教育，保持和提高专业能力。

第二节　资产评估的程序

一、资产评估规范及其重要性

资产评估是一项科学性、系统性、程序性的工作，从业务的受理到评估报告的提交，都有着一整套工作规范。遵规守则是评估机构与评估人员在执业中的基本要求，讲究程序与规范则是评估机构与评估人员的科学素养。这里的规范包括道德规范、行为规范、言辞规范、程序规范和文档规范。在社会共同约定下，专业化的评估机构与评估人员应根据相关评估法规、准则，提供现实价值尺度，给出具有较强公信力的专业估价结论，表现出良好的职业风范。

按照资产评估程序执行评估业务，有助于规范资产评估机构与评估人员的行为，避免工作疏漏和减少评估人员的随意性，突出评估机构专业形象，切实保证评估业务质量。资产评估程序规定了工作内容和工作步骤，为评估机构和评估人员提供了必要的指导和规范，同时也为委托方提供评价服务内容与质量的凭据，并为有关部门提供了监督管理依据。资产评估程序可以有效预防内部管理风险和工作制度风险，这对于保障评估机构与评估人员的合法利益有着重要意义。

二、资产评估的一般程序

资产评估程序是指评估机构与评估人员在执业中应履行的系统性的工作步骤，一般开始于资产评估机构与评估人员接受业务委托，终止于向委托方和相关当事人提交资产评估报告。资产评估程序包括基本程序和特定程序：前者指对于任何一项评估工作都必须执行的程序；后者指根据不同的评估工作所应执行的相应程序。资产评估师不得随意删减评估程序。

根据《资产评估基本准则》和《资产评估执业准则——资产评估程序》，资产评估基本程序如图 1-11：

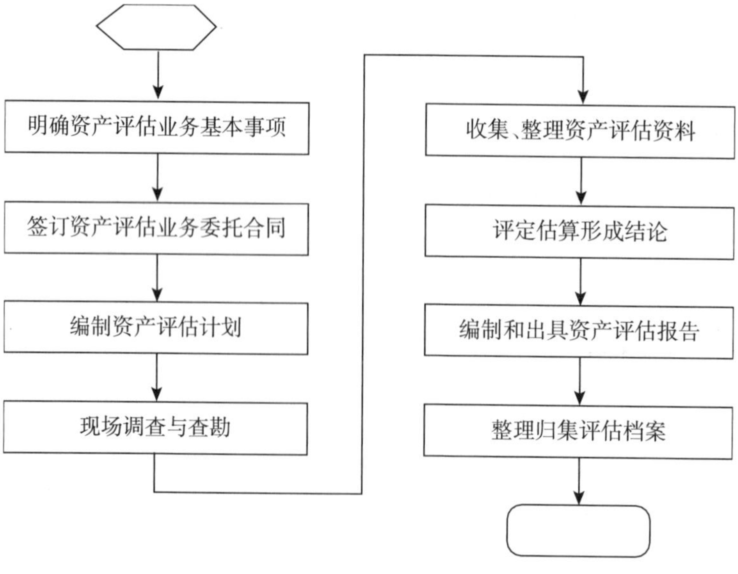

图 1-11　资产评估程序框图

按照工作前后事项，资产评估程序也可分为：评估前期工作；资产清查核实；资产评定估算；评估报告制作；评估后续工作。

评估程序中，还应包括关注特定事项、评价执业风险、任务分工、选择评估方法、市场调查、分析审查评估结果、对结论进行评价和披露等项工作。评估人员应当将评估程序的实施情况形成工作底稿，并在评估报告中予以恰当说明。

第三节 资产评估的基本方法

资产评估中所用到的方法有许多，从本质上可以将这些方法分成三种基本类型，即成本法、收益法和市场法。

一、成本法

（一）成本法的概念及其基本公式

成本法是指在分析被评估资产的成本构成的基础上确定其在评估基准时点的重置成本，然后考虑被评估资产现实的各项贬值因素，估测这些贬值因素对被评估资产带来的影响，最后从被评估资产的重置成本中扣减各种贬值损耗来确定被评估资产价值的一系列方法的总称。

成本法的基本思路就是重建被评估资产成本的思路。资产的现行购建成本就是投资者的必要支付价格。从利益角度和市场供需角度讲，任何有理智的人不会也不愿意以超过被投资资产现行购建成本的价格去花费。这种理智还包括在实际投资中要保证被投资资产中现存的各种贬值损耗因素已经被剔除。

采用成本法对资产进行评估，首先是确定资产的重置成本。重置成本是按在现行市场条件下重新购建一项全新资产所支付的全部货币总额。重置成本与原始成本的内容构成是相同的，而二者反映的物价水平是不相同的，前者反映的是资产评估日期的市场物价水平，后者反映的是当初购建资产时的物价水平。在其他条件既定时，资产的重置成本越高，其重置价值越大。采用成本法对资产进行评估，还需要考虑影响资产价值贬损的各种因素。造成资产贬损的因素很多，视其原因，可以将资产的损耗性贬值分成三类：实体性贬值、功能性贬值和经济性贬值。根据前面所述，成本法的基本公式可以表示为

$$\text{资产的评估价值} = \text{资产的重置成本} - \text{资产的贬值（损耗）} \quad (1-1)$$

或

$$\begin{matrix}\text{资产评} \\ \text{估价值}\end{matrix} = \begin{matrix}\text{资产的} \\ \text{重置成本}\end{matrix} - \begin{matrix}\text{资产实体} \\ \text{性贬值}\end{matrix} - \begin{matrix}\text{资产的功} \\ \text{能性贬值}\end{matrix} - \begin{matrix}\text{资产的经} \\ \text{济性贬值}\end{matrix} \quad (1-2)$$

资产的贬值程度和新旧程度可以分别用贬值率和成新率来表示，即有

$$\text{贬值率} = \frac{\text{资产的贬值}}{\text{资产的重置成本}} \times 100\% \quad (1-3)$$

$$\text{成新率} = 1 - \text{贬值率} \quad (1-4)$$

则成本法的基本公式也可以表示为

$$资产的评估价值=资产的重置成本\times成新率 \quad (1-5)$$

在能够恰当估计出被评估资产的成新率的情况下，式（1-5）在实际操作中使用得较多。

资产的重置成本构成有不同分类方式，涉及重置成本的数据来源也较广泛，因此，实际估算资产的重置成本的方法也有多种。另外，成本与市场价格之间以及成本与资产收益之间也存在内在的关系，因此，资产评估中广泛使用着不同的成本法。

（二）使用成本法的前提条件

采用成本法评估资产有一定的前提条件：

（1）被评估资产能够持续使用，或通过成本补偿与改良方式得到继续使用，这种可持续使用性既表明了该项资产未来效用的发挥程度，也是一种市场认可；

（2）被评估资产的成本的分类与计算有资料可查证，应有真实的历史资料、统计数据和相关指标，同时，现时资产与历史资产具有相同性或可比性；

（3）被评估资产的成本体现社会和行业平均水平，即形成资产价值的各项耗费是必要的和有效的，或者其所包含的非必要的和无效的耗费能够在评估中被剔除；

（4）被评估资产的损耗可以通过资产间的比较定量化，或通过该资产收益与贡献的减少折算出来；

（5）被评估资产的生产、制造、使用与交易不受任何限制。

（三）成本法的基本要素

从成本法的一般公式可以看到，成本法涉及四个基本要素：资产的重置成本、资产的实体性贬值、资产的功能性贬值和资产的经济性贬值。

1. 资产的重置成本

资产的重置成本是指在评估基准日条件下重新购建该资产所要付出的必要的全部成本。根据重置的方式，重置成本一般可分为复原重置成本和更新重置成本（表1-3）。

表1-3 重置成本的类别及其含义

重置成本	复原重置成本	指运用与被评估资产相同的材料、工艺、建筑或制造标准、施工或制造手段等，以评估基准日的成本价格标准复原出全新状态的同样资产所发生的全部成本。
	更新重置成本	指利用新型材料，采用新技术、新标准、新工艺、新的施工或制造手段等，以评估基准日的成本价格标准生产或建造具有同等功能的全新资产所需的全部成本。

复原重置成本和更新重置成本的相同方面在于采用的都是资产的评估基准日的成本价格标准；不同之处在于技术、材料、工艺、标准等方面的差异。不论是复原重置成本还是更新重置成本，所购建的资产在功能上应与被评估资产相同。在实际资产评估中，应注意选择恰当的重置成本。除非是有特别目的或要求，一般来说，在同时可获得复原重置成本和更新重置成本的情况下，应选择更新重置成本，在无更新重置成本时可采用复原重置成本。之所以要首先选择更新重置成本，是因为随着科学技术的进步和劳动生产率的提高，新材料、新工艺、新技术被社会所普遍接受，更新重置成

本体现了社会平均成本以及市场供求取向。

2. 资产的实体性贬值

资产的实体性贬值是指由于使用和自然力的侵蚀以致资产的实体性磨损——物理或机械的性能下降——所带来的资产的价值损失。这种实体性磨损使资产发生形变，与全新资产相比有了物理上的差异，如锈蚀、老化、开裂等，因此，实体性磨损又称有形磨损。

3. 资产的功能性贬值

资产的功能性贬值是指由技术进步引起的资产功能相对落后，即新的同类型资产的建造成本或运营成本有所降低。技术改进、新技术、新材料、新工艺、新方法的采用，使得原资产技术相对陈旧、性能差，与全新资产相比产生明显差异，如资源与能源消耗增大等。功能性贬值是资产的无形磨损。

4. 资产的经济性贬值

资产的经济性贬值是指由外部经济和社会环境的变化导致的资产贬值，如资产闲置或开工不足、收益下降。经济性贬值也是资产的无形磨损。

资产的贬值率和成新率分别从两个方面表示资产的磨损程度，前者表示资产被磨损的价值与该资产的全新资产价值（重置成本）的比值关系；后者表示资产未被磨损的价值与该资产的全新资产价值（重置成本）的比值关系。

（四）成本法运用的一般步骤

根据评估目的，在确定评估对象和评估基准后，评估人员需要进行的工作有：

（1）资产清查与现场查勘，了解被评估资产的一般情况；

（2）分析被评估资产的成本构成；

（3）市场调查与资料收集，确定被评估资产的成本计价标准；

（4）估算被评估资产的重置成本；

（5）鉴定和估计被评估资产的实体性磨损；

（6）评价被评估资产的技术经济状况及继续服役能力；

（7）分析被评估资产的功能性贬值和经济性贬值；

（8）计算确定被评估资产的成新率；

（9）确定被评估资产的评估价值。

（五）成本法中的具体方法

1. 重置成本的确定

（1）分类调整汇总法。该方法是指在对被评估资产的成本构成进行分析并确定后，按照评估基准日的价格标准，经调整、计算出各项成本，各项成本之和就是被评估资产的重置成本。

根据成本构成分类的不同和被评估资产类型的不同，分类调整汇总法可以有多种计算公式，其一般式为

$$\text{重置成本} = \sum \text{第 } i \text{ 项成本} \times \text{第 } i \text{ 项成本调整系数} \tag{1-6}$$

式（1-6）表示资产的重置成本由其各单项成本构成，式中的成本调整系数表明应按照规定的、符合评估基准日情况的成本费用标准或比例对相应成本进行调整计算。

在实际的成本测算中，可以按照国内购买、国外进口、自行建造、委托加工等不

同的购建方式来确定被评估资产的重置成本。不论是外购还是自制，重置成本都应包括资产的生产制造成本、期间费用、应计税金和合理利润等项目，或者是投资开发成本、经营成本、合理收益等项目。资产重置成本的计算标准是以评估基准日的市场供需条件为基础，以社会平均成本为基准来考虑确定的，通常都有政府、行业、企业颁布的标准。比较常用的几种计算公式有

$$\text{外购机器设备重置成本}=\text{设备购置价格}+\text{固定配套件费}+\text{运输安装费用}+\text{调试费用}+\text{其他杂费} \tag{1-7}$$

$$\text{自制机器设备重置成本}=\text{材料、元器件备件购置价格}+\text{加工制造成本}+\text{安装调试费用}+\text{其他杂费}+\text{税金}+\text{利润} \tag{1-8}$$

$$\text{车辆重置成本}=\text{车辆购置价格}+\text{运输费用}+\text{装饰配件费用}+\text{车辆购置税}+\text{其他杂费} \tag{1-9}$$

$$\begin{aligned}\text{建筑物重置成本}=&\text{土地取得费用}+\text{勘察设计费用}+\text{土建安装工程费用}+\text{装修装饰费用}\\&+\text{管理费用}+\text{销售费用}+\text{资金成本}+\text{税金}+\text{利润}\end{aligned} \tag{1-10}$$

$$\begin{aligned}\text{土地使用权重置成本}=&\text{征地费用}+\text{拆迁安置补偿费用}+\text{土地出让金}+\text{规划设计费用}\\&+\text{基础设施配套费用}+\text{资金成本}+\text{税金}+\text{利润}\end{aligned} \tag{1-11}$$

［**评估案例** 1-1］某企业一台机械加工设备，原购置价格 150 000 元，运杂费、安装调试费等计 3 000 元。评估基准日同型设备的市场成交价格为128 000元，运杂费 2 000 元，安装调试费 1 600 元。经统计分析，这类设备的间接成本为直接成本的 1%。试用分类调整汇总法估测企业该机械加工设备评估基准日的重置成本。

$$\begin{aligned}\text{重置成本}&=\sum\text{直接成本}\times\text{成本调整系数}\\&=(128\,000+2\,000+1\,600)\times(1+1\%)\\&=132\,916(\text{元})\end{aligned}$$

分类调整汇总法的使用中，要注意成本开支项的合理性和必要性，充分考虑市场和时间的影响，恰当选取相应的调整系数；同时还要注意资产的可比性及资产差异带来的成本差异。

（2）价格指数法。该方法又称价格变动趋势法，即以被评估资产的历史成本为计算基数，利用同类资产历年来的价格指数变动关系，将被评估资产的历史成本调整至评估基准日下的重置成本。其计算公式为

$$\text{资产重置成本}=\text{资产历史成本}\times\frac{\text{评估基准日定基价格指数}}{\text{资产购建时定基价格指数}} \tag{1-12}$$

或

$$资产重置成本 = 资产历史成本 \times \prod_{t=t_1+1}^{t_2}(1 + 环比价格指数) \tag{1-13}$$

（t_1：购建时年，基期；t_2：评估时年，终期）

公式中的资产历史成本是合理成本，因此，需要对资产的账面原值进行分析和调整；资产评估时的价格指数指的是评估基准日（或能够代表评估基准日）的同类资产的价格指数，不能简单使用通货膨胀指数或非同类资产的价格指数。

［**评估案例** 1-2］某项被评估资产 2014 年购建，账面原值为 58 600 元，2020 年进行评估，已知 2014 年和 2020 年的该类资产定基价格指数分别为 110%和 145%。试用价格指数法估测该项资产的重置成本。

经查，该资产账面原值中未计运输安装费，实应正确加计相关成本 1 400 元，即该项资产历史成本为 60 000 元。则根据式（1-12）有

重置成本 = 60 000×145%÷110%≈79 091（元）

价格指数法估算的重置成本，仅考虑了时间变动引起的价格变动因素，因而确定的是复原重置成本。该方法的使用中要注意：对那些技术进步较快的资产或其成本的大小受技术发展影响较大的资产，不宜采用价格指数法。

（3）生产能力指数调整法。该方法是指利用统计资料确定资产的生产能力与其成本之间的相关关系，然后根据这种关系来确定不同生产能力下的资产应有的成本，并以这种推算成本作为被评估资产的重置成本。不同的生产能力表明不同的生产规模，根据分析可以发现，许多资产的成本与其生产能力之间不是线性关系，生产能力的增长幅度往往大于其成本增长幅度，这是规模经济效益作用的结果。因此，该方法又称规模经济指数法。

使用该方法时，需要选定参照物，并将被评估资产和参照物二者的重置成本和生产能力进行比较来确定被评估资产的重置成本。生产能力指数调整法的计算公式为

$$重置成本 = 参照物的重置成本 \times \left[\frac{被评估资产的生产能力指标}{参照物的生产能力指标}\right]^x \tag{1-14}$$

式中的生产能力也可以是产量。x 是一个经验数据，称为规模经济效益指数。不同行业有不同的取值，在美国，这个经验数据一般为 0.4~1，如在加工工业一般为 0.7，在不动产行业一般为 0.9。当 x 为 1 时，该公式表明被评估资产的成本与其生产能力呈线性关系。公式中的参照物，一般应选择同类资产中的标准资产。

［**评估案例** 1-3］被评估资产生产能力为 80 万件/年，选定的参照物的生产能力为 50 万件/年，参照物的重置成本为 250 000 元，设 x 取值为 0.65，求被评估资产的重置成本。

重置成本 = 250 000×$(80÷50)^{0.65}$≈339 327（元）

（4）分类统计法。在实际评估中，会出现资产数量较大的情况——被评估资产中存在相当多数量的同类型资产或近似资产。在这种情况下，可以采用统计分类和综合

分析的方法来确定资产的重置成本。分类统计法就是根据样本资产的重置成本与其历史成本的比值关系来确定同类型资产的重置成本。采用分类统计法，可以简化计算，提高工作效率。其步骤如下：

①按设定的类型标准对资产进行分类。

②在各类资产中选择具有代表性的资产。

③分析样本资产的历史成本组成，确定样本资产的重置成本。

④计算样本资产的成本调整系数，即样本资产重置成本与历史成本间的比值关系。调整系数计算公式为

$$K=\frac{\text{某类样本资产的重置成本}}{\text{某类样本资产的历史成本}} \tag{1-15}$$

⑤根据调整系数计算某类被评估资产的评估值，计算公式为

$$\text{重置成本}=\sum \text{某类资产经确认后的历史成本}\times K_i \tag{1-16}$$

式中 K_i 为第 i 类资产的成本调整系数。

［**评估案例** 1-4］某企业某类设备共计16台，其历史成本总值为320万元，经抽样选择有代表性的设备4台，求得成本调整系数为0.9，试估算该类设备的重置成本。

重置成本 = 320×0.9 = 288（万元）

（5）账面价值审查核实法。在资产评估实践中，对于某些特定资产或负债，如银行存款、短期票据类资产、短期债权类资产以及短期债务类负债项目等，这些资产或负债并不直接对应于某项或某类实物资产。基于重置成本法的基本思路，这样一些资产或负债的价值仍然可以通过成本重建的方式来评估。具体地，对于这样一些由账务数据表示的资产或负债项目，可以根据资产或负债形成的凭据及相关权属证明依据、资产业务往来合同文件、会计记账凭证与账务记录，通过审查、分析、函证、咨询、调整计算、核实的方式确定其价值。事实上，审查核实所要确定的就是这些资产或负债在评估基准日的重置成本。

2. 实体性贬值及其估算

资产的实体性贬值也称有形损耗，是指实物类资产由于使用和受自然力作用所形成的贬值。决定资产实体性贬值的因素有使用时间、使用方式、使用强度与频度、使用环境、资产本身的质量、维修保养程度等。对资产实体性贬值的估算，一般可以采取以下几种方法：

（1）观察法。该方法是建立在专业分析与经验判断的基础之上的。所谓观察法是指具有专业知识和丰富经验的评估人员与工程技术人员一道，对资产的各主要部位进行技术鉴别和磨损测定，并综合分析资产的设计、制造、使用、磨损、维护、修理、大修理、改造情况和物理寿命等因素，将评估对象与其全新状态相比较，考察使用磨损和自然损耗对资产的功能、使用效率带来的影响，判断被评估资产的成新率。

观察法是一种综合判断方法，即将多种复杂因素对资产实体性贬值的混合影响简单定量化，因而这种方法适用面广。在实际应用中，对于简单的单项资产，可以采用

总体观察法，直接确定其成新率；对于复杂的资产，则可以将其分解为若干部分，分别对各个部分进行观察，通过打分的方式确定不同部分的成新率后，再根据各部分的重要性及价值比重进行加权平均，最后求出总体的成新率。

[**评估案例** 1-5] 某企业有一大型设备，该设备由三个部分组成。经分析确定，三部分占总成本的比重分别为 20%、35%和 45%。评估中，评估人员与有关技术人员及管理人员一道对该设备进行了详细勘察，分别对各部分进行了技术鉴定和磨损估计，确定三部分的实体损耗率分别为 15%、30%和 20%，试求该设备的总的实体性贬值率和实体性成新率。

实体性贬值率 = 20%×15%+35%×30%+45%×20% = 22.5%

实体性成新率 = 1−22.5% = 77.5%

(2) 使用时间法。实践中人们发现，资产的实体性贬值具有一定的规律：各种引起资产实体性贬值的因素都可集中表现在资产被使用时间的长短上，即相对而言，在同样的使用条件下，使用时间越长的，资产的实体性贬值越大。这样，可以通过分析确定资产的可使用时间、已使用时间及尚可使用时间的方式来确定资产的实体性贬值。

使用时间法的计算公式为

$$\text{资产的实体性贬值} = \frac{\text{重置成本} - \text{预计残值}}{\text{总的可使用年限}} \times \text{实际已使用年限} \qquad (1-17)$$

式中：预计残值是指被评估资产在清理报废时净收回的金额。在资产评估中，通常只考虑数额较大的残值，如残值数额较小可以忽略不计，这时资产的实体性贬值率就是实际已使用年限与总使用年限之比。总使用年限指的是实际已使用年限和尚可使用年限之和。

使用时间法的应用中，有两点要注意：一是由于资产的使用时间受其负荷程度的影响，因此，资产的名义已使用年限不一定是实际已使用年限。实际已使用年限是指资产在使用中实际损耗的年限，可以根据资产利用率对其名义已使用年限进行调整求得。二是资产在使用过程中有维护更新情况的，其总的可使用年限应适当延长，实际的总的可使用年限可通过更新成本的年限贡献进行调整。

实际评估过程中，由于数据难以收集完整，再加上资产使用中的复杂性，资产真实利用情况及其维护更新成本的投资数额往往很难把握。评估人员应综合分析资产的运转状态，诸如资产开工情况、大修间隔期、原材料供应情况、电力供应情况、是否季节性生产等各方面因素分析综合考虑确定资产的实际使用年限、总的可使用年限。

尚可使用年限是根据资产的有形损耗因素，预计资产的继续使用年限。尚可使用年限等于总的可使用年限与实际已使用年限的差。资产的尚可使用年限与其总的可使用年限之比表明了资产的实体性成新状况，即有

$$\text{资产的实体性成新率} = \frac{\text{资产尚可使用年限}}{\text{资产总的可使用年限}} \times 100\% \qquad (1-18)$$

3. 功能性贬值及其估算

功能性贬值是由于被评估资产技术陈旧、性能差，相对于技术新颖、功能先进的同类型资产的贬值。资产的功能性贬值表现在其效用或生产能力低下、相对消耗增大。因此，可以根据被评估资产与新资产之间的运营效率差异，相应确定被评估资产的功能性贬值额。运营效率差异可以是成本差异，也可以是效益差异。一般可通过比较新旧两类资产的年运营成本的方式来计算被评估资产的功能性贬值。具体地，功能性贬值的估算可以按下列步骤进行：

（1）分别计算出被评估资产的年运营成本和功能相同但性能更好的新资产的年运营成本；

（2）分析比较，确定被评估资产的净超额运营成本（超额运营成本扣除所得税以后的余额）；

（3）将被评估资产在剩余寿命内每年的净超额运营成本折现，折现值之和就是被评估资产功能性贬值额。

功能性贬值额的计算公式可以表示为

$$\text{功能性贬值额} = \sum (1 - T)\frac{C_{1i} - C_{2i}}{(1 + r)^i} \tag{1-19}$$

式中：

C_{1i} 为第 i 年被评估资产的年运营成本；

C_{2i} 为第 i 年新资产的年运营成本；

$C_{1i} - C_{2i}$ 为第 i 年被评估资产的超额运营成本；

T 为适用的所得税税率；

r 为折现率。

功能性贬值的估算还可以通过超额投资成本的估算进行，即超额投资成本可视同为功能性贬值，资产的功能性贬值为其复原重置成本与其更新重置成本的差。

4. 经济性贬值及其估算

经济性贬值是由外部经济和社会环境变化导致的资产贬值。资产的经济性贬值的主要表现是资产开工不足或停止生产，从而使资产闲置或利用率下降，并由此引起资产的运营收益减少。经济性贬值率可以根据资产的生产能力变化（设计生产能力与预计生产能力相比）的情况加以确定，而经济性贬值额一般可通过计算由于被评估资产生产能力下降而减少的年净收益的方式来确定。具体地，经济性贬值的估算可以按下列步骤进行：

（1）计算出被评估资产由于生产能力下降而减少的年收益；

（2）计算出年净收益（扣除所得税）；

（3）将被评估资产在剩余寿命内每年减少的净收益折现，折现值之和就是被评估资产经济性贬值额。

经济性贬值额的计算公式可以表示为

$$\text{经济性贬值额} = \sum (1 - T)\frac{N_i}{(1 + r)^i} \tag{1-20}$$

式中：

N_i 为被评估资产第 i 年减少的收益；

T 为适用的所得税税率；

r 为折现率。

如果年收益损失额为一定值，则式（1-20）可以表示为

$$经济性贬值额 = \sum (1 - T) N(P/A, r, n) \tag{1-21}$$

式中：

N 为被评估资产每年减少的收益；

T 为适用的所得税税率；

$(P/A,\ r,\ n)$ 为年金现值系数。

［**评估案例** 1-6］由于市场需求等情况的变化，某企业一生产线预计在其未来 3 年寿命期中每年减产 1 000 套产品，每套产品的利润为 600 元，假设折现率为 10%，所得税税率为 25%，试求该生产线的经济性贬值额。

经济性贬值额 = (1-25%)×1 000×600×(P/A,10%,3)

≈1 118 700（元）

5. 综合成新率及其估算

前面分别从实体性贬值、功能性贬值和经济性贬值三个方面分析了资产贬值的影响因素及贬值的计算方法。实际上，各种因素带来的磨损往往难以单独计量。为了准确估计资产的贬值，应考虑各种因素对资产贬值的综合影响，即估算资产的综合成新率。综合成新率的确定中应充分了解资产的磨损规律，注意资产的设计、制造、实际使用、维护、修理、大修理和改造情况，以及设计使用年限、物理寿命、现有性能、运行状态和技术进步等因素的影响。由于任何一类贬值最终都可以表现在资产的服役能力、生产能力或可修复状况的变化程度上，因此，可以利用统计的方法和评估者的经验来估算被评估资产的成新率。下面是几个常见的成新率计算方法：

$$成新率 = \frac{预计尚可服役年期}{预计整个技术经济服役年期} \times 100\% \tag{1-22}$$

$$成新率 = \frac{预计剩余服役能力}{预计全部技术经济服役能力} \times 100\% \tag{1-23}$$

$$成新率 = 1 - \frac{预计修复费用}{全新重置成本} \times 100\% \tag{1-24}$$

如果能够单独计算各类贬值，也可以根据各因素影响的程度，采用加权平均的方法求取被评估资产的成新率。

$$成新率 = C_1 \times K_1 + C_2 \times K_2 + C_3 \times K_3 \tag{1-25}$$

式中 K_1、K_2、K_3 分别为实体性成新率、功能性成新率和经济性成新率；C_1、C_2、C_3 分别为各自的影响程度（权数）。

成新率的计算方法很多，这在后面各类具体资产的评估中会具体分析确定，这里

不再详述。需要说明的是，在评估中不能简单按照会计学中的折旧年限或资产的物理年限估算成新率，而要根据被评估资产的具体运转状态、使用频率、工作环境、维护情况、服役能力等综合确定其符合技术发展和经济可能的年限。

二、收益法

（一）收益法的概念及其基本公式

收益法是指利用科学的预测方法估计被评估资产未来服役期内各期的预期收益，然后选用适当的折现率将其折算成评估基准日的价值，并将该价值作为被评估资产价值的方法。

资产的价值体现在其预期收益能力上。在某项资产上的期望投资收益的折现值应该超过其投资额，否则，任何有理性的人都不会进行该项投资活动。从另一个角度看，投资者对所投资的资产应有一个最低报酬率要求，即如果将评估价值作为投资额的话，则应要求资产预计的内部回报率能够超过该项资产评估中所设定的折现率。

收益法的理论计算公式为

$$\text{评估值} = \text{未来各年期被评估资产的预期收益之现值总和} \tag{1-26}$$

资产的预期收益形式不同，被评估资产对评估中所确定的预期收益的贡献也就不同，因此，实际采用的收益法在形式上也有多种。

（二）使用收益法的前提条件

采用收益法评估资产有一定的前提条件：

（1）被评估资产具有单独获利或与其他资产组合共同产生效用的能力，在组合情况下，其贡献数量或比例可以确定；

（2）被评估资产的未来预期收益可以科学合理地预测并以货币计量；

（3）资产所有者或投资者获得预期收益所承担的风险也可以预测并能用货币衡量；

（4）被评估资产在技术与经济发展条件下获得预期收益的年期可以预测；

（5）被评估资产的预期收益稳定，且没有受到投资或交易限制。

（三）收益法的基本要素

收益法的基本要素包括预期收益、折现率、收益期限和收益分成率。

1. 预期收益

确定预期收益是收益法运用中的首要工作，这是因为如果没有预期收益，被评估资产就没有投资价值或交易价值；如果不能确定或估测一项资产的预期收益，就无法使用收益法对该资产进行评估。资产的预期收益是指资产在未来的使用中形成的新的价值，即在正常情况下所能得到的投资回报。资产评估中的预期收益有几个比较明确的特点：其一，预期收益是资产被使用带来的、通过科学的预测方法确定的未来收益值，不是历史的或现实的收益值；其二，预期收益是资产在可能的、合理使用条件下的客观收益，既不是资产的实际收益，也不是非正常收益；其三，根据资产种类及其价值构成的不同，预期收益的表现形式与内容也可以多样。

评估人员应熟悉和掌握科学的预测方法，认真分析和充分利用历史的数据资料，深入认识资产运动规律，准确、合理地确定资产的预期收益。资产在未来使用中预计产生的净利润或投资活动中的净现金流量都是预期收益的表现形式，从投资角度分析，资产经营的净现金流量与净利润的关系可以表示为

$$净现金流量=净利润+折旧+无形资产及其他资产摊销 \quad (1-27)$$

一般情况下，收益法中的预期收益应该是净现金流量的形式，这是因为净现金流量更准确地反映了资产在未来不同时点的价值变化关系或收益情况。在预期收益的分析计算中要注意两个问题：一是相关的收入、费用、税金的正确归集与计算，处理方法符合会计制度和税法规定，以保证估算的正确性、合理性以及数据的一致性；二是预测价格标准的确定，即应根据情况适当选用固定价格体系、实价体系或时价体系，使得能更准确地估计和反映资产的收益能力。固定价格通常以基期价格水平表示，不考虑以后期价格变化；时价反映以后各期当时的市场价格，该价格考虑了市场供求变化和通货膨胀的影响；实价则是从时价中扣除通货膨胀因素的影响后的价格。现金流量的分析计算原则上应采用实价体系。

预期收益的分析计算涉及资产未来的贡献能力，计算中要正确估计未来各期资产的生产能力利用率或生产负荷，确定被评估资产可能的生产能力时应考虑资产组合的复杂程度、技术成熟程度、市场开发程度、原材料及配件的供应条件等。评估人员对现实及未来市场供求关系的经验评价在收益预测中起着重要作用。

预期收益在未来各年期的数值不一定相同。根据资产利用情况，预期收益的数值大体有以下几种情况：

（1）各期的预期收益数值相同，即所谓年金形式；

（2）各期的预期收益数值不完全相同，也无明显变化趋势；

（3）各期预期收益数值呈递增变化；

（4）各期预期收益数值呈递减变化；

（5）前面几期预期收益数值不完全相同，从某期开始的以后各期相同，即所谓递延年金形式。

2. 折现率

从本义上讲，折现率是一个关系比率，表示资产现在的价值与其未来的价值间的关系，或者表示资产现在的价值与其未来所得到的收益间的关系。折现的概念来自货币时间价值理论。根据该理论，资产具有收益性、流动性和安全性三个基本属性。资产持有者总是希望资产有较高的收益率，易于流动变现并在一定程度上保持安全。显然，由于承担了风险，资产持有者更加看重现在的收益；相反，就要求未来有更高的收益。从投资角度看，投资人总是期望有一定的报酬，该报酬最少应该能够补偿机会成本损失。因此，资产持有者或投资人对同一资产在不同时间有不同的价值要求。折现率也表示一项资产的收益率水平或资产收益的判别基准。该水平或基准的确定受到行业边际收益率、银行贷款利率、加权平均资金成本等因素的影响。

一般说来，折现率由无风险报酬率和风险报酬率两部分组成。无风险报酬率表示平均的资产报酬率，反映一个对平均机会成本的弥补水平，评估实践中一般以同期国库券利率为基准比率；风险报酬率是指在客观条件下，资产占用者或投资者在付出努力后期望的超过无风险报酬率的收益率。无风险报酬率的确定中一般要考虑资产特性、

行业特征、市场条件、通货膨胀情况和类似资产获利情况等因素。在企业价值评估中，折现率的确定主要取决于当时的资本收益水平以及资本金所有者对权益资金收益的要求，因此，可采用社会平均或行业平均的权益资金收益水平作为确定折现率的参考标准。

折现率反映资产客观、预期的收益状况，因此，必须谨慎确定。评估中要注意，在预期收益确定情况下，折现率越大，预期收益的折现值越小；折现率越小，预期收益的现值越大。另外，折现率与利率、贴现率、资本（本金）化率等不完全相同，在评估中，应把握折现率的内涵，按照评估惯例和适用性原则进行选择和定量，减少主观性和避免随意性。有关折现率的具体确定方法，将在各类资产具体评估时阐述。

3. 收益期限

收益期限是指资产在正常条件下取得预期收益的、可能的持续时间，通常指收益年期。收益期限由评估人员根据被评估资产现实状况及其使用条件、技术与经济发展情况等确定，对于特定资产也可以根据法律、契约和合同规定确定。资产的延续使用可能导致投资规模的变化和资产维护成本的增加，因此，要注意预期收益与收益期限之间的关系，从现金流的分析入手，合理确定收益期限。

在实际操作中，资产收益期限的分析确定还可以综合参考这样一些因素，如资产规模、购建方式（新建、扩建、技术改造）、资产或项目的复杂程度、技术水平、行业特点、主要装备或装置的经济寿命期、产出物的生命周期、主要装置的折旧年限、企业存续年限或项目合作年限、国家关于项目建设与生产周期的相关规定、类似资产的可使用期限等。

4. 收益分成率

相当多的资产都不具备单独获利的能力；评估中所测算的预期收益往往也是若干资产的组合贡献，因此，在运用收益法时，必须首先确定被评估资产与估测的预期收益之间的关系。例如，根据产品销售收入计算出来的预期收益，就不能视为某台设备、某个厂房或某项无形资产的单独贡献。收益法使用中，如果被评估资产的贡献只是预期收益中一部分时，就必须考虑和确定收益分成率，即在预期收益中分离出被评估资产的贡献部分。

收益分成率的估测在实际操作中比较棘手。一般来说，可以根据被评估资产的特性和有关统计数据加以确定，也可以根据类似资产超额收益比重对比确定。国外对一些无形资产（如专利技术）进行了长期的研究，有比较成熟的分析结果和数据，评估中可以参考使用。

（四）收益法运用的一般步骤

根据评估目的，在确定评估对象和评估基准后，评估人员需要进行的工作有：

（1）资产清查与现场查勘，了解被评估资产的一般情况；

（2）分析被评估资产的技术经济状况及继续使用能力；

（3）资料收集与数据分析，估算预期收益与收益年期；

（4）分析与估计被评估资产对预期收益的贡献；

（5）确定折现率；

（6）分析确定评估结果。

（五）收益法中的具体方法

1. 收益期有限，各年期收益不同

其计算公式为

$$评估值 = \sum_{i=1}^{n} K_i \frac{A_i}{(1+r)^i} \qquad (1-28)$$

式中：

K_i 为资产贡献率或收益分成率，$0 < K_i \leqslant 1$，当被评估资产为整体资产时或预期收益为被评估资产单独贡献时，$K_i = 1$；

A_i 为未来第 i 期的预期收益；

r 为折现率；

n 为收益年期。

［**评估案例** 1-7］被评估资产未来 3 年内各年预期收益分别为 300 万元、400 万元和 200 万元，若折现率为 6%，则该资产的评估值为

$$评估值 = 300\times\frac{1}{(1+6\%)}+400\times\frac{1}{(1+6\%)^2}+200\times\frac{1}{(1+6\%)^3}$$

$$=283+356+167.9=806.90（万元）$$

2. 收益期有限，各年期收益相同

其计算公式为

$$评估值 = \sum_{i=1}^{n} K_i \frac{A}{(1+r)^i} \qquad (1-29)$$

式中：A 为年金，当 $K_i = K$ 为常数时，上式为

$$评估值 = K \times A \times \sum_{i=1}^{n} \frac{1}{(1+r)^i} \qquad (1-30)$$

式中：$\sum_{i=1}^{n} \frac{1}{(1+r)^i}$ 为年金现值系数，可查表求得。

［**评估案例** 1-8］被评估资产未来 5 年内各年预期收益均为 350 万元，若折现率为 10%，则该资产的评估值为

$$评估值 = 350 \times \sum_{i=1}^{5} \frac{1}{(1+10\%)^i}$$

$$= 350 \times 3.790\,8 = 1\,326.78（万元）$$

3. 收益期无限，各年期收益相同

在收益为被评估资产单独贡献时，其计算公式为

$$评估值 = \frac{A}{r} \qquad (1-31)$$

4. 收益期有限，前面若干年期收益不同，以后各年收益相同

其计算公式为

$$评估值 = \sum_{i=1}^{m} K_i \frac{A_i}{(1+r)^i} + \sum_{i=m+1}^{n} K_i \frac{A}{(1+r)^i} \qquad (1-32)$$

式中：m 为收益不同的年期数，当 $K_i = K$ 为常数时，上式为

$$评估值 = K\left[\sum_{i=1}^{m} K_i \frac{A_i}{(1+r)^i} + \frac{A}{(1+r)^m}\sum_{i=1}^{n-m} \frac{1}{(1+r)^i}\right] \qquad (1-33)$$

式中：$\frac{1}{(1+r)^m}$ 为复利现值系数，可查表求得。

［**评估案例 1-9**］某项资产可继续经营 15 年，经分析，预计未来 5 年的收益额分别是 200 万元、250 万元、230 万元、210 万元和 240 万元。假定从第六年起至第十五年各年收益均为 260 万元，确定的折现率为 10%，该资产收益贡献率为 20%。试确定该资产的评估值。

由式（1-32）有：

$$\begin{aligned}收益现值 &= \frac{200}{(1+10\%)} + \frac{250}{(1+10\%)^2} + \frac{230}{(1+10\%)^3} + \frac{210}{(1+10\%)^4} \\ &\quad + \frac{240}{(1+10\%)^5} + 260 \times \frac{1}{(1+10\%)^5} \times \sum_{i=1}^{15-5} \frac{1}{(1+10\%)^i} \\ &= 200\times0.909\ 1+250\times0.826\ 4+230\times0.751\ 3+210\times0.683\ 0 \\ &\quad +240\times0.620\ 9+260\times0.620\ 9\times6.144\ 6 \\ &= 181.82+206.60+172.80+143.43+149.02+991.95 \\ &= 1\ 845.62（万元）\end{aligned}$$

则：

评估值 = 20%×1 845.62 = 369.12（万元）

根据收益期限和各年期收益的不同，收益法还有不同的计算公式，但都可利用前面介绍的方法推导出来，这里不再赘述。

三、市场法

（一）市场法的概念及其基本公式

市场法是指以临近评估基准日的可比资产的市场交易价格为基础数据，比较和分析影响资产交易价格的各种因素，通过差异调整的方式确定被评估资产价值的各种评估方法的总称。市场法根据替代原则，采用比较和类比的思路评估资产的价值，评估中充分考虑了市场动态影响，因此，评估结果最容易被接受。市场法的应用与市场成熟程度密切相关，随着我国市场体制的不断完善，市场法日益成为一种最常用的资产评估法。

市场法的计算公式为

$$评估值 = 近基准日的可比资产成交价格 \times \prod 可比因素调整系数 \quad (1-34)$$

式（1-34）也可以表示为

$$评估值 = 近基准日的可比资产成交价格 \times \prod (1 + 调整差异值) \quad (1-35)$$

实际评估中，由于可比因素的选择及其对可比资产成交价格的影响数值确定的方式不同，具体评估公式可以有多种。

（二）使用市场法的前提条件

采用市场法进行资产评估，必须具备以下前提条件：

1. 存在一个充分发育、交易活跃的资产市场

在资产市场中，资产及资产的交易者的进入是不受非市场因素限制的。资产的出售者与购买者相互间信息对称，交易在公开、公平、公正、自愿的环境中进行。市场成交价格是多种因素影响的综合结果，基本上能反映资产的供求关系。以市场成交价格作为资产评估的基础数据，既符合市场交易的基本规则也容易为多方所接受。

2. 市场上存在可比资产或参照物

所谓可比资产是指其与被评估资产间有高度的可比性或存在多种可比较的指标或参数，同时可比资产的交易在临近评估基准日期间实际发生。被评估资产与参照物资产的可比性具体体现在以下几个方面：①类别与功能上的相同或近似；②市场环境的相同或近似；③交易条件的相同或近似；④资产评估基准日与参照物交易时间接近。运用市场法，重要的是能够找到可比资产。当然，不可能存在与被评估资产完全相同的资产，而市场法正是通过类比、调整，并将比较差异用定量的方式来确定被评估资产价值的。

3. 市场交易频繁，参照物数量足够多

资产的市场均衡价格建立在频繁的交易和交易双方不断博弈之中，充足的价格资料和其他数据也来自繁荣的市场。因此，应该有一定数量的交易案例支撑评估价格，尽量排除个别差异和偶然因素的影响。

（三）市场法的基本要素

市场法的基本要素有可比资产或参照物成交价格、影响可比资产或参照物成交价格的因素调整系数或调整值。

（1）可比资产的成交价格是指其在临近评估基准日期间市场上的已实现的交易价格。该价格客观、真实、公允，资产的交易形式与其价格构成符合国家有关政策和制度的规定。该价格不是出售者报价，也非购买者心理预期，而是供给与需求之间的均衡结果。在资产评估中可以将可比资产的成交价格定义为公开市场中的正常价格。对所收集到的价格数据资料，评估人员应对其进行认真分析、判断和采用。如果所使用的可比资产成交价格中包含有非市场的、非正常的因素影响，在评估中应予以剔除。由于影响价格的因素较多，可比资产的成交价格往往也不完全一样，应该注意，最低成交价格并不一定是正常价格。

（2）影响可比资产成交价格的因素调整系数或调整值的计算与确定是市场法运用得当的关键。一般情况下，影响可比资产成交价格的因素有功能因素、质量因素、时

间因素、地域因素、市场供求因素与交易条件因素等。评估实践中，通常是利用统计方法和经验判断打分法对各因素影响进行定量的（包括相对差异量化和绝对差异量化），即通过对各差异的定量计算将可比资产调整到与被评估资产一样或类似的状况。

资产的功能决定资产使用价值的大小，因而对资产的价格有重要的影响。资产的功能也即可用性可由一系列指标如生产能力、加工精度、使用配置、产品与服务质量等表示。资产是否具备应有的功能，资产的功能能否得到发挥或者受到限制，直接影响到该资产的效用或收益。相比而言，功能完善的资产其价值就越高；功能欠缺的资产其价值就越低；增加资源带来功能过剩的资产其价值也相对降低。被评估资产与可比资产间的功能差异决定了二者的市场成交价格的不同。

资产的质量主要包括资产自身制造质量、外观与结构的工艺设计质量、技术成熟度、新旧程度、经济服役时间等。一般来说，资产质量的优劣与资产市场成交价格的高低有直接的、重要的关系。

时间差异是指可比资产成交时间与被评估资产评估基准日的相差时间。不同的时间段，资产价格会有不同的变化，包括通货膨胀和其他原因引起的价格变化。

地域因素是指资产所在地区或地段条件对资产价格的差异。地域因素对不动产价格的影响尤为突出。

市场供求因素是资产市场成交价格的决定力量。当供大于求时，资产价格有下降趋势；当供小于求时，资产价格有上升趋势。评估人员必须关注市场供求关系的变化，评估中应将可比资产的供求状况调整到被评估资产的供求状况。

交易条件包括交易数量、交易方式、交易动机、交易时限等。资产的交易价格会随着交易条件的不同而不同。评估中应关注交易条件并将可比资产的交易条件调整至被评估资产的可能交易条件。

另外，还应考虑使用环境与使用条件、品牌或名牌效应对资产价格的影响，在实际评估中做相应调整。

（四）市场法运用的一般步骤

根据评估目的，在确定评估对象和评估基准后，评估人员需要进行的工作有：

（1）资产清查与现场查勘，了解被评估资产的一般情况；

（2）市场调查，选择可比资产，确定可比资产市场成交价格；

（3）资产对比分析，选择与确定可比因素；

（4）将可比资产与被评估资产间的各差异量化；

（5）分别计算调整各可比资产的成交价格；

（6）综合分析，确定评估结果。

（五）市场法中的具体方法

1. 因素差异调整法

该方法是市场法的经典方法，即在分析可比资产市场成交价格的基础上，对各可比因素进行量化，最后调整估算出被评估资产价值的方法。该方法的理论公式见前面式（1-34）和式（1-35）。一般来说，因素差异调整法的计算公式可以表示为

$$\text{评估值} = \sum_{j=1}^{m} C_j \times (P_j \times \prod_{i=1}^{n} K_i) \qquad (1-36)$$

式中：

K_i 为可比因素调整系数；

n 为可比因素个数；

P_j 为可比资产交易价格；

C_j 为综合平均价格计算的权重比例；

m 为所选定的可比资产个数。

运用该方法的三个主要步骤为：

（1）可比因素影响差异的量化；

（2）可比资产价格的调整；

（3）评估值的计算与确定。

下面通过一个例子介绍该方法的运用。

［评估案例 1-10］ 评估人员对某设备进行分析后，在市场上寻找了三个可比资产 A 设备、B 设备和 C 设备。设定评估基准日为 2020 年 3 月 1 日，有关情况见表 1-4。要求：（1）对各可比因素进行分析并确定调整系数；（2）计算各可比资产的调整后价格；（3）确定估价对象的评估值。

表 1-4　可比因素分析对照表

项目	估价对象	A 设备	B 设备	C 设备
规格型号	XY-500	XY-500	XY-500	XY-500
制造厂家	CQ 机械厂	CQ 机械厂	CD 机械厂	SH 机械厂
配套器件	标准配置	标准配置	增加配置	标准配置
磨损状况	9 成	8 成	全新	全新
剩余役龄	10 年	12 年	15 年	15 年
交易时间	2020 年 3 月 1 日	2019 年 6 月 5 日	2020 年 1 月 20 日	2020 年 2 月 8 日
交易地点	GT 市场	RH 市场	GT 市场	HK 市场
交易条件	正常	正常	正常	正常
交易价格		￥48 500	￥62 000	￥56 000

（1）因素影响调整。

因素影响调整即要将可比资产相关状况调整到与估价对象相关状况一样的情况。一般来说，调整系数的分值以 1 为标准，即设定估价对象的状况为 1。在可比资产的相关条件优于估价对象时，取小于 1 的分值对可比资产价格进行调整；在可比资产的相关条件劣于估价对象时，取大于 1 的分值对可比资产价格进行调整。考虑到所选择的可比资产与估价对象差异不应该过大，实际操作中可以设计多级标准，如优、较优、一致、较劣、劣，相应分值为 0.96、0.98、1.00、1.02、1.04。具体地，可根据资产间差异程度设立其他标准。

例如，表中的规格型号表示设备的功能与其基本生产能力，估价对象与各可比设备的规格型号相同，故不需调整，调整系数均为 1.00；磨损状况即设备的实体质量，调整系数确定以估价对象的磨损状况为 1.00。根据各可比设备的相对状况，相应调整系数可确定为：A 设备 1.02、B 设备 0.95、C 设备 0.95。

各调整系数如表 1-5 所示：

表 1-5　可比因素调整系数计算结果表

项目	估价对象	A 设备	B 设备	C 设备
规格型号	XY-500A	XY-500A	XY-500B	XY-500A
可比因素调整系数	1.00	1.00	1.00	1.00
制造厂家	CQ 机械厂	CQ 机械厂	CD 机械厂	SH 机械厂
可比因素调整系数	1.00	1.00	0.98	0.95
配套器件	标准配置	标准配置	增加配置	标准配置
可比因素调整系数	1.00	1.00	0.96	1.00
磨损状况	9 成	8 成	全新	全新
可比因素调整系数	1.00	1.02	0.95	0.95
剩余役龄	10 年	10 年	15 年	15 年
可比因素调整系数	1.00	1.00	0.92	0.92
交易时间	2020 年 3 月 1 日	2019 年 6 月 5 日	2020 年 1 月 20 日	2020 年 2 月 8 日
可比因素调整系数	1.00	1.05	1.02	1.01
交易地点	GT 市场	RH 市场	GT 市场	HK 市场
可比因素调整系数	1.00	1.01	1.00	1.10
交易条件	正常	正常	正常	正常
可比因素调整系数	1.00	1.00	1.00	1.00
综合调整系数	1.00	1.08	0.84	0.92

(2) 调整可比资产价格。

根据式 (1-35)，调整计算各可比资产价格，如表 1-6 所示：

表 1-6　可比资产交易价格调整计算结果表

项目	估价对象	A 设备	B 设备	C 设备
交易价格		¥48 500	¥62 000	¥56 000
综合调整系数		1.08	0.84	0.92
调整后价格		¥52 380	¥52 080	¥51 520

(3) 计算确定估价对象评估价值。

根据式 (1-35)，在本例中对各可比资产价格影响赋予相同的权重，即采用算术平均计算，有

评估价值 = (52 380 + 52 080 + 51 520) / 3

≈51 993 (元)

2. 成新度比价法

某些资产的可使用能力可以用其新旧程度表示，因而资产可能的交易价格应该与其新旧程度有关，即：资产的成新率越高，其市场交易价格越高；资产的成新率越低，其市场交易价格越低。成新度比价法建立起资产的成新度与其市场交易价格之间的关系，其前提是其他影响价格的因素可以忽略。如果其他因素的影响比较显著，在使用该方法时，应对评估结果进行适当修正。成新度比价法的基本公式为

$$\text{评估价值} = \text{近基准日的可比资产成交价格} \times \frac{\text{评估对象成新率}}{\text{可比资产成新率}} \qquad (1-37)$$

［**评估案例 1-11**］被评估资产的成新率为 80%，可比资产的成新率为 70%，临近评估基准日可比资产在二手市场的交易价格为 22 000 元，则被评估资产评估价值 = 22 000×80%/70% ≈ 25 143（元）

3. 成本价格比值法

市场竞争和供求关系决定了生产者的成本—利润选择，在正常利润下，资产的合理成本与其市场价格存在一定的关系，因而资产可能的交易价格应该与其成本有关，即：资产的合理成本越高，其市场交易价格越高；资产的合理成本越低，其市场交易价格越低。成本价格比值法建立起资产的合理成本与其市场交易价格之间的关系，其前提是其他影响价格的因素可以忽略。如果其他因素的影响比较显著，在使用该方法时，应对评估结果进行适当修正。成本价格比值法的基本公式为

$$\text{评估价值} = \text{近基准日的可比资产成交价格} \times \frac{\text{评估对象合理成本}}{\text{可比资产合理成本}} \tag{1-38}$$

［**评估案例 1-12**］被评估资产的合理成本为 800 元，可比资产的合理成本为 820 元，临近评估基准日可比资产的市场交易价格为 1 200 元，则被评估资产评估价值 = 1 200×800/820 ≈ 1 171（元）

第四节　资产评估方法的选择

资产评估产生于市场经济并伴随着市场经济的不断发展而不断成熟。资产评估涉及人们生活与工作的各个方面，既有着自身研究特点，又融多门学科于一体。发展至今日，资产评估已经是一门有着深厚的理论基础和众多方法的科学。资产评估中的这些专业的方法之间既有联系又有区别，同时互为补充。资产评估是实现评估目的的手段，深入认识各种评估方法，恰当地选用评估方法，对于客观地评估资产价值非常重要。一项确定的资产，在相同条件下的评估结果应是客观的，客观的评估结果不会因方法的选用不同而相差甚远。但不同的评估方法有着不同的评估前提条件，需要不同的参数。如果这些前提条件不满足，相应参数不可确定或不能得到，就不能保证资产评估结果的客观性和合理性。因此，细致了解资产评估方法之间的联系与区别，恰当选择评估方法，有利于高效、顺利地进行资产评估活动。

前面介绍了成本法、收益法、市场法三种基本方法及其派生出来的多种方法。各种方法都是从不同的角度去表现或从不同的途径去寻求被评估资产价值的。这些方法是可以相互替代的，但由于每一种方法所需要的假设条件、所采用的数据与参数、所考虑的影响因素及调整方式都不完全相同，因此，要科学合理地对评估方法做出选择，就应充分了解每一种方法的基本要素与前提条件，认真审视资产实际状况和可能的评估条件。一般情况下，在选择资产评估方法时应综合考虑下面几个因素：

一、特定评估目的与评估价值类型

资产评估服务于资产评估目的，在不同的评估目的下，资产的交易、未来使用以

及变现方式等都有着不同的情况，相应的资产价值类型或资产价值实现的市场条件也会不同。因此，应该根据特定评估目的与评估价值类型的不同，选用不同的评估方法。例如，在财产破产变卖、资产继续经营受到限制等情况下，收益法和市场法就不适合。

二、评估对象特点及其现实状况

评估方法的选择也会受到评估对象的类型、权利状况、物理状态、在用方式、与其他资产整合形式等的制约。例如，对于企业自己形成的无形资产或凝结专有技术的自制专用设备等，无法在市场上找到可比资产或参照物，显然不宜使用市场法评估；在历史成本记录难以准确表达资产的实际耗费，同时又没有相应成本计算标准的情况下，使用成本法也会很困难。一些账面资产如应收账款、应收票据等，由于无法准确计算其预期收益，使用收益法也是不合适的。

三、能收集的数据与资料

各种方法都要求有充分的数据和可靠准确的参数支持，例如企业历史经营数据、市场交易资料、成本费用标准、各类价格指数及其他统计数据等。如果不能取得这些数据与参数，或者不能在评估时日内取得这些数据与参数，就不能套用预先确定的方法，而应该考虑采用更合适的方法替代。尤其不能臆造数据，或草率、随意地进行数据修正来满足评估方法的要求。

四、自身能力与条件限制

评估方法的适当使用，还包括评估人员对自身能力的判断，以及对相关条件的测试。资产的种类很多，不仅包罗电子、机械、建筑、化工、运输等多个行业，往往还涉及复杂的专业技术、生产工艺与程序，以及新技术、新工艺、新材料等。不是每一个评估人员都具备完全或精通的知识，评估机构和评估人员应该充分了解自身能力，在不能借助专家的情况下，应通过对相关条件的测试，筛选可能使用的方法。

五、政策与法规的规定

评估是一项专业服务活动，政策与法规对资产评估方法的选择一般没有特别的规定。但对于某些特定资产，如国有资产，有关政策文件对资产的清查评估仍然有具体的要求。另外，行业管理中也制定有相关准则，对资产评估的程序与方法有明确规定。资产评估应遵循这些规定。

六、多种方法综合验证

各种评估方法都是从某个方面或某个角度去度量和说明资产的价值的。资产价值的评估结论只在一定的前提条件下成立。实际中，总会因为这样或那样的原因，使得某些前提条件不能完全满足，或者缺乏充足的数据资料，或者受到评估人员自身能力限制。因此，在可能的情况下，采用两种以上的方法对评估结论进行相互验证，有助于增强评估结论的可信性和准确性。

《中华人民共和国资产评估法》中规定，“评估专业人员应当恰当选择评估方法，除依据评估执业准则只能选择一种评估方法之外，应当选择两种以上评估方法，经综合分析，形成评估结论，编制评估报告”。

七、方法替代与作业效率

如果多种方法都可采用，出于提高工作效率和适应评估人员自身能力要求，可以考虑方法替代，即因地、因时、因事、因人制宜，采用有助于提高工作效率的评估方法。应该注意，评估方法的复杂性与评估结果的准确性之间并没有必然的联系。同时，更应该注意方法的可替代性，即这种替代既能满足方法本身的要求，又能使方法得以可靠、方便地运用。

案例解析

某企业生产系列消毒设备，自2015年以来，先后获得国家和省部级的多项奖，其“康友”商标已成为当地著名商标。为进一步扩大生产规模和提升企业形象，该企业计划将商标作为无形资产与某外资企业合作经营。2020年12月，某资产评估机构接受委托对该项无形资产进行评估。在查验了商标权证和收集了相关数据后，评估人员使用收益法对该项资产进行了评估。下面内容摘自该评估项目的技术说明，试对其进行分析。

本次评估选取2020年12月31日为评估基准日，评估方法选用收益法。经查，该商标于2015年10月由企业申请获得，规定剩余有效年限为5年，因此，本次评估设定收益预测年限为5年。企业提供的各年利润表显示出，在过去10年里，该企业销售收入稳步增长，平均年增长率为14%，故本次评估对超额收益的计算以2020年累计净利润（350万元）为基础，以测算出的平均年增长率为标准，推算以后5年的各年净收益（具体数据见表1-7）。

折现率的选取思路：以5年期国库券利率3%为无风险收益率；综合考虑委托方生产经营的实际情况、行业发展与竞争情况，以及市场需求变化情况，风险收益率取5%。由公式：折现率=无风险收益率+风险收益率，计算出折现率=8%。

由预测的未来各年收益及测定的折现率，计算出收益现值（见表1-7）。

表1-7　收益现值计算表

项目	计算年期				
	1期（2021年）	2期（2022年）	3期（2023年）	4期（2024年）	5期（2025年）
预计净收益/万元	399.00	454.86	518.54	591.14	673.90
折现系数	0.925 9	0.857 3	0.798 3	0.735 0	0.680 8
折现值/万元	369.43	389.95	413.95	434.48	458.79

采取超额收益法进行商标评估的计算公式如下：

$$评估值 = \sum_{i=1}^{n} \frac{A_i}{(1+r)^i}$$

式中：

A_i 为未来第 i 期的预期超额收益；

r 为折现率；

n 为收益年期。

将有关数据代入公式，求得评估值为 2 066.60 万元。

…………

分析与诊断

商标的价值是企业的产品、技术、服务等各个方面的效能的综合体现，企业的收益情况在一定程度上表明企业资产的整合能力。本案例中对商标价值选择收益法评估是恰当的。但所给出的评估说明中有明显的疑问。

（1）没有阐述评估基准日和评估方法的选取理由。

（2）收益预测年限的确定依据不充分。商标有规定的有效年期，但到期后可以续展，其实际可使用年期是无限的。对于本案例，可以综合考虑合作经营年限、现有产品技术发展和市场需求限制情况等因素确定收益年限。

（3）企业销售收入增长率并不一定等于净收益增长率。应该分析净收益的增长变化规律，或者综合分析确定收入、成本与费用、税金等各项数据，计算确定预计净收益。

（4）超额收益一般都是通过比较行业收益率与企业收益率、社会平均收益率与企业个别收益率确定的，超额收益能力表明被评估企业资产的超过行业或社会平均收益水平的贡献能力。本案例中并没有分析计算超额收益，这与所述不符。

（5）折现率的选取尚无规定标准，这是我国资产评估理论与方法方面的一个缺陷。案例中对折现率的选取沿用了长期惯用模式，但其理由略显不足。

（6）商标是企业一项无形资产，企业还存在其他有形的和无形的资产。案例中将企业的预期收益都视为商标的贡献是缺乏说服力的。评估实践中应考虑个别资产的贡献能力。

本章操作要点与难点

本章分别介绍了资产评估中的三种基本方法以及派生出来的各种具体方法。理论上，评估的结果不因方法选择的不同而有显著差异。必须充分考虑各种方法适用的条件，在实践中认真审视依据的充足性和作业的完整性。

成新率的确定是成本法使用中的难点。评估人员应该熟悉评估对象的磨损特点，在大量实践并不断积累经验的基础上逐渐掌握估计成新率的各种方法。要注意的是，不能简单地把磨损全部归结于评估对象的使用年限的长短。即便是使用时间法估算成新率时，也要注意区分评估对象的实际使用年限、名义使用年限、规定使用年限、会计使用年限和经济使用年限之间的差别。

价格影响因素及其权重的确定是市场法使用中的难点。评估人员应该充分了解市场，了解市场复杂多变的价格影响因素，分析和把握这些因素对资产价格的影响程度。

折现率的确定是收益法使用中的难点。折现率实际是资产的期望投资报酬率，这里的期望报酬既非资产历史上取得的报酬也非其现实收益，但一定是在设定条件满足下的可能的收益。因此，评估人员应该尽可能充分地考虑各种影响资产期望报酬的因素，特别是各种风险因素。一般情况下，可以用下式分析与估算资产的折现率：

折现率 = 安全利率+风险报酬率+通货膨胀率

分析与思考

1. 为什么要强调资产评估的规范化与程序化？
2. 资产评估方法的可选择性和评估价值的客观性之间有何关系？
3. 使用市场法进行资产评估应注意什么问题？

分析与思考答案

第二章 资产评估的前期工作

> 资产评估的前期工作是非常重要的。认真做好各项准备工作，充分考虑项目执行中可能涉及的各种问题和处理方式，有助于全面把握项目，处理好各种复杂的事项。在承接评估项目时，应该系统地对其分析，周密设计工作方案，细致准备数据资料，合理安排好人力与物力。
>
> 建议教学时数：4

第一节 业务接洽与工作方案设计

一、资产评估业务接洽与相关事项

（一）受理资产评估业务

业务受理是评估程序中第一要务。这项工作对后续工作的顺利开展影响较大。一般地，在资产评估业务受理中，须完成如下事项：

1. 确定项目性质，履行相关手续

资产的所有权性质决定了项目性质。按照有关资产评估的规定，评估机构应与委托方履行相关手续，同时签署业务委托合同。业务委托合同中应明确委托方、产权持有者及其他评估报告使用者；明确委估双方的责任、权利与义务；约定劳酬关系等。业务委托合同还应包括如下内容：评估报告提交期限和方式；违约责任和争议解决；签约时间等。评估业务委托合同的签订是法人行为，评估人员不得以个人名义签订。评估业务委托合同的内容应当全面、具体，语词含义清晰准确，符合法律法规要求及行业规定，于当事双方公平。

2. 确定评估目的、评估对象与范围、评估基准日与价值类型

业务委托合同载明的评估目的应当唯一，表述应当明确、清晰；评估对象和范围取决于经济行为或评估目的，要注意资产的权属限度，不漏不重；评估基准日的选取较为灵活，实践中可以与委托方沟通，综合考虑经济行为批准日、评估目的实现日、报表出报日、资产盘点日等，遵循与评估时日接近的原则确定；评估人员应充分了解确定价值类型的重要性，根据评估环境和资产价值实现的可能限制选取适当的价值类型。

［评估案例 2-1］资产评估业务委托合同

资产评估业务委托合同

光华电器科技有限公司（甲方）委托华夏资产评估有限公司（乙方）进行资产评估业务，甲乙双方经友好协商，共同制定和签署本合同。

委托方：光华电器科技有限公司

报告使用者：光华电器科技有限公司

评估目的：为委托方与资产占有方处理企业并购事宜提供其企业整体资产价值的参考意见。

评估范围与对象：整体资产

价值类型：市场价值

评估基准日：2020 年 12 月 31 日

特别约定：对企业资产管理制度进行诊断并提出改进建议

资产评估项目执行时间安排自 2021 年 1 月 8 日起至 2021 年 2 月 28 日止。委托方应在 2021 年 1 月 18 日前按评估方要求提供完备资料，若特定事件或不可预见事项影响时，双方另行约定评估业务进行与完成时间安排事宜。

甲方联系与组织人：杨君宜；联系电话：8657421；

乙方联系与组织人：张竞成；联系电话：6735298；

乙方指派张竞成为评估项目负责人，共 8 人参与本项目工作。

甲方的责任与义务：

甲方及时、完整地提供乙方所需资料（资料清单另附），对其行为合法、合规做出承诺；

甲方与乙方保持密切配合，给乙方评估人员提供合适的工作场所和相应的工作条件；

甲方指派其部门领导或有关资产管理人员协助完成资产盘点清查、统计记录、询证调研、外勤差旅等项工作；

甲方按约定时间向乙方支付有关款项；

因甲方原因造成的与本约定不符的事由，甲方承担相应责任，并另行支付追加费用或终止约定事项。

乙方的责任与义务：

乙方合法合规地进行资产评估活动，对其行为做出承诺；

乙方与甲方保持密切配合，合理安排工作程序，协助完成资料整理工作，指导资产清查表填列，给予业务咨询并协调处理有关事项；

乙方严守委托方与资产占有方的商业秘密；

乙方按约定时间向甲方提交专业水准的报告；

因乙方原因造成的与本约定不符的事由，乙方承担相应责任，若终止约定事项须退还已收取的费用。

本评估项目的承办实行有偿服务，乙方完成评估约定事项，甲方按国家规定的收费标准向乙方支付以下三项费用：

评估费用￥__________元，人民币大写__________万______仟____佰____拾圆整；

差旅外勤费用￥__________元，人民币大写__________万______仟____佰____拾圆整；

特别约定费用￥__________元，人民币大写__________万______仟____佰____拾圆整。

合计￥__________元，人民币大写__________万______仟____佰____拾圆整。

本合同一经双方签订，甲方应预付乙方评估费用的50%，其余费用在乙方提交评估报告时一次付清。

根据《资产评估基本准则》的规定，遵守相关法律、法规和资产评估准则，对评估对象在评估基准日特定目的下的价值进行分析、估算并发表专业意见，是资产评估师的责任；提供必要的资料并保证所提供资料的真实性、合法性、完整性，恰当使用评估报告是委托方和相关当事方的责任。

本合同未尽事宜由双方另行商定，其法律效力等同。

本合同有效期为签署之日起至评估报告提交日止。

本合同一式两份，甲乙双方各持一份。

甲方（签章）　　　　　　　　　　乙方（签章）

代表（签字）　　　　　　　　　　代表（签字）

签署日：2021 年 1 月 8 日

（二）了解客户基本情况，充分估计执业风险

1. 查阅基础资料，了解客户及其资产的特点与状况

不同的企业其资产规模、资产种类、行业所属、生产与经营等多个方面都会有着差异。评估人员应该在工作计划制订前对被评估方做尽可能多的调查，熟悉评估对象特点，了解其历史的与现实的状况，这对丁选择评估方法和确定评估思路有着重要帮助。

［**评估案例 2-2**］企业基本情况调查表（表 2-1）

表 2-1　基本情况调查表

单位名称	光华电器科技有限公司	法人代表	宋光华
办公地址	××市××路××号	注册资本	300 万元
所属行业	电子	成立时间	2010 年 5 月 8 日
主营业务	电器制造与销售，电子元件与技术开发	主要产品	STE 型机、BTG 型机
计划规模	年产 20 000 套	实际规模	14 000 套
投资企业 分支企业	通达高科技有限责任公司	资产 分布地	××市××路××号
			××市工业开发区
			××市旅游开发区

表 2-1（续）

企业职工人数	486	其中管理人员：120	生产和经营人员：366		
评估项目联系人	杨君宜	电话	8657421		
财务会计负责人	李卫红	电话	8657334		
资产管理人	陈小平	电话	8657216		
资产管理人	吴惠敏	电话	8657118		
资产管理人	曹可欣	电话	8657290		
公司资产与负债					
总资产		总负债		净资产	
主要资产	土地、建筑物				
无形资产	专利技术				
在建项目	停车场及车棚				
对外投资	通达高科技有限责任公司				
特殊资产					
固定资产折旧方法	加速	无形资产摊销方法	15 年平均摊销		
存货计价方法	先进先出	特别处理事项			
内控制度	部分建立				
涉讼事项	无				
其他事项					

2. 对执业风险充分估计

资产评估属于中介服务，评估人员对评估对象价值进行估算并发表意见。资产的真实状况、权属状况、效用与价值预期、评估结论的使用等都可能在一定程度上存在不确定性。评估机构和评估人员必须对评估风险做出充分估计。实际中，评估人员可以采用多种措施来降低或避免风险，如了解客户基本情况；查阅与审核相关数据资料和报表；分析资产的权属状况与继续利用可能；分析经济行为的合法性与可行性；判断独立、客观执业的可能性；把握自身能力和其他条件限制；估计作业量与作业难度等。

委托方与产权持有者的一些特别事项应该引起评估人员的充分注意，这些事项可能对评估工作的进行和评估结论的成立带来影响。

3. 关注资产评估对象法律权属

资产评估程序中的一项重要工作是关注资产评估对象的法律权属。资产评估对象法律权属，是指资产评估对象的所有权和与所有权有关的其他财产权利。委托人和其他相关当事人委托资产评估业务，应当依法提供资产评估对象法律权属等资料，并保证其真实性、完整性、合法性。委托人和其他相关当事人提供的资产评估对象法律权属资料、核查验证情况以及其他相关说明材料，应当在资产评估报告和工作底稿中反映。资产权属事项对规范委托方经济行为、明确相关责任、维护公共利益与各方当事人利益有着重要影响。作为评估人员，应当知晓法律权属对评估结论的影响程度并恰当披露。当然，作为评估机构和评估人员，对评估对象法律权属确认或发表意见是超出执业范围的。

（三）委托方与相关当事方的承诺

评估工作的规范是由委估双方共同维护的。一般来说，很难做到委估双方信息完全对称。从资产角度看，资产的权属关系、资产的数量与质量、权证与数据资料的真实情况、制度执行与管理状况等，委托方或相关当事方拥有更充分的信息。因此，评估工作的顺利开展和评估结果的合理确定有待于委托方与相关当事方的配合。通过书面形式，委托方与相关当事方的承诺，在一定程度上保障了评估工作的合法性和规范性。

［**评估案例** 2-3］委托方和相关当事方承诺函

委托方和相关当事方承诺函

华夏资产评估有限公司：

根据企业处理并购事宜的需要，我们委托贵公司对既定经济行为所涉及的资产（负债）进行评估。为了使评估工作顺利进行，确保评估结果客观、公正，我们特做如下承诺：

（1）资产评估的经济行为符合国家规定或已经获得有关部门批准；

（2）被列入评估范围的资产真实存在，其获得、使用与支配，以及我们对各项资产所出具的资产权属证明均是合法有效的；

（3）申明被列入评估范围中的被抵（质）押、典当、担保或以其他形式出让转移的资产事项，申明评估基准日前后可能发生的影响评估结论的重大事项，包括诉讼事项和其他财产纠纷事项；

（4）按照评估机构要求，及时提供各种资料并保证不提供虚假资料；

（5）不对评估机构和评估人员提出超出原则的要求；

（6）资产评估结论只为本评估报告中所列明的目的之用；

（7）按照委托评估合同要求，在约定时间内支付全部评估费用；

（8）对评估约定和上述承诺承担相应的法律责任。

评估委托方（签章）　　　　相关当事方（签章）

法定代表人（签字）　　　　法定代表人（签字）

2021 年 1 月 8 日

二、拟订工作方案与计划

资产评估项目负责人应该在评估项目实施前拟订较为详细的工作方案与计划，这有助于提高工作效率和有条不紊地开展工作，也有利于项目的管理和控制。工作方案和计划包括：评估思路、人员分工、方法选择、工作时日与进度、费用预算、风险估计、控制方式和应急处理、确定资料来源等。工作方案与计划的繁简与评估项目的复杂程度有关，评估人员还应根据业务的具体情况，考虑是否聘请专家和助理人员参与工作。评估工作方案和计划不是一成不变的，应根据执行中的情况变化实时调整。

根据《资产评估执业准则——利用专家工作及相关报告》，资产评估机构在执行资产评估业务的过程中，可以聘请专家或个人协助工作、利用专业报告和引用单项资产评估报告，即可以聘请某一领域中具有专门知识、技能和经验的个人协助工作，作为资产评估专业支持；可以利用某一领域中具有专门资质或者相关经验的机构所出具的专业报告，作为资产评估依据；可以引用其他资产评估机构出具的单项资产评估报告，作为资产评估报告的组成部分。

为了保证评估工作方案与计划的顺利实施，评估项目负责人应当同委托方与资产占有方等当事方就方案或计划的要点和重要环节进行必要的沟通。另外，工作方案与计划的形成中，编制人还应考虑各种资源利用的系统性和节约性，在编制完毕后报送评估机构负责人进行审核和批准。

［**评估案例** 2-4］一份简略的评估工作方案（见表 2-2、表 2-3）

表 2-2 评估工作方案——基本事项与时间安排表

项目名称	光华电器科技有限公司整体资产评估		
方案编制人	张竞成	编制时间	2021 年 1 月 10 日
方案审核人	古全有	审核时间	2021 年 1 月 11 日
签字资产评估专业人员	李公平、陈有志		
项目成员	张竞成、李公平、陈有志		
	郭书卫、高天、魏可、徐阳、曹丹		
外聘专家	周明礼、石光明		
协作单位	普光会计师事务所、德胜咨询事务所		
资产占有方	光华电器科技有限公司		
资产分布地点	××市××路、××市经济开发区、××市科技园		
评估类别	整体√ 单项	价值类型	市场公允价值
评估工作时间安排			
评估工作事项	预计天数	起止时间	
账面清查与调整			
实物盘点与查勘			
资料收集与整理			
市场调查与函证			
技术经济分析			
数据处理与估算			
评估说明撰写			

表2-2(续)

评估报告拟制		
评估报告初审		
意见征询与校改		
报告终审与提交		
归档与后续事项处理		
备注		

表 2-3 评估工作方案——人员分工及其责任事项表

项目名称		光华电器科技有限公司整体资产评估		
1	执行人姓名	李公平	评估对象与任务	流动资产、长期投资、负债
	专业职称	资产评估师		
	助理评估人员	魏可、曹丹、徐阳		
评估方法与选择理由				
评估思路与技术路线				
预计评估难点和风险				
现场清查与查勘重点				
函证设计与市场调查				
评估依据及资料来源				
特别事项处理思路				
时间安排				
执行人签署意见				
2	执行人姓名	陈有志	评估对象与任务	固定资产、无形资产（土地）
	专业职称	资产评估师		
	助理评估人员	高天		
评估方法与选择理由				
评估思路与技术路线				
预计评估难点和风险				
现场清查与查勘重点				
函证设计与市场调查				
评估依据及资料来源				
特别事项处理思路				
时间安排				
执行人签署意见				

第二节　委托方准备工作与资料收集整理

一、委托方的准备工作

（一）资产盘点与自查

应盘点的资产主要有现金、存货、固定资产等。盘点表中应详细记录资产名称、型号规格、数量、账面价值等。企业应在评估前对资产进行清查。

现金盘点清查表和存货盘点清查表分别见表 2-4 和表 2-5。

［**评估案例** 2-5］现金盘点清查表

表 2-4　现金盘点清查表

<table>
<tr><td colspan="5">评估基准日：2020 年 12 月 31 日</td></tr>
<tr><td>资产占有单位</td><td colspan="2">光华电器科技有限公司</td><td>盘点日</td><td>2021 年 1 月 15 日</td></tr>
<tr><td>存放地</td><td colspan="2">公司财务部</td><td>金额单位</td><td>人民币　元</td></tr>
<tr><td colspan="3">清　点　现　金</td><td colspan="2">核　对　现　金</td></tr>
<tr><td>货币面值</td><td>张数</td><td>金额</td><td>项　　目</td><td>金额</td></tr>
<tr><td>100 元</td><td></td><td></td><td rowspan="2">一、盘点日现金账面余额</td><td rowspan="14"></td></tr>
<tr><td>50 元</td><td></td><td></td></tr>
<tr><td>20 元</td><td></td><td></td><td rowspan="2">加：未记账收入数（单据　张）</td></tr>
<tr><td>10 元</td><td></td><td></td></tr>
<tr><td>5 元</td><td></td><td></td><td rowspan="2">减：未记账支出数（单据　张）</td></tr>
<tr><td>2 元</td><td></td><td></td></tr>
<tr><td>1 元</td><td></td><td></td><td rowspan="2">二、调整后现金账面余额</td></tr>
<tr><td>5 角</td><td></td><td></td></tr>
<tr><td>2 角</td><td></td><td></td><td rowspan="2">盘点现金长（短）款</td></tr>
<tr><td>1 角</td><td></td><td></td></tr>
<tr><td>5 分</td><td></td><td></td><td rowspan="2">三、减：报表日至盘点日账面收入</td></tr>
<tr><td>2 分</td><td></td><td></td></tr>
<tr><td>1 分</td><td></td><td></td><td rowspan="2">加：报表日至盘点日账面支出</td></tr>
<tr><td>残币</td><td></td><td></td></tr>
<tr><td>实点合计</td><td></td><td></td><td>四、报表日现金账应结余额</td><td></td></tr>
<tr><td colspan="5">备注</td></tr>
<tr><td colspan="5">会计主管：　　　　出纳员：　　　　参加盘点人员：</td></tr>
</table>

［**评估案例** 2-6］存货盘点清查表

表 2-5　存货盘点清查表

评估基准日：　年　月　日																
资产占有单位											盘点日			年　月　日		
存放地					金额单位						人民币　元					
序号	存货名称	规格型号	计量单位	单价	账面余额		实际盘存		盘盈		盘亏		品质状况	最后购进		备注
					数量	金额	数量	金额	数量	金额	数量	金额		年月	单价	
1																
2																
3																
4																
5																
6																
7																
8																
合　计																
财务负责人							实物管理人						制表人			

（二）提供各类相关资料

因评估范围与评估对象的不同，评估所需资料的种类与数量也不尽相同。

评估中需要的资料和实际收集到的资料都可能很多，评估人员应根据项目情况及所承担的任务对这些资料进行分类，确信资料内容的合理性、相关性和完整性以及来源的可靠性并有选择地采用。一般地，可以把各类评估依据分成行为依据、法规依据、权属依据、取价依据和其他依据。

根据委托方与资产占有方的特点和被评估资产的实际状况，适当提出资料清单和恰当选用资料的能力是评估人员应具备的基本执业能力，在一定程度上，也能体现评估人员较高的专业素质。

［**评估案例** 2-7］企业资产评估所需资料通用清单：

（1）委托书或上级主管部门关于进行资产评估的意见。

（2）评估项目委托方和被评估企业关于资产评估的董事会决议。

（3）委托方与被评估企业法人营业执照、公司章程。

（4）委托方与被评估企业简介，主要包括：①主要办公和经营场所地址、组织结构、资产分布地点、主要出资人（股东）；②企业资产状况，行业、地域的特点与地位，相关的国家产业政策；③企业发展变化情况，委托方与资产占有方之间的隶属关系或经济关系；④有限公司设立、股份企业设立重组情况或拟进行的其他资产整合情况。

(5) 被评估企业经营管理情况，主要包括：①经营业务范围及经营业绩，生产经营统计资料；②主要产品（服务）品种、生产能力，近年实际销售量和价格，主要市场及占有率；③产品在同类产品市场中的地位，主要原材料、能源供应情况；④企业内部管理制度、核心技术、研发状况、销售网络、特许经营权、管理层构成等经营管理状况；⑤执行的主要会计政策，企业所采用的税率、利率、折旧率；⑥经营有无政策限制或优惠，经营的优势及各种可能风险。

(6) 被评估企业对外投资情况，主要包括：①合同或协议，实际利润或收益分配情况，被投资企业现实及发展情况；②对外投资股权证明，短期投资票证；③被投资企业营业执照，评估基准日会计报表；④正在或计划进行的投资项目简况，项目可行性研究（论证）及规划等资料。

(7) 被评估企业及其投资企业各类资产产权证明，主要包括：①产权登记证、土地使用权证、房屋产权证、机器设备购置凭证、机动车行驶证；②租出、租入资产的合同协议，按揭或分期付款方式购买资产的合同与票证；③特许使用的资产以及没有会计记录的资产权属说明或相关权证与文件；④商标、专有技术、专利技术、自开发软件等无形资产的权证。

(8) 被评估企业财务会计资料，主要包括：①以前3~5个年度（期）的资产负债表和损益表，评估基准日的调整报表等；②资产负债清查核实情况说明（经审计的应注明注册会计师的意见）；③曾经进行过的资产评估情况、交易情况及调账情况说明；④评估基准日的现金、存货、固定资产盘点表、盘盈亏说明；⑤账外资产存放地点及数量说明，大额借款或负债合同；⑥银行对账单、银行余额调节表、应收账款合同和函证单。

(9) 涉及被评估资产的工程技术资料，主要包括：①工厂车间平面图纸，主要工艺过程图，主要或重大设备的技术说明资料；②工程规划和建设许可证，建筑物图纸，新建项目施工或竣工资料；③土地、建（构）筑物、机器设备等资产的实物照片；④主要产品和技术服务介绍资料，曾经进行和完成的科研项目介绍资料。

(10) 重大事项说明资料，主要包括：①评估基准日前后发生或可能发生的重大资产或负债变动事项说明；②对存在的资产抵押、质押、典当、担保等情况的说明；③法律诉讼及其他财产纠纷情况说明；④企业清算、破产等事项的说明及相关文件资料。

(11) 可能影响被评估企业生产经营状况的宏观、区域经济因素。

(12) 参考企业的财务信息、股票价格或股权交易价格、资本市场与产权交易市场信息等。

(13) 评估机构需要的其他资料。

（三）填报资产（负债）清单表

委托方与相关当事方应提供详细的资产明细清单。评估机构可以指导委托方和相关当事方填列资产清查评估明细表和汇总表。

资产清查评估明细表和汇总表，以及填写事项与要求见下一节内容与附录给出的光华电器科技有限公司样表。

二、资料收集与整理

（一）资料收集与来源

收集和占有数据资料是进行资产评估的前提条件，而完整准确的数据资料是形成准确和可靠的资产评估结果的基本保证。数据资料收集处理的现代化以及数据资料的贮存和积累是资产评估职业化的重要方面。

资产评估中，需要查阅和掌握不同方面的资料，搜寻和使用有关的数据和参数。资料和数据的来源十分广泛，一般包括：

1. 委托方和相关当事方

常见资料如资产的权属证明、公司内部文件、会计账簿与凭证、财务报表、生产经营统计数据、工程技术文件以及企业自身收集的各类资料等。

2. 政府职能部门

常见资料如政策法规文件、区域规划、经济统计数据、价格执行标准等。

3. 行业协会

常见资料如专业指导文件、职业技术规范、管理制度等。

4. 科研院所与其他专业机构

常见资料如专业论文、业务手册、资料汇编等。

5. 资产占有方关联企业或业务往来单位

常见资料如投资股权关系、债权债务关系、业务往来与产品链等。

很多资料或数据直接来自市场，如资产交易价格、市场走势与经济预测数据、产品生产与技术发展信息、市场销售与竞争情况等。通常，评估人员可以在图书馆、书店、情报机构等收集到一些有用的资料。如今，随着计算机搜索技术和网络技术的发展，利用互联网收集资料已逐渐成为最普遍的方式。

实际中，不仅要考虑资料与数据的完整性，还应注意收集的成本与效率。

[评估案例 2-8] 一些可以提供评估资料与价格数据的网站。

中国资产评估协会网（www. cas. org. cn）

中国房地产估价师网（www. cirea. org. cn）

中国价格信息网（www. chinaprice. com. cn）

国美网站（www. gome. com. cn）

苏宁易购（www. suning. com）

中国机械设备网（www. machine. 51sole. com）

太平洋汽车网（www. pcauto. com. cn/qcbj）

中国建材网（www. bmlink. com）

中房网（www. fangchan. com）

中国建筑工程造价信息网（www. cecn. gov. cn）

国土资源部门户网（www. mlr. gov. cn）

（二）资料的整理

整理工作包括资料的分类、资料的鉴定与筛选、资料的分析与调整、数据模型的建立与处理等。

一般情况下，可以将资料分成政策法规文件、财务会计资料、工程技术资料、经济统计数据、市场交易资料、其他有关资料等。

资料的鉴定与筛选就是剔除失真、无关或无用的资料。处理中要注意数据的时效性、来源可靠性和真伪性；注意参照物、借用模型或指标的可比性和可用性；注意异常数据的影响等。

资料的分析与调整的主要工作就是将资料与数据转化为评估处理与计算中的依据。例如，在评价一项资产时，需要测定和估计出资产的寿命期、贡献力、成本与收益、宏观与微观环境的影响等。

在数据模型建立中，所收集的资料对于参数的选取有很大的影响。必须注意模型对数据量的要求，以及其他条件的满足程度。

第三节　数据登录与表单处理

按照评估要求，企业应该根据设定的资产评估范围和对象，提供详细的资产（负债）清单表。为规范和处理方便起见，清单表格的内容设计应根据资产（负债）项目的特点进行，格式能够通用。目前我国评估机构大多采用的资产清查评估表一直沿用原国家国有资产管理部门颁发的《资产评估报告基本内容与格式的暂行规定》中资产清查评估表的样式。

一、资产清查评估表样

见表 2-6、表 2-7、表 2-8。

二、资产清查评估表的基本格式与填列事项

资产清查评估表分为明细表和汇总表。表中所列资产负债项目按现行会计制度规定的资产负债项目依序分别设置；汇总表采用逐级汇总方式，分为单项汇总表、分类汇总表和总的汇总表。

根据资产或负债项的不同，资产清查评估明细表分别含有各项资产或负债的名称、发生日期、业务往来事项、账面价值、调整后账面值、评估价值等基本内容；实物资产则应包含反映其特质的项目，如数量、规格、结构、面积等。

表 2-6　资产清查评估明细表

固定资产——机器设备

序号	设备编号	设备名称	规格型号	生产厂家	数量	单位	购置日期	启用日期	账面价值		调整后账面值		评估价值			增值率/%	备注
									原值	净值	原值	净值	原值	成新率	净值		
小　计																	
合　计																	

表 2-7　资产清查评估汇总表

流动资产汇总表

编号	科目名称	账面价值	调整后账面价值	评估价值	增值额	增值率/%
	货币资金					
	交易性金融资产					
	应收票据					
	应收股利					
	应收利息					
	应收账款					
	其他应收款					
	减：坏账准备					
	应收款净额					
	预付账款					
	应收补贴款					
	存货					
	一年内到期的非流动资产					
	其他流动资产					
	流动资产合计					

表 2-8　资产清查评估汇总表

结果汇总表

项　目		账面价值 A	调整后账面值 B	评估价值 C	增减值 D=C-B	增值率 E=D/B×100%
流动资产	1					
长期投资	2					
固定资产	3					
其中：在建工程	4					
建筑物	5					
设备	6					
无形资产	7					
其中：土地使用权	8					
其他资产	9					
资产总计	10					
流动负债	11					
长期负债	12					
负债总计	13					
净 资 产	14					

评估机构：　　　　　　项目负责人：

法定代表人：　　　　　签字注册资产评估师：

［**评估案例 2-9**］光华电器科技有限公司所填制的固定资产——建筑物表中的部分内容（表 2-9）。

表 2-9　固定资产——建筑物清查评估表

序号	权证号码	建筑物名称	结构	建成年月	建筑面积/m^2	成本单价/(元·m^{-2})	账面价值/元	
							原值	净值
1	第 100111	车间	框架	2013.12	6 082.30	437.90	2 663 421.00	2 290 542.06
2	第 100112	仓库	砖混	2013.12	2 304.85	405.96	935 685.00	804 689.10
3	第 100113	综合楼	砖混	2013.12	2 487.05	420.84	1 046 653.00	900 121.58
4	第 111468	宿舍	砖混	2014.12	3 233.85	409.58	1 324 530.00	1 165 586.40
5	第 160511	商品住宅	框架	2019.10	240.00	4 850.00	1 164 000.00	1 140 720.00
6	第 074720	商业铺面	砖混	2010.9	109.99	3 000.00	329 970.00	263 976.00
小计							7 464 259.00	6 565 635.14
合计							7 464 259.00	6 565 635.14

为了能清晰地表明资产评估前后价值变化情况，各项资产负债评估中应设置有反映评估增减值情况的栏目，并根据是否需要说明在其后附备注栏目。

每一张资产评估明细表表头都应标明被评估资产及负债项目的名称、资产占有单位、评估基准日、表号、金额单位（人民币元）、页码（共几页第几页）。

资产评估明细表表尾应写明填表人员、评估人员。在总汇总表尾应有评估项目负责人和执行资产评估师的签字。

三、数据登录的基本要求

资产清查评估表中的数据根据其形成关系可以分成两类：一类是由委托方或资产占有方填制或提供的；另一类是由评估人员在进行清查调整和评估计算后填制的。

（一）资产占有方填制表格的基本要求

资产占有方应该严格按照业务合同所确定的评估范围和评估对象填制资产清查评估表中的账面价值栏前面各栏目。在填制中，需要注意的是：

（1）委托方或资产占有方在填表前，应先进行账务汇算和报表处理，确定评估基准日企业资产负债数据。

（2）基本数据应取自资产占有方会计账簿记录并与其保持一致。不能保持一致的，应先查明误差原因并按会计差错更正规定进行账务调整，确定所填数据能够真实反映企业资产负债状况，个别事项可在相应栏目或备注栏中给出说明。

（3）对于备用现金、存货及其他实物资产，若盘点后数量及金额与账面记录数不一致，应据实在调整后账面价值栏中进行填列并在备注栏中给出说明。

（4）对于账外资产，应先确定其权属和数量，符合规定能够入账的，可根据调整情况填表并在相应资产负债项中进行反映；不能入账的，应予以搁置或单列评估。

（5）或有资产与负债的认定应符合会计规定，并提供相应依据。具体地，可根据需要先行入账或填入调整后账面价值栏中。

（6）在整体资产评估的情况下，资产清单的明细数额和汇总数应与资产占有方评估基准日的资产负债表的相应项目和资产总额对应相等。

[**评估案例** 2-10] 华夏资产评估有限公司在对光华电器科技有限公司进行整体资产评估时，获取了光华电器科技有限公司 2016 年至 2020 年的资产负债表、利润表和现金流量表，并与有关会计账簿资料核对相符，对评估基准日及其前五个年度的财务状况、经营成果及现金流量情况进行了全面的了解分析，关注其资产、负债及其所有者权益的变化，以利于对评估基准日资产形成的历史和当前状况有一个更加全面、准确的认识。在此基础上，评估人员指导光华电器科技有限公司填列资产清查评估表，并逐一对每个项目进行检查，与评估基准日资产负债表的相应项目保持一致。光华电器科技有限公司资产清查评估明细表和汇总表详见附录。评估基准日资产负债表如表 2-10 所示。

（二）评估机构填制表格的基本要求

资产清查评估表的完整性、规范性和可使用性取决于评估机构的工作质量。因此，评估人员除了应指导委托方与资产占有方填写资产清查评估表格外，还应注意：

（1）评估进场后，应认真进行资产的清查与审核工作，充分了解账务记录的准确性和合规性，确认资产与负债真实存在。

（2）根据相关法规要求和项目发生事实，对清查中认定的差异进行调整并在调整后账面价值栏中进行填列，特别情况应在备注栏给出说明。

（3）实物资产的数量、规格等，应按现场查勘中查明的情况在调整后账面价值栏中进行填列并给出说明。

（4）认真核对与填写评估价值，保持表与表之间的钩稽关系。

资产清查工作及要求见第三章有关内容。

表 2-10 资产负债表

编制单位：光华电器科技有限公司　　2020 年 12 月 31 日　　单位：元

项　目	行次	年初数	年末数	项　目	行次	年初数	年末数
货币资金	1	724 653. 21	801 825. 30	固定资产原价	22	12 337 659. 00	13 826 959. 00
交易性金融资产	2			减：累计折旧	23	1 742 611. 91	2 359 494. 86
应收票据	3			固定资产净值	24	10 595 047. 09	11 467 464. 14
应收股利	4			减：固定资产减值准备	25		
应收利息	5			固定资产净额	26	10 595 047. 09	11 467 464. 14
应收账款	6	1 845 699. 23	1 916 898. 98	工程物资	27		
其他应收款	7	1 145 895. 68	1 335 686. 01	在建工程	28		265 000. 00
预付账款	8	458 965. 77	359 043. 71	固定资产清理	29		
期货保证金	9			待处理固定资产净损失	30		
应收补贴款	10			**固定资产合计**	31	10 595 047. 09	11 732 464. 14
应收出口退税	11			无形资产	32	1 164 600. 00	1 112 400. 00
存货	12	6 102 253. 98	6 367 563. 65	其中：土地使用权	33	524 600. 00	512 400. 00
其中：原材料	13	2 178 569. 59	2 642 783. 65	递延资产（长期待摊费用）	34	174 656. 00	169 720. 00
产成品	14	3 923 684. 39	3 724 780. 00	其中：固定资产修理	35		
一年内到期的非流动资产	15			固定资产改良支出	36		
其他流动资产	16			其他长期资产	37		
长期投资	17	3 254 314. 00	3 558 000. 00	其中：特准储备物资	38		
其中：长期股权投资	18	2 954 314. 00	3 258 000. 00	**无形及其他资产合计**	39	1 339 256. 00	1 282 120. 00
持有至到期投资	19	300 000. 00	300 000. 00	递延税款借项	40		
* 合并差价	20			**资产总计**	41	25 466 084. 96	27 353 601. 79
长期投资合计	21	3 254 314. 00	3 558 000. 00				

表 2-10（续）

项　　目	行次	年初数	年末数	项　　目	行次	年初数	年末数
短期借款	42	4 000 000.00	5 000 000.00	递延所得税负债	64		
应付票据	43	500 000.00		负债合计	65	13 956 576.59	12 203 197.43
应付账款	44	990 077.53	1 057 213.82	＊少数股东权益	66		
预收账款	45	624 589.54	653 272.83	实收资本（股本）	67	3 000 000.00	3 000 000.00
应付职工薪酬——工资	46	189 455.00	139 135.50	国家资本	68		
应付职工薪酬——福利费	47	243 255.64	254 896.35	集体资本	69		
应付利润（股利）	48	1 000 000.00		法人资本	70		
应交税费	49	756 865.33	369 742.93	其中：国有法人资本	71		
其他应交款	50			集体法人资本	72		
其他应付款	51	1 652 332.55	728 936.00	个人资本	73		
预提费用	52			外商资本	74		
预计负债	53			资本公积	75	120 000.00	120 000.00
一年内到期的非流动负债	54			盈余公积	76	1 628 792.45	2 174 926.85
其他流动负债	55			其中：法定盈余公积	77		
流动负债合计	56	9 956 576.59	8 203 197.43	公益金	78		
长期借款	57	4 000 000.00	4 000 000.00	补充流动资本	79		
应付债券	58			＊表示未确认的投资损失（以“-”号填列）	80		
长期应付款	59			未分配利润	81	6 760 715.92	9 855 477.51
专项应付款	60			外币报表折算差额	82		
其他非流动负债	61			**所有者权益合计**	83	11 509 508.37	15 150 404.36
其中：特准储备资金	62				84		
长期负债合计	63	4 000 000.00	4 000 000.00	**负债及所有者权益总计**	85	25 466 084.96	27 353 601.79

单位负责人：宋光华　　　　会计主管：李卫红　　　　编制人：孙小莉

[评估案例 2-11] 根据企业业务发生时间与银行业务处理时间的差异，调整企业银行存款余额的计算调节表（表 2-11）。

表 2-11　银行存款余额调节表

<table>
<tr><td colspan="8">评估基准日：　　年　月　日</td></tr>
<tr><td>资产占有单位</td><td colspan="3"></td><td colspan="2">调整日</td><td colspan="2">年　月　日</td></tr>
<tr><td>开户银行</td><td></td><td>账号</td><td colspan="3"></td><td>币种</td><td></td></tr>
<tr><td colspan="2">项目</td><td colspan="3">未审金额</td><td>审定金额</td><td colspan="2">备注</td></tr>
<tr><td colspan="2">银行对账单余额（　　年　月　日）</td><td colspan="3"></td><td></td><td colspan="2"></td></tr>
<tr><td colspan="2">加：企业已收到而银行尚未入账的合计数</td><td colspan="3"></td><td></td><td colspan="2"></td></tr>
<tr><td colspan="2">减：企业已付出而银行尚未入账的合计数</td><td colspan="3"></td><td></td><td colspan="2"></td></tr>
<tr><td colspan="2">调整后银行对账单余额</td><td colspan="3"></td><td></td><td colspan="2"></td></tr>
<tr><td colspan="2">企业银行存款账面余额</td><td colspan="3"></td><td></td><td colspan="2"></td></tr>
<tr><td colspan="2">加：银行已收而企业未入账的合计数</td><td colspan="3"></td><td></td><td colspan="2"></td></tr>
<tr><td colspan="2">减：银行已付而企业未入账的合计数</td><td colspan="3"></td><td></td><td colspan="2"></td></tr>
<tr><td colspan="2">调整后企业银行存款余额</td><td colspan="3"></td><td></td><td colspan="2"></td></tr>
<tr><td colspan="2">企业与银行差额</td><td colspan="3"></td><td></td><td colspan="2"></td></tr>
<tr><td colspan="2">调整结论</td><td colspan="3"></td><td></td><td colspan="2"></td></tr>
</table>

案例解析

评估人员在与客户的接洽中常常会被问及许多问题。这是一个非常好的与客户沟通和了解相关情况的机会。在咨询中，能够给出正确的解答和合理的解释，既可使客户认同评估人员的专业能力，又能促进项目达成和评估工作顺利开展。下面是资产评估工作中常见的咨询问题。

1. 如何选择或确定评估基准日？
2. 可以设定多个评估目的吗？
3. 评估方法不同，资产的评估价值会是一样吗？
4. 评估前是否需要审计或者清产核资？
5. 如何界定无形资产及其权属？
6. 股权能否作为评估对象？
7. 如何处理正在办理中的产权交割事项？
8. 评估值与资产交易作价的关系如何？
9. 企业是否可以根据评估值进行账务调整？
10. 企业是否可以将评估增值转增资本金？
11. 国有企业改制中的资产评估有无特别规定？
12. 破产企业清算评估由谁来担当委托方？
13. 企业自行开发和内部形成的技术能否界定为无形资产？

案例解析答案

14. 如何进行灭失资产的认定与评估?

15. 国有资产评估项目的备案与核准有哪些要求?

显然，上述这些问题涉及政策、法律和规范中的相关规定与要求，因此，评估人员不仅要掌握基本的评估方法，还应该知晓和熟悉其他多个方面的知识。要做到这一点，评估人员需要大量收集资料，不断学习和接受新的知识，在实践中积累经验。

例如，上面第 9 和第 10 两个问题都涉及企业会计调整事项。根据我国有关法律、法规和准则规定，企业必须依法进行资产评估，企业会计项目与企业注册资本不能随意调整。企业在未发生法定资产评估经济行为、产权未发生直接变动或实质性变动的情况下，不能按评估增值增加资本公积并直接转增注册资本；会计账项的调整必须严格按照法定的程序进行。

本章操作要点与难点

“磨刀不误砍柴工”，必须重视资产评估的前期工作。充分的准备既是评估项目顺利实施的前提，也是提高评估质量的保证。市场调查、资料收集和表单填制看上去是些简单的工作，实际恰恰相反，这些工作往往是评估中的要点。对于评估人员，特别是初涉人员，一定要在这些准备工作上多花工夫，多看、多学，不断积累经验，在专业工作中打下坚实的基础。操作中，应重视调查表的设计，根据企业及其资产特点确定资料收集渠道和项目。

资产的清查与调整也是评估工作中的难点，实际中遇见的企业及其资产项目可能是非常复杂的，评估人员必须掌握大量的政策法规知识和财经与管理类的专业知识，才能应对自如，处理好相关事宜。

分析与思考

1. 对评估项目进行风险估计有何意义?
2. 评估工作方案设计中应注意什么?
3. 如何在大量数据资料中找寻或整理出有价值的信息?

分析与思考答案

第三章　资产清查、核实与鉴定

资产评估的结果受到资产实际数量与质量的直接影响。在评估项目执行过程中，必须认真清查与核实资产的数量，通过查勘与鉴定了解和确证资产的性能、质量，以清查核实后的资产数量为评估基础，按照相关制度规定对申报的账面资产进行必要的调整并结合资产质量鉴定的实际情况进行估价。本章将介绍资产清查、核实与鉴定的相关知识与工作要求。

建议教学时数：4

第一节　清产核资的一般程序与方法

清产核资，是指根据企业特定经济行为需要，按照规定的工作程序、方法和政策，组织企业进行账务清理、财产清查，并依法认定企业的各项资产损益，从而真实反映企业的资产价值的活动。清产核资是资产评估工作的基础，评估人员应高度重视清产核资工作并充分利用清产核资的结果。

企业清产核资包括账务清理、资产清查、价值重估、损益认定、资金核实和完善制度等内容。目前，我国国有及国有控股企业的清产核资按规定应严格依据《国有企业清产核资办法》和《国有企业清产核资工作规程》有组织地进行。企业清产核资清出的各项资产损失和资金挂账，应依据国家有关法律、法规和财务会计制度的规定进行账务处理和资产调整。

一、清产核资的一般程序

企业应当根据实际情况和国家有关要求提出清产核资申请，非国有企业经股东会批准同意后组织实施，国有控股企业报国有资产监督管理机构（并附报企业董事会或者股东会的相关决议）批准后组织实施。企业经核准同意开展清产核资工作后，应当指定内设的财务管理或资产管理等机构或者成立多部门组成的临时机构作为具体工作办事机构，负责本企业清产核资有关工作的组织和协调。

清产核资的一般程序如图 3-1 所示。

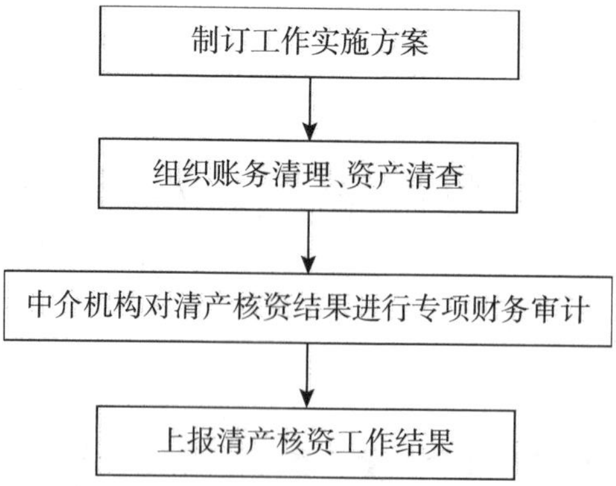

图 3-1 清产核资程序图

(一)制订工作实施方案

清产核资是一项涉及面广、工作量大的系统性活动，为了有效实现清产核资的目的，保证清查工作的顺利进行，清产核资工作领导小组及负责人应该在清查活动开始之前制订具体的工作实施方案。

企业清产核资工作的具体实施方案，主要包括以下内容：

（1）企业开展清产核资工作目标；

（2）企业清产核资办事机构基本情况；

（3）企业清产核资工作组织方式；

（4）企业清产核资工作内容；

（5）企业清产核资工作步骤和时间安排；

（6）企业清产核资工作要求及工作纪律；

（7）需要说明的其他事项。

[评估案例 3-1] 光华电器科技有限公司清产核资工作实施方案

第一章　总则

为保证光华电器科技有限公司清产核资工作的顺利进行，指导和规范财产清查工作的具体操作程序，提高清产核资工作的效率，特制定光华电器科技有限公司清产核资工作实施方案。

本方案根据国家有关部门的文件要求和企业处理并购事宜的需要，按照“充分准备、集中力量、分步实施”的工作原则，结合企业的实际状况编写而成。

第二章　清产核资的目的及作用

此次的清产核资是根据光华电器科技有限公司拟进行企业并购的事宜，全面清查企业的资产、负债，在此基础上，依据清产核资相关制度规定和企业会计制度确认各项资产的减值损失。其作用在于：

（1）摸清光华电器科技有限公司的“家底”，解决不良资产长期挂账等问题，全面掌握公司内部资产的真实分布、存量、结构和使用效益等情况，为下一步资产评估工作打下基础。

（2）加强光华电器科技有限公司资产的管理，促进财务人员整体业务素质的提高，提高财务数据的真实性、准确性。

（3）建立和完善适合光华电器科技有限公司、符合《企业会计制度》要求的内部会计控制制度和内部管理控制制度，提高资产使用效率，改善企业经营状况。

第三章　财产清查的基准日

此次财产清查的基准日确定为2020年12月31日。

第四章　清产核资法规依据

财产清查工作中企业及中介机构应依据下列法规执行（不限于）：

（1）《企业会计准则》《企业财务通则》及相关行业财务制度等；

（2）《企业会计制度》；

（3）《中国注册会计师独立审计准则》；

（4）中国注册会计师协会关于印发《内部控制审核指导意见》的通知；

（5）《中华人民共和国公司法》；

（6）《中华人民共和国会计法》；

（7）《企业财务会计报告条例》；

（8）《国有企业清产核资办法》；

（9）《国有企业清产核资工作规程》；

（10）《国有企业清产核资资金核实工作规定》。

第五章　清产核资的资料范围

企业各相关部门应在审计组进点前准备好如下资料：

（1）单位基本情况、组织机构及人员配备、财务机构及人员分工、企业成立批复；

（2）会计账簿、凭证、会计报表及其附注，其中包括各项实物资产盘点表、资产所有权证书、银行对账单及询证函、往来账账龄分析以及历年与对方核对的结果、各项投资协议、合同及主管部门的批准文件、接受投资单位经审计的会计报表、借款合同或协议等；

（3）各项资产列入损失的相关依据；

（4）各项资产预计损失的相关依据，其中包括资产价值发生重大变化的大宗资产的鉴定、评估、咨询报告；

（5）各项负债列入潜盈项目的相关依据；

（6）重大的未决经济纠纷案件，其预计损失情况；

（7）提供担保或抵押等或有负债事项的相关资料及说明；

（8）公司内部单位各项关联交易明细表；

（9）上述各项损失处理方法及资料。

（10）企业会计政策执行资料；

（11）企业的验资报告及评估报告；

（12）企业设计的内部控制制度及其执行情况报告；

（13）企业财产清查自查中，按本方案要求搜集、补充、完善的各科目相关证据和资料；

（14）与上述审计相关的、有可能对注册会计师做出专业判断产生重要影响的其他相关资料。

第六章　财产清查的方法和步骤

财产清查的步骤分为企业自查和中介机构审计两个步骤。

财产清查的方法：

1. 企业自查

参加清查的单位在规定的时间内，按要求全面清查企业资产、核实各项债务，依据企业已有及清查中取得、补充、完善的相关证据、资料，确认清理损失、预计减值损失，并根据清查结果填制财产清查明细表，列示各项资产的清理损失、预计损失；在财产清查的同时，企业还应对自身因管理需要而设置的内部控制制度的合理性及其执行的有效性进行自查，编制内部控制执行情况报告，反映企业内部控制的设立及执行情况。

2. 中介机构审计

中介机构在企业自查的基础上对企业财产清查的损失结果进行审计，同时对企业内部控制的设置及执行情况进行审核，对企业各项资产损失的真实性、合理性及内部控制制度的有效性发表意见。

第七章　企业财产清查的程序

财产清查工作首先要核对账表、账账、账实，在此基础上对各项实物资产进行盘点，对往来账项进行函证，对长短期投资进行检查，对各项费用的摊销进行核实，根据已存在和资产清查中取得、补充、完善的损失资料和证据确认资产的清理损失、预计损失，填制清查明细表。

第八章　审计工作程序（略）

第九章　财产清查的内容及要求

本方案提及的财产清查内容及要求，对于企业及中介机构来讲，是最基本的要求，工作中不局限于其中的内容及要求。企业应根据清查的实际情况，增加清查内容，补充相关资料；中介机构应根据审计情况补充审计程序，增加审计内容，取得相关资料。

此次财产清查从每一个会计科目入手，涉及企业的每项资产。

（具体内容略）

第十章　内部控制的审核内容及要求（略）

第十一章　财产清查表格及报告（略）

第十二章　项目组织工作

成立清产核资工作领导小组，根据清产核资的规范要求，对财产清查工作中发现的共性问题、原则问题、疑难问题，及时沟通，经各方协商一致后予以实施。

此次财产清查涉及每一项资产及企业的各个部门，因此各参加清查部门应指定专人作为财产清查工作的联络人，负责汇总各部分清查情况和意见反馈，以便公司清产核资小组尽早解决。

各清产核资审计组按照财产清查的具体要求和时间进度开展审计工作，对发现的问题，提出处理建议或专业咨询意见，及时反馈清产核资工作领导小组。

对列入“清查的资产损失”项目，大部分需要公司按照管理权限报公司董事会、经理办公会或类似机构批准，或聘请专业技术部门鉴定，因此为了保证财产清查工作进度，保证财产清查损失处理取得合规的证据，建议公司指定专门机构或专业人员负责与专业技术鉴定机构的联系、沟通，及时实施相关的鉴定工作；同时负责对各部门收集、补充、完善的损失证据进行核实，以便公司决策机构审批；同时公司决策机构在财产清查过程中，应定期召开相关工作会，分析损失原因，履行审批程序。

第十三章　项目的时间安排（略）

第十四章　中介机构的协调与配合（略）

第十五章　附则（略）

（二）组织账务清理、资产清查

1. 账务清理

账务清理是指对企业的各种银行账户、会计核算科目、各类库存现金和有价证券等基本财务情况进行全面核对和清理，以及对企业的各项内部资金往来进行全面核对和清理，以保证企业账账相符、账证相符，确保企业账务全面、准确和真实。

为保证企业的账账相符、账证相符，企业在清产核资工作中必须认真做好账务清理工作，即：对企业总公司及子公司所有账户进行清理，对总公司同各子公司之间的各项内部资金往来、存借款余额、库存现金和有价证券等基本账务情况进行全面核对和清理，以保证企业各项账务的全面和准确。

企业账务清理应当以清产核资工作基准日为时点，采取倒轧账的方式对各项账务进行全面清理，认真做好内部账户结算和资金核对工作。

企业在账务清理中，对清理出来的各种由会计技术性差错因素造成的错账，应当根据会计准则关于会计差错调整的规定自行进行账务调整。

2. 资产清查

资产清查是指对企业的各项资产进行全面的清理、核对和查实。企业在组织资产清查时，应当把实物盘点同核实账务结合起来，在盘点过程中要以账对物、以物核账，做好细致的核对工作，保证企业做到账实相符。把清理资产同核查负债和所有者权益结合起来，重点做好各类应收及预付账款、各项对外投资、账外资产的清理，做好企业有关抵押、担保等事项的清理。

企业应当在清产核资过程中认真组织力量做好资产清查工作，对企业的各项资产进行全面的清理、核对和查实。社会中介机构应按照独立审计准则的相关规定对资产盘点进行监盘。

（三）聘请社会中介机构对清产核资结果进行专项财务审计并对有关损益给出鉴证

社会中介机构应当按照独立、客观、公正的原则和《国有企业清产核资经济鉴证工作规则》，履行必要的审计程序，认真核实企业的各项清产核资材料，并按规定进行实物盘点和账务核对。对企业资产损益按照国家清产核资政策和有关财务会计制度规定的损益确定标准，在充分调查研究、论证的基础上进行职业推断和合规评判，提出经济鉴证意见，并出具鉴证证明。

中介机构的工作是在企业自查基础之上进行的，因此企业的自查结果以及确凿、充分的证据对中介机构的审计确认至关重要。

企业在清产核资工作过程中，对于清查出的下列损失及挂账，应当委托中介机构进行经济鉴证：

（1）企业虽然取得了外部具有法律效力的证据，但其损失金额无法根据证据确定的；

（2）企业难以取得外部具有法律效力证据的有关不良应收款项和不良长期投资损失；

（3）企业损失金额较大或重要的单项存货、固定资产、在建工程和工程物资的报废、毁损；

（4）企业各项盘盈和盘亏资产；

（5）企业各项潜亏及挂账。

在企业损失及挂账经济鉴证工作中，中介机构和相关工作人员应当实施必要的、合理的鉴证程序。鉴证程序如图 3-2 所示。

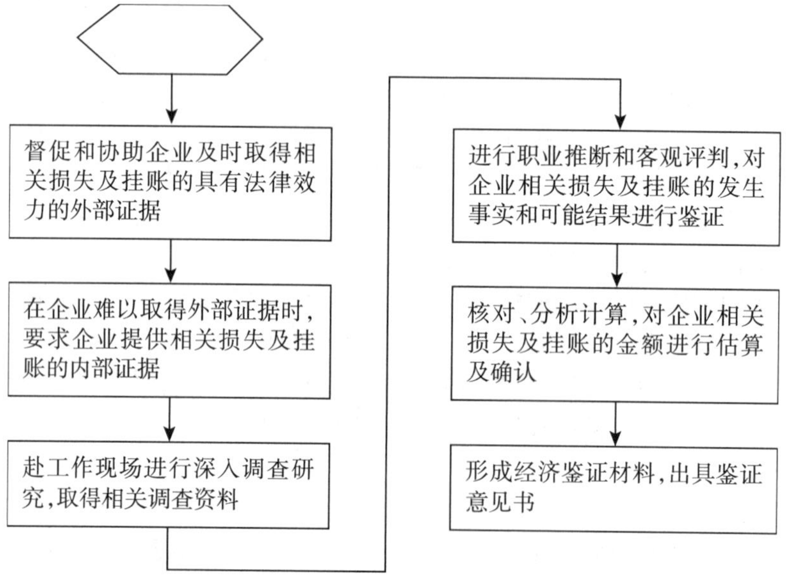

图 3-2　经济鉴证程序图

（四）企业上报清产核资工作结果

企业应将清产核资工作结果形成申报材料，上报给国有资产监督管理部门。清产核资结果申报材料具体包括：清产核资工作报告、清产核资报表、专项财务审计报告、企业申报处理的资产盘盈、资产损失和资金挂账的有关意见专项说明及有关备查材料。企业清产核资工作报告主要包含以下内容：

（1）企业清产核资基本情况简介：①财产清查的范围和规模；②财产清查的情况说明。

（2）清产核资工作结果：①申报处理资产损益情况；②申报处理资产损益原因说明。企业清产核资申报处理的各项资产损益应当提供具有法律效力的证明材料。

（3）对清产核资暴露出来的企业资产、财务管理中存在的问题及原因进行分析并提出改进措施等。

（4）财产清查审计意见：①申报待核销净损失的处理预案；②审核意见批复后所有者权益的变化情况。

（5）重要事项说明。清产核资专项审计报告的内容包括：清产核资工作范围、清产核资行为依据及法律依据、清产核资组织实施情况、清产核资审核结果、清产核资处理意见、中介机构认为需要专项说明的重大事项及报告使用范围说明等。

企业在完成清产核资后，应当全面总结，认真分析在资产及财务日常管理中存在的问题，提出相应整改措施和实施计划，强化内部财务控制，建立相关的资产损失责任追究制度。

二、清产核资的方法

在企业清产核资工作中应当重点做好各类应收及预付账款、各项对外投资、账外资产的清理，查实应收账款的债权是否存在；核实对外投资的现有实际价值；落实存货、固定资产等实物资产的数量、品质和使用状况；审核负债项目的真实性、准确性。根据清查结果，填制各科目“清查明细表”。

（一）流动资产的清查

企业对流动资产清查核实的范围和内容包括现金、各项存款、各种应收及预付款项、短期投资和存货等。

1. 货币资金的清查

货币资金清查主要是确定货币资金是否存在；货币资金的收支记录是否完整；库存现金、银行存款以及其他货币资金账户的余额是否正确。

对库存现金的清查，应当查看库存现金是否超过核定的限额，现金收支是否符合现金管理规定；核对库存现金实际金额与现金日记账户余额是否相符；编制库存现金盘点表。对库存外币依币种清查，并以清查时点当日之银行外币买入牌价换算。

对银行存款，主要清查企业在开户银行及其他金融机构各种存款账面余额与银行及其他金融机构中该企业的账面余额是否相符；对银行存款的清查，应根据银行存款对账单、存款种类及货币种类逐一查对、核实。检查银行存款余额调节表中未达账项的真实性；检查非记账本位币折合记账本位币所采用的折算汇率是否正确，折算差额是否已按规定进行账务处理。

对其他货币资金，主要是清查外埠存款、银行汇票存款、银行本票存款、在途货币资金、信用卡存款、信用证存款等，按其他货币资金账户及其明细分类账逐一核对。

2. 短期投资的清查

短期投资的清查主要是对国库券、各种特种债券、股票及其他短期投资进行清理，取得股票、债券及基金账户对账单，与明细账余额核对，盘点库存有价证券，与相关账户余额进行核对。

3. 应收及预付款项的清查

内容包括应收票据、应收账款、其他应收款和预付账款。

（1）清查应收票据时，企业应当按其种类逐笔与购货单位或银行核对查实。

（2）清查应收账款、其他应收款和预付账款时，企业应当逐笔核对各类应收、预付的原始资料，确认其真实性；逐一与对方单位核对，以双方一致金额记账，对有争议的债权要认真清理、查证、核实，重新明确债权关系；将应收款按账龄归集，分析可回收性，对长期拖欠的款项，要查明原因，积极催收；对经确认难以收回的款项，应当明确责任，做好有关取证工作。

（3）认真清理企业职工个人借款并限期收回。

4. 存货的清查

存货的清查内容主要包括：原材料、辅助材料、燃料、修理用备件、包装物、低值易耗品、在产品、半成品、产成品、外购商品、协作件以及代保管、在途、外存、外借、委托加工的物资（商品）等。存货的清查分为两部分：

（1）核对账目。

①财会部门负责核对总分类账余额与明细分类账余额、物管部门库存物资余额（或者原材料、产成品台账与财务系统的库存明细账数量）是否一致。

②物资管理部门负责核对各库存物资明细账余额与仓库账卡是否一致。

（2）核对实物。

①盘点实物资产，推算财产清查基准日的实存数量（清查基准日已盘点的除外），并编制盘点表，若出现盘盈、盘亏，应查明原因，并取得相关证据。

②函证异地存货，将回函结果与账面核对，若存在差异应查明原因，并书面说明。

③清理出租存货，核对出租合同及其他相关资料，查明差异原因并书面说明。

④对长期外借未收回的存货，应当查明原因，积极收回或按规定作价转让。对不能收回而又未办理借用手续的，应追究有关人员责任，并按规定处理。

⑤对清查出的积压、已毁损或需报废的存货，应当查明原因，组织相应的技术鉴定，并提出处理意见。

[**评估案例** 3-2] 光华电器科技有限公司在进行资产评估前，自己组织财产清查。财产清查的基准日为 2020 年 12 月 31 日，2021 年 1 月 21 日进行存货中的原材料的清查。财会部门和物资管理部门组成的存货清查小组首先进行了对账，在有关账目核对相符的基础上，进行实物盘点。清查小组以 2021 年 1 月 21 日原材料明细分类账的账列材料的名称、规格、数量为基准，对照实物进行清点，以实盘数量为基础，加上 2021 年 1 月 1 日至 2021 年 1 月 21 日的发出数量，减去 2021 年 1 月 1 日至 2021 年 1 月 21 日的入库数量，推算出财产清查基准日的实存数量，与清查基准日的账面数量对照，编制原材料盘点表，如表 3-1 所示：

表 3-1 存货盘点表

清查基准日：2020 年 12 月 31 日　　　　盘点时间：2021 年 1 月 21 日

序号	名称及规格型号	计量单位	账面价值			实际数量	备注
			数量	单价/元	金额/元		
1	PVC 板	块	5 000	240.00	1 200 000.00	5 000	
2	电阻	支	14 892	7.55	112 431.11	14 892	
3	电容	支	8 730	10.14	88 522.20	8 730	
4	集成电路 IC-1	块	1 240	415.32	514 996.80	1 240	
5	集成电路 IC-2	块	515	363.05	186 970.75	515	
6	集成电路 IC-3	块	378	314.02	118 699.56	378	
7	集成电路 IC-4	块	268	256.57	68 760.00	268	
8	集成电路 IC-5	块	540	180.00	97 200.00	540	

表 3-1（续）

序号	名称及规格型号	计量单位	账面价值			实际数量	备注
			数量	单价/元	金额/元		
9	焊锡丝	卷	316	5.00	1 580.00	316	
10	电位器	支	2 130	1.00	2 130.00	2 056	盘亏 74 个
11	卡座 S-1	个	38	10.00	380.00	48	盘盈 10 个
12	卡座 S-2	个	-275	15.27	-4 200.00	0	
13	卡座 S-3	个	428	21.45	9 180.60	428	
14	垫圈	个	36 850	0.14	5 211.00	35 820	毁损 1 030 个
15	螺钉	个	56 892	0.09	5 290.96	56 892	
16	铝箔	张	4 230	2.00	8 460.00	4 230	
17	连杆	个	1 862	1.60	2 979.20	1 862	
18	耐高温多芯线	米	3 253	6.00	19 518.00	3 253	超储积压
19	控制按钮	个	1 426	23.43	33 411.18	1 426	
20	其他	个	24 782	5.04	125 002.91	24 782	
合计					2 596 524.27		

盘点人：周小敏、马建国

注：表中单价系金额除以数量四舍五入自动生成，下同。

存货清查小组对清查结果进行了分析，取证说明了原材料卡座 S-1 盘盈、电位器盘亏的原因在于日常的收发记录差错；部分垫圈毁损的原因在于保管不当导致变形；耐高温多芯线超储积压的原因在于公司产品转型该材料耗用量大幅下降。并将清查结果上报给公司清产核资领导小组。

（二）长期投资的清查

在清查对外长期投资时，凡按股份或者资本份额拥有实际控制权的，一般应采用权益法进行清查；没有实际控制权的，按企业目前对外投资的核算方式进行清查。核查内容包括：有关长期投资的合同、协议、章程，权力部门的批准文件，投资原始单据或被投资单位验资报告，清查时点被投资单位经审计的会计报表，公司董事会或经理办公会、投资股东对投资决策、投资管理及投资损失处理的相关决议、资料等，确认目前拥有的实际股权、原始投入、股权比例、分红等项内容。

1. 债券投资的清查

盘点投资凭证，编制盘点表，将其与账面核对，检查其产权归属、投资数量、票面金额、票面利率、投资成本，是否存在损失及损失原因；取得清查基准日市值，与账面投资成本核对，预计减值损失。

2. 股票投资的清查

盘点投资凭证，编制盘点表，将其与账面核对，检查其产权归属、持股数量、持股比例、投资成本，是否存在损失及损失原因；取得清查基准日市值，与账面投资成本核对，预计减值损失。

3. 其他长期股权投资的清查

对所有投资项目，包括全资、控股、重大影响、无重大影响的投资，查明投资的日期、投资成本、持股比例、投资损益的核算及回收等。依据投资合同及原始投资单据确认投资成本，并与被投资单位进行核对；对参股企业的投资应核实双方入账的比例，按规定的核算方法检查账面价值，如存在差异应查明原因，并按正确的金额进行更正；依据被投资企业经审计的会计报表，按权益法核算检查投资于全资、控股、重大影响公司的投资损益；清查中对无合同、产权关系不明确的投资应通过清查予以明确。

（三）固定资产的清查

企业应对房屋、建筑物、机器设备、运输设备和工具器具等在内的所有固定资产（包括账内和账外资产）进行全面清查、盘点。查清固定资产原值、净值、已提折旧额，核对应提折旧与实提折旧，若存在差异，应查明原因，取得相关资料；清理出已提足折旧、待报废和提前报废的固定资产，取得相关资料，根据具体情况确定固定资产损失数额及待核销数额等。其清查方法是：

1. 核对账目、卡片

（1）财务部门负责核对：总分类账所列固定资产原值、折旧、净值与明细账余额及固定资产卡片金额之和是否一致；

（2）财务部门与归口管理部门（包括设备管理部门、不动产管理部门、其他资产管理部门等）双方核对卡片：对资产的编号、名称、型号规格、原始金额等的一致性进行核对，并与相关产权归属资料进行核对；

（3）归口管理部门与使用部门核对双方卡片：核对归口管理部门的固定资产卡片和使用部门的固定资产卡片的资产编号、名称、型号规格、数量、原始金额等是否一致。

2. 核对实物

由归口管理部门负责组织使用部门进行固定资产清查、盘点，以卡查物，以物对卡，核对账实，检查是否相符，编制资产盘点表，应特别关注以下几种特殊固定资产的核对：

（1）有卡无物的资产，要查明原因，确属丢失、毁损的列入固定资产盘亏，填报“固定资产盘盈、盘亏申报表”，属于出租出借的应追查出租出借合同。

（2）有物无卡的资产，要查明原因，一般有四种情况：

一是属于正常固定资产盘盈，填报“固定资产盘盈、盘亏申报表”；

二是属于接受捐赠未入账或作为成本费用支出的固定资产，应按照规定进行会计差错更正，补做账务处理；

三是租入借入固定资产，需要追查有关文书；

四是用账外资金购入，应先补做入账处理，并查清购买资产的资金来源。

（3）出租的固定资产，由租出方负责清查，并将清查结果与租入方进行核对，完善相关手续。

（4）借出的固定资产，要认真清理，清理结果与对方核对，取得一致，完善相关手续。对于非经营借出，应尽量回收，对确实无法收回的，应按公司规定程序审批处理，并追究有关责任人的责任。

经过清查后的各项固定资产，依据用途（指生产性或非生产性）和使用情况（指在用、未使用或不需用等）进行重新登记，建立健全实物账卡；对清查出的各项未使用、不需用的固定资产，应当查明购建日期、使用时间、技术状况和主要参数等，按调拨（其价值转入受拨单位）、转生产用、出售、待报废等提出处理意见。

在建工程（包括基建项目）清查的范围和内容主要是在建或停缓建的国家基建项目、技术改造项目，包括完工未交付使用、交付使用未验收入账等工程项目、长期挂账但实际已经停工报废的项目。在建工程要由建设单位负责按项目逐一进行清查，主要登记在建工程的项目性质、投资来源、投资总额、实际支出、实际完工进度和管理状况。其清查方法是：核对在建工程明细账、总账，并与相关批复文件进行核对，编制在建工程清单；依据上述清单与实物资产进行核对，包括对工程进度、工程质量的检查，取得工程管理部门的工程进度报告、质量验收报告或相关文书；依据在建工程合同、借款协议、工程进度、工程成本支出资料等检查工程资本化核算情况；对清查出的资产价值不实的部分，应根据具体情况调整相关账目或申报资产损失；对挂往来账的在建工程支出，应按规定进行调整，计入在建工程核算，完善相关手续；对清查出的报废工程、毁损工程等应查明原因，取得专业技术鉴定部门的鉴定报告。

（四）无形资产的清查

无形资产清查的范围和内容包括各项专利权、商标权、特许权、版权、商誉、土地使用权及房屋使用权等。对无形资产的清查主要是进行全面审核，确定其真实价值及完整内容，核实权属证明材料，检查实际摊销情况。

1. 对已入账无形资产的清查

（1）逐项清查、核实无形资产的入账依据、金额。无形资产的入账应依据中介机构的鉴定、评估报告、购买合同或实际发生的成本资料等。

（2）核实无形资产科目所含各项无形资产是否按规定进行了摊销，若存在差异应查明原因，依据相关证据列入“清查的资产损失”项目。

2. 对未入账无形资产的清查

这是指以前直接进费用或挂往来科目、符合无形资产核算条件而没有作为无形资产入账的，均应补充入账，并按照受益年限进行摊销。

土地清查的范围包括企业依法占用和出租、出借给其他企业使用的土地，企业举办国内联营、合资企业以使用权作价投资或入股的土地，企业与外方举办的中外合资、合作经营企业以使用权作价入股的土地。审核是否依据取得土地使用权证的相关资料，如合同、协议、土地使用权证等规定的使用年限平均摊销取得费用。

（五）递延资产及其他资产的清查

递延资产及其他资产清查的范围和内容包括开办费、租入固定资产改良支出及特准储备物资等，应当逐一清理，认真核查摊销余额。主要检查是否存在长期挂账应摊未摊的费用及开办费的转销。

（六）负债的清查

企业清产核资工作应当把清理资产同核查负债和所有者权益结合起来，对企业的负债、所有者权益认真清理，对于由会计技术差错造成的不实债权、债务进行甄别并及时改正；对清查出来的账外权益、负债要及时入账，以确保企业的资产、负债及权益的真实、准确。

负债清查的范围和内容包括各项流动负债和长期负债。流动负债要清查各种短期借款、应付及预收款项、预提费用及应付福利费等；长期负债要清查各种长期借款、应付债券、长期应付款等。对负债清查时企业要与债权单位逐一核对账目，达到双方账面余额一致。

1. 长短期借款的清查

（1）编制长期借款、短期借款清单；

（2）检查借款合同，取得授权批准文件；

（3）将明细账与借款合同核对，核实借款期限、金额、利率、借款条件、借款费用的核算，非记账本位币汇率的折算及汇差的处理；

（4）向银行及有关债权单位进行函证，并与明细账核对，查明不符原因，并书面说明；

（5）查明借款逾期的原因、未计利息的原因及其处理，并书面说明；

（6）对清查损益，依据公司管理程序，由职能管理部门编制资产损益处理报告，报经公司董事会、经理办公会或类似权力机构审批或依据其他相关证明资料进行处理。

2. 应付预收款的清查

（1）编制各项应付预收科目清单；

（2）核实各项应付款项的真实性，与相关的购货发票、入库单进行核对，查明不符的原因，取得不符的证据或说明；

（3）选择重要账户进行函证，查明函证不符原因，并书面说明；

（4）清理长期挂账的款项，除特殊情况外，对两年以上无法付出的款项、两年无新的业务往来、有明显证据表明无法付出的款项（如对方解体、破产、清算、被注吊销等），在取得相关证据基础上（证据内容同应收款）报经公司管理机构审批处理；

（5）对未入账的款项，应查明原因，按规定程序入账核算。

3. 预提费用的清查

（1）取得预提费用依据，检查预提费用计提是否符合规定、金额是否正确；

（2）检查预提费用是否按规定转销，查明未按规定转销的原因，将应转与未转的差额列入清查损益；

（3）对两年以上尚未转销的预提费用，应查明原因，如确属无法转销或有明显证据表明不需转销的，按公司管理程序审批处理。

4. 其他负债项目的清查

（1）对各种应交款项的清查，应取得税务登记证、税务鉴定报告、减免税收批复、纳税申报表，核对税收计算的正确性。

（2）若存在长期未支付的税款，应查明原因，并书面说明；对有充分证据表明不需要支付的税款，应按规定程序处理。

（3）对应付工资、应付福利费的负数余额不能作为清查损失处理；应付股利、专项应付款、长期应付款科目的清查，比照应付账款的要求进行；根据《或有事项准则》

计提的预计负债，应取得计提依据、核对计提金额，若存在长期未转销的预计负债，应查明原因，并书面说明。

（七）所有者权益的清查

（1）根据企业资产负债表所反映的数额，按照不同的投资渠道逐一核对、查实、登记，同时把各项资本按国家资本金、法人资本金、个人资本金、外商资本金、待转资本金等进行登记，并核实各项资金的占有情况。

（2）所有者权益的清查重点在于资本到位情况；对产权归属不清或有争议的，要重点登记，按规定程序重新界定。

企业进行清产核资应当做到全面彻底、不重不漏、账实相符。对于企业存在的抵押、担保、涉及法律诉讼的资产，应取得相关合同、协议、法律诉讼文书等相关资料，将其归入所在资产科目进行登记、清查；对清理出来的各项资产盘盈、资产损失和资金挂账的核实和认定，都必须取得合法证据，具体按照《国有企业资产损失认定工作规则》的有关规定进行。

第二节　资产的现场查勘与鉴定

一、资产的现场查勘

对资产进行查勘与鉴定是清产核资和资产评估中的一个非常重要的工作步骤。企业应在资产评估前对资产进行清查，对账面资产进行审核，对现金、存货、固定资产等进行盘点。

企业应填制资产清查明细表。该表格按会计科目设置，其基本格式参见附录——资产清查评估表。不同资产项目的表格不尽相同，一般应根据资产特点设置其栏目。这些栏目应能对资产的数量、规格、金额以及其他特点与状况等有较为详细的描述。对于一些特殊资产或特殊类别的资产，评估人员应设计恰当的专用表格。资产清查明细表是评估人员进行资产核查的重要依据。

企业应填制实物盘点表。盘点表中应详细记录有关资产名称、型号规格、单位、数量、账面价值等，表尾应写明填表人员、参加盘点人员。不同资产的盘点表有所不同（参见前面表3-1），若盘点后数量及金额与账面记录数不一致，应据实在盘点表备注栏中给以说明。盘点日与评估日不一致时，要注意查对两个时点间资产数量的变化情况。盘点表是评估人员进行资产核查和现场查勘的重要依据。

评估人员进入现场后，应先获取被评估企业的资产自查盘点表，对照该表进行现场核实与勘察。如果被评估单位的管理制度健全、管理状况良好，对数量较多、单价较低的资产以及数量较多的同类、同型号资产，也可以采用重点清查、抽样检查等方法来核实评估对象。现场勘察时应填制现场勘察核实表，基本格式如下（表3-2）：

表 3-2　实物现场勘察核实表

评估基准日：　　年　月　日　　　　　　　　现场查验日：　　年　月　日

放置地点：________________________________

____

实物类别	规格型号	申报数量	申报金额	品质状况	盘盈（亏）	放置地点
						○
						○
						○
						○
						○
						○

专人保管：	有	无
存发制度：	有	无
凭证记录：	有	无

企业负责人（签名）： 财务负责人（签名）： 仓储负责人（签名）；	评估机构查验人： 评估机构查验人：

其他说明事项：

二、资产的鉴定

资产评估的鉴定包括权属状况鉴定、技术状况鉴定、使用状况鉴定、质量鉴定、磨损程度鉴定等，不同类型的资产其鉴定方法和内容是不一样的，本书将在以下各章讲述具体资产评估时进行介绍，这里主要说明一般的鉴定方法。

（一）账面资产的鉴定

为了核实账面资产，必须对其真实性、准确性和可回收性进行鉴定，具体方法包括函证、查验凭证等。函证的内容及标准，应在专业判断的基础上，结合重要性水平加以确定。一般来说应当函证的内容有：银行存款，函证所有账户余额；银行借款，函证所有长短期借款余额；函证由其他单位代为保管、加工或销售的存货；函证所有长、短期投资；各应收应付款项可选择金额较大、账龄较长的债权债务项目进行函证。

对于函证的款项，除特殊情况无法收回外，应当积极催收，尽量取得回函，如第一次询证未回，应再次函证。如始终没有取得回函，应采取适当的替代程序进行审核。

债权清查中的难点是获取相关损失证据，为此必须明确有关损失确认的条件和依据。一般来说，应收账款清查中债务人存在下列情形的，需取得以下证据方可确认坏账损失：

（1）由于债务人破产或死亡以其破产财产或遗产清偿后仍不能收回的账款，取得法院或公安局派出所出具的债务人破产、死亡的法律文书。

（2）债务人经工商行政机关及税务机关注销或吊销证照，应取得工商行政管理局出具的债务人已被吊销、注销营业执照的书面证据、公告及其他相关资料。

（3）债务人连续三年资不抵债、经营亏损，失去持续经营能力，应取得债务人连续三年经审计的会计报表。

（4）债务人已被合并、分立的，对于已知债务接受单位的应核实债务接受单位的偿还能力；未知债务接受单位的，应通过工商部门落实债务接受单位名称、地址，前去核实债务偿还事宜，并按前款所述确认坏账损失。

（5）当债务人停产、停业，应取得其上级主管部门有关该企业停产停业的批复或决议、近两年经审计的会计报表、纳税申报表及能证明该企业已停止营业的资料。

（6）债务人连续两年未通过年检，应取得相关公告及证明资料。

（7）被法院裁定或被中介机构确认失去偿债能力。取得法院裁定书或中介机构的确认报告。

（8）分析账龄在三年以上的应收款项，取得历年与对方核对（函证）或催收证明，分析其偿债能力，并按前款所述确认坏账损失。

（9）由于意外事故、贪污盗窃、诈骗、司法败诉强制执行等其他因素造成的损失，应提供相关依据，如交通、公安、司法、保险文书、事故报告、处理决定等。

（10）其他有明显证据表明无法收回的款项，应取得相关证据。

（二）实物资产的鉴定

实物资产的鉴定是指通过查阅有关技术资料和使用手册，查看资产外观和使用环境、了解保管条件与维修情况、咨询有关管理人员等方法对实物资产的使用状况、技术性能、品质质量、损耗程度等进行分析判断的活动。

1. 存货的鉴定

存货资产的鉴定主要是关注是否存在存货损失，一般在取得以下证据的前提下确认资产损失：

（1）盘亏、锈蚀、腐烂的存货，依据盘点记录、损失报告、公司董事会或经理办公会或权力机构的决议或批准文件直接确认损失。

（2）技术淘汰、质量报废、毁损报废的产品，应取得专业的技术管理部门、行业技术鉴定委员会、中介技术鉴定部门（以上三项在下面统称：专业技术鉴定部门）的鉴定或咨询报告、评估机构报告、物价部门价格公告、媒体公告等确认损失。

（3）已经过期且无转换价值的存货、生产中已不再需要且已无使用价值和转让价值的存货，应取得专业的技术鉴定部门的报告，证明该存货已过期且无利用价值。

（4）自然灾害、被盗损失、事故损失等造成的存货损失，需提供公安、交通（安检）、保险部门的证明资料、保险索赔资料、法律诉讼文书、主管机构的裁定书、事故报告书等，损失金额应按保险理赔后的净值计算。

2. 固定资产的鉴定

一般情况下，固定资产的鉴定可以分为定性鉴定和定量鉴定两种。定性鉴定主要是指通过工程技术人员、专业人员和被鉴定资产的管理人员的专业知识和长期实践经验，根据被评估资产的实际使用情况，经过分析和目测做出的关于固定资产的好坏和新旧程度的判断。定量鉴定主要是指采用仪器、仪表和其他测试手段，通过相关参数指数的计算，对固定资产做出的关于技术性能、物理状况以及几何精度等方面的判断。

对于建筑物的鉴定，主要考察的是其原设计状况（包括建筑物的面积、结构、高度、容积率、装饰等）和现存状况，鉴定的关键在于成新率。在对建筑物进行鉴定时，应当编制和填写《建筑物质量鉴定表》，格式如下（表3-3）：

表3-3　建筑物质量鉴定表

企业名称：　　　　　　　　　　　　　　　　　　　　鉴定时间：　　　年　月　日

<table>
<tr><td colspan="2">建筑物名称</td><td></td><td>结构</td><td></td><td>层高及层数</td><td></td><td colspan="2">建筑面积</td><td></td></tr>
<tr><td rowspan="2">账面价值</td><td>原值</td><td></td><td rowspan="2">竣工时间</td><td rowspan="2"></td><td rowspan="2">已使用年限</td><td rowspan="2"></td><td rowspan="2">重置成本</td><td>单价</td><td></td></tr>
<tr><td>净值</td><td></td><td>总值</td><td></td></tr>
<tr><td colspan="2">主体结构状况</td><td colspan="3"></td><td>装修完好程度</td><td></td><td colspan="2">成新率/%</td><td></td></tr>
<tr><td colspan="10">技术鉴定的依据、结论及价值评估建议

</td></tr>
</table>

评估责任者	专业工程师	复核
（职称及签章）	（职称及签章）	（职称及签章）

与建筑物相比，机器设备的鉴定更为复杂，因为机器设备的种类、技术等级及使用行业成千上万，很难形成一个统一的标准。实务工作中可分为客观统计性鉴定和主观判断性鉴定两种。

（1）客观统计性鉴定。客观统计性鉴定是登记型的，即按照机器设备的类别，预先设计好一套能够反映现时和历史状况的项目或指标，然后根据账、卡、检验仪表等反映出的有关数据或信息，进行逐项登记，结合资产清查进行宏观与微观鉴定。

宏观鉴定是对机器设备在整个生产过程中的状况进行调查摸底，应该主要掌握的因素是：企业生产何种产品；生产能力多大；原材料、燃料及动力消耗水平如何；维修费用和操作人员数量多少以及收益能力等方面的情况。微观鉴定主要是针对单台单机，由于机器设备类型很多，其鉴定项目和内容没有统一的格式，需要由专业技术人员、管理人员和工程技术人员根据具体情况具体分析。

（2）主观判断性鉴定。主观判断性鉴定是一种主观性的鉴定，主要针对无现成数据可查、必须经过主观判断才能确定的项目或指标。这种鉴定一般只能在完成统计性鉴定之后进行。主观判断性鉴定的参考标准见表3-4：

表3-4　主观判断性鉴定的参考标准

损耗率/%		设备状态	成新率/%
0~5	全新	刚启封或刚安装好，尚未使用过	100~95
10~15	很新	与新的差不多，不需要更新零件或进行修理	90~85
20~35	良好	基本属于新设备，在更新或修复一些零部件后，尚可达到优良状态	80~65

表 3-4（续）

损耗率/%		设备状态	成新率/%
40~60	一般	属于旧设备，需要更换较多零部件方可达到良好状态	60~40
65~80	尚可用	尚可运行的旧设备，需要更换大量的零部件	35~20
85~90	较差	需要大修理，在更换大量零部件后方可运行	15~10
95~100	报废	只能以残值价格处理	5~0

固定资产的鉴定一般应逐台、套进行，现场查勘鉴定中应重点关注是否存在以下几种情况：

①长期闲置不用，在可预见的未来不会再使用，且已无转让价值的固定资产；

②由于技术进步等原因，已不可使用的固定资产；

③虽然固定资产尚可使用，但使用后产生大量不合格品的固定资产；

④已遭毁损，以至于不再具有使用价值的固定资产；

⑤其他实质上已经不能再给企业带来经济利益的固定资产。

以上五种情形的固定资产，均需取得专业技术鉴定部门出具的相关文书，并据此计提减值准备。

企业在清产核资中，要认真组织做好资产盘盈、资产损失和资金挂账有关证明的取证与证据甄别。合法证据包括：具有法律效力的外部证据；社会中介机构的经济鉴证证明；特定经济行为的企业内部证据。在取得各项相关证据和资料后，企业应当认真甄别各项证明材料的可靠性和合理性；承担清产核资专项财务审计业务的社会中介机构要对企业提供的各项证据真实性、可靠性进行核实和确认。

第三节　资产账面数值的调整与账务处理

一、资产账面数值调整的原则与方法

资产账面数值的调整必须严格按照法定的程序进行。依据《国有企业清产核资资金核实工作规定》，企业清产核资工作中清理出的各项资产盘盈、资产损失和资金挂账等的认定与处理，按照事实确凿、证据充分、程序合规的原则，依据《企业清产核资办法》规定的工作程序和工作要求，由清产核资企业向国有资产监督管理机构申报批准；国有资产监督管理机构根据企业上报的各项资产盘盈、资产损失和资金挂账等清产核资工作结果，在清产核资企业申报的处理意见及社会中介机构的专项财务审计意见基础上，组织进行审核并批复；企业依据资金核实批复结果，按照国家现行的财务、会计制度的规定予以账务处理；企业在接到清产核资的批复 60 个工作日内要将账务处理结果报同级国有资产监督管理机构并抄送企业监事会。

企业清产核资中查出的各项资产损失和资金挂账数额较小，企业能够自行消化的，可以按照国家有关财务会计制度规定，经国有资产监督管理机构征求财政部门意见批

准后分年计入损益处理；对查出的企业各项资产损失和资金挂账数额较大、企业无能力自行消化弥补的，经国有资产监督管理机构审核批准冲减所有者权益的，可依次冲减盈余公积金、资本公积金和实收资本。

企业对经同意核销的各项不良债权、不良投资，要建立账销案存管理制度，组织力量和建立相关机构积极清理和追索；对同意核销的各项实物资产损失，应当组织力量积极处置、回收残值，避免国有资产流失。企业在接到清产核资的批复 30 个工作日内，按规定程序到同级国有资产监督管理机构办理相应的产权变更登记手续。企业注册资本发生变动的，在接到清产核资的批复后，在规定的时间内，按规定程序到工商行政管理部门办理工商变更登记手续。

财产清查中的会计差错更正，应按相关会计准则进行调整，并列示资产、负债调整前后比较表。

［**评估案例** 3-3］光华电器科技有限公司在委托华夏资产评估有限公司进行资产评估前，对公司账务进行了清理。在长期股权投资的账务清理中，发现在清产核资工作基准日（2020 年 12 月 31 日）应按权益法核算的“长期股权投资——其他股权投资——通达高科技有限责任公司”的账面价值为2 664 199. 72元，与应占被投资企业的净资产的份额不相等，相差81 587. 28元。公司财务部门通过对账、审计了解到，通达高科技有限责任公司在 2020 年度开始享受国家西部大开发的税收优惠政策，企业所得税税率从原来的 33%下调到 15%，该公司 2020 年度实现利润总额 566 578. 36 元，由此应少交所得税 566 578. 36×（33%－15%）＝101 984. 10（元），净资产相应调增 101 984. 10元。光华电器科技有限公司的“长期股权投资——其他股权投资”核算是按照通达高科技有限责任公司所得税汇算清缴前的账务情况进行的，所以形成了 101 984. 10×80%＝81 587. 28 元的差额。通过清查，光华电器科技有限公司对“长期股权投资——其他股权投资——通达高科技有限责任公司”的账面价值按相关制度规定进行了调整，在原来的基础上调增了81 587. 28元，账面价值调整后为2 745 787. 00元。

二、资产评估结果账务处理的原则与方法

资产评估以及评估结果的处理等工作常常涉及会计与税务事项，实践中，资产评估价值经确认后与原账面价值的差额应该按照相关制度的规定进行账务处理。

（一）会计处理的原则

资产评估根据特定的评估目的进行，由于资产评估的目的不同，加上市场竞争的程度、交易双方对市场前景估价的差异等各种因素的影响，可能会出现评估价值和交易价格不一致的情况，因而评估结果的账务处理也是不相同的。为了保证资产评估结果会计处理的合法性与正确性，必须按照下列原则和要求来进行资产评估结果的会计处理。

（1）对评估结果进行会计处理必须符合法律和法规的有关规定。

（2）资产评估结果的会计处理方法必须符合企业会计准则、企业会计制度以及国家对资产评估的有关规定。

（3）应根据资产评估的不同目的和价值类型，选用不同的会计处理方法对资产评估结果进行会计处理。

（二）会计处理的方法

资产评估结果会计处理的具体方法可以区分为以下三种：

1. 账项调整

账项调整是指根据资产评估结果调整相应的账簿记录和报表信息的方法。当企业进行资产评估的目的是实行对外投资、企业改组等，应根据资产评估结果确定所有者的权益，确定利润分配的比例。企业应根据评估结果进行账项调整，以便将调整后的会计信息作为界定所有者权益的基础，作为利润分配的前提条件。

资产评估价值大于原资产账面价值的差额是未实现的，在性质上属于资本公积，不应确认为任何一种形式的已实现损益；而且资产评估的增值也不可能产生现实的损益，因此一般情况下资产评估增值应作为资本公积处理。资产评估价值小于原资产账面价值的差额，也是未实现的，按照稳健性原则，应将评估减值作为当期损益处理，即借记“营业外支出——资产评估减值”科目，贷记有关资产类科目。如果重估减值与过去的重估增值有关，而重估增值已记入所有者权益账户，则应将后来重估减值冲销已记入资本公积的重估增值，冲销后仍有未冲销的重估减值，则应记入损益账户。

评估价值与原账面价值的差额，无论是作为资本公积处理，还是作为当期损益处理，一般是将当期确认的总差额一并进行调整。此后该项资产在使用过程中发生折旧、摊销时，就涉及是按评估价值计提折旧或摊销费用，还是按原账面价值计提折旧或摊销费用的问题。如果按评估前的原账面价值计提折旧或摊销费用，应解决评估前资产账面价值与评估后资产账面价值之间差额应如何处理的问题。一般情况下，将该差额作为资本公积处理。如果企业按照评估后的账面原价计提折旧，或按照评估增值后的账面价值摊销费用而减少纳税所得，税法规定在计算应纳税所得额时，可按两种方法调整：一是据实逐年调整。每一纳税年度通过折旧、摊销等方式实际记入当期成本、费用的数额，在年度纳税申报的成本、费用项目中进行调整，相应调整增加应纳税所得额。借记“递延税款”科目，贷记“应交税费——应交所得税”科目。二是综合调整。对资产评估增值额不分资产项目，均在以后年度纳税申报的成本、费用项目中予以调整，相应调整增加每一纳税年度的应纳税所得额，调整期限最长不超过10年。其应交的所得税，借记“递延税款”科目，贷记“应交税费——应交所得税”科目。

2. 附注说明

附注说明是指将资产评估结果在会计报表附注中进行说明的方法。当企业进行资产评估的目的只是为了确定企业所拥有资产的实际价值，以便根据资产价值进行经营评价、确定承包基数、确定抵押借款金额等时，资产评估价值只是有助于会计信息使用者做出正确决策，而且该项资产没有完成实质性的交易，其在性质上既不属于资本公积，也不属于当期实现的损益，因此只需在会计报表附注或其他有关资料中进行说明，不需要调整评估资产的账簿记录。在会计报表附注中，应说明评估资产的项目、评估目的、评估价值、评估价值与账面价值的差额等等内容。其评估结果的资料作为会计文件资料在抵押、担保、承包期间内保存、备查。

3. 报表说明

报表说明是指将资产评估结果只在母公司会计报表中进行说明的方法。当子公司进行资产评估时，若发生增值或减值，子公司可以根据需要调整账簿资料，而母公司不需在账簿资料中调整，只需在合并报表中反映评估的结果。

如上所述，资产评估的账务处理方法，是由资产评估的特定目的所决定的，资产评估的目的不同，其账务处理方法也不同。现行的会计准则和会计制度对资产评估结果的会计处理有明确规定。

[评估案例 3-4] 企业以固定资产对外投资，应对资产进行评估。其账务处理应按照《企业会计准则——非货币性交易》的规定进行，即按对外投资的固定资产的原账面价值加上应支付的相关税费确定长期股权投资的账面价值。

甲企业以其拥有的厂房、机器设备对乙企业投资，厂房及机器设备的账面原值为100 万元，已提折旧 50 万元，未计提减值准备。评估后确认的重置完全价值为 120 万元，按新旧程度确定的折旧额为 60 万元。另外，以银行存款支付清理费用 1 万元。则甲企业应做如下账务处理：

借：固定资产清理	500 000	
累计折旧	500 000	
贷：固定资产		1 000 000
借：固定资产清理	10 000	
贷：银行存款		10 000
借：长期股权投资——乙企业	510 000	
贷：固定资产清理		510 000

案例解析

奥林公司被华衡公司出资收购。财产清查前奥林公司的资产负债表见表 3-5：

表 3-5　资产负债表（财产清查前）

单位：万元

资产	金额	负债及所有者权益	金额
货币资金	10	短期借款	100
应收账款	200	应付账款	280
存货	300	应交税费	35
长期股权投资	50	长期借款	300
固定资产	600	实收资本	300
减：累计折旧	240	资本公积	10
固定资产净值	360	盈余公积	3
无形资产	20	未分配利润	-88
资产总额	940	负债及所有者权益总额	940

奥林公司对固定资产、流动资产、无形资产、长期投资等进行全面清查登记，对各项资产损失以及债权债务等进行全面查实，清查结果见表3-6：

表3-6 财产清查结果表

单位：万元

项目	账面价值	财产清查结果	备注
应收账款	200	180	20万元的坏账损失
库存商品	145	130	盘亏库存商品15万元
固定资产	360	355	盘亏固定资产净值5万元，原值8万元

奥林公司获取有关财产损失证据，上报国有资产监督管理机构，依据资金核实批复结果，冲减所有者权益，账务处理如下：

（1）坏账损失的处理：

借：盈余公积 30 000

资本公积 100 000

实收资本 70 000

贷：应收账款 200 000

（2）库存商品的处理：

借：实收资本 150 000

贷：库存商品 150 000

（3）固定资产的处理：

借：实收资本 50 000

累计折旧 30 000

贷：固定资产 80 000

经过上述账务处理，奥林公司编制了财产清查后的资产负债表（表3-7），以此作为评估基准日资产负债表。

表3-7 资产负债表（财产清查后）

单位：万元

资产	金额	负债及所有者权益	金额
货币资金	10	短期借款	100
应收账款	180	应付账款	280
存货	285	应交税费	35
长期股权投资	50	长期借款	300
固定资产	592	实收资本	273
减：累计折旧	237	资本公积	
固定资产净值	355	盈余公积	
无形资产	20	未分配利润	-88
资产总额	900	负债及所有者权益总额	900

本章操作要点与难点

清产核资是资产评估工作的基础，又是一项有严格的法规政策约束的系统性工作。评估人员必须对清产核资的程序、内容、方法等有全面准确的认识。清产核资工作实施方案的设计要根据企业规模、资产特点、人员组织等因素综合考虑。为了充分利用清产核资的工作成果，评估人员现场工作时应先获取清产核资工作实施方案。

资产的清查与损失的认定是清产核资工作中的难点。不同类型的资产具有不同的特点，财产清查方法也会有所不同，如债权类资产需要采取账面审核、向债务人函证的方法；存货类资产需要采取实地盘点、计价复核的方法；固定资产需要采取逐个清查、勘测鉴定的方法等。清产核资工作必须针对不同的资产采取不同的清查方法。为了保证清查结果的准确性，有助于损失（潜盈）的确认和核销（核增）审批，必须注意损失（潜盈）证据的索取。

资产账面数的调整要严格按照事实确凿、证据充分、程序合规的原则依法进行，在获得相关权力部门批复的基础上，按照会计准则和制度的要求进行账务处理，并列示资产、负债调整前后比较表。

分析与思考

1. 清产核资应遵循什么样的程序？
2. 清产核资工作方案设计中应注意什么问题？
3. 清产核资的主要方法有哪些？

分析与思考答案

第四章　机器设备评估

机器设备是人们生产和生活中的必需品，也是资产评估中常见的评估对象。评估人员应熟悉机器设备的一般特征和工作特点，掌握和灵活运用不同的评估方法。本章从介绍机器设备的基础知识入手，结合光华电器科技有限公司的部分机器设备项目分别讲解不同评估方法的运用。

建议教学时数：10

第一节　机器设备评估基础知识

机器设备是评估中最常见的实物类资产。机器设备种类繁多，其结构、功能与用途各异，加之不同的形成方式和购建来源，使得机器设备的评估有着若干方法可供选择。与其他资产一样，机器设备的价值受到市场供给与需求的影响，也取决于其自身的效用与贡献。这种效用与贡献又在很大的程度上受制于机器设备本身的物理状态、服役能力和技术性能。在评估中，评估人员还应当根据机器设备的预期用途，明确各类评估假设，包括：继续使用或者变现；原地使用或者移地使用；现行用途使用或者改变用途使用等情况。

因此，熟悉机器设备的组成与工作特点，了解其运行与磨损的规律，知晓机器设备的现有使用条件等，有助于可靠估计其贡献能力和科学合理地选择评估方法。

一、机器设备的含义、类别与用途

机器设备，是指人类利用机械原理以及其他科学原理制造的、特定主体拥有或者控制的有形资产，包括机器、仪器、器械、装置、附属的特殊建筑物等。下面是一些常见的机器设备（图4-1至图 4-6）：

图 4-1　车床

图 4-2　小轿车

图 4-3　剪切机

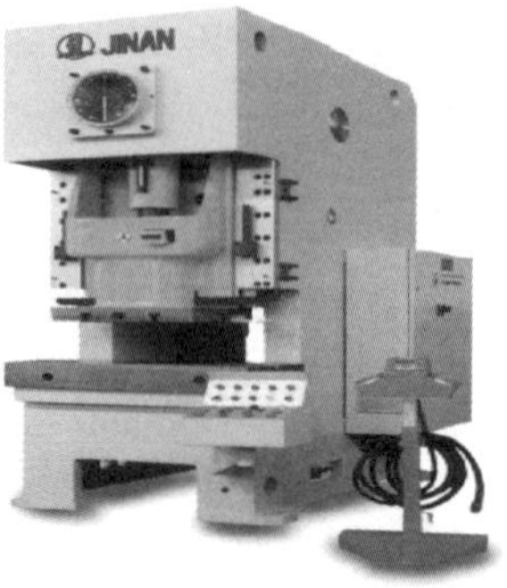

图 4-4　挤塑设备

图 4-5　笔记本电脑

图 4-6　检测仪表

从普通的家用机具到复杂的工业设备，从交通旅行用的小型轿车到科学考察用的航海舰船，从灵巧轻便的笔记本电脑到笨重庞大的汽轮发电机，从随身携带的移动电话到遥测控制的太空卫星，机器设备与人类活动已经密不可分。机器设备种类很多，按照不同划分标志，可以将其分成不同的类别。下面是各种不同的分类（图 4-7 至图 4-17）：

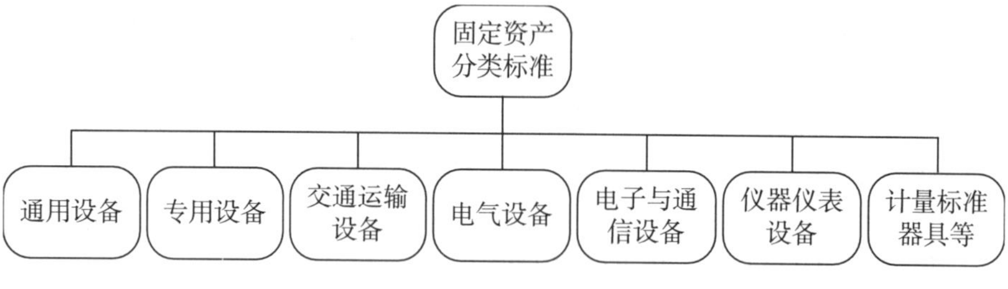

图 4-7　按照固定资产分类标准对机器设备分类框图

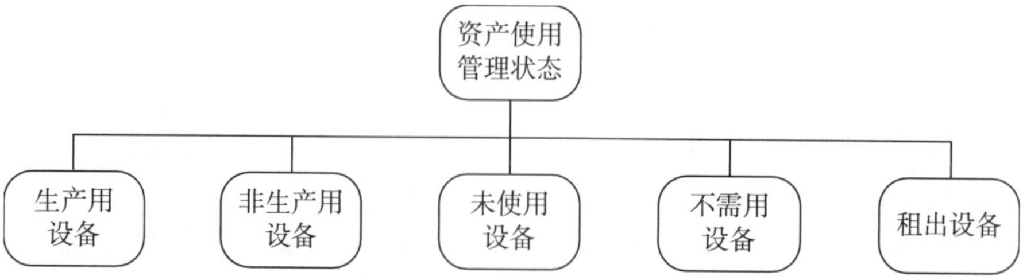

图 4-8　按照资产使用与管理状态对机器设备分类框图

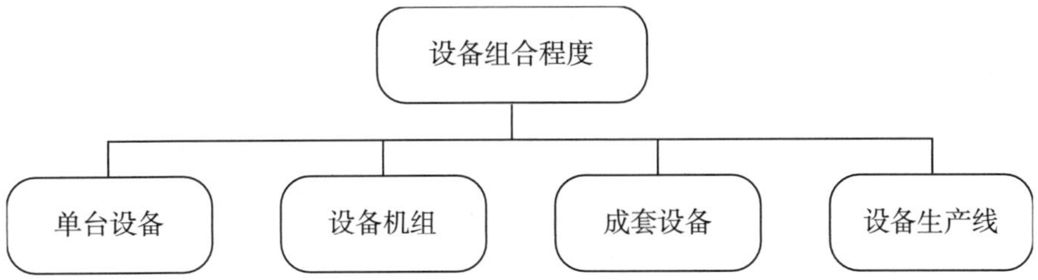

图 4–9　按照设备组合程度对机器设备分类框图

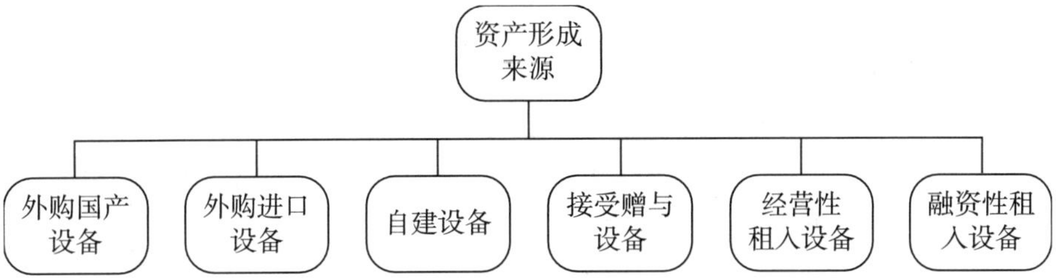

图 4–10　按照资产形成来源对机器设备分类框图

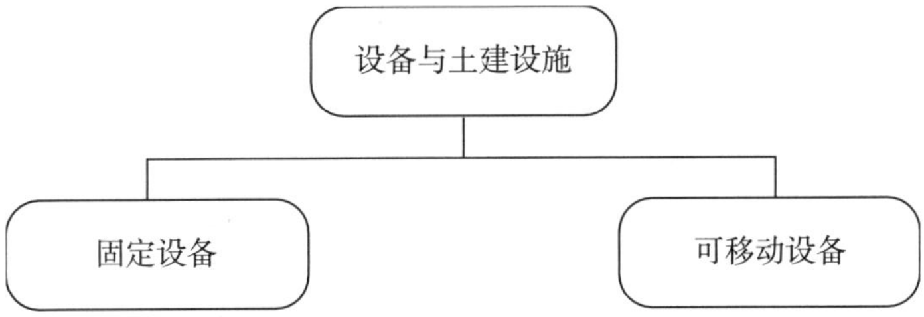

图 4–11　按照是否需要土建设施对机器设备分类框图

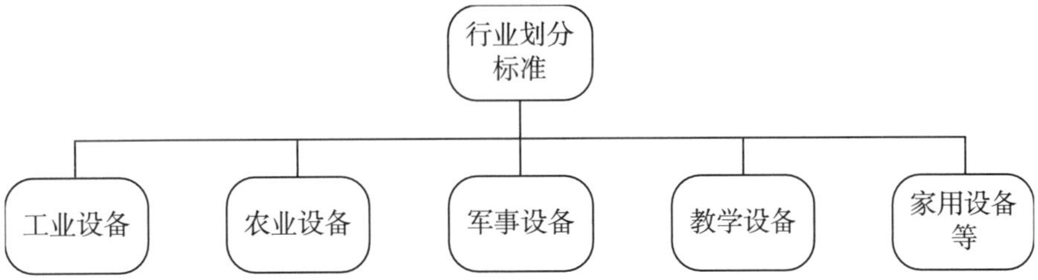

图 4–12　按照行业划分标准对机器设备分类框图

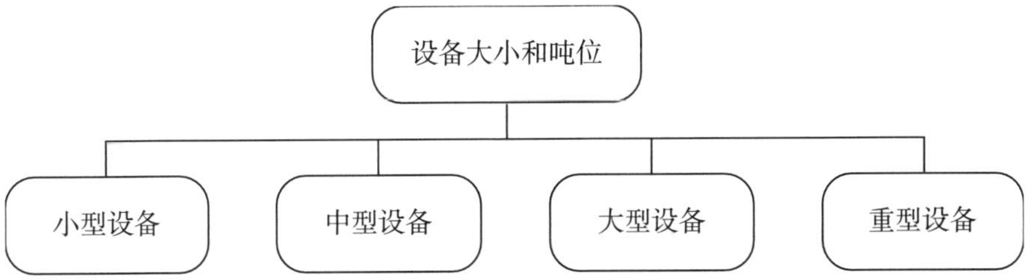

图 4–13　按照机器设备的大小和吨位对设备分类框图

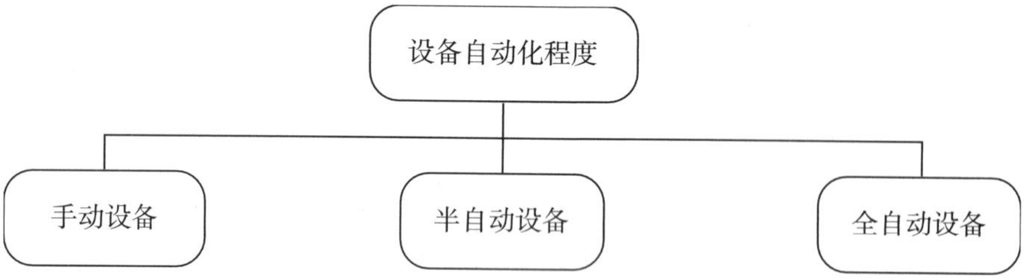

图 4-14　按照设备自动化程度对机器设备分类框图

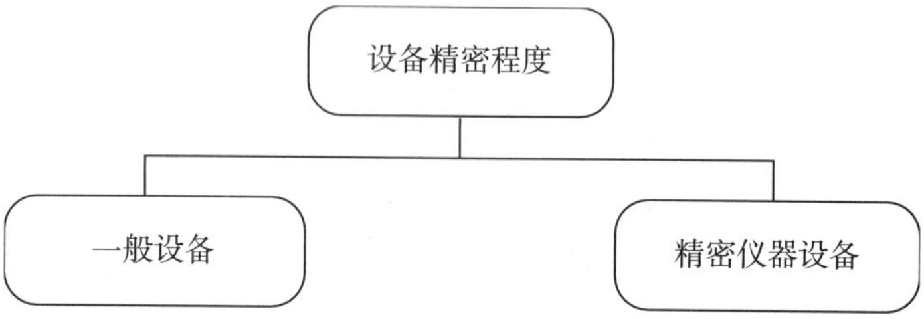

图 4-15　按照设备精密程度对机器设备分类框图

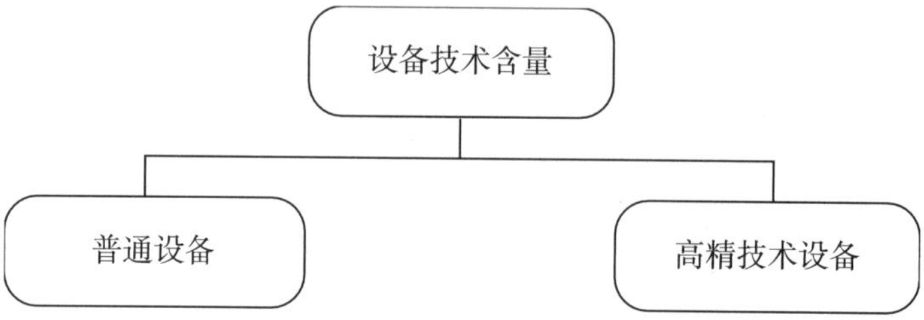

图 4-16　按照设备技术含量对机器设备分类框图

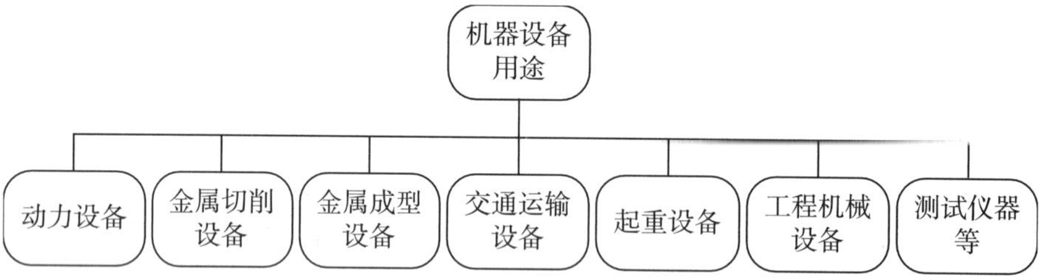

图 4-17　按照机器设备用途对机器设备分类框图

评估中要关注机器设备的使用状态和组合程度，分析其贡献能力和对评估价值的影响因素。

在不同的场合和特定的企业，机器设备还可以根据工艺过程、加工方式、产品类别等其他标准或性能指标进行分类。

二、机器设备的组成及其工作原理

一般地，按照机器设备的结构组成，可以将机器设备分成零件、构件、机构和机器。机器设备实际是一个机械、电气与电子的组合体。若干不同的零件组成构件；若干不同构件组成机构；若干机构组成了机器设备整体。构成关系见图 4-18。

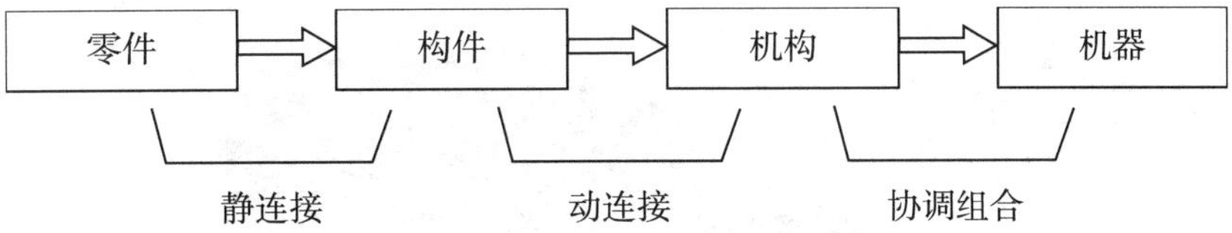

图 4-18 机器设备的机构组成

按照机器设备各部件的功能，可以将机器设备分成四大部分：动力部分、传动部分、工作部分和控制部分。动力部分包括给机器设备提供动力的各部件，如电动机；传动部分指传输和转换动力的各部件，如齿轮和皮带；工作部分指直接完成设定动作、实现机器设备功能的部件；控制部分指使整个机器设备按照预定指令或程序工作，实现设备工作的准确性和有效性的部件（参看图 4-19 至图 4-21）。根据控制方式和控制程度可以将控制部分分为手动控制、电气控制和电脑控制等几种。

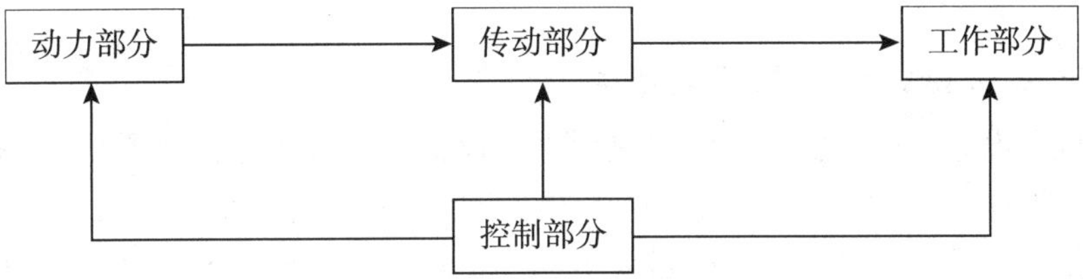

图 4-19 机器设备的功能组成

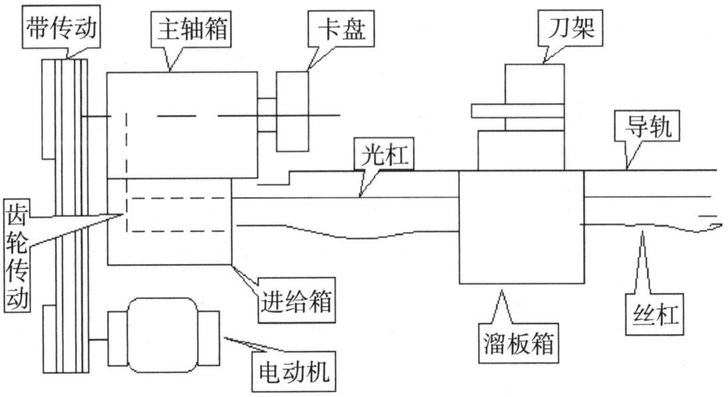

图 4-20 普通车床组成的示意图

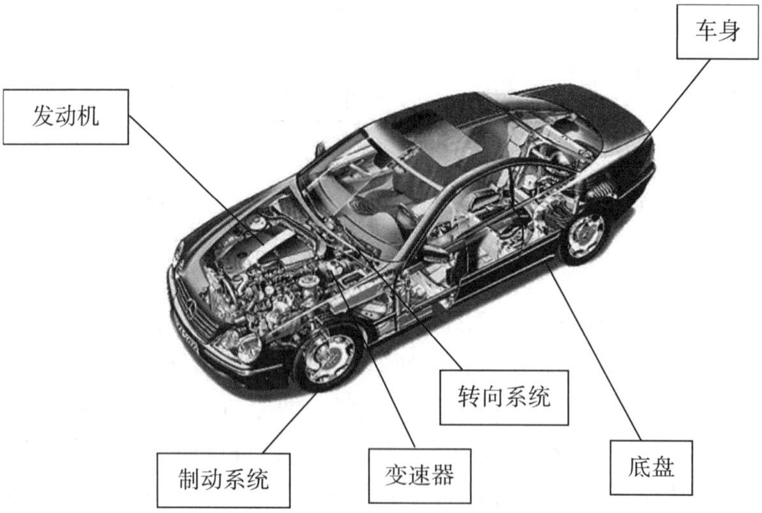

图 4-21 汽车组成的示意图

三、机器设备评估的特点与难点

（1）机器设备种类繁多，个体间差异大，评估人员很难做到熟悉所有的设备，加之大多数设备使用时间跨度大，可比性强的参照物或相应价格难以寻觅。

（2）随着电子计算机技术、材料技术和制造加工技术的不断发展，机器设备自身的技术含量增长速度也越来越快，使得设备使用周期变短，替代产品增多，技术成为设备性能及其价值的重要影响因素，而评估中很难准确估计技术贬值程度。

（3）机器设备具有配套性和组合性特点，局部或个别的因素会直接影响整个生产过程或产品质量，评估中要给予充分考虑和关注，但大多数机器设备不具备独立获利能力，评估中收益法的使用受到很大限制。

（4）个别设备附加土建费用高，成本组成复杂，其固定特性使得资产转让或再交易困难，评估中必须考虑继续使用可能。

（5）在不同的使用环境、使用强度和频度下，机器设备的磨损及贬值状况有所不同，评估中不能简单用工作时间或工作量对其进行估计。

（6）机器设备可在较长的时间里发挥作用，根据不同的维护保养情况，机器设备的经济寿命和实际寿命均有着较大差异。评估中需要考虑维护保养对资产价值的影响。

（7）一些设备专业特点明显，认识理解难度大，需要评估人员具备较宽的知识面和扎实的工程技术基础，特定情况下要借助于专家。

（8）个别专用设备和特种设备制造成本不可比性强，没有规定标准成本可供参考，评估中须考虑成本测试和计量。

（9）机器设备可以是固定资产，也可以是流动资产。前者指用于加工制造、辅助生产或办公的机器设备，通常使用时间较长；后者是企业的存货产品，用于出售。评估中要区别对待（参见《其他资产及负债评估》一章）。

（10）被评估机器设备可能已经包含在其他资产中，如输配电设备、供水供暖设备、电梯等被包含在土地或建筑物中，评估中既要注意资产的配套性，也要注意分合的科学性和符合评估惯例。

（11）比较复杂的机器设备，特别是企业自行研制开发用于特定工艺工程的机器设备，评估中可能需要考虑机器设备中包含的专利和非专利技术、计算机软件、工业机密等无形资产的价值。

（12）某些机器设备的使用、检验、报废有着严格的规定和要求，包括法律性的限制，如锅炉、车辆等，评估中必须考虑这些规定与要求对资产的使用与变现的限制。

四、机器设备的磨损分析

机器设备的磨损可以分为有形磨损和无形磨损。

（一）机器设备的有形磨损

机器设备的有形磨损又称物理磨损，包括由于摩擦、震动、腐蚀和疲劳等现象产生的磨损，以及由于自然力的侵蚀作用或由于管理不善、缺乏必要的维护而丧失机器设备的工作精度和能力。显然有形磨损会直接影响机器设备的有效使用和功能发挥，使得机器设备的使用价值降低，从而影响到其价值。一般而言，机械加工类和运输运载类设备的有形磨损表现比较明显。

修理和维护可以消除和减少机器设备的有形磨损，保持和延长机器设备的使用寿命。评估中要考虑机器设备的修理和维护成本，以及被恢复的程度与功能效用间的关系。

（二）机器设备的无形磨损

机器设备的无形磨损不同于有形磨损，它不在可视外观上表现出来。无形磨损是由于相同结构设备重置价值的降低而带来原有设备的贬值，通常这种降低是由于出现了新技术、新材料、新工艺或新设备的生产制造效率得到了提高。机器设备的无形磨损也会因为不断出现性能更完善、效率更高的设备而表现出来，这种表现就是原设备的技术陈旧和落后。一般而言，电子技术设备的无形磨损表现比较明显。

评估中要对机器设备的磨损进行诊断和鉴定，这也是资产成新率估计的前提和必要工作。机器设备的磨损可以通过一些症状来判定，如振频变化、噪声增大、温度升高、精度下降、生产能力下降、能耗增高、故障率升高等。

五、机器设备的查勘与鉴定

现场对机器设备进行查勘与鉴定是机器设备评估中的一个非常重要的工作步骤。此项工作包括清查核实待估机器设备数量，考察工艺过程，了解待估机器设备的完整状况、使用现状和磨损程度等。

查勘与鉴定工作包括查阅机器设备技术资料和使用手册；记录设备铭牌信息；查看设备外观和使用环境；了解保养与维修情况等。评估人员应与设备管理或使用人员一道分析机器设备的设计能力与实际利用能力，了解设备技术发展与应用情况，对主要部件情况进行重点查勘，对设备进行技术的或非技术的诊断，鉴定设备制造质量与工作质量。机器设备的描述信息一般包括：

（1）设备名称；

（2）型号规格；

（3）商标品牌；

（4）生产厂家；

（5）出厂日期；

（6）使用日期；

（7）技术参数和功能指标（功率、负荷、加工尺寸与精度、容积、标准生产能力等）；

（8）原始购建价值；

（9）维修记录。

表4-1、表4-2列示了一些机械设备的主要信息：

表4-1　设备型号与主要参数一览表

设备名称	厂商	型号	主要参数
真空淬火炉	德国易普森公司	VTTCK-924（FV）	格栅 900×1 200×50（炉腔）
龙门加工中心	台湾松颖	SM-3000G	工作台 3 000×1 700mm，精度 0.02mm
加工中心	德国德克尔马豪	DMU-125P	工作台 1 250×1 000mm，精度 0.01mm
数控电火花机	台湾先捷	CNC1560	工作台 1 100×600mm，精度 0.03mm
数控电火花机	陕西汉川	HCD400K	工作台 650×400mm，精度 0.01mm
试验翻转机	大连录音器材厂	150T	工作台 2 000×1 500mm
仿形铣床	昆明机床厂	XB4450	工作台 1 000×550mm，精度 0.05mm
线切割机	上海曙光	DK7750B	工作台 1 000×600mm

表4-2　机床设备主要参数一览表

主要参数		设备名称	
		CK0628 数控车床	XK160 数控铣床
1	工作台面积		150×240mm
2	T槽	3×18×55mm	
3	行程	160×150×180mm	
4	最大加工直径	280mm	
5	最大棒料直径	150mm	
6	最大加工长度	320mm	
7	快进速度	X：800mm/min Z：1 000mm/min	X，Y，Z：1 000mm/min
8	主轴转速（无级）	80~2 000rpm	80~4 000rpm
9	刀架工位	6工位电动刀架，刀排 12×12	
10	刀具直径	0~6，8，10，14	
11	主电机	1 500W	370W
12	电源	单相，50Hz，220V，10A	50Hz，220V，3A
13	机床尺寸	1 400×1 000×1 450mm	1 420×900×1 310mm
14	数控系统	西门子 802S	西门子 802S

机器设备评估一般应逐台套清查核实，但由于被查对象个体差异大，单位价值差异也大，因此现场查勘中，可以采用重点分类方法，即按设备的重要性划分，如 ABC 分类法——把单位价值大的重要设备作为 A 类；把单位价值小且数量较多的设备作为 C 类；把介于 A 类和 C 类之间的设备作为 B 类。通过分类采用不同的清查鉴定方法，可以提高查勘效率和合理安排人员与时间计划。

具体地，机器设备的鉴定可以分为权属状况鉴定、技术状况鉴定、使用状况鉴定、质量鉴定和磨损程度鉴定。

权属状况的鉴定工作有：判别机器设备的所有权与使用权是否受到限制，例如已抵押或被担保的设备、租赁使用设备、强制报废或强制检验的设备等。

技术状况的鉴定工作有：查对设备满足生产工艺和达到设计指标的程度，例如生产精度、检测精度、运转速度、功率、压力、所加工产品的合格率或废品率、油料消耗、性能稳定度等。技术状况鉴定也包括判断设备是否有技术过时和功能落后情况存在等。

使用情况的鉴定工作有：了解设备是处在在用状态还是闲置状态、设备闲置的原因、维护情况、使用环境的优劣程度、设备的配套能力和零配件保证率、使用的频度和强度等。

设备质量的鉴定工作有：了解设备的制造厂家、制造质量与工艺、设备现时的完整性、设备外观及其内部结构件情况等。

设备磨损程度的鉴定工作有：了解和掌握设备的有形损耗，如锈蚀、损伤、精度下降，以及无形损耗如功能落后、生产能力不足等。

机器设备的现场勘察情况应该用记录表的形式记录下来（表 4-3）。

表 4-3　机器设备现场勘察记录表

资产占用方：＿＿＿＿＿＿＿＿　　　　评估基准日：＿＿＿＿＿＿＿＿

设备名称		型　　号	
经销商与生产厂家		主要参数	
存放地点		是否二手	□是　□否
工作状态	□正常　□尚可　□较差	出厂日期	
外观状况	□整新　□陈旧　□残破	使用日期	
在用情况	□在用　□停用　□不用	成色估计	
工作环境	□良好　□一般　□较差	配套设施	
维护保养	□良好　□一般　□较差	原购价格	
技术状况	□先进　□一般　□落后	参考价格	
备　　注			
鉴 定 人		管理人员	

第二节　机器设备评估的各种方法

不同的机器设备以及同样的设备在不同的购建方式或使用情况下，其成本构成内容、资产磨损方式、价值变化规律等有着一定的差异。在通货膨胀、技术发展、生产加工方式与手段的变化等的影响下，机器设备的成本与价格也会发生显著变化。因此，可以采用成本法、市场法、收益法及其他评估方法来确定机器设备的价值。

一、机器设备评估方法的选择

成本因素、市场因素、技术因素、时间因素、环境因素、政策制度因素、心理因素，数据与资料来源与获得情况，以及评估人员的专业能力和评估偏好等多种因素都会影响到机器设备的评估价值的确定方式。在评定估算过程中，评估人员要特别注意评估参数及评估公式的选取。应尽可能选择高效、直接的评估途径和方法，在保证资产评估独立性的前提下，可以听取和吸纳设备使用与管理人员、专家们的合理化建议，以保证评估结论的相对合理性。

从理论上看，各种不同的评估方法可以应用于各种不同的资产，但是从资产评估的效率和相对合理性角度，按各种评估方法的特点划定其最适宜发挥作用的范围，有利于提高资产评估的质量和效率。评估方法选择应因地、因时制宜，考虑机器设备的自身特点和环境影响，根据数据资料的收集和可用程度等情况来确定。一般地，单项设备不适于收益法，因为单项设备不具备独立的生产能力和获利能力；相反，对于成套设备、生产线，以及能够独立获得收益的单项设备（如运载车辆、租出设备等），则可采用收益法；对于通用设备、市场上常见设备，由于容易找到可比参照物，可以采用市场法，而专用性强的设备、企业自制设备则更适合成本法；对于那些年久失修或功能丧失或存在强行变现等特殊情况的机器设备，则可选用其他的方法如清算法进行评估。在成本法中，还可以根据机器设备成本费用组成内容、价格变化趋势、能力与功能差异等分别选用不同的成本确定方法。此外，还要注意，对于成本法，其适用于持续使用假设前提下的机器设备评估，而一般不宜评估非续用状态下的机器设备。

二、机器设备评估的成本法

成本法是机器设备评估中最常用的方法，在第一章中已经对其进行了详细介绍。成本法使用的关键是确定两大内容，即机器设备的重置成本与机器设备的贬值或损耗。

（一）机器设备重置成本及其测算

机器设备的重置成本在构成上包括机器设备的直接费用和机器设备的间接费用。

设备的直接费用是指设备的购置价或建造价，它构成了设备重置成本的基础。设备的运杂费、安装调试费和必要的配套装置费也构成设备的直接费用。但对于交易双方通过协议或合同，明确规定某些费用（如运杂费、安装调试费）由卖方承担时，或已经包含在购置价中时，则评估中应做适当调整。对于进口设备，还要包括进口关税、银行手续费等其他费用。

设备的间接费用通常是指为购置、建造设备而发生的各种管理费用、总体设计制图费用、资金成本，以及人员培训费用等。

由于设备取得的方式和渠道不同，其重置成本构成也不完全一样。在机器设备评估中，重置成本的构成及其数额，还要根据取得评估目的所要求状态下的机器设备需花费的全部费用来决定。当然，这种花费是必要、合理的。

下面分别介绍确定机器设备重置成本的几种常用方法。

1. 成本加和法

成本加和法是根据机器设备的购建方式与成本组成内容，分别估算被估资产的各项成本，再加和得到其重置完全成本的方法。该方法也即前面介绍的分类调整汇总法。

（1）对于在国内市场上购买的国产设备或进口设备，重置成本加和法的一般计算公式为

$$重置成本 = 购置价格 + 运输及杂费 + 安装调试费 \quad (4-1)$$

对于有标准规定运杂费及安装调试费的，上面公式可以表达为

$$重置成本 = 购置价格 \times （1 + 运杂费率 + 安装调试费率） \quad (4-2)$$

设备的运杂费指不包括在购置价格中的运费、装卸费、包装费、设备供销部门的手续费、采购与仓库保管费等。实际取用时，可根据机器设备的重量、体积、交通运输的方便程度在上下限中进行选择。表4-4显示了机器设备各种运杂费率：

表4-4　机器设备运杂费率表

生产地	费率（按机器设备价格计）/%
当地生产	1.0~2.5
运输距离 100~1 000 千米	1.5~3.5
运输距离 1 000~2 000 千米	2.0~5.5
运输距离 2 000~2 800 千米	2.5~6.5
运输距离大于 2 800 千米	3.0~7.5

设备的安装调试费指设备的装配费、与设备相连的附属物（台、梯、杆、管道等）的装设费、试运转调试费等。对于大型的、成套的或需进行土建设施建设的，则还应加计培训费、土建工程费、资金成本等。表4-5显示了各种机器设备安装调试费率：

表4-5　机器设备安装调试费率表

序号	设备名称	费率（按设备价格计）/%
1	轻型通用设备	0.5~1.0
2	一般机械加工设备	0.5~2.0
3	大型机械加工设备	2.0~4.0
4	数控机械及精密加工设备	2.0~4.5
5	铸造设备	3.0~6.0
6	锻造、冲压设备	4.0~7.0
7	焊接设备	0.5~1.5
8	起重设备	5.0~8.0

表 4-5（续）

序号	设备名称	费率（按设备价格计）/%
9	工厂窑炉及冶炼设备	10.0~20.0
10	电梯	10.0~25.0
11	供、配电设备	10.0~15.0
12	蒸汽及热水锅炉（以主机价计）	30.0~45.0
13	化工设备	8.0~40.0
14	快装锅炉（以主机价计）	6.0~12.0
15	热处理设备	1.5~4.5
16	压缩机	10.0~13.0
17	冷却塔	10.0~12.0
18	泵站内设备	8.0~12.0

上表中的费率计算中已包含了设备的调试费率和基础费用率，包括距设备 1.5 米内的管路、由设备至配电箱之间的电气线路等。安装调试费的估计除了按费率计算外，还可以根据其他取费标准和指标计算。如：按照设备吨位和每吨安装费标准计算；按照安装工程实物量和实物量安装费用指标计算等。

（2）从国（境）外购买的设备，重置成本加和法的一般计算公式为

$$重置成本 = CIF价格\times基准日汇率+进口关税+增值税+外贸手续费+银行财务费+境内运杂费+安装调试费 \quad (4-3)$$

式中：

$$CIF价格=FOB价格+国外保险费+国外运杂费 \quad (4-4)$$

其中，CIF 为到岸价（cost，insurance and freight），FOB 为离岸价（free on board）。

$$进口关税=CIF价格\times基准日汇率\times进口关税率 \quad (4-5)$$

$$增值税=(CIF价格\times基准日汇率+进口关税+消费税)\times增值税率 \quad (4-6)$$

消费税率根据规定的标准执行，目前进口设备适用增值税率为 17%。

外贸手续费以到岸价为基础，根据规定手续费率标准计算，现行规定的外贸手续费率一般取 1.5%。

银行财务费一般指中国银行手续费。计算中以离岸价为基础，根据规定财务费率计算。目前银行财务费率取 0.4%~0.5%。

对于减免进口关税或实行保税的进口设备，另计海关监管手续费。根据规定，目前海关监管手续费率一般取 0.3%。

（3）对于车辆，其重置成本加和法的一般计算公式为

$$重置成本 = 车辆价格+车辆购置税+运杂费+证照办理费 \quad (4-7)$$

与进口设备重置价格计算一样，对于国（境）外购买车辆，相应要考虑进口关税、进口增值税等税费。

（4）对于自制的设备，其重置成本加和法的一般计算公式为

重置成本 = 前期费用+制造成本+管理费用+财务费用+合理利润　　(4-8)

式中，前期费用包括工艺设计、功能测试、分析论证等费用；制造成本为合理成本，包括直接材料（外购元器件、零部件、消耗用主辅材料、废品损失）、直接人工、制造费用（生产管理人员工资与福利费、折旧与工器具摊销费、劳保费等）、其他直接成本；管理费用与财务费用均为应摊计入机器设备的期间费用；合理利润可按同类制造企业的平均利润率来计算。一般情况下，确定自制设备的重置成本时还需考虑流通销售可能支出的税费。

自制设备也可分为标准设备和非标准设备。对于标准设备的重置成本应参考专业生产厂家的标准设备价格，运用替代原则合理确定或通过参照比较方式确定。对于自制的通用非标准设备，可以采用两种方式确定其重置成本：一是根据设计总图或工程概算书，对设备的生产制造成本与相关费用分类分部件进行审查，参考有关材料与构件价格、人工成本和期间费用比率进行核对计算，通过比较得出机器设备的重置成本；二是以机器设备制造的主要材料消耗量为基础，先计算出主要材料成本，再按照不同的费率分别计算其他构件的成本与各种费用、利润与税金，最后确定机器设备的重置成本。非标准设备成本主要由以下各项构成：

①材料费。按照材料净重和每吨材料综合价格计算，计算中应考虑加工损耗。

②加工费。这包括直接人工费、燃料动力费、加工设备折旧费、车间经费等。一般可按照设备吨位和每吨加工费计算。

③辅助材料费。这包括焊料、用气、油漆、电石等。一般可按照设备吨位和辅助材料费指标计算。

④专用工具费。按前三项之和的一定比例计算。

⑤废品损失费。按前四项之和的一定比例计算。

⑥外购配套件费。按实际购入价格加运杂费计算。

⑦包装费。按前六项之和的一定比例计算。

⑧设备设计费。按规定设计费收费标准计算。

⑨利润。按同类设备厂家平均利润率估计。

⑩税金。视同销售估计。

在确定自制设备重置成本时，也要分析和考虑是否有安装调试费等其他费用发生以及有无从国（境）外进口的核心部件和关键技术等；如果有，也必须在确定重置成本时加以考虑和调整。表4-6显示了通用非标准机器设备的设计费率：

表4-6　通用非标准机器设备设计费率表

序号	设备名称	费率（按设备全部成本计）/%
1	液压机	13~16
2	涂料搅拌机	14~16
3	螺旋输送机	13~16
4	热处理炉	8~11
5	电镀槽	10~13
6	压力容器	10~13

（5）对于委托加工的设备，其重置成本加和法的一般计算公式为

$$重置成本 = 合同加工价格 + 运输及杂费 + 安装调试费 \quad (4-9)$$

类似于外购设备和自制设备，委托加工设备的重置成本确定中也要注意相关成本费用的归属与计算及其合理性，同时要注意有无关联交易，分析合同加工价格与类似设备市场价格的差异。

［**评估案例** 4-1］光华电器科技有限公司机器设备编号为 A、B、C 的三台设备分别为外购设备、进口设备和自制设备，有关型号、产地和账务记录数据等见附录中的资产清查表。经过现场查勘和分析，评估人员决定用成本加和法来确定上述三台设备的重置成本。

① A 设备属于轻型通用设备，同型设备在评估基准日的市场正常交易价格为 22 718 元，该设备需从邻城购买，路途约 300 千米。按照交通运输方便程度和设备安装复杂程度确定其运杂费率和安装调试费率分别为 2.2%和 0.8%，则该设备的重置成本为

重置成本＝22 718(1+2.2%+0.8%)≈23 400（元）

② B 设备为 2015 年从美国进口的特种设备，当时合同 FOB 价为 20 万美元。评估人员了解到由于计算机技术与制造技术的发展，该设备评估基准日的 FOB 价格为 15 万美元，境外运杂费率和保险费率分别为 FOB 价的 10%和 0.3%，银行手续费率为 CIF 价的 0.8%，国内运杂费率和安装调试费率分别按 CIF 价的 3%和 1%计，基准日美元对人民币的汇率为 1∶8.23，则有

CIF 价格＝15×(1+10%+0.3%)＝16.95（万美元）

该设备的重置成本为

重置成本＝CIF 价格×(1+0.8%+3%+1%)＝ 17.763 6（万美元）

＝17.763 6×8.23 ＝ 146.194 4（万元）

③ C 设备为企业自制加工设备，建造于 2017 年，根据总图设计，其主材的净消耗量为 2.2 吨，基准日的不含税价格为 4 000 元/吨，主材利用率为 90%，成本主材费率为 30%，主要外购件不含税价格为 15 000 元，销售税金率综合测算为 15%，合理的成本利润率为 12%，另设计费率按 8%计，则有

主材费＝2.2 / 90%×4 000＝9 778（元）

主材总加工成本＝9 778 / 30%＝32 593（元）

设备制造成本＝32 593+15 000＝47 593（元）

该设备的重置成本为

重置成本＝47 593×(1+12%)(1+15%)(1+8%)

＝66 204（元）

2. 价格指数法

机器设备的重置成本在一定程度上受到各类物价如生产资料价格、消费品价格、劳动力价格等变动的影响。物价指数是对社会商品与物资价格变化的综合测量的结果，能够反映价格变化的规律。对于那些以材料价格或人工成本为主的，特别是那些技术与工艺相对稳定或在相当长时间里不变的机器设备，其重置成本则在很大的程度上与价格指数的变动成正比例变化。在这种情况下，可以忽略其他因素对机器设备价格的影响，认为机器设备的成本只受时间因素或价格指数影响。

价格指数法的计算公式参见第一章中相关内容。价格指数法的运用中要注意以下事项：

（1）历史成本的合理有效性，即机器设备的原购建价格为当时市场上的正常的交易价格；

（2）所选用价格指数与被评估机器设备的价格相关度高，即指数范围不能过于宽泛；

（3）价格指数法反映的成本是复原重置成本，没有考虑非物价因素的影响；

（4）受新工艺、新技术、新材料影响，机器设备明显落伍或陈旧的，不宜简单使用价格指数法；

（5）对进口设备重置成本进行估测时，应尽量将支付外汇部分与支付人民币部分，或者说将受设备生产国物价变动影响部分与受国内价格变动影响部分分开，分别运用设备生产国的价格变动指数与国内价格变动指数进行调整。

［**评估案例** 4-2］光华电器科技有限公司一小型吊装设备型号为TS888，绵阳五丰工业设备厂产。该设备购于2010年，账面原始价值为30 000元，该设备当年定基价格指数为112.5%。2020年定基价格指数为152.5%。另从2010年至2020年各年的环比价格指数变动率分别为：103.2%、100.5%、102.6%、108.3%、98.1%、107.7%、102.4%、99.1%、104.2%、106.5%、101.6%。该设备以金属材料重量和电机功率为主要评价指标，经过考察，评估人员认为其符合指数法的使用条件。利用指数法计算公式可计算出该设备的重置成本。

（1）使用定基指数：

重置成本＝30 000×152.5%／112.5%≈40 667（元）

（2）使用环比指数：

重置成本＝30 000×100.5%×102.6%×108.3%×98.1%×107.7%
×102.4%×99.1%×104.2%×106.5%×101.6%
≈40 661（元）

3. 比例估算法

在评估成套设备、设备线或生产线时，需要将设备成本与土建工程、安装工程、其他工程等费用一并考虑估算。如果能够单独计算出设备的重置成本，同时找到已建成的同类项目，可以采用比例估算法求取被评估项目的全部重置成本。该比例数据来自统计数据或行业规定标准。

（1）以全部设备成本为基础进行估算。根据参照项目的建筑安装费和其他工程费用等占设备成本的比重，求出被评估项目相应的各项费用，再加上其他有关成本费用，其总和就是该项目的重置成本。

［**评估案例** 4-3］光华电器科技有限公司新建装配生产线项目设备投资成本为100万元，根据已建同类项目统计情况，一般建筑工程占设备投资的28.5%，安装工程占设备投资的9.2%，其他工程费用占设备投资的7.3%，该项目其他费用估计为12万元，试确定该项目的重置成本。

解：该项目的重置成本为

$100\times(1+28.5\%+9.2\%+7.3\%)+12=157$（万元）

（2）以主要工艺设备成本为基数进行估算。根据参照项目的有关统计资料，确定被评估项目的各专业工程（总图、土建、暖通、给排水、管道、电气、自控及其他）成本费用占主要工艺设备投资成本（包括安装与运杂费）的比重，计算出各专业成本费用，再加上工程其他费用，其总和就是该项目的重置成本。

（3）设备及厂房系数法。该方法是在确定了工艺设备成本和厂房土建成本的基础上，根据其他专业工程与设备或厂房土建的成本费用系数比例关系，分别计算各类专业工程成本费用，其总和就是该项目的重置成本。

[评估案例 4-4] 光华电器科技有限公司脉冲老化线项目工艺设备投资成本（含安装与运杂费）为26万元，厂房土建成本为42万元，其他各专业工程成本比例系数见表4-7，试确定该项目的重置成本。

表4-7　设备与厂房系数表

设备			厂房土建		
序号	专业工程	投资系数	序号	专业工程	投资系数
1	工艺设备（含安装运杂）	1.00	1	厂房土建（含设备基础）	1.00
2	起重设备	0.09	2	给排水工程	0.04
3	加热炉及烟道	0.12	3	采暖通风	0.03
4	气化冷却	0.01	4	工业管道	0.01
5	余热锅炉	0.04	5	电器照明	0.01
6	供电及转动	0.18			
7	自动化仪表	0.02			
合计		1.46	合计		1.09

解：该项目的重置成本为

$26\times1.46+42\times1.09=83.74$（万元）

（二）机器设备的贬值及其成新率的估算

机器设备的贬值包括实体性贬值、功能性贬值和经济性贬值。成新率反映评估对象现时的新旧程度，亦可以理解为机器设备的现时状态与其全新状态的比率。

评估中对机器设备成新率的估计可以采用多种方法，由于大多数类别的设备的贬值更多地表现为实体性的磨损，因此通常根据机器设备实体贬值的情况来确定成新率，实践中用得比较多的是各种比率法和综合观察法。而对于机器设备的功能性贬值和经济性贬值则可通过超额投资成本、超额运营成本和经济效益的变化情况来确定。不论是估测机器设备的有形贬值还是无形贬值，都要求评估人员具备一定的专业技术知识和丰富的评估经验，不同的设备、不同的使用条件和环境，机器设备所产生的损耗都是不完全一样的，而要准确、合理地分别计算各种损耗往往是很难的。

1. 实体性贬值及其估算

实体性贬值是指机器设备的物理性磨损，这种磨损主要是由使用和自然侵蚀造成的。在机器设备使用中，这种实体性贬值由零逐渐增大，在机器设备报废无回收价值情况下，实体性贬值达到最大100%。造成实体性贬值的原因以及贬值大小与变化的关系很复杂，实践中，主要是通过对机器设备使用时间、工作能力、使用环境、维修维护状况等的判断分析来确定贬值大小。下面分述几种常用的机器设备成新率的估算方法

（1）使用年限法。使用年限法的使用前提是假设机器设备的实体贬值不受其他因素影响，而只是时间的函数。该假设认为在整个使用寿命期间，机器设备实体性贬值是随时间线性递增的。使用年限法的计算公式可表示为

$$\text{成新率}=\frac{\text{设备尚可使用年限}}{\text{设备已使用年限}+\text{设备尚可使用年限}}\times 100\% \qquad (4-10)$$

关于机器设备的使用寿命，通常可将其分为物理寿命、技术寿命和经济寿命。设备的物理寿命是指机器设备从开始使用到报废为止经历的时间。机器设备物理寿命的长短，主要取决于机器设备的自身质量、运行过程中的使用、保养和正常维修情况。机器设备的技术寿命是指机器设备从开始使用到技术过时经历的时间。机器设备的技术寿命在很大程度上取决于社会技术进步和技术更新的速度和周期。机器设备的经济寿命是指机器设备从开始使用到因经济上不合算而停止使用所经历的时间。所谓经济上不合算，是指维持机器设备的继续使用所需要的维持费用大于机器设备继续使用所带来的收益。在运用机器设备总使用年限估测机器设备的成新率时，应以机器设备的经济寿命作为其总使用年限。实际中，政策和制度明文规定的设备使用年限是总使用年限的最高限。

在一般情况下，机器设备的已使用年限应根据机器设备的账面使用时间，考虑机器设备的使用强度、频度和维修保养水平与次数等并加以调整得到实际已使用年限。

[评估案例4-5] 光华电器科技有限公司自制加工设备已使用约4年，经查，其间大修一次并于第三年更换过主件，平时为两班运转，评估人员根据历史统计数据资料和同类设备使用情况综合确定该设备在正常使用条件下的经济寿命为10年。

评估人员对该设备的已使用时间进行了估算：该设备账面记录已使用时间为4年，但使用强度和频度较大，按照其运转时数和实际开机情况，使用时间为正常使用时间的2倍，即折合为8年；但该机大修过并于第三年更换过主要部件，相应减少了设备的磨损或增加了设备的服役期，考虑与其他部件的配合关系和能力发挥情况，综合估算已使用年限折合减少2年，为6年；设备的尚可使用年限为10-6=4（年）。则根据成新率计算公式有

成新率=4/10×100%=40%

（2）工作量法。工作量法的使用前提是假设机器设备的实体贬值不受其他因素影响，而只是工作量的函数。该假设认为在整个使用寿命期间，机器设备实体性贬值是随工作量线性递增的。工作量法的计算公式可表示为

$$成新率=\frac{设备尚可完成工作量}{设备已完成工作量+设备尚可完成工作量}\times 100\% \tag{4-11}$$

式中，设备已完成工作量加上设备尚可完成工作量为设备总的工作量，因此，成新率表示了设备的剩余生产能力与设备总的生产能力的比值。设备总的工作量即设备在正常使用条件下的设计工作量。实际使用中，要分析设备实际工作能力并给以调整。

［评估案例 4-6］ 光华电器科技有限公司设备中的多刀切片机设计工作量为200 000件，经现场查勘分析，预计其在正常情况（不产生超额费用）下的工作量可达250 000件，现该设备已完成工作量 50 000 件，则其成新率为

成新率＝200 000/（50 000+200 000）×100%＝80%

（3）行驶里程法。行驶里程法针对运输设备或车辆使用，其使用前提是假设运输设备的实体贬值不受其他因素影响，而只是行驶里程的函数，也即行驶里程数表示了营运能力。该假设认为在整个使用寿命期间，运输设备的实体性贬值是随行驶里程线性递增的。行驶里程法的计算公式可表示为

$$成新率=\frac{车辆尚可行驶里程}{车辆已行驶里程+车辆尚可行驶里程}\times 100\% \tag{4-12}$$

式中，车辆已行驶里程加上车辆尚可行驶里程为车辆总的行驶里程，因此，成新率表示了车辆的剩余营运能力与车辆总的营运能力的比值。车辆的总的营运能力即车辆在正常使用条件下的设计行驶里程数。实际使用中，要分析车辆实际行驶能力并给以调整。

［评估案例 4-7］ 光华电器科技有限公司的帝威牌轿车已行驶 15 万千米，预计其经济服役能力为 60 万千米行驶里程，则其成新率为

成新率＝450 000 /600 000×100%＝75%

（4）综合观察法。综合观测法是评估人员通过对机器设备的现场查勘方式和使用技术检测手段，结合机器设备的使用环境、使用时间、技术状况、负荷程度、制造质量与加工能力等经济技术参数，经综合分析来测算确定机器设备的成新率。该方法的使用需要评估人员具有较广泛的知识面和较精深的专业判断能力。

现场查勘中，要注意设备的技术指标和实际技术状态的差异；分析设备的可使用时间与实际已使用时间；了解设备的正常负荷率和实际负荷率；检查设备的自身制造质量和所加工产品的质量；查看设备的维修保养记录与实际状况，包括了解机器设备

的大修、技改情况和设备重大故障（事故）经历情况；分析现有工作环境和条件对机器设备的影响；观察设备的外观、完整性和配套性等。

运用综合观测法估测设备的成新率，重要的是将看到的和了解到的事项定量化，即要确定在不同的情况下有不同的成新率分值。因此，综合观察法又称综合打分法。实践中，可以通过确定和划分不同档次成新率的标准表来处理分值。表 4-8 是一张机器设备成新率评估参考表。

表 4-8　机器设备成新率评估参考表

分类	状态说明	实体性贬值率/%	成新率/%
全新或新近使用设备	在用状态良好，能按设计要求正常使用，无异常现象。	0 ~ 10	100 ~ 90
较新设备	已使用 1 年以上或经过大修恢复原设计性能后使用不久，在用状态良好，能满足设计要求，未出现过较大故障。	11 ~ 35	89 ~ 65
半新设备	已使用 2 年以上或大修后已使用一段时间，在用状态较好，基本上能达到设备设计要求，需经常维修以保证正常使用。	36 ~ 60	64 ~ 40
旧设备	已使用时间较长或几经大修，维持使用，但性能明显下降，故障增多，经维护能满足工艺要求，可以安全使用。	61 ~ 85	39 ~ 15
报废待处理设备	已超过规定使用年限，机件损坏程度较高，性能严重劣化，已不能正常使用，处于停用或待报废。	86 ~ 100	14 ~ 0

表 4-8 是就一般设备有形损耗率或成新率判定的经验数据，只能供评估人员参考。由于不同设备的服役期不一样，使用环境和负荷程度不一样，大修理后恢复程度不一样等，在实际使用中要区别对待或对分值加以调整。另外，机器设备是由多个部件组成的，不同部件发挥的作用不同，磨损程度不同，其实体贬值程度也不完全一样，在实际使用中，可以分别考虑各部件的成新或磨损情况，或通过权数设定方式确定综合成新率。

［**评估案例 4-8**］评估人员对光华电器科技有限公司的豪骑轿车进行了现场查勘，采用综合观察法对该轿车的磨损状况分析评价，分析中将整车分成几个项目（参见图 4-21、图 4-22、图 4-23），表 4-9 为该轿车成新率评估的分值确定参考表。

表 4-9　轿车成新率估算表

项目			权重	实际评分	扣分原因
发动机	30%	发动机总成	30%	25%	机体磨损、电瓶略有老化
底盘	25%	前桥总成	5%	4%	制动装置磨损
		后桥总成	5%	4%	减速器、齿轮组磨损
		变速器总成	5%	4%	变速器、齿轮组磨损
		车架总成	5%	4%	钢板、弹簧锈蚀
		轮胎	2%	1%	轮胎磨损明显
		其他	3%	2%	部分金属构件锈蚀与磨损
车身	20%	完整性、外观	15%	12%	多处轻微划伤、局部掉漆
		座椅、内饰	5%	4%	略显陈旧、边缘有破损
电气设备	25%	电气设备	25%	20%	部分灵敏度降低
合计	100%	整车	100%	80%	

图 4-22　汽车发动机

图 4-23　汽车内饰

（5）修复费用法。所谓修复费用是指修复机器设备使之达到全新状态所需要支出的金额。这种修复在技术上必须可行，在经济上必须合理。显然，修复费用的大小与修复的难度及工作量直接相关，而修复工作量又与机器设备的实际损耗程度相联系。因此，修复费用的大小反映了机器设备的贬值。用修复设备损耗所需要的支出费用与全新设备的重置成本相比较，就是设备的实体有形损耗率。修复费用法下机器设备的成新率可用下式计算：

$$\text{成新率}=1-(\text{设备修复费用}/\text{设备重置成本}) \tag{4-13}$$

[评估案例 4-9] 光华电器科技有限公司的脉冲老化线设备使用一段时间后故障增多，产品质量上不去。经查主要原因是该设备的一个主要部件发生严重损坏。评估人员与公司专业技术人员和设备管理人员共同对其进行检测分析，认为替换该部件可使设备的整体功能和生产能力都能达到工艺要求。评估人员遂决定用修复费用法来估测该设备的成新率。经询价了解到该部件的购置与替换（含安装调试）的总费用大约是设备重置价的 30%。则该生产线的成新率应为：

成新率 = 1−30% = 70%

修复费用法特别适用于那些特定结构部件经常被磨损但能够以经济可行的办法修复的情形。如需定期更换易损件的设备、可分离工作部件式结构的设备等。在运用修复费用法估测机器设备的成新率时，必须注意该修理费用是否包括了对被评估机器设备技术更新和改造支出，以便在考虑设备的功能性贬值时避免重复计算或漏评。

2. 功能性贬值

机器设备的功能性贬值可归结为两种表现形式。一是由技术进步引起劳动生产率的提高，其再生产价值制造与原功能相同的设备的社会必要劳动时间减少，材料的节约和工艺的改进带来成本降低，从而造成原有机器设备的价值贬值，即原有机器设备产生了超额投资成本。显然，在所形成的新的市场中，原有机器设备的这种超额投资成本不能作为应有价值被接受。二是由于技术进步出现了新的、性能更优的机器设备，致使原有机器设备的功能相对新式设备已经落后，从而引起价值贬值。具体表现为原有机器设备完成相同生产任务的消耗增加，形成了一部分超额运营成本。因此，如果判断原有机器设备产生了超额投资成本或超额运营成本，则可以说明原有机器设备有了功能性贬值。

对机器设备的功能性贬值进行分析时要注意以下几个问题：

（1）参照物的选取。不论是超额投资成本还是超额运营成本都是比较的结果，因此，要考虑机器设备使用的经济性与合理性。一般情况下，应选用行业内普遍使用的、平均先进的机器设备为参照物。

（2）若在评估中机器设备的重置成本是复原成本，则应考虑技术进步带来的原机器设备的功能性贬值，特别是年代久远的机器设备。

（3）即便是采用了更新重置成本，也应考虑参照物工作效率提高带来原有机器设备的运营性功能贬值的可能。

（4）根据技术含量和技术发展速度的不同，不同类机器设备的功能性贬值情况差异很大。例如，计算机芯片制造技术、数字处理技术、通信与网络技术等发展较快，相应的集成与应用这类技术的机器设备更新换代也快，而原有的同类机器设备的功能性贬值相对就大。

3. 经济性贬值

机器设备的经济性贬值是因外部环境变化引起的机器设备价值贬值。很多因素可以造成机器设备产生经济性贬值。例如，原材料价格上升或劳动力价格上升带来产品成本无法消化、市场竞争加剧造成该类设备的产品滞销或需求下降、产业结构调整或经济形势变化造成停工限产，还有通货膨胀和宏观政策的影响等。

机器设备的经济性贬值表现为设备利用率下降或开工不足、闲置、收益额减少，从而使在用设备的价值相对降低。因此，可根据对机器设备的生产能力的分析情况来确定其经济性贬值率。

如果被评估机器设备由于外界因素变化，以至于未来收益减少额能够直接预计和估算出来的话，可直接将该机器设备剩余服役年期间每年的收益净损失额折现并累加，从而得到机器设备的经济性贬值额。

三、机器设备评估的市场法

市场法也称市场价格比较法，该方法是通过比较市场上具有可比性的同类型或相近机器设备的成交价格及分析影响该成交价格的种种因素，并将可比机器设备的价格调整到与被评估机器设备可比因素相同时的水平。具体的做法是，通过对市场近期同类设备或类似设备的成交价或报价进行分析、对比，调整获取被评估设备的评估值。采用市场法评估设备的基本步骤和要点是：

（一）可比参照物的选取

市场法中的重要内容是选择参照物。选取的原则是评估对象与参照物之间具有可比性。可比性程度对评估结果的合理性、准确性和有效性有着直接的影响，评估中要特别注意这一点。在机器设备评估中所考虑的可比性因素主要包括：

（1）机器设备的规格型号；

（2）机器设备的生产厂家；

（3）机器设备的制造质量；

（4）机器设备的完整性与可配套性；

（5）机器设备的有效服役期；

（6）机器设备的实际技术状况；

（7）机器设备的实际物理状况；

（8）机器设备的交易方式；

（9）机器设备的成交时间；

（10）机器设备的成交地点；

（11）机器设备交易时的市场状况；

（12）机器设备的继续使用或交易的限制；

（13）机器设备的存放和使用地点。

要认真分析上述可比因素，确认其成交具有代表性和合理性，才可以将其作为参照物。在条件允许的情况下，参照物最好能有多个。但要注意，所谓可比并不是要求被评估机器设备与参照机器设备一模一样，事实上也不可能存在完全一样的机器设备。正是有了这些差别才有比较和调整。市场法就是将可比机器设备与被评估机器设备的种种不同进行调整并修正到与被评估机器设备相同的情况。此外，还要考虑拆除、运输、安装、调试等因素对评估结论的影响。

（二）市场法的运用

可比参照物确定之后，就要选择适当的方法具体分析、对比、调整评估对象与参照物之间的可比因素，估测评估对象的初步结果。根据参照物选取及可比因素确定的种种情况，在实际评估中，可以分别选择单因素调整法、多因素调整法、成本市价比重法等不同的方法。

1. 单因素调整法

单因素调整法是指可比参照物与被评估物相同或近似度较高（如机器设备的规格型号、生产厂家、市场交易的价格与条件等都相近），二者相比只有个别的或单一的差异，评估中仅对一项因素加以调整的方法。例如，参照物与被评估物间仅存在交易时间或交易地点差别的情况下，评估中就可简单调整确定参照物的时间因素或地点因素对其价格的影响，从而得到相同条件下的被评估物的市场价格。由于只考虑单一因素影响，因此对在评估基准日新近购置的同型号机器设备采用该方法进行评估尤其合适。

随着市场机制的不断完善，二手交易市场或旧货交易市场在很多地方设立，这对生产资料的有效使用与合理调剂起到重要作用。评估中可以利用二手设备市场上已成交的相同设备的交易资料，通过与被评估设备的直接对比、调整得到被评估物价值的方法。

2. 多因素调整法

多因素调整法是指参照物与评估对象间差异较大或需要考虑多种因素对资产市场价格影响时所采用的一种方法。这是一种应用更为普遍的方法。通常的做法是利用已经在市场上成交的机器设备的交易数据和资料，通过对评估对象与参照物之间可比因素的　对比分析，经调整后得到评估对象价值的方法。

［**评估案例** 4-10］光华电器科技有限公司的多刀切片机设备及拟作为参照物的设备情况见表 4-10。评估人员采用多因素调整法对该机器设备进行评估。

表 4-10　因素差异对比表

对　象	交易价格	成交日期	生产地	生产日期	技术状况	物理状况	调整后价格
评估对象		2018. 12	国产	2017. 6	很好	很好	
参照物 1	32 000 元	2017. 5	国产	2015. 6	好	较好	35 000 元
参照物 2	33 000 元	2017. 2	国产	2015. 9	好	较好	36 000 元
参照物 3	36 000 元	2017. 4	国产	2016. 8	很好	很好	36 000 元
参照物 4	32 000 元	2019. 5	国产	2017. 2	好	很好	35 000 元
参照物 5	33 500 元	2017. 3	国产	2016. 2	很好	较好	35 000 元
参照物 6	46 000 元	2020. 1	进口	2018. 4	很好	很好	38 000 元

评估中被列为可比因素的包括成交日期、生产地、生产日期、技术状况和物理状况。按照评估对象的可比因素情况调整后的各参照物的价格见上表最后一列数据。比较分析后，评估人员采用算术平均，估算出该设备的市场价值为 35 800 元。

［参见第一章评估案例 1-10］

3. 成本市价比重法

市场价格不仅反映了资产的效用和市场需求状况，同时也是市场竞争的结果。市场竞争表现在多个方面，其中，资源利用效率和产品成本的高低可以在一定程度上表明生产制造者的竞争与生存能力。对于劳动密集型和资金密集型的企业尤其如此。因此，可以根据成本与交易价格间的关系，确定某些机器设备市场价格。要注意的是，不同类的机器设备的成本市价比不完全一样，作为评估人员，一定要运用统计方法，深入分析成本组成及其与价格间的关系，以使评估结果趋于合理。成本市价比重法实际就是将机器设备的成本与市价作为调整因素的一种市场价格比较法。

四、机器设备评估的收益法

机器设备评估的收益法即通过将机器设备的预期未来收益折现来确定机器设备价

值的方法。根据前面的介绍知道，被评估机器设备具备独立的生产能力和获利能力是采用收益法的前提。其次，还要考虑能否可靠估计被评估机器设备的收益年限，以及能否可靠估计与其收益相关的风险。单项机器设备一般不具有独立获利能力。因此，单项设备评估通常不采用收益法评估。但对于自成体系的成套设备、生产线，可以单独作业的运输设备、对外租赁机器设备等，则可以根据实际情况考虑采用收益法评估。

成套设备、生产线一般都有设计生产能力，按照资产的贡献分成关系，其收益能力可以通过其实际贡献计算分离出来。一般而言，反映资产价值的收益应该是其客观收益，但对于成套设备和生产线这样的资产，简单通过分成关系来确定其评估价值，容易忽略或很难把握资产的整合效应。因此，对成套设备、生产线这类机器设备，要根据其服役能力和服役限期，准确、可靠分离其可能收益和收益年期。为使评估结果的可比性强，还需通过统计分析的方法，选取恰当表示资产一般收益能力的折现率来进行收益折现。

对外租赁设备的收益比较容易估计。在实际计算中，确定的收益必须是净收益，即扣除了获得该收益的成本或相关费用。另外，必须考虑收益的客观性、合理性和可能性，这种客观性、合理性和可能性是建立在市场基础上的，即租赁价格是市场的现实需求和预期需求。因此，估计租金时，应进行大量的市场调查，分析影响租金的因素，同时在充分了解被估机器设备的耐用年限等情况的前提下，分析类似机器设备租金与价格的关系，合理确定折现率。

[**评估案例** 4-11] 经调查分析，光华电器科技有限公司对外租赁的剪板机年合理净收益为 8 000 元，通过对所选取参照物的收益与售价的关系计算，该类设备的本金化率确定为 14.5%比较合理。该设备尚能出租年限为 10 年，在不考虑残值情况下，该设备的评估值为

$$评估值=\frac{8\ 000}{14.5\%}\times\left[1-\frac{1}{(1+14.5\%)^{10}}\right]=40\ 275\ (元)$$

第三节　在建设备工程的评估

一、在建设备工程的概念与内容

在建设备工程是正在建设中的机器设备安装工程，包括成套或单项、生产性或非生产性设备的安装、改良和大修理工程。已经完工的在建设备工程一般应视具体内容归入固定资产——机器设备等资产中。

一般情况下，一项在建工程既包括设备又包括建筑物或构筑物。评估前，要根据设备与土建、设备与建筑物的相关程度确定是将设备安装工程单独评估，还是将设备作为建筑物（土建）工程的附属部分，放在在建建筑物（土建）工程进行评估。一般而言，可以将与建筑物配套性较强的设备如电梯、空调系统、管道系统等放在建筑物中进行评估。实际中要注意避免重复评估。

二、在建设备工程的清查与查勘

（一）在建设备工程的清查

由于建设周期长以及工程款项支付方式或计算方法不同等原因，在建设备工程的账面价值与实际建成部分价值往往有很大差异。例如，工程款已付，但对应工程部分尚未建设或未完工；工程款未付，但对应工程部分已经建设或已经完工；或者在建设备工程账面科目数据仅表现已付款数，另外在其他资产负债科目中存在对应事项等。在评估前需要从资产权属角度对在建设备工程进行清查与鉴定，即对资产负债相关情况进行梳理，确定账面记录数据的合理性和准确性。

（二）在建设备工程的查勘

与机器设备评估一样，在建设备安装工程评估中要注重现场勘察和鉴定。具体地，要注意了解在建设备工程的具体内容、开工日期、结算方式、实际完工程度和工程量、实际支付款项。

在建设备工程涉及安装工程工艺与施工、工程结构建造、设备二次运输、吊装、检测、测试等多方面内容，评估人员应掌握工程材料、机、电、气、液和组织管理与经济分析的基本知识，能够分析了解设备系统在什么条件下达到最佳运行状态，形成生产能力。

三、在建设备工程的评估程序

已经完工并交付使用或尚未交付使用的设备工程可以归类到机器设备中，按前面两节中介绍的思路与方法进行评估。未完工的设备工程的评估程序如下：

（1）清查核实在建设备工程账面记录数据，包括了解其完工程度、所包含设备名称、规格型号、数量、合同金额、预付与应付款项。

（2）查阅有关产权证明文件、工程设计与建设规划文件、工程预算书。

（3）现场实际查勘。查实工程进度，检查工程质量，了解停工停建原因，分析贬值因素。

（4）搜集评估计算依据，包括设备购置价格、材料价格、工程安装预算定额与费用标准、资金成本标准等。

（5）分析评估条件与限制，选择评估方法与计算参数。

（6）评定估算，确定评估结果。

四、在建设备工程的评估方法

不同在建设备工程的完工程度、设备类别与组合、工程用途与功能、工艺方案与施工技术等都存在着明显差异，很难在市场上找到足够数量的可比参照物，因此不适用市场法。由于在建设备工程未来事项难以估测，因此，一般也不适用收益法。但对于建成后可独立经营获利的在建设备工程，条件适宜时也可以采用收益现值法评估。

在建设备工程一般采用成本法进行评估。具体地，可根据不同情况采用不同的计算处理方式：

（1）对于建设周期短、工程实际投资与实际形象进度大体相当、工程款项按合同要求正常支付的在建设备工程，可以将清查核实后的账面价值作为其评估值。

（2）对于正常施工的在建设备工程，按重置成本即在评估基准日重新形成该在建设备工程已经完成的工程量所需发生的全部费用为其评估值。计算中不考虑实体性贬值。

（3）对于停工停建的在建设备工程，采用成本法确定的重置价值即在评估基准日重新形成该在建设备工程已经完成的工程量所需发生的全部费用扣除其实际存在的实体性贬值、功能性贬值和经济性贬值后的差额。这里的全部费用一般包括直接费用（含前期费用）、需计算的间接费用和其他费用。各项费用与前面机器设备评估成本法中所介绍的相同。

如果在建设备工程周期较长，占用资金数量较大，实际评估中还需考虑资金成本。资金成本为正常建设工期内工程占用资金的筹资成本或资金机会成本。筹资成本为应计利息。计息本金和计息期可按照实际完成工程量在正常施工建设情况下需占用资金的数额及相应的时间计算。利息率应选择评估基准日仍在执行的与正常工期同期的银行贷款利率。资金机会成本可根据直接费用、间接费用及其他费用三者之和乘以行业平均资金利润计算得出。

案例解析

光华电器科技有限公司委估设备中有一型号为 XKA5032A 的立式铣床设备，该设备系重庆长江机床厂 2014 年 10 月产品，于 2015 年 2 月由委托方购置与使用。该设备账面原值为 82 000 元，基准日账面净值为 58 083 元。

铣床是利用铣刀在工件上加工各种表面的机床，铣刀旋转为主运动，工件和（或）铣刀的移动为进给运动。立式铣床的主轴垂直布置，铣刀可左右旋转 45°。立式铣床适于加工较大平面及利用各种带柄铣刀加工沟槽及台阶平面。铣床的主要参数是工作台面宽度（图 4-24）。

图 4-24　立式铣床现场勘察照片

评估人员进场对该设备进行了查验和鉴定。根据设备型号确认该设备为进行过重大改进的数控立式升降台铣床，主参数——工作台面宽度为320毫米。此类设备为通用金属切削类机床设备，国内有多家企业生产。经询问，该设备工作正常，没有发生主要部件损坏情况，保持日常维修。从外表看，表面漆色略有剥落，部分构件有锈蚀，缝隙油污明显。

该类设备技术为成熟技术，同类新型设备无多大改进。从市场出售价格看，该设备价格一直在增高。经向原供销商询价和网络查询，现该设备（标准配置）在重庆市场正常交易价格为83 600元。经过分析，确定该价格为设备购置价。

重庆距成都约300千米，购置该设备需支付运杂费。虽然该设备体积大、重量重，但交通运输方便，综合确定运杂费率为3%。铣床为固定使用设备，需要安装调试。其中调试费用由厂家承担；安装费率取2.5%。综合以上参数计算出该设备的重置全价为：$83\,600\times(1+3\%+2.5\%)=88\,198$（元）。

截至评估基准日，该设备已使用5年10个月。根据此类设备使用特点和机床类设备工作性质，在正常维护情况下铣床设备的经济使用年限设置以12～18年为宜，但考虑到该类设备相对残值率高，对委估设备的使用年限取15年。运用年限法估计该设备的理论成新率取整为60%。根据委估设备技术的相对稳定以及单台设备的可交易性强等特点，在本次评估中，不再考虑其功能性损耗和经济性损耗。经与委托方技术人员共同现场勘察和鉴定，认为6成新符合该设备的实际状况。

综合以上分析，计算该设备的评估价值为

$$88\,198\times60\%=52\,918\text{（元）}$$

本章操作要点与难点

（1）使用成本法时，所涉及的机器设备的价格为评估基准日公开市场成交价格，相关费用亦应为同期的规定标准下的归集。费用的计取既要全面又要避免重复。现实中，不论是机器设备还是车辆的销售购买中，由于销售方式的不同，其价格与费用的计取与归集都可能有差异，还需根据实际的配置和交易约定（非标准费用支出）来确定设备的重置成本。要特别注意的是，机器设备的质量保证和功能设计的完善是合理成本、合理利润与相关费用计算的前提。

（2）不能机械地照搬公式估算成新率，而应认真地区别不同的情况，对磨损原因进行细致分析，恰当地选用不同的方法来确定机器设备的成新率。磨损分析中，还要注意区分机器设备的磨损中是否包含功能性贬值和经济性贬值。

（3）应用市场法时，要注意所搜集的价格资料中所包含的不实信息和其他非价格信息。

（4）在建设备工程涉及面广，费用计算项目多，债权债务关系相对复杂，工程设计有较强的专业技术性，常常是评估工作中的难点。特别地，要注意在建设备工程是否处在已竣工或停建状况。前者可按前述的机器设备评估方法进行评估；后者则需要考虑停工原因。这些原因可能是自然灾害或其他意外情况、资金不足或其他经济原因、违反政策法规、建造设计质量问题等。很明显，非正常停工会对在建的设备安装工程的价值实现带来限制。

分析与思考

1. 机器设备的账面净值与评估价值有何区别？
2. 如何分析与计算机器设备的功能性贬值与经济性贬值？
3. 在选择机器设备的评估方法时应注意什么？

分析与思考答案

第五章　不动产评估

建筑物及其他定着物与土地之间，保持着依附性和位置的相对不变性，以及价值发挥的相互依存性。建筑物与土地为不动产的主要形式，也是资产评估中最常见的评估对象。本章从介绍不动产的基础知识入手，结合光华电器科技有限公司的部分不动产项目分别讲解不同评估方法的运用。

建议教学时数：10

第五～九章
串讲视频

第一节　不动产评估基础知识

不动产根据其占地和建筑面积、空间大小与布局、建筑结构、建筑材料、外观形式与装饰、设施装备、功能与用途等的不同而千差万别，因而评估方法也灵活多样。不动产的价值受到市场需求、经济发展和社会环境等多方面因素的影响。因此，评估人员应该熟悉不动产的特征，充分估计和把握各种因素的影响，选择适当的评估方法，合理地对不动产进行评估。

一、不动产的概念与特征

（一）不动产的概念

不动产是指土地、建筑物及其他附着于土地上的定着物，包括物质实体及其相关权益。不动产是建筑物，以及其他定着物与所占土地的有机组成的整体。根据建筑物，以及其他定着物与土地之间的相对关系，可以将不动产分为单纯的建筑物或构筑物、单纯的土地，以及土地与定着物的合一体。不动产也包括由建筑物、构筑物，或其他定着物和土地衍生出来的各种物权，如典当权、地上权、地役权、抵押权、租赁权等。一般情况下，不动产也包括与土地或定着物不可分离（这里的分离指不动产的完整性被破坏或其设计功能不能正常发挥）的设施设备等。

（二）不动产的特征

不动产的主要特征有：

（1）占有与收益的排他权利性；

（2）地理与空间位置相对固定不变性；

（3）资产的非同一性或差别性；
（4）资产的配套性与组合性；
（5）资产使用的长期性和限制性；
（6）价值实现受到地域环境和政策制度的显著影响；
（7）投资数额大、建造周期较长；
（8）相对变现风险大；
（9）价值稳定趋升性；
（10）随着技术经济进步而不断发展。

二、不动产的价格及其影响因素

（一）不动产的价格

不动产项目在设计与开发、建设与经营过程中产生必要的劳动耗费与其所用土地的租金共同决定了不动产的价格。作为人们生活的必需品和生产经营的要素，不动产体现出其特有的效用。因此，不动产的价格最终由其效用的稀缺性以及人们对其有效需求的强烈程度所决定。

（二）影响不动产价格的因素

影响不动产价格的因素很多，例如国家政局的稳定与变化、政策法规的引导与限制、社会经济与科学技术的发展、人口数量与结构、收入与消费水平、物价指数变动、区域开放程度等。

1. 内部因素

对于建筑物而言，影响价格的因素包括：功能与用途、建筑质量、建筑材料与结构、建筑式样与布局、建筑密度与高度、楼层与朝向、配套设施完备程度、建筑物的完损程度与可用时间长短等。

对于土地而言，影响价格的因素包括：区域位置、面积、地形与地貌、地质状况、用途、环境与规划等。

2. 外部因素

影响不动产价格的外部因素很多，从居住角度考虑，包括当地空气与水资源质量、日照与气温、自然景观与文化氛围、市政配套设施、医疗与教育等；从商业角度考虑，还包括客流量、物流通达、商业聚集度等；从工业角度考虑，还包括动力资源、原材料供应、产业链等。

个人偏好、风俗习惯与心理因素也在不同程度上影响着人们对不动产价格的期望。另外，不动产自身的产权关系与他项限制等也是影响其价格的重要因素。

三、不动产评估基本要求

不动产评估对象，可以是不动产对应的全部权益，也可以是不动产对应的部分权益。资产评估专业人员应当关注不动产的权属并收集相关的权属证明文件，对于没有权属证明的文件，或正在办理和申领权属证明文件的不动产，评估中应当要求委托人或者其他相关当事人对其权属做出承诺或说明。

要对不动产的产权关系进行调查和梳理，包括其所有权、使用权、收益权、处分权、租赁权、抵押权等。合法的产权及其完整性是不动产价值实现的重要前提。评估中需要分析和确认权属证明是否合法取得、完整，是否受到限制。

不动产评估应当在评估对象符合规定用途或用途管制要求的情况下进行。当不动产存在多种利用方式时，应当在合法的前提下，结合经济行为、评估目的、价值类型等情况，选择和使用最优利用方式进行评估。对于不动产使用的限制条件，应当以有关部门依法规定的用途、面积、高度、建筑密度、容积率、年限等技术指标为依据。对于租赁的不动产，还要考虑租约的限制。

不动产各组成部分的价值存在相互影响关系。建筑物或其他定着物对于其所占有的土地使用权存在价值减损的可能。如果建筑物或其他定着物对于其所占有的土地使用权存在价值减损情形，评估土地使用权价值时应当计算该损失金额并加以扣除。此外，还要考虑动产对不动产的价值影响。

四、土地及其特性

（一）土地与土地使用权

土地是人们赖以生存的、一种有限的和自然的存在物。由于土地可以为其所有者和使用者带来预期效益，因此，土地成为一种稀缺经济资源。在我国，土地所有权属于国家，但土地使用权可以在市场上进行转让和交易。

评估中所指的土地，实际为土地使用权。这也表明了土地是一种权利资产（参看图 5-1、图 5-2）。需要注意的是，单纯的土地，通常是在企业的“无形资产”科目中列示和核算。

图 5-1　自然土地

图 5-2　土地使用证

（二）土地的特性

土地的特性包括自然特性和经济特性。

1. 自然特性

自然特性有：位置的固定性、自然的差异性、不可再生性、效用永续性。

2. 经济特性

经济特性有：供给的稀缺性、权利的垄断性、利用的多样性、效益的差别性。

（三）土地出让金与土地价格

土地出让金在评估中是一个重要概念。所谓土地出让金是指国有土地与资源管理部门在土地批租时向承租者一次性收取的租赁费用，这个费用为土地有效使用年限内的全部使用价格。土地出让价格或地价不仅包括土地出让金，还包括政府进行土地开发的全部投资费用。土地开发费用包括规划、征地、拆迁、补偿以及配套的基础设施费等。

土地出让金的计算应遵从国家有关规定。其依据一般有土地使用年限、土地级别和地块条件，现实中常以拍卖成交价为基础按比例计取。

五、建筑物及其分类

（一）建筑物与构筑物

建筑物或建筑工程指通过人工利用特定的建筑材料和技术修建起来的建筑体或构筑物。一般情况下，把房屋楼馆，包括其内的水、暖、电以及必要的配套设施等称为建筑物，而把非房屋类建筑，如桥梁、隧道、道路、堤坝以及园林绿化工程等称为构筑物。如无特别说明，以下将建筑物与构筑物等统称为建筑物（参看图 5-3 至图 5-6）。

图 5-3　高楼

图 5-4　隧道

图 5-5　桥梁

图 5-6　室内设施

（二）建筑物的分类

建筑物种类很多，按照不同划分标准，可以将其分成不同的类别。下面是不同的分类（图 5-7 至图 5-10）。

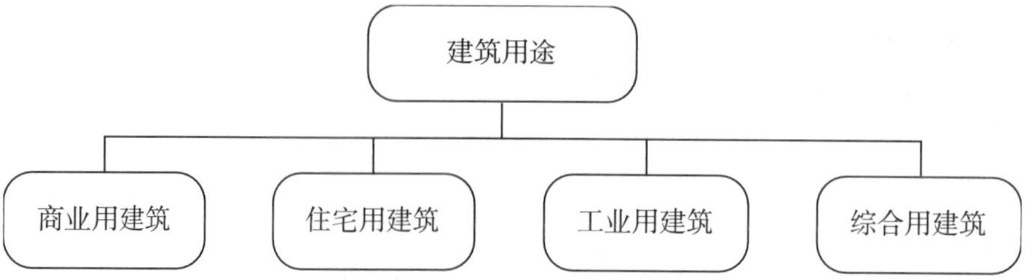

图 5-7　按照用途对建筑物分类的框图

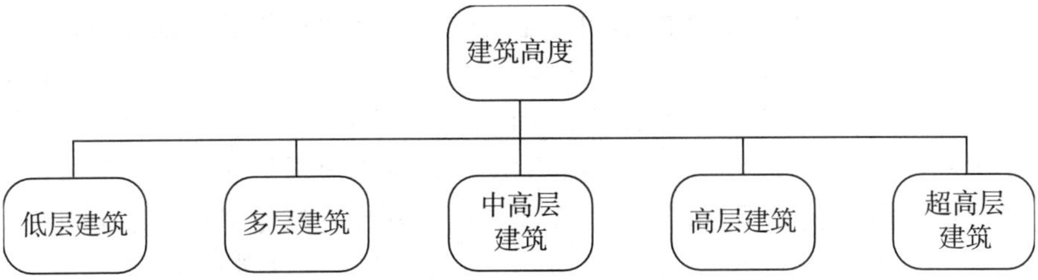

图 5-8 按照高度对建筑物分类的框图

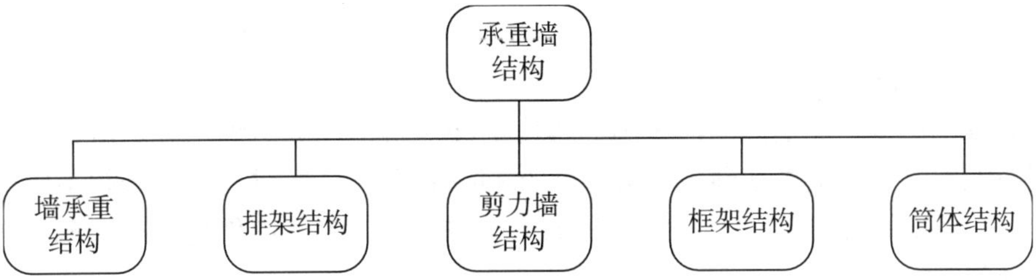

图 5-9 按照承重墙结构对建筑物分类的框图

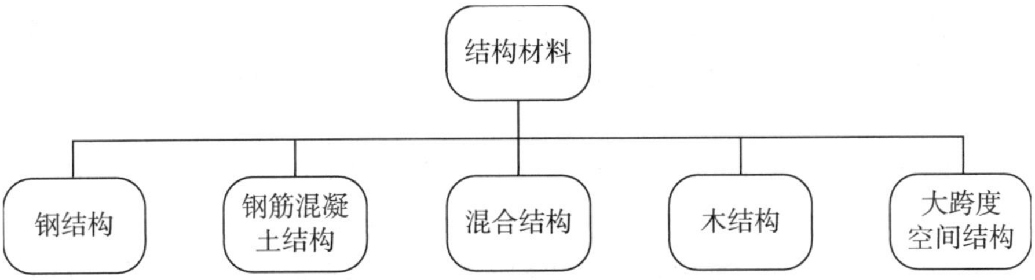

图 5-10 按照结构材料对建筑物分类的框图

六、不动产的磨损与查勘

在使用过程中，建筑物会因各种因素而受到磨损，使其应有的功能弱化或丧失。评估人员应该了解建筑物的磨损机理，通过现场查勘确定磨损程度，从而进一步分析确定其成新率。

（一）磨损的因素分析

一般情况下，可以把引起磨损的因素分成自然因素、功能因素和经济因素三类。

（1）自然因素。如因使用而产生的物理磨损；随时间或风雨侵蚀等自然作用而产生的老化、腐朽；因自然灾害而发生的破坏等。

（2）功能因素。如建造技术、建筑材料和工艺落后；建筑设计落伍或出现新的消费观念；建筑物配套设施设备及其配置不能满足现实需求等。

（3）经济因素。如建筑物不能适应周边区域经济变化；建筑物与环境不协调；不能满足区域规划要求等。

（二）不动产的现场查勘

实地查勘是不动产评估中重要的工作，查勘的内容一般包括不动产坐落的位置及其正确性、建筑物或其他定着物的结构、建筑质量、利用现状及完损程度、内外装修情况、外观与周边环境的协调程度、该区域的人文地理与交通状况、商业与娱乐繁华程度、未来发展规划及前景、配套设施完备度和功能设计完善情况等。

对于水利工程、码头、桥涵、道路等不动产，应当根据不动产的价值特性和资产特点，通过设计概算、工程图纸、竣工决算、定额标准等技术资料，结合对不动产的现场查看，了解不动产的结构、工程量、工程费用分摊、建设周期以及收益等情况。

裂缝、塌陷、剥落、倾斜、渗漏等现象都是建筑物的常见病害。要特别注意裂缝现象，因为大多数病害都是由裂缝引起的。裂缝可能只是外观或局部的破损，而有的裂缝则是造成建筑物致命破坏的前兆。评估人员在评定建筑物损耗时，应具备基本的诊断能力。建筑物的磨损情况直接关系到其耐用年限和可继续使用年限。

（三）建筑物的完损情况鉴定

建筑物因磨损情况不同而产生不同程度的功能价值丧失，评估人员应根据不同的标准进行鉴定，以更准确地确定其完损状况和成新率。一般对建筑物进行鉴定的部位包括地基基础、承重和非承重构件、屋面、楼地面、门窗、内外抹灰、天棚、水电卫浴、设备等。

七、不动产评估的特点与难点

（1）建筑物或其他定着物的结构、材料、式样、装修与设备配置等复杂多样，评估人员需具有较丰富的专业知识和实践经验，才能在鉴定和分析中较准确地确定工程造价和成新率。

（2）不动产具有设施配套性和功能组合性特点，局部磨损或个别构件的缺失会直接影响不动产的整体价值实现，评估中要给予充分考虑和关注。

（3）不动产评估中要根据建筑物与土地的关系，如占地面积与比重、土地面积分割，以及产权关系、评估目的等，考虑是房地分开评估还是房地合一评估。

（4）建筑物的耐用年限与土地的规定使用年限往往不一致。另外，在评估中还需要考虑维修维护以及改建等情况对资产价值的影响。

（5）不动产可以是固定资产也可以是流动资产。前者指企业或个人作为其生活、生产或办公用的资产，通常使用时间较长；后者是不动产企业的存货产品，用于出售。评估中要区别对待（参见《其他资产及负债评估》一章）。

（6）不动产的使用与管理、评估与交易具有较强的政策法规性，评估中必须考虑相关规定和规范的限制和要求。

第二节　不动产评估的各种方法

不动产因其土地状况、产权状况、建筑结构、建筑材料、施工技术、规模大小等不同而有着不同的成本构成，加之建造年代和使用方式的不同，资产的磨损方式和价值变化规律等也会有着明显的差异。在土地政策和社会经济与技术发展等的影响下，不动产的建造成本与市场价格也会发生显著变化。因此，应根据具体的情况分别采用成本法、市场法、收益法及其他评估方法来确定不动产的价值。

一、不动产评估方法的选择

不动产交易市场在我国日臻成熟。城镇商品房交易频繁，交易案例较多，因此，对于城镇商品类房产应以市场法评估为主。根据国家关于土地出让的有关规定，土地一级市场的交易一般应采用挂牌方式公开进行。评估人员应充分考虑市场因素、区域环境因素、政策制度因素、心理因素，以及地方土地基准地价体系完善程度，采用市场法和其他方法结合的方式对土地使用权进行评估。对于商业用途类不动产项目，如可租赁用房产、宾馆及娱乐业房产、商业铺面等，能够独立或整体取得收益，在经营成本和收益等资料来源可靠、数据准确以及预期估计可行的情况下，评估人员可采用收益法对其进行评估。对于那些缺乏可比交易案例、预期收益数据无法准确估计，或者因为产权关系以及其他原因必须房地分开评估的项目，或者存在强行短时变现等特殊情况，例如工业厂房、在建工程项目、财产清算项目、特殊建筑物等，可采用成本法进行评估。

评估方法选择应因地、因时制宜，考虑不动产的自身特点和环境影响，根据数据资料的收集和可用程度、评估人员的专业理解和判断能力，以及特定经济行为等情况来确定。在评定估算过程中，评估人员要特别注意评估参数及评估公式的选取。

二、土地使用权的评估

（一）成本法

成本法又称成本逼近法，即累计现实各项成本开支逼近土地的全部实际成本。

1. 基本计算公式

土地使用权价格的基本计算公式可以用下式表示：

$$土地价格 = 土地取得费+土地开发费+税费+利息+利润+土地增值收益 \tag{5-1}$$

式中，土地取得费包括土地补偿费、安置补偿费、地上附着物补偿费和其他补偿费等，各类补偿费的标准由当地政府制定；土地开发费包括基础设施配套费、公共建设配套费、小区开发配套费等，用于项目可行性研究、规划设计、勘察测绘、场地平整等费用也列在其中；税费、利息和利润均是站在土地开发投资者角度进行考虑的，其计算标准是按照正常投资情况和根据相关政策规定确定的，即计取投资者在开发过程中的应缴税费、开发期的利息支出或资金成本、投资者要求的合理利润，以真实反映土地开发中或成熟土地取得的全部开发性支出；土地增值收益指土地用途或功能改变，或经过改良后，土地的收益预期发生变化，原投资开发人希望得到的收益补偿。一般情况下，土地增值收益是按照通行的增值收益率计算的。

2. 区域土地价格修正

评估对象作为个体与区域总体情况存在特定差异，如规定使用年期、土地的成熟度、土地的利用率等，评估中需考虑这些差异并通过修正方式进行调整。修正计算公式如下：

$$\begin{aligned}评估价格 = {} & 区域地价\times(1+个别因素修正系数)\times使用年期修正系数\\ & \times宗地成熟度修正系数\times土地利用率修正系数\end{aligned} \tag{5-2}$$

[**评估案例 5-1**] 某市郊有一块面积为 20 000m^2 的土地，按照有关规定，经测算，该块土地的征地费用标准为 120 元/m^2，一次性投入；土地开发费用标准为 180 元/m^2，土地开发周期 2 年，资金均匀投入；土地开发平均投资利润率为 12%；土地增值收益率为 16%；银行贷款年利率为 6%。经过分析，与区域平均条件相比，该块土地个别条件略优 2%，宗地成熟度略优 4%。试评估该块土地的价值。

解：根据题中条件，有

土地取得费 = 120（元/m^2）

土地开发费 = 180（元/m^2）

投资利息 = $120\times[(1+6\%)^2-1]+90\times[(1+6\%)^{1.5}-1]+90\times[(1+6\%)^{0.5}-1]=25.71$（元/$m^2$）

开发利润 = $(120+180)\times12\%=36$（元/m^2）

土地评估单价 = $(120+180+25.71+36)(1+16\%)=419.58$（元/$m^2$）

修正后单价 = $419.58\times(1+2\%)(1+4\%)=445.09$（元/$m^2$）

土地评估总价 = $445.09\times20\,000=8\,901\,800$（元）

（二）假设开发法

假设开发法又称剩余法，其基本思路是在确定开发后土地总价值的基础上，分析和估计开发所付出的总成本，用土地总价值减去总成本后所剩余的就是该块土地的评估价值（图 5-11）。假设开发方式通常是满足规划条件下的最佳开发利用方式。

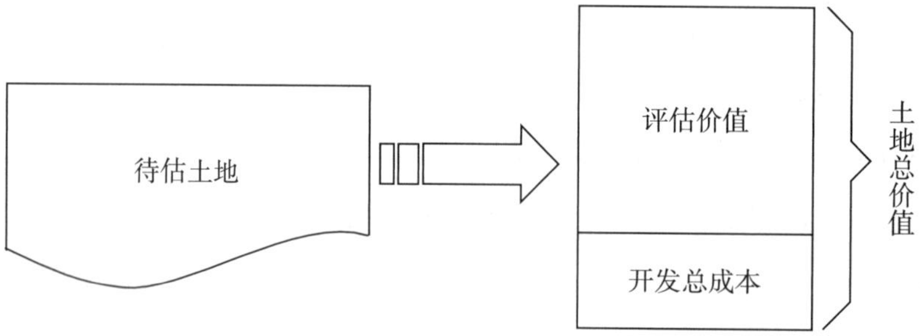

图 5-11 假设开发法评估思路示意图

假设开发法适用于待开发土地、正在开发的土地或再开发土地的评估，使用中要注意通过估计和测算能够确定开发后土地的总价值，能够收集土地开发成本等资料。

假设开发法的一般计算公式为

$$评估价值=A-(B+C+D+E) \tag{5-3}$$

式中：

A——开发后土地总价值（包含土地在内的总楼价）；

B——开发成本（包含土地开发新投入、建设及专业费用）；

C——投资利息；

D——合理开发利润；

E——正常税费。

实践中，假设开发法常使用下面公式：

$$土地评估价值 = 预期楼价-建筑费用-专业费用-销售费用-利息-税费-利润 \quad (5-4)$$

式中：

$$利息=(地价+建筑费用+专业费用)\times利率 \quad (5-5)$$

$$利润=(地价+建筑费用+专业费用)\times利润率 \quad (5-6)$$

[**评估案例** 5-2] 有一待开发土地，面积2 400m^2，规划楼房建筑面积6 000m^2，建设期一年，建筑费用2 500元/m^2，专业费用为建筑费用的10%，楼房出售价格为4 500元/m^2，销售费用为楼价的3%，销售税金为楼价的6%，银行年贷款利率为6%，不动产开发正常利润率为15%。试计算该块土地的评估价值。

解：根据已知条件，可以采用假设开发法。

开发后含地总楼价 = 6 000×4 500 = 27 000 000（元）

建筑费用 = 6 000×2 500 = 15 000 000（元）

专业费用 = 15 000 000×10% = 1 500 000（元）

销售费用 = 27 000 000×3% = 810 000（元）

销售税金 = 27 000 000×6% = 1 620 000（元）

利润=(地价+建筑费+专业费)×15%

=(地价+16 500 000)×15%

利息=地价×6%+(建筑费+专业费)÷2×6%

=地价×6%+16 500 000×3%

由式（5-4）有

地价=27 000 000−15 000 000−1 500 000−810 000−1 620 000−(地价+16 500 000)×15%−地价×6%−16 500 000×3%

解出：地价≈4 214 876（元）

（三）市场法

土地使用权评估的市场法是将评估对象与可参照的土地交易案例进行多项对比，通过对表现出来的差异进行调整或修正，最后确定评估对象价值的一种方法。该方法适用于城镇土地储备量大、土地招标、拍卖和转让案例多、市场价格易于收集的场合。

市场法的一般计算公式为

$$P = P'\times A\times B\times C\times D\times E\times F \quad (5-7)$$

式中：

P——土地评估价格；

P'——可比交易案例价格；

A——交易情况修正系数；

B——交易日期修正系数；

C——区域因素修正系数；

D——个别因素修正系数；

E——容积率修正系数；

F——土地使用年限修正系数。

交易情况需要修正的是非正常交易或非市场因素对价格的影响；交易日期需要修正的是评估对象与可比案例交易时间差对价格的影响；区域因素需要修正的是区域条件如城市规划、市政设施等不同对价格的影响；个别因素需要修正的是评估对象与可比案例在土地利用、地质条件等方面的不同对价格的影响；容积率需要修正的是容积率不同对价格的影响；使用年限需要修正的是评估对象与可比案例可使用年限的差异对价格的影响。实践中，对这些差异的处理通常采用设定评估对象条件为100%，通过分析确定可比案例的分值来比较计算相互间的差异。

［**评估案例5-3**］光华电器科技有限公司位于××市经济开发区内。该开发区位于市东部约20千米，开发区规划总用地面积18平方千米，区内已建成道路26千米，通达铁路和跨省高速公路。公司在区内取得一宗土地，根据《国有土地使用证》，土地面积10 041.00m^2，用途为工业用地，规划容积率1.95，土地使用权年限为50年，土地使用权性质为国有出让。截至评估基准日，该土地使用权剩余年限为43年。

在该开发区内有多宗土地交易案例，评估人员寻找了三个实例。这些实例成交价格中包括土地出让金、土地征用和城市建设费用，与评估对象土地在用途、交易日期、地理位置上都具有较强的相关性和可比性。具体情况如下。

可比实例一：位于经济开发区内，迎宾东路东侧，土地面积为4 746.67m^2，土地用途为工业，规划建筑面积11 866.68m^2，容积率2.5，成交日期为2018年8月，成交价格87元/m^2。

可比实例二：位于经济开发区内，迎宾西路西侧，土地面积为6 792.34m^2，土地用途为工业，规划建筑面积12 226.21m^2，容积率1.8，成交日期为2019年6月，成交价格95元/m^2。

可比实例三：位于经济开发区内，科光正路北侧，土地面积为8 333.33m^2，土地用途为工业，规划建筑面积17 500m^2，容积率2.1，成交日期为2019年8月，成交价格90元/m^2。评估人员根据所收集的资料编制了因素比较表、修正指数表及差异比较修正表（表5-1至表5-3）。

表5-1　可比因素比较表

比较因素		评估对象	案例1	案例2	案例3
交易价格/(元·m^{-2})			87	95	90
交易情况		正常	正常	正常	正常
交易时间			2018.8	2019.6	2019.8
区域因素	交通便捷度	便捷	较便捷	便捷	较便捷
	产业集聚度	较高	较高	较高	较高
	环境质量	较好	好	好	较好
	地理位置	迎宾西路	迎宾东路	迎宾西路	科光正路
	区域规划	好	好	好	好
个别因素	土地用途	工业	工业	工业	工业
	宗地形状	不规则	较规则	较规则	不规则
	容积率	1.95	2.5	1.8	2.1
	剩余使用年限	43	48	49	49
	临路情况	临路	临路	临路	临路
	基础设施完备度	较完备	较完备	较完备	较完备

表 5-2 价格修正指数表

比较因素		评估对象	案例 1	案例 2	案例 3
交易价格/(元·m^{-2})			87	95	90
交易情况		100	100	100	100
交易时间			1.002 0	1.009 5	1.009 3
区域因素	交通便捷度	100	98	100	98
	产业集聚度	100	100	100	100
	环境质量	100	103	103	100
	地理位置	100	98	101	98
	区域规划	100	100	100	100
个别因素	土地用途	100	100	100	100
	宗地形状	100	103	103	100
	容积率	100	99	100	99
	剩余使用年限	100	105	106	106
	临路情况	100	100	100	100
	基础设施完备度	100	100	100	100

表 5-3 差异比较修正表

比较因素		案例 1	案例 2	案例 3
交易价格/(元·m^{-2})		87	95	90
交易情况		100/100	100/100	100/100
交易时间		1.002 0	1.009 5	1.009 3
区域因素	交通便捷度	100/98	100/100	100/98
	产业集聚度	100/100	100/100	100/100
	环境质量	100/103	100/103	100/100
	地理位置	100/98	100/101	100/98
	区域规划	100/100	100/100	100/100
个别因素	土地用途	100/100	100/100	100/100
	宗地形状	100/103	100/103	100/100
	容积率	100/99	100/100	100/99
	剩余使用年限	100/105	100/106	100/106
	临路情况	100/100	100/100	100/100
	基础设施完备度	100/100	100/100	100/100
修正系数		0.963 4	0.888 8	1.001 4
比准价格交易价格/(元·m^{-2})		83.82	84.44	90.13

经计算，三个参照案例的比准价格相差不大，取其算术平均值为评估单价，即评估对象的

评估价格=(83.82+84.44+90.13)÷3=86.13（元/m^2）

评估总价=86.13×10 041 = 864 831.33（元）

（四）基准地价修正系数法

所谓基准地价，即由土地管理部门和专业人员对城镇土地按土地级别划片区估价制定的土地使用权的平均价格。基准地价修正系数法指利用城镇基准地价和基准地价系数修正表，以基准地价为参照，对待估土地进行计算修正，从而求取待估土地价格的一种方法。

基准地价修正系数法适用于建立了基准地价体系的城镇土地评估。由于基准地价会随着城镇经济发展而进行调整，评估人员要注意基准地价的稳定性和适用性，同时考虑有关基准地价的资料是否易于收集（参看表5-4）。

表5-4　××市区三类用地基准地价表

土地	商业用地		住宅用地		工业用地	
级别	元/m^2	万元/亩	元/m^2	万元/亩	元/m^2	万元/亩
一级	8 605	573.67	4 372	291.47	1 074	71.60
二级	5 351	356.73	3 349	223.27	881	58.73
三级	4 100	273.55	2 113	140.87	751	50.07
四级	2 265	151.00	1 333	88.87	500	33.33
五级	1 552	103.47	733	48.87	375	25.00
六级	946	63.07	536	35.73		
七级	546	36.40	464	30.93		

基准地价修正系数法的一般计算公式为

$$P = P'\times A\times B\times C\times D\times E \qquad (5-8)$$

式中：

P——土地评估价格；

P'——基准地价；

A——区域因素修正系数；

B——个别因素修正系数；

C——交易日期修正系数；

D——使用年期修正系数；

E——容积率修正系数。

由式（5-8）可以看到，该方法与市场法近似，其主要不同点是参照物选取的是同一区域的基准地价，即根据评估对象与同一区域土地的平均情况进行对比，通过差异调整来确定评估值。

三、建筑物的评估

（一）成本法

1. 建筑物的重置成本

建筑物的重置成本即在评估时日的技术经济条件和市场供给情况下，重新建造相同建筑物的期望成本（或客观成本）。

成本法的一般计算公式为

重置成本 = 土地取得费(房地合一)+前期工程及规费+建筑安装工程费+配套设施建设费+建设期利息(资金成本)+建设单位管理费+销售税费+投资开发利润　(5-9)

评估价值=重置成本×成新率　(5-10)

分析与计算建筑物的重置成本涉及建筑安装工程与造价等方面的相关知识，评估人员应熟悉基本的知识点，了解各项费用的细项组成，掌握地方建设工程定额标准和建筑材料市场价格等信息。应特别注意的是，在现代城镇建设中园区规划和景观建设的成本费用开支可能占有相当大的比重。

下面分别介绍确定建筑物重置成本的几种常用方法。

（1）重编预算法。顾名思义，重编预算法就是重新编制建筑工程预算书以确定建筑物重置成本的方法。该方法的一般步骤有（图 5-12）：①现场查勘建筑物；②查证实际工作量；③对比察看施工图；④修正标准与参数；⑤重新编制预算书；⑥估算确定重置成本。

该方法的重点是重新核定出实际的工作量，以及确定评估时点的定额标准和价格。

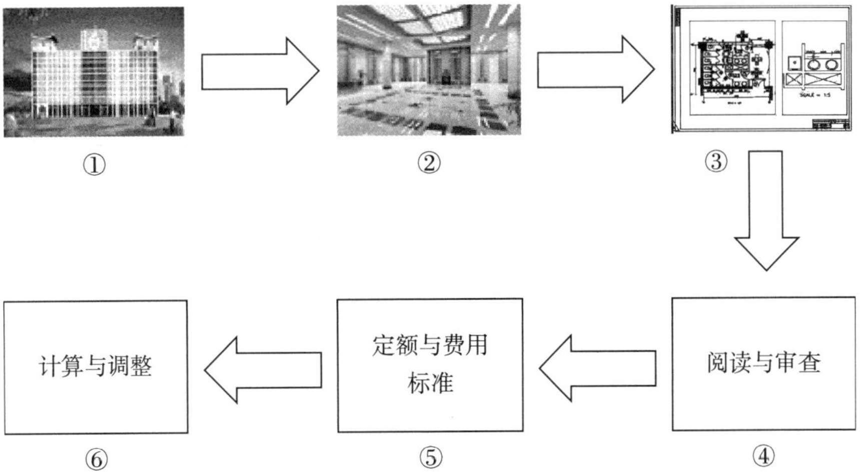

图 5-12　重新编制预算步骤图

（2）决算书调整法。该方法以现有的决算工作量为依据，用现行计费标准调整计算，并加计间接成本。其与重编预算法的差别在于对建筑安装工程的工作量不再进行核定，需要调整的是定额成本和费用标准。

(3) 典型建筑成本推定法。在工程建设管理制度完善、成本控制和工程造价审查严格的情况下，建筑物的建筑安装平均单位成本或工程单方造价应该能够比较客观和准确地反映评估对象的应有成本。根据地方建筑安装工程定额标准和类似建筑物工程项目造价数据，可以认为评估对象的建筑安装成本应该与相同结构和标准的建筑安装造价标准一致或接近。这种以典型建筑物建筑安装成本作为评估对象建筑安装成本标准的方法称为典型建筑成本推定法。

该方法的一般做法是：

①寻找参照物（典型建筑物——结构类似，数量多，有代表性）；

②查找和收集参照物单方造价及取费标准；

③以待估建筑物工程决算量为基础，计算工程造价；

④以现行标准加计间接成本和相关费用。

该方法使用中，可以利用结构调整系数对不同建筑物成本进行调整，即考虑不同结构设计和楼层与标准结构设计和楼层的成本差异，另外还要考虑不同装修的成本差异，即考虑实际的装修情况。

典型建筑成本推定法不适用于特殊结构或特殊配套设施的建筑物评估。

[评估案例 5-4] 光华电器科技有限公司部分建筑物情况见表 5-5。试用成本法求表中各建筑物（不含土地）的重置成本。

表 5-5 建筑物基本情况表

序号	名称	结构	建筑面积/m^2
1	车间	框架	6 082.30
2	仓库	砖混	2 304.85
3	综合楼	砖混	2 487.05
4	宿舍	砖混	3 233.85

解：现场查勘情况略。

(1) 建造成本的求取。建造成本包括前期工程费、建筑安装工程费和小区内配套设施费。评估中，建筑物的前期工程费和建筑安装工程费的取值参考了当地建筑安装工程取费文件标准，结合相应的预算定额和评估师积累的工程概算指标经验进行计算。

楼层差异利用结构调整系数进行了调整。

具体计算过程详见表 5-6。

表 5-6 建造成本测算表

项目名称		车间	仓库	综合楼	宿舍	合计
建筑面积/m^2		6 082.30	2 304.85	2 487.05	3 233.85	14 108.05
重置成本	前期工程费/（元·m^{-2}）	33	27	27	27	
	建安费/（元·m^{-2}）	350	310	310	310	
	小区配套费/（元·m^{-2}）	70	70	70	70	
	合计/（元·m^{-2}）	453	407	407	407	
结构调整系数		1.000	1.030	1.041	1.020	
室内装修调整价/（元·m^{-2}）		10	10	10	10	
建造成本/（元·m^{-2}）		463.00	429.21	433.79	425.14	
总价/万元		281.61	98.93	107.89	137.48	625.91

（2）计算管理费。这主要是指开办费和开发过程中管理人员工资等，取建造成本的 1.5%。

（3）计算建设期的利息。根据建筑物的建筑面积，按照建筑安装工程工期定额计算，确定本项目的建设期为 1 年，假设资金在工程建设期内均匀投入，年贷款利率取 5.31%，计息期按工程建设期的一半计算。

（4）计算开发商利润。按照当前类似物业的市场状况，以及建筑物自身的特点，评估对象的集中投资年期为 1 年，开发商直接成本利润率取 8%。

（5）销售税费。销售税费包括两税一费，一般估计为建筑物总价格的 6%，设估价对象中建筑物部分的重置成本（市场价格）为 X，则此部分税费为 $6\%X$。

（6）重置成本。重置成本为建造成本、管理费、利息、利润和销售税费之和。

由上面分析计算，重置成本计算结果见表 5-7。

表 5-7 重置成本计算表

单位：万元

项目	车间	仓库	综合楼	宿舍
建造成本	281.61	98.93	107.89	137.48
管理费	4.225 1	1.484 0	1.618 4	2.062 2
建设利息	7.588 9	2.666 0	2.907 4	3.704 8
开发利润	22.866 8	8.033 1	8.760 7	11.163 4
销售税费	$6\%X$	$6\%X$	$6\%X$	$6\%X$
合计	336.479 5	118.205 3	128.911 1	164.266 3

2. 建筑物的贬值及其成新率的估算

与机器设备一样，建筑物的贬值也包括实体性贬值、功能性贬值和经济性贬值。由其特性所决定，一般情况下，建筑物的贬值主要表现为实体的磨损，即建筑物由于使用而产生的物理性磨损。

评估中对建筑物成新率的估计可以采用多种方法，实践中用得比较多的是使用年限法和综合观察法。

（1）使用年限法。使用年限法的使用前提是假设建筑物的实体贬值不受其他因素影响，而只是时间的函数。该假设认为在整个使用寿命期间，建筑物实体性贬值是随时间线性递增的。使用年限法的计算公式可表示为

$$\text{成新率}=\frac{\text{建筑物尚可使用年限}}{\text{建筑物已使用年限}+\text{建筑物尚可使用年限}}\times100\% \tag{5-11}$$

建筑物的已使用年限与尚可使用年限之和为耐用年限。建筑物的耐用年限的长短，主要取决于建筑物的结构设计、建筑材料、修建质量和用途，以及使用过程中的保养和维护情况。要注意的是，由于建筑物与土地的不可分割性，评估中估计建筑物的耐用年限时，其最长年限不应超过土地使用权的规定使用年限。另外，不同结构和建筑材料的建筑物，其残值（可利用物资材料的处置价值）也不同，在评估中应该加以考虑。

各种结构的建筑物的耐用年限和残值率见表 5-8。

表 5-8　建筑物耐用年限和残值表

建筑物结构及等级	耐用年限/年	残值率/%
钢筋混凝土结构	60 ~ 80	0
砖混结构 1~2 等	40 ~ 60	2
砖木结构 1~3 等	30 ~ 50	3、4、6
简易结构	10 ~ 15	3

（2）综合观察法。综合观察法是评估人员通过对建筑物的现场查勘，结合建筑物的使用环境、使用时间、建造质量与使用强度等情况，综合分析与测算成新率的一种方法。通常采用综合观察法对年限法确定的成新率进行修正，以更准确地反映建筑物的实际磨损程度。

运用综合观察法估测和确定建筑物的成新率，需要从多个方面、多个角度对评估对象进行查勘和检测。分析判断中，注意不同的构件和不同的部位损害的严重性及其对整个建筑物的影响程度；注意主体建筑与附属建筑物及设施设备间的配套关系；注意区分结构性磨损和非结构性磨损、可维修磨损和不可维修磨损；注意建筑物内部装修与装饰的残损对使用功能的影响；注意建筑物的实际用途和规定用途的差异。另外，还要根据国家与行业的有关规定对建筑物的状况进行界定，结合对建筑物可使用年限和耐用年限的分析，综合判定建筑物的成新率。评估实践中，可以通过确定建筑物不同的完损程度并划分不同档次成新率标准来估算成新率。

建筑物完损等级评定标准和成新率评定见表 5-9。

表 5-9 建筑物完损等级和成新率评定表

完损等级	完损状况	评定标准	成新率/%
完好	房屋的构件、装修、设备齐全，外观整新、使用良好	新建，无磨损	100
		微见局部有非结构性磨损	90
		外观与装修略显陈旧	80
基本完好	构件、装修与设备成色略旧，有少量损坏，能正常使用	外观有损、墙面有剥落	70
		构件少量损坏，使用略感不便	60
一般损坏	构件、装修与设备部分损坏或变形、老化，需进行中、大修理	明显有损，构件使用不灵	50
		较多处有损，变形、墙体剥落	40
严重损坏	构件、装修与设备部分缺失、损坏，结构变形，需大修或翻建	需修建才能正常使用	30
		需大量更换构件	30 以下
危险	主要构件缺失或不能使用，随时可能倒塌，需拆除或重建	不能继续使用	残值

（二）市场法

这种方法与土地评估中的市场法相同，实践中又称市场价格比较系数修正法。该方法的一般步骤包括：

（1）收集建筑物成交案例，选取可比参照物。建筑物的可比性因素应从市场状况、所处地域、城镇规划、建筑结构、配套环境与设施、用途等方面加以考虑。

（2）制定交易案例表。交易案例表（表 5-10）列示出参照物的基本情况和拟比较因素状况。

表 5-10 交易案例表

地块编号		项目		状况	项目		状况
坐落		区域因素	距商服中心距离		个别因素	面积	
所在图幅			距公共设施距离			宽、深	
使用类别			道路状况			形状	
权利状况			公交状况			临路类型	
交易总价			距车站等设施距离			临路位置	
建筑物价			给水			临街深度	
地上建筑概况			排水			容积率	
						地上容积率	
交易日期			供电			其他	
交易情况			供气			规划限制	
土地面积			电信			使用限制	
建筑面积			其他			备注	

（3）制定可比因素对照表。

（4）综合考虑各参照案例的价值影响因素并给出相应分值。

（5）对比评估对象，将参照案例的成交价调整为比较价格基础。

（6）修正计算评估对象的价值。

使用市场法时应注意，所谓比较调整，一是按不同因素对参照物价格进行调整，即充分考虑市场价格形成中的种种影响因素；二是按建筑物内在的质与量进行调整。价格分析和调整必须以评估时日的建工计价标准为计算基础。

[评估案例 5-5] 光华电器科技有限公司在××市内瑞联西路拥有一商品房，面积为 $240m^2$。评估人员利用市场法对其进行评估。经过比较，得到可比因素分值比较表。该表（见表 5-11）以评估对象状况为 100，对比得出各实例的相应分值。

表 5-11　可比实例分值比较表

因素		A 实例		B 实例		C 实例	
		比较	分值	比较	分值	比较	分值
交易日期		相近	100	相近	100	相近	100
交易情况		正常	100	正常	100	正常	100
个别因素	层数	不同	102	相同	100	不同	102
	建筑结构	相同	100	相同	100	不同	110
	平面布局	相似	100	相似	100	较好	102
	装修状况	较好	102	相似	100	较好	102
	设施设备	较好	102	相似	100	较好	105
区域因素	商服繁华度	较好	104	相同	100	较好	105
	交通便捷度	相似	100	相似	100	较好	102
	环境条件	相似	100	较差	95	较好	102
	公共设施配套	相似	100	相似	100	相似	100

由上表数据，将参照案例的成交价调整为比较价格基础（表 5-12）。

表 5-12　因素比较修正系数表

因素		A 实例	B 实例	C 实例
可比价格/（元·m^{-2}）		6 000	5 200	6 500
交易日期修正		100/100	100/100	100/100
交易情况修正		100/100	100/100	100/100
个别因素	总层数	100/102	100/100	100/102
	建筑结构	100/100	100/100	100/110
	平面布局	100/100	100/100	100/102
	装修状况	100/102	100/100	100/102
	设施设备	100/102	100/100	100/105

表 5-12（续）

因素		A 实例	B 实例	C 实例
区域因素	商服繁华度	100/104	100/100	100/105
	交通便捷度	100/100	100/100	100/102
	环境条件	100/100	100/95	100/102
	公共设施配套	100/100	100/100	100/100
比准价格		5 436	5 474	5 340

因三个比准价格比较接近，故采用简单算术平均值求取评估对象的评估单价，即

评估单价＝(5 436 + 5 474 + 5 340)/ 3≈5 418（元/m²）

评估总价＝5 418×240 = 1 300 320（元）

（三）收益法

建筑物评估的收益法即通过将建筑物的预期收益折现来确定建筑物价值的方法。一般情况下，建筑物收益是建筑物与土地的共同贡献，以总收益计算时，所折算的是房地合一价；若要单独评估建筑物部分的价值，需要从总收益中扣除土地的收益，即以残余收益来折算建筑物的价值。因此，后者又称残余法。

建筑物评估收益法的一般公式为

$$P=A\left[1-\frac{1}{(1+r)^{n}}\right]/r \tag{5-12}$$

式中：

P——评估价值；

A——建筑物年净收益；

r——折现率；

n——未来可取得收益的年限。

需要注意，在房地合一评估情况下，上式中的收益为房地合一总的纯收益，折现率为综合折现率；在单独评估建筑物的情况下，上式中的收益为建筑物的纯收益，即房地合一总的纯收益减去土地纯收益的残余收益，折现率为建筑物的折现率。

使用收益法要求被评估建筑物具备独立的获利能力，其获利能力、未来收益年限以及与其收益相关的风险可以可靠地估计。评估实践中，常常对宾馆类房产、商业性出租房产和铺面等采用收益法。

可对外租赁的房产的收益比较容易估计。在实际计算中，确定的纯收益必须是净收益，即扣除了获得该收益的成本或相关费用。这种收益应该是客观的、合理和可能达到的，出租价格符合市场现实需求。在估计租金收入时，应进行大量的市场调查，分析各种影响因素，另外，还应充分了解被估不动产的耐用年限和可出租年限，分析类似不动产租金与市场价格的关系，根据同类不动产社会平均收益水平和经济发展情况合理确定折现率。

[评估案例5-6] 光华电器科技有限公司有一商业铺面，常年对外出租，评估人员经过实地调查研究，搜集的有关资料及估计数据如下：

租金按建筑面积计，可供出租的建筑面积计109.99m^2。

出租价格取价中，参考了委托方出具的租赁合同；在临近的商铺进行了租价了解；查询了××市多个房源报价。评估对象及与评估对象类似的底层商业用房按建筑面积租用的客观租金为45~55元/m^2，考虑到估价对象部分面积使用略有限制的实际情况，本次评估中取50元/m^2；出租率取为90%。

相关指标包括：

房产税：12%；营业税及附加：5.5%；管理与维修费：3%；保险费（按建筑物建安造价计）：2‰；建安造价（混合结构）：500元/m^2。

估价对象用途为综合，最长年限为50年，至估价时点已使用10年，剩余可出租年限为40年。

资本化还原利率确定：采用安全利率加风险调整值的方式确定r，安全利率采用中国人民银行公布的一年期存款利率5.31%，根据估价对象物业情况，风险调整值取2%~4%，综合确定r = 7%。

由上面数据有

房产年总收入=50×90%×12 = 540（元/m^2）

房产年费用=540×(12%+5.5%+3%)+500×2‰ = 111.7（元/m^2）

年净收益=540−111.7=428.3（元/m^2）

则

$$评估单价=\frac{428.3}{7\%}\times\left[1-\frac{1}{(1+7\%)^{40}}\right]=5\ 710（元/m^2）$$

评估总值 = 109.99×5 710≈628 043（元）

第三节 在建建筑工程的评估

一、在建建筑工程的概念与内容

在建建筑工程指正在建设中的、尚未竣工或完工尚未交付使用的不动产建设项目（含列入项目的备用材料、设备等）。在确定在建建筑工程内容时，一般可以根据工程设计内容或根据不动产配套组成内容来确定，要注意避免与其他固定资产内容重复计评（参看图5-13、图5-14）。

图5-13 在建工业厂房

图5-14 停工“烂尾楼”

二、在建建筑工程的清查、现场查勘与评估中的注意点

（一）在建建筑工程的清查与现场查勘

与前述在建设备工程的清查一样，需要在清查中了解和查明工程款项的支付方式和账务记录情况，查对实际支付款项和工程进度表现成本，梳理债权债务关系，确定账面记录数据的合理性和准确性。清查中需要注意，对于停工性质的在建建筑工程，应该分析停工的原因，包括自然灾害或其他以外情况、资产不足或其他经济原因、违反法规政策、设计建造质量问题等对资产现有价值的影响。同时，对于建造周期较长，土地成本、建筑材料和工时定额等计价标准有明显变化的，应该充分考虑现实价格的影响。

与前面所讲建筑物的查勘一样，在建建筑工程评估中要注重现场勘察和鉴定。查勘的内容包括建筑结构设计、建筑部位施工质量、工程进度等。

（二）在建建筑工程评估中的注意点

（1）在建建筑工程是尚未建成或尚未交付使用的建（构）筑物，通常其形态不完整，因而其预期作用与未来收益相对不确定；

（2）在建建筑工程周期长，实际完工时间与预计完工时间往往不一致；

（3）在建建筑工程投资完成额度与实际完成工作量或工程进度可能不一致；

（4）在建工程形象进度以及资产功能差别很大，不易找到参照物；

（5）即便是未完工或未投入使用，与建成建筑物一样，在建建筑工程不仅存在实体性贬值，也存在功能性贬值和经济性贬值；

（6）拟以清算或拍卖方式处置的在建建筑工程，评估中要考虑设计更改情况。

三、在建建筑工程的评估准备工作

在建建筑工程评估的准备工作主要过程可用图 5-15 表示：

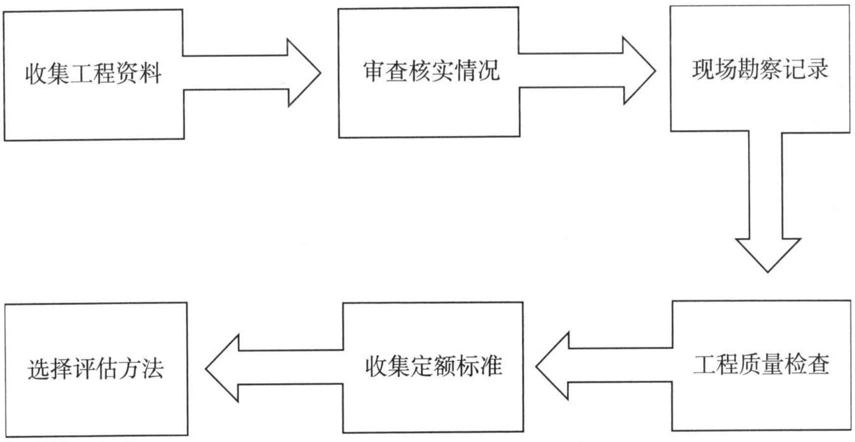

图 5-15　在建建筑工程评估的准备工作主要过程图

四、在建建筑工程评估方法选择及注意事项

由于参照物的缺乏，以及其未来功用和收益的高度不明确，在建建筑工程一般不选用市场法和收益法。因此，在建建筑工程评估一般首选成本法。

对于工期短、工程投资进度与形象进度相当，会计制度健全且账面价值能够反映建筑工程实际成本的，可采用账面价值审查核实法。但要注意在建建筑工程会计核算与其实际投资值的计算的不同，即账面值与实际价值之间存在的差异。

对于按设计进度正常施工的在建建筑工程，将重置成本即在评估基准日重新形成该在建建筑工程已经完成的工程量所需发生的全部费用作为其评估值。计算中可不考虑实体性贬值。

对于停工停建的在建建筑工程，特别是长期搁置的项目，应该分析和计算其实体性贬值、功能性贬值和经济性贬值。

如果能够预计在建建筑工程的收益，而且可以证明其预期收益明显高于社会平均水平，可以采用收益法。运用收益法时，针对的是在建工程整体资产，一般地，其形象进度不低于85%或者是已完工项目。

建筑主体已经完成或建成尚未投入使用的在建工程，在条件具备时，可以采用市场法评估。

五、在建建筑工程评估的工程进度法

工程进度法是在建建筑工程评估中常采用的一种方法。其计算公式如下：

$$评估价值 = 建筑工程评估价值 + 安装工程评估价值 \tag{5-13}$$

$$建筑工程评估价值 = 建筑工程预算造价 \times 工程完工程度 \tag{5-14}$$

$$安装工程评估价值 = 设备价值 + 安装工程造价 \times 工程完工程度 \tag{5-15}$$

$$工程完工程度 = \sum (各部位完成进度 \times 各部位预算比例) \tag{5-16}$$

工程进度法实际就是评估在建建筑工程的完工部分的价值。这个价值可以用下面的示意图（图 5-16）表示。

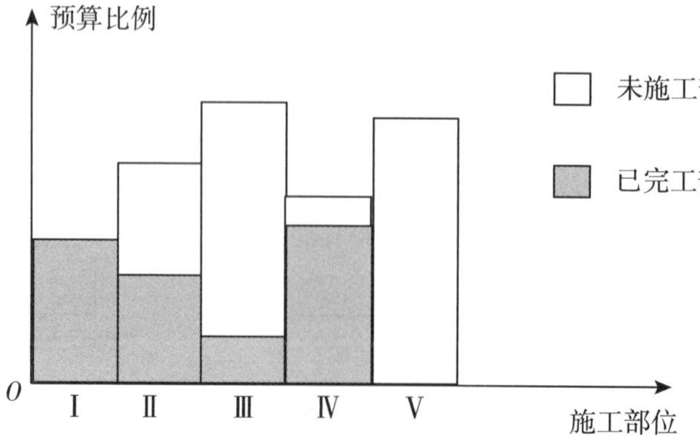

图 5-16　工程进度与完工比例示意图

图中暗影框即各部位的完工部分，其工程价值之和就是完工价值。

[**评估案例 5-7**] 光华电器科技有限公司账列一在建工程，经查为停车场及车棚改建项目。该项目始建于2020年10月，预计2021年3月完工。现账面记录价值265 000元，为已付工程款。评估人员现场对该停车场和车棚进行了查勘，向公司管理人员及施工技术人员进行了咨询，目前该项目工程款的支付仅剩尾款，工程在现场查勘时已近完工。该建设工程施工进度正常，质量符合设计标准，经对工程预算造价和施工项目审查，未发现超定额和不实项目，账面价值能够正确表示该在建工程的实际成本，即评估价值为265 000元。

案例解析

某评估人员接手一块位于××市经济技术开发区内的土地评估业务。经现场查勘和收集资料，该评估人员分析认为可以采用成本法和假设开发法进行评估。为此，该评估人员查对了有关指标，调查了有关事项，经数据处理和计算，得出了该块土地使用权市场价值。复审人员对评估报告及有关事项进行了审查并就评估中的分析思路与处理方式提出了意见。这些意见解析如下：

（1）土地的性质未做交代，出让与划拨显然应有不同的费用考虑；

（2）土地取得与开发的成本费用构成分析得当，采用成本法可行；

（3）没有列出成本费用的详细项目与标准，显得依据不够充分；

（4）该块土地的建设开发项目的规划方案已经得到批准，各项规划设计指标可以在假设开发法中使用；

（5）开发项目中的房产价格来源不明，缺乏对开发区远景规划和周边商业氛围的描述，因此，总收入的估计可靠性不强；

（6）利息计算中，没有说明计息周期和资金投入方式，而资金分期投入或非均匀投入是需要进行特别考虑的；

（7）利润率与单位建筑面积的建筑成本没有说明取值的出处，利润率一般应以社会平均或行业平均指标为参考，建筑成本则应以当地类似资产的平均成本为参考。

上述这些审核意见有助于评估人员重视评估依据和资料的收集，注意评估方法的使用与所占有数据的关联，更加全面、细致地分析和考虑问题。

本章操作要点与难点

（1）不动产因其土地状况、工程规模、设计标准、建筑结构、建筑材料和施工方法的不同，以及所处地理位置和环境的不同，其造价标准和评估价格会有显著的差异，不动产的质量和功能也明显影响着其价值。

（2）建筑与安装工程涉及较深的专业知识，评估人员应了解建筑与安装工程中的基础知识，熟悉造价编制方法和标准。此外，评估人员还需多方面掌握市场信息，搜集不动产市场价格的最新数据和政策文件资料，充分考虑各种影响不动产价格的因素变动。

（3）在建建筑工程的评估中，要注意工程项目的完工程度或停建状况，与前述在建设备工程一样，需要考虑其停工原因和贬值情况，注意其价值实现的可能性。

（4）城镇土地的价格在很大程度上受到土地政策和市场供求的影响。简单地依据开发成本或基准地价来估算是不合适的。土地市场化进程中，当地土地招标拍卖的价格水平具有一定的参考价值。

分析与思考

1. 不动产现场查勘中应注意哪些事项？
2. 房地合一评估和房地分开评估的主要差别是什么？
3. 在建建筑工程的评估中，如何看待和分析账面记录价值？

分析与思考答案

第六章　无形资产评估

> 无形资产评估是资产评估中的热点和难点领域，评估人员应熟悉无形资产的一般特征和工作特点，掌握和灵活运用不同的评估方法。本章从介绍无形资产的基础知识入手，结合光华电器科技有限公司的部分无形资产项目分别讲解不同评估方法的运用。
>
> 建议教学时数：10

第一节　无形资产评估基础知识

一、无形资产的概念、特征及其分类

无形资产是被社会各界广泛使用的一个概念，不同行业、人士对其有不同的认识和解释。从资产评估学的角度正确定义和理解无形资产，对于正确进行无形资产评估具有十分重要的意义。

（一）无形资产的一般概念

1. 财政部《企业会计准则第 6 号——无形资产》（2007 年）中关于无形资产的解释

无形资产是指企业拥有或者控制的没有实物形态的可辨认非货币性资产。

2. 中评协《资产评估准则——无形资产》（2017 年）中关于无形资产的解释

无形资产是指特定主体拥有或者控制的、不具有实物形态、能持续发挥作用且能带来经济利益的资源。

无形资产可分为可辨认无形资产和不可辨认无形资产。可辨认无形资产包括专利权、专有技术、商标权、著作权、特许经营权等；不可辨认无形资产是指商誉。

（二）无形资产的基本特征

无形资产的基本特征见表 6-1：

表 6-1　无形资产的基本特征

序号	特点	特点说明
1	排他性	特定主体排他占有，其排他性是通过企业自身保护措施或通过法律法规保护取得

表 6-1（续）

序号	特点	特点说明
2	非实体性	没有具体的物质实体形态，是隐形存在的资产。但是，无形资产又往往依托一定实体
3	效益性	在较长时期内直接或间接地为其控制主体创造效益。但是，这种效益具有高度的不确定性

（三）无形资产的分类

按不同标准，无形资产有众多的分类方法。对无形资产进行必要的分类，不仅有助于识别无形资产，而且有利于我们了解无形资产的性质和作用、范围，以提高评估的科学性。下面是各种不同的分类（图 6-1 至图 6-5）。

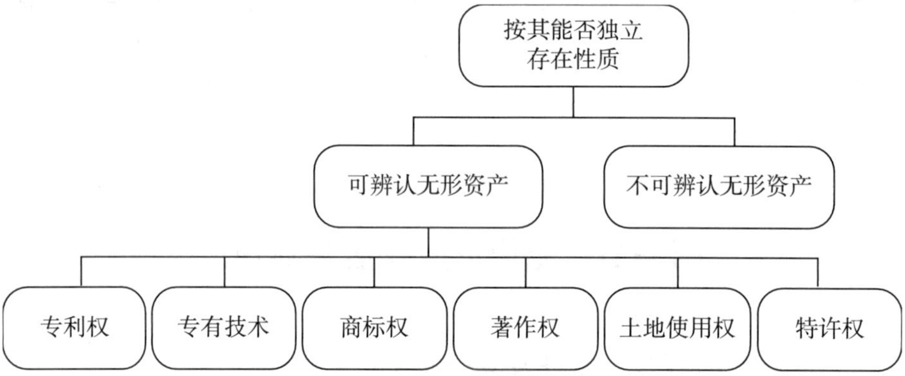

图 6-1 按照无形资产能否独立存在的性质分类框图

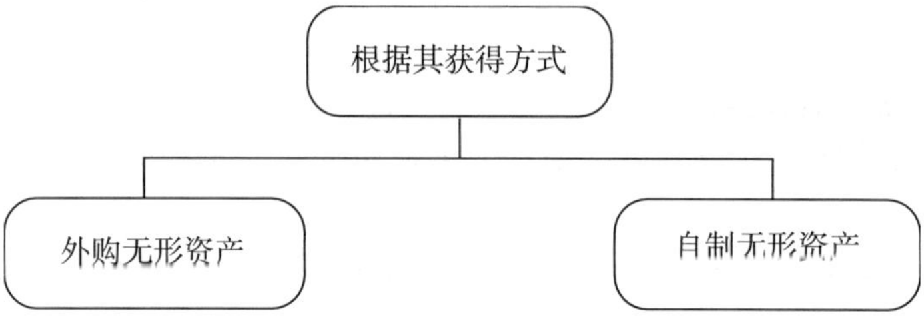

图 6-2 按照无形资产获得方式的分类框图

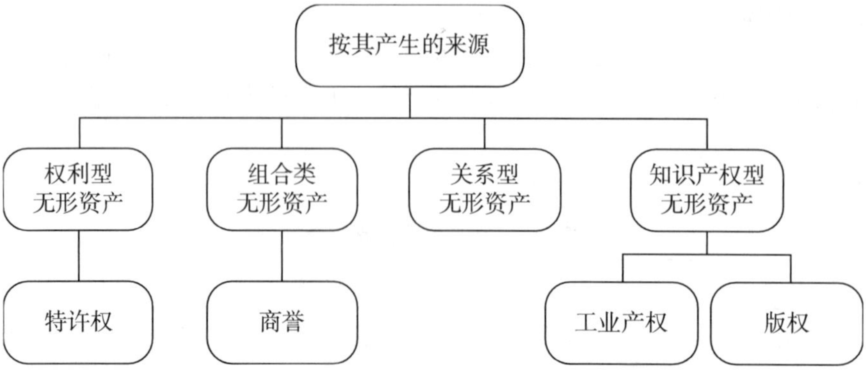

图 6-3 按照无形资产产生的来源的分类框图

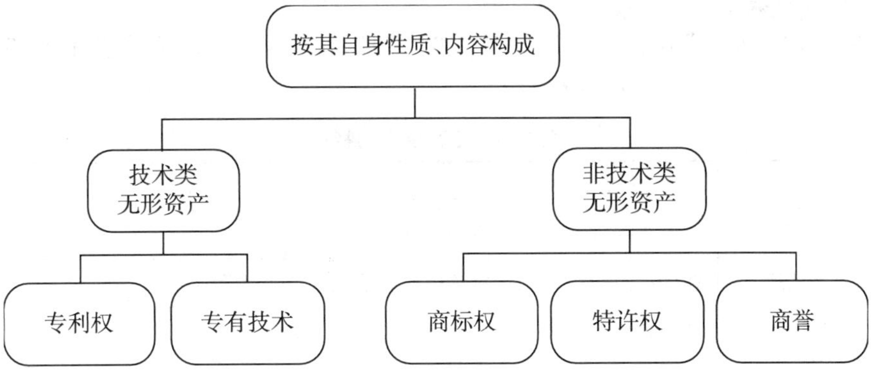

图 6-4 按照无形资产自身性质、内容构成的分类框图

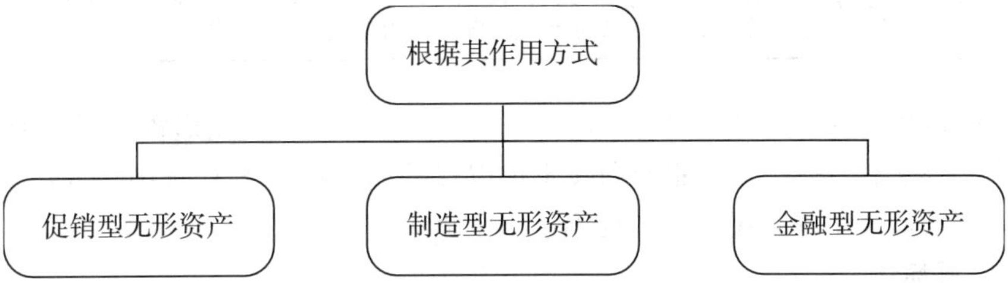

图 6-5 按照无形资产作用方式的分类框图

二、常见的无形资产

(一) 专利权

专利权，是由国家专利主管机关依法授予发明人或其权利受让人对其发明创造在法定期限内享有的专利所有权和专利使用权。我国专利法规定专利权包括发明专利、实用新型专利和外观设计专利。专利权特点如表 6-2 所示：

表 6-2 专利权的特点

序号	特点	特点说明
1	独占性	只有专利权人才能对其获得专利权的发明创造享有制造、使用和销售的权利；其他人必须经专利权人的许可方可使用
2	地域限制性	专利权是根据各国专利法规定来确认和保护的，专利法都是各国国内法
3	时间限制性	我国的专利法规定，发明专利的保护期限为 20 年，实用新型专利和外观设计专利的保护期限都为 10 年
4	可转让性	专利权可以转让，由当事人订立专利合同，并经原专利登记机关或者相应机构登记和公告后生效

（二）专有技术

专有技术亦称技术秘密、专门技术、技术知识和技术诀窍。专有技术的特点如表6-3所示：

表 6-3　专有技术的特点

序号	特点	特点说明
1	保密性	持有人保守其秘密，不予公开
2	经济性	在生产经营中使用，能够提高企业的经济能力和生产水平
3	广泛性	技术管理、经营方面的知识、经验、数据、方法等均可包括在专有技术之内
4	动态性	经过长期研究或经验积累而形成，并且不断发展
5	可传授和可转让性	可以通过有形的（图表、文字等）方式和无形的（视听、技术培训）方式进行传送，也可以通过使用许可的方式进行转让

专利权和专有技术是以不同的方式受有关法律保护的。在无形资产评估中将专利、专有技术称为技术型资产。对非专利技术加以保护的法律主要有《中华人民共和国技术合同法》以及《中华人民共和国反不正当竞争法》。

（三）商标权

商标权是商品的生产者或经营者依照法定程序向国家有关部门申请注册并取得对该商标的占有、使用、收益和处分的权利。商标注册后，商标所有者依法享受的权益受法律保护，未经注册的商标不受法律保护。商标权的特点如表6-4所示：

表 6-4　商标权的特点

序号	特点	特点说明
1	独占性	经注册登记的商标享有专用使用权，受到国家法律的保护，不允许其他单位和个人在该商品上使用与其相同或者近似的商标；未经所有者许可，其他任何人无权使用
2	时间限制性	在有效期内，商标权受法律保护。在我国，商标权的期限可以延展
3	可转让性	商标权所有人在法律允许范围内，可以将其注册商标转移给他人由其专用。注册商标转让有两种方式：合同转让和继承转让
4	许可使用性	商标权所有人可以通过签订使用许可合同，许可他人使用其注册商标。注册商标的使用许可主要有两种形式：一种是独占使用许可，另一种是一般使用许可
5	依附性	商标权本身没有实体价值，它必须和特定的商品或服务相匹配才能为其持有者带来经济利益，它的依附对象是特定匹配的商品或服务，因此，商标只有作为特定质量、性能、特点、服务等效用的标志时才有实际意义

（四）其他无形资产

其他无形资产指企业所拥有的除商标、专利及专有技术以外的各项无形资产，主要包括各种著作权、特许权、租赁权、计算机软件、销售合同、公共关系、商业秘密等。

1. 著作权

著作权，也称为版权，是作者或其他著作权所有人对自己著述或创造的文学、艺术、科学作品或其他作品享有的各项专有权利。著作权必须通过一定的物质载体来体现，如书籍、唱片、录像带、录音带等。

著作权包括人身权和财产权这两种不同的民事权利，具体内容如表 6-5 所示：

表 6-5　著作权内容

分类Ⅰ	分类Ⅱ	内涵	可否继承
人身权	发表权	将作品公之于众的权利	否
	署名权	表明作者身份，在作品上署名的权利	否
	修改权	修改或授权他人修改作品的权利	否
	保护作品完整权	保护作品不受歪曲、篡改的权利	否
财产权	使用权	复制、表演、播放、展览、发行、摄制电影、电视、录像或者改编、翻译、注释、编辑等方式使用作品的权利	可以
	获得报酬权		可以

2. 特许权

特许权是指企业依法或根据有关合同规定而享有在一定时间或一定地域范围内经营或销售某种特定商品或服务的特殊权利，如各种许可证、代理权、专营权、特许使用权等。

3. 计算机软件

计算机软件是指计算机系统中的程序以及文档。计算机软件包含源程序和文档两个部分。计算机软件可分为系统软件和应用软件两大类。

4. 租赁权

租赁是指出租人以收取租金，授予承租人在约定期限内占有和使用租赁财产的一种信用形式。在租赁期内，承租方占有和使用租赁资产所获得的收益现值，大于租赁现值，这种额外的经济利益就是租赁权益，从而使租赁权构成无形资产。租赁权的评估对象是租赁合同带来的额外收益。

（五）商誉

商誉是指企业由于各种有利条件，或历史悠久积累了从事本业的丰富经验，或产品质量优异，或组织得当、服务周到，以及生产经营效率较高等综合性因素，企业在同行业处于较为优越的地位，因而在客户中享有良好的信誉，从而具有获得超额收益的能力。这种能力的价值就是商誉的价值。商誉所具有的特性如表 6-6 所示：

表 6-6　商誉的特性

序号	特性介绍
1	商誉是多种因素形成的结果，但形成商誉的个别因素不能以任何方式单独计价，只能以商誉总体加以确定。因为这些因素和信号附着在商号、商标、专利和商业秘密等载体上，并处于动态的过程中

表 6-6（续）

序号	特性介绍
2	商誉不能离开企业而单独存在，它是企业所有资产共同作用的结果，离开了企业的各项资产，包括可确指的无形资产，也就无商誉可言。所以商誉不能与企业可确指的资产分开出售。商誉只有在企业被收购或进行合并时，才能进行估价和核算
3	商誉是企业长期积累的结果，但其丧失则具有即失性。企业的商誉不是在企业设立的当天或设立后的短期内形成的，而是企业长期经营管理的结果
4	商誉是不可确指或不可辨认的无形资产

三、影响无形资产评估价值的因素

由于无形资产不具有实物形态，在未来一定时期内给企业带来的经济效益不确定，同时，也由于无形资产的发明人、科技人员、管理人员等的复杂劳动或者创造性劳动的价值难以确定，一项无形资产可能经过很多人数年的努力才能形成，因此，与有形资产相比，无形资产评估工作的难度更大。要想使评估结果比较真实准确，就需要了解影响无形资产评估值的各种因素。这些影响因素主要包括以下几个方面：

（一）成本因素

无形资产的成本包括取得成本、维护成本和机会成本。无形资产外购的取得成本一般比较容易确定，其入账的历史成本基本能反映出无形资产的价值；但自创的无形资产由于受研制开发过程中的投入或研发中失败的因素、研发的周期制约，其取得及维护成本不像有形资产那样清晰。在一般情况下，取得及维护成本主要包括：无形资产的研发成本、法律保护成本、发行推广成本。无形资产的机会成本是指该项无形资产因转让、投资、出售后失去市场和损失收益的代价。

（二）无形资产的获利能力

无形资产的重要特征是能带来超额利润和创造效益。在正常的环境和其他条件容许的情况下，获利能力越强，其无形资产评估价值则越高；相反其获利能力越低，评估的价值就越低。在评估实务中，不是看无形资产形成过程中成本的大小，而是考察其未来能为企业带来的超额收益，该指标是影响无形资产评估价值的主要指标。

（三）无形资产的使用期限

无形资产使用期限的长短，直接影响无形资产的评估价值。就同一类技术而言，技术生命周期越长，说明其获利时间越长，获利能力越强，其评估值就应该高一些；技术生命周期越短，说明同类技术发展的速度很快，该项无形资产的无形损耗越大，因而其评估值就应当低一些。无形资产使用期限的长短，主要取决于无形资产具有的超额收益期限，同时还须考虑其法律保护期限。

（四）技术成熟程度因素

任何事物都有一个发展—成熟—更替（完成技术生命周期）的过程，科学技术也不例外。一般来说，科学技术的发展阶段和成熟程度在无形资产（主要是技术型无形资产）的评估中具有很大的影响力，它会直接影响到评估价值的高低。技术越成熟，开发程度越高，运用该技术成果的风险性就越小，其评估值就应该高一些；如果一项技术的工业化程度较低，在评估时就需要认真分析其成熟程度，估计在运用过程中的风险，并相应地对有关评估参数做一些调整。

（五）转让内容因素

无形资产的转让可以分为所有权转让和使用权转让，所有权转让的价格要高于使用权转让的价格。无形资产的转让一般是指使用权转让。但使用权又可以分为独占使用权和普通使用权，还会涉及能否转让给第三者的问题，这些都直接关系到无形资产买卖双方的权益，也影响到无形资产的评估价值。一般来说，买方获得的权益越大，卖方的无形资产的评估值就越高；反之，其评估值则越低。

（六）市场供求因素

它包括两个层次，即无形资产市场需求情况和无形资产的适用程度，但是这两个层次密切相关。一般来说，一项无形资产的适用程度越高，其市场需求就越大，其评估值就越高；反之，如果某项无形资产的适用程度较低，其市场需求就小，其评估值就低。另外，它还与市场的同类无形资产（即替代品）的供求状况有关。如果一项无形资产供大于求，或者可以由同类产品进行替代，那么，这项无形资产的评估值就应该适当降低；若一项无形资产在市场上没有替代品，则可以产生垄断效益，其评估值就应该高一些。

（七）同行业情况

占有某项无形资产的企业所在行业的情况也会影响到无形资产评估值的高低。在进行无形资产评估时，应当认真分析研究同行业的有关资料。

（八）国内外无形资产的发展趋势、更新换代情况和速度

一项无形资产的寿命期，主要取决于其损耗程度。某项无形资产的更新换代越快，无形损耗越大，其评估值越低。可见，无形资产价值的损耗和贬值，不取决于自身的使用损耗，而取决于本身以外的更新换代情况。

四、无形资产评估的基本程序

国家有关评估准则要求和无形资产的基本特点决定了无形资产的评估应该采用相应的程序。一般而言，无形资产评估需要经过以下几个程序：

（一）明确评估目的及评估对象

无形资产的评估目的可从两个不同角度来看：一是从无形资产评估所涉及的经济行为来看，它能直接规定和制约无形资产评估价值类型和评估方法的选择；另一个是从无形资产评估结果的具体用途来看，从这个角度看，它可在合理预见的范围内避免无形资产评估报告被误用，这对无形资产评估报告的提供者和使用者来说都有规避风险的作用。同时，确定无形资产评估目的对于把握好无形资产的评估对象、评估范围以及与无形资产评估相关的要素也都有很大的作用。

评估人员要开展无形资产评估就需要明确评估的对象必须具有无形资产的属性。例如：可确认并可辨识；具备合法的存续条件并受法律保护；产权明确且能合法转让；无形资产存在有形的证据或证明；在可确认的时间内存续或终止。同时，评估师应明确无形资产与“无形影响”的区别，后者之所以不能成为无形资产是因为其不完全具备无形资产的属性。如高赢利能力、垄断地位、竞争优势、市场潜力等。这些经济现象本身并非无形资产，其价值是随着与之相联系的特定财产而产生的。后者可以是无形资产、有形资产、企业和企业的有价证券。

此外，评估人员更要对产权权属关系进行界定。由于无形资产的产权相对于有形资产而言具有较大的可分性，即具体的资产交易可能只与某一特定权利的产权相对应，因此首先必须弄明白无形资产业务的属性是什么，有必要对被评估无形资产权属的合法性进行评估工作所需的界定，以免引起不必要的纠纷和诉讼。

（二）收集评估相关资料

收集无形资产相关资料是无形资产评估工作的重点，一般来说无形资产评估所需资料或内容包括：无形资产的法律文件或其他证明材料；无形资产的具体内容；成本费用和历史收益情况；无形资产的收益期和预期收益额有关情况等。

[评估案例6-1] 无形资产评估所需资料清单：

· 拥有者与使用者《企业法人营业执照》或个人身份证明；

· 资产权利证书（商标注册证书、专利批准证书、计算机软件证书、其他证书等）及相关资料（专利权利要求书及说明书、最近一期专利年费缴纳凭证、计算软件技术文档）；

· 非专利专有技术、工业秘诀、配方、商业网络、专家网络等无形资产的形成背景（包括取得与占用）说明及有关的证明；

· 各类获奖证书、荣誉称号；

· 专家鉴定意见书、技术部门鉴定书；

· 无形资产相关项目可研报告及政府批文、项目建议书、投资分析报告；

· 产品中间试验报告、用户报告；

· 科技查新报告、国内外相关报道资料；

· 技术工艺资料与产品质量标准；

· 资产取得的直接或间接投入（包括购买、研制开发、广告支出、预计追加投入等）；

· 资产使用情况（包括相关产品或商品的种类、生产经营情况、预期开发能力、使用期限、各种限制因素等）；

· 无形资产贡献统计分析资料；

· 最近5年产品销售或劳务收入数据；

· 最近5年企业的资产负债表、损益（利润）表；

· 资产合作（合资、合营、联合开发）使用的合同、协议；

· 企业与开发者情况介绍（历史与发展、业务性质、特定经济环境、市场竞争因素）；

· 项目论证报告和无形资产转让可行性分析报告；

· 类似无形资产的交易情况；

· 资产未来5~10年收益预测表及现金流量表；

· （曾进行过的）资产评估报告及交易情况；

· 主要竞争对手状况、市场占有率统计数据；

· 无形资产转让方承诺的保证、赔偿及其他附加条件；

· 专家网络名单；

· 折旧政策、相关税务及法律性文件、政府推广支持文件；

· 可能影响无形资产价值的宏观经济、行业状况；

· 无形资产使用年限与使用范围限制；

· 风险因素及货币时间价值测算资料；
· 有关商品、设施设备、建筑物等的实物照片（图）；
· 其他与委估资产有关的资料。

（三）调查核实与分析

无形资产调查核实与分析主要内容包括：

（1）核实有关无形资产权利的法律文件或其他证明资料；

（2）分析无形资产使用范围及获利能力；

（3）了解无形资产的性质、目前及历史状况、以往的交易及评估情况；

（4）分析确定无形资产的剩余经济寿命和法定寿命；

（5）分析可能影响无形资产价值的宏观经济前景、行业状况及前景、企业状况及前景、主要竞争对手等；

（6）对历史会计报表进行分析处理；

（7）分析无形资产转让的可行性；

（8）查询类似无形资产的市场价格信息、对可比信息进行调整；

（9）卖方承诺的保证、赔偿及其他价格信息。

[评估案例 6-2] 专利或专有技术的调查表（表 6-7）

表 6-7　专利或专有技术相关情况调查表

项目名称					
评估基准日		联系人		电话	
专利/非专利技术名称					
使用权人		所有权人		账面值/元	
技术概况					
技术来源					
历史成本支出总额和摊销情况					
企业运用无形资产效果、效益概况					
产权交易情况及评估情况					
备注					

（四）选择和运用合理的评估方法

评估方法的选择和参数的选用，是一项复杂而艰苦的过程。根据所评估无形资产的具体类型、特点、评估目的及外部市场环境等具体情况，可选用市场法、收益法、成本法等评估方法。

采用市场法评估无形资产时，特别要注意被评估无形资产必须确实适合运用市场法，注意掌握公开市场原则，充分重视被评估无形资产的特点。当类似的无形资产之间具有可比性时，可根据它们的交易条件、市场交易价格和价值影响因素的差异，调整确定评估值；当被评估无形资产曾向多个使用者转让使用权时，可结合受让者的具体情况调整确定评估值。

采用收益法时，要注意分析超额获利能力和预期收益，注意收益额的计算口径与被评估无形资产相对应，不要将其他资产带来的收益误算到无形资产收益中；要充分考虑法律法规、宏观经济环境、技术进步、行业发展变化、企业经营管理、产品更新和替代等因素对无形资产的收益期、收益率和折现率的影响。

当被评估无形资产确实具有超额获利能力，但不宜采用市场法和收益法时，可采用成本法进行评估。注意根据现行条件下重新形成或取得该项无形资产所需的全部费用（含资金成本）确定评估值，注意扣除实际存在的功能性贬值和经济性贬值。

在选择评估方法时应注意以下几点：①无形资产评估的目的；②无形资产的特点，如果技术型无形资产和非技术型无形资产特点不同，其评估方法也会不同；③无形资产转让方式及付款方式等。各类无形资产评估方法选用情况如表 6-8 所示：

表 6-8　各类无形资产与评估方法选用参考表

无形资产类型	评估方法	可否确定寿命
专利权	收益／成本	可
专有技术	收益／成本	视情况而定
商标	收益／市场	视情况而定
著作权	收益	可
特许权	收益／市场	视情况而定
计算机软件	收益／成本	可
租赁权	市场／收益	可
商誉	收益	视情况而定

（五）撰写评估报告

相关内容见第九章。

第二节　无形资产评估的各种方法

无形资产的评估基本方法，也可称评估途径，主要有收益法、成本法和市场法。评估人员应根据无形资产的有关情况进行恰当选择，评估人员应熟悉这三种方法的主要内容和使用前提。由于成本法和市场法的使用受到无形资产成本弱相对性和非标准性特征的限制，这使得收益法成为在评估无形资产时选用较多的方法。

一、无形资产评估的收益法

（一）无形资产的收益

在无形资产评估中，收益界定为无形资产带来的超额收益，以其折现或资本化价值作为无形资产的评估价值。之所以称超额收益，是因为现行的会计核算制度不能全面反映无形资产的构成和价值，致使评估师不得不从总收益中剥离有形资产按社会或行业平均水平取得的收益，并将剩余部分称为超额收益，借以反映无形资产对收益的贡献。

（二）无形资产评估运用收益法时应该满足的条件

（1）存在无形资产转让的市场环境。只有存在无形资产转让市场，才能对预期收益、报酬等指标进行预测。

（2）评估的无形资产已经投入市场，并产生或者具备产生预期收益的能力。

（3）评估的无形资产必须具有在一个较长的时期内连续获得预期收益的能力。

（4）评估的无形资产的预期收益、风险等因素能够用货币计量。

（三）无形资产收益法评估的一般公式

根据无形资产转让计价方式，收益法的应用公式可以表示为下列两种方式：

$$评估值 = \sum_{i=1}^{n} K_i \frac{A_i}{(1+r)^i} \tag{6-1}$$

或

$$评估值 = F + \sum_{i=1}^{n} K_i \frac{A_i}{(1+r)^i} \tag{6-2}$$

式中：

K_i 为资产贡献率或收益分成率，$0 < K_i \leqslant 1$；

A_i 为未来第 i 期的预期收益；

r 为折现率；

n 为收益年期；

F 为最低收费额。

（四）无形资产预期收益额的预测

1. 无形资产预期收益预测时应当考虑的因素

无形资产的预期收益可以被认为是历史业绩、现行结构和相关因素未来变化的“复合函数”。这三个部分又存在逻辑和时序上的联系，应该通过定性和定量相结合的方法加以分析。

（1）无形资产历史业绩分析。通过无形资产的形成过程和过去的利用情况的分析，取得其获利能力方面的信息。无形资产的历史业绩，综合反映在无形资产作为生产要素参与的经济活动中，把它从中分离出来，是无形资产评估工作的重点和难点，没有什么特别有效的方法，只有根据使用无形资产的企业过去经济活动的财务资料进行分析。

无形资产历史业绩分析资料来源于被评估单位评估基准日前3~5年的经济活动财务资料，主要有利润表、成本表、现金流量表及资产负债表等。

大多数无形资产的评估，不能直接采用被评估单位的历史财务报表。无形资产收益的计算应以产品的生产销售为中心进行，区别于整体资产评估时收益的计算应以企业全部生产经营活动收益为中心（商誉评估时与整体资产评估相同）。被评估无形资产，往往只在某些产品的生产或销售中使用，也可能是在生产经营中的某个环节使用，而企业的财务资料是整体经济活动的反映。这就需要进行“剥离”，将使用了的被评估无形资产的经济活动财务资料分离出来，最好的做法是剥离后形成一套完整的“模拟”损益表、成本表、资产负债表等。显然这样有一定难度，也需要被评估单位素质较高的财务、管理人员的配合与理解。

（2）现行结构分析。无形资产的结构，由无形资产拥有单位的内部支持系统结构和外部约束系统结构共同组成，是将无形资产的历史业绩与未来预期有机联系起来的纽带。无形资产在历史上能表现有业绩，必须得到企业内部运行体系（部分或整体的、产品或环节的）的响应并最终得到市场认可。无形资产现行结构，既是过去结构形成的归纳描述，又是未来结构可能变化的基础。它是对被评估无形资产到底是存在贬值的危机还是存在增值潜能的职业判断的基础。有关无形资产对企业内部生产经营结构体系的影响，在历史业绩分析中已考虑，这里主要分析外部约束系统的内容：

①产品及服务对象。客户是企业产品销售和提供服务的接受对象，无形资产评估中，产品和服务包含了被评估无形资产形成的成果。客户对产品和服务的接受方式（直销还是通过中间商）、满意和需要程度、价格的承受能力、消费习惯及改进意见等，直接关系经营成果（销售收入）的大小，对无形资产评估价值产生影响。

②替代无形资产。与被评估无形资产类似或更好的替代无形资产出现，会给被评估无形资产的使用在时间上和空间上造成威胁。例如，一种专有技术可能会被更科学的专有技术取代，这种专有技术的使用年限则因之而缩短。专利技术虽受法律保护，但更先进的专利技术会使它的受益年限大打折扣。市场上推出一种使用新商标的某种产品，会削弱使用原有知名商标的同类产品的市场影响力。

③竞争。成功地防止竞争对手侵占已有的市场份额，保持已形成的垄断局面，有利于提高无形资产评估价值。市场容量有限，不能防止竞争对手的进入，意味着自己的退出。获取新的专利和技术来防止新的竞争者，扩大品牌宣传，保持形成的局面，与竞争对象达成某些协议，都要付出代价。评估无形资产时，这些情况和可能性都要调查和分析清楚。

④产业政策。国家的产业政策，对许多无形资产（特别是技术型无形资产）的使用有着直接影响。一种新型的高效节能技术，极具推广价值的环保专利发明，有可能得到国家的支持，这类无形资产评估时应考虑到它的潜在增值性。此外，行业规划、

价格政策、税收政策等对无形资产获利能力都会有不同程度的影响，评估时也要做出明确判断。

（3）未来预期分析。未来预期，即对无形资产未来获利能力的预测。未来预期与历史业绩、现行结构有着密切的联系，它依赖于对无形资产历史业绩的分析和现行结构的判断，并将这种认识进行外推，得到预测结果，为评估计算提供基础数据。

就一般的无形资产而言，因其依附特性，不能单独作为要素进行生产经营活动，必须与其他类型资产匹配才能产生经济收益。因此，进行未来预期分析时，要么把它与生产某些产品需要的其他类型资产联系起来分析，要么把它与企业的存量资产联系起来分析。前者是一种准整体性，后者完全具备整体特征。无形资产预期收益与其他生产要素相匹配的原则，要求评估人员充分考虑与收益变动相关的资金规模和配套资产联动的可行性，而且应分析这种联动对上述收益产生的影响。

2. 预期收益的类型

（1）息税前利润。息税前利润的计算公式为

息税前利润=销售收入-销售税金及附加-销售成本-营业费用-管理费用（6-3）

这是无形资产评估收益的基本口径。

（2）现金净流量。现金净流量是指企业未来经营过程中现金流入量与流出量的差额，它包括企业在未来的一切收支净额，无论是营业收支、投资收支还是资产收支，只要形成净流量就要看作是收益。会计核算上的现金净流量包括三个部分：营业活动现金净流量、投资活动现金净流量和筹资活动现金净流量。而资产评估中，筹资活动现金净流量一般不计入企业收益，因为筹资活动现金净流量不能计入企业经营成果。因此企业整体资产评估中的收益额为营业活动现金净流量和投资活动现金净流量之和。

现金净流量=营业活动现金净流量+无形资产投资活动现金净流量　　（6-4）

营业活动现金净流量=主营业务收入+其他业务收入+利息收入-付现营业成本和费用-税款　　（6-5）

无形资产投资活动现金净流量=出售无形资产收入-无形资产账面价值-出售无形资产相关税费-无形资产扩大使用资金投入（6-6）

以无形资产带来的现金净流量作为收益计算口径，是收益法折现计算时通用的还原对象。

注意，这里计算现金流量时没有将无形资产摊销作为现金流入，是假定摊销不完全是无形资产带来的，把这种现金流量称为无形资产自有现金净流量更合适。

同样，评估计算的“超额现金净流量”，可用前述类似方法，将其他类型资产带来的现金流量从中分离出去。

3. 无形资产预期收益预测方法

无形资产预期收益预测方法主要有直接估算法、超额收益法和收益分成法，分别介绍如下：

（1）直接估算法。直接估算法是一种对比法，即在历史业绩和现行结构分析中，对无形资产在使用和未使用的前后收益情况进行对比分析。如果无形资产的获利能力只在某些项目上发生并且可以独立计算，可以采用直接估算法。

①因价格提高产生的超额收益

$$R=(P_2-P_1)Q \tag{6-7}$$

式中：

R——超额收益；

P_1——使用无形资产前的产品价格；

P_2——使用无形资产后的产品价格；

Q——产品销售量。

②成本降低带来超额收益

$$R=(C_1-C_2)Q \tag{6-8}$$

式中：

C_2——使用无形资产后的产品单位成本；

C_1——使用无形资产前的产品单位成本；

Q——产品销售量。

③市场占有率扩大带来超额收益

$$R=(Q_2-Q_1)(P-C) \tag{6-9}$$

式中：

Q_2——使用无形资产后的产品销售量；

Q_1——使用无形资产前的产品销售量；

P——产品销售单价；

C——产品单位成本。

无形资产的超额收益，有时可能是收入增长和成本节约共同形成的，这就需要根据实际分析结果，将上述三种情况进行不同组合，预测综合超额收益。

上述三种计算方式都涉及产品销售量，如果预期中不是采用企业评估基准日年份的实际销售量，就存在销售量的预测问题。如果预测销售量超出了企业现有的生产负荷能力，对扩大销售引起的投资增加因素，在计算超额收益时要扣除。

（2）超额收益法。超额收益法，又称差额法，即将使用了无形资产和没有使用无形资产的收益情况进行对比时，采用无形资产和其他类型资产在经济活动中的综合收益与行业平均水平进行比较，可得到无形资产获利能力，即“超额收益”。

①收集使用了无形资产的产品生产经营活动财务资料，进行盈利分析，得到经营利润和销售利润率等基本数据。

②对上述生产经营活动中的资金占用情况（固定资产、流动资金和已有账面价值的其他无形资产）进行统计。

③收集行业平均资金利润率指标。

④计算无形资产带来的超额收益。

$$\text{超额收益}=\text{经营利润}-\text{资金占用额}\times\text{行业平均资金利润率} \tag{6-10}$$

⑤对历年超额收益进行统计分析（计算超额收益环比增量、增量平均数、标准

差），得到超额收益变化趋势。

使用这种方法，有几个问题要注意：这样计算出来的超额收益，有时不完全由被评估无形资产带来（除非能够认定只有这种无形资产存在），往往是一种组合无形资产超额收益，还须进行分离处理；要注意价格水平的一致；在资金占用统计中，固定资产如果购建时间太长，要调整到与计算年份相应的价格水平。

超额收益法比直接法容易，但准确性不及直接法。

（3）收益分成法。因为无形资产必须与其他有形资产有机结合起来，才能创造收益，一般情况下要界定单项无形资产的贡献是非常困难的。所以在无形资产评估中常用分成方法，将使用（或即将使用）无形资产的企业的总收益在目标无形资产和在企业产生总收益的过程中做出贡献的所有有形资产和其他无形资产之间进行分成。

$$被评估无形资产收益 = 无形资产与其他资产总收益\times收益分成率 \quad (6\text{-}11)$$

在常见收益分成分析中，对无形资产的分成（如25%）是指企业总收益中应分配给目标无形资产的部分，剩余的分成（如75%）则表明企业总收益中应分配给目标经济单位中其他所有资产的部分。

收益分成可选择销售收入和销售利润进行分配，因此收益分成率就有两种不同的形式：销售收入分成率和销售利润分成率。而实际上，由于销售收入与销售利润有内在的联系，所以可以根据销售利润分成率推算出销售收入分成率；反之亦然。因为：

$$\begin{aligned}无形资产收益额 &= 销售收入\times销售收入分成率\\ &= 销售利润\times销售利润分成率\end{aligned} \quad (6\text{-}12)$$

则：

$$销售收入分成率 = 销售利润分成率\times销售利润率 \quad (6\text{-}13)$$

$$销售利润分成率 = 销售收入分成率\div销售利润率 \quad (6\text{-}14)$$

评估人员选择收益分成率时应该考虑在实际的公平许可使用费或其他无形资产转让协议中说明或暗示的市场利润分成百分比；考虑无形资产在企业中的功能作用或者无形资产的相对重要性。实践中，常常采用要素贡献比重和层次分析的方法来确定利润分成率。

①要素贡献法。该方法理论依据有“四分说”和“三分说”。“四分说”认为企业因实施该项无形资产所获收益是由资金、组织、劳动和技术这四个要素综合形成，获利比重为各占1/4。“三分说”认为企业获利由资金、技术和管理三个要素综合形成，三种要素的贡献在不同行业是不一样的。一般认为，对资金密集型行业，三者的贡献依次是1/2、3/10、2/10；对技术密集型行业，三者的贡献依次是2/5、2/5、1/5；对一般行业，三者的贡献依次是3/10、2/5、3/10；对高科技行业，三者的贡献依次是3/10、1/2、1/5，我国理论界通常采用“三分说”。在评估实务中，评估人员可以上述数据为基础并考虑影响无形资产收益若干因素后修正确定利润分成率。

②层次分析法。这是一种较为客观的确定方法。具体确定一项无形资产的利润分成率是没有统一规定的，因为它受到了多种因素的影响。以技术类无形资产为例，分成率受到多种因素的影响，如法律影响因素、技术影响因素、经济影响因素，其中法

律影响因素包括技术类型及法律状态、保护范围、侵权判定；技术影响因素包括技术所属领域、替代技术、先进性、创新性、成熟度、相关技术配合、应用范围、技术防御力；经济影响因素包括供求关系、市场前景、经济效益。具体操作时组织有关专家确定影响分成率各因素以及它们之间的关系和各因素的权重和等级，然后参考国际技术贸易中对不同行业技术分成率统计数据，寻求评价分与分成率的对应关系，然后根据对应关系确定分成率。

（五）无形资产评估中折现率的确定

折现率是指将无形资产预期收益折算成现值的比率，其本质就是投资该无形资产的投资报酬率。折现率一般包括无风险报酬率和风险报酬率。无风险报酬率估算可选用同期国库券利率折算后的复利率。风险报酬率估算主要有以下几种方法：

1. 累加法

用累加法估算企业风险报酬率的思路是：企业在其生产经营过程中总要面临经营风险、财务风险和行业风险的挑战，将企业可能面临的经营风险、财务风险和行业风险对投资报酬率的要求加以量化并予以累加，就可得到企业的风险报酬率。用数学公式表示如下：

$$R_r=R_p+R_f+R_t \tag{6-15}$$

式中：

R_r为被评估项目的风险报酬率；

R_p 为经营风险报酬率；

R_f 为财务风险报酬率；

R_t 为行业风险报酬率。

2. β 系数法

β 系数法用于估算企业所在行业的风险报酬率。其基本思路是，行业风险报酬率是社会平均风险报酬率与被评估企业所在行业平均风险和社会平均风险的比率系数（β 系数）的乘积。

β 系数法估算风险报酬率的步骤为：

（1）将社会平均收益率扣除无风险报酬率，求出社会平均风险报酬率；

（2）将企业所在行业的平均风险与社会平均风险进行比较，求出企业所在行业的 β 系数；

（3）用社会平均风险报酬率乘以企业所在行业的 β 系数，便可得到被评估企业所在行业的风险报酬率，用数学公式表示为

$$R_r=(R_m-R_g)\times\beta+\text{其他调整因素}(\alpha) \tag{6-16}$$

式中：

R_r为被评估企业所在行业的风险报酬率；

R_m为社会平均收益率；

R_g 为无风险报酬率；

β 为被评估企业所在行业的 β 系数。

以上计算确定的企业风险报酬率与无形资产风险报酬率有一定差异，评估人员应在评估中考虑无形资产风险调整因素后确定无形资产风险报酬率。

（六）无形资产收益期限的确定

1. 无形资产收益期限确定应考虑的因素

（1）考虑无形资产各类寿命之间的联系，视具体情况确定无形资产的收益期限。无形资产寿命分为自然寿命、经济寿命和法定寿命。自然寿命是指一项无形资产从开始使用到最终报废的期间，不涉及它是否能有效产生收益。经济寿命是指无形资产能有效使用并创造收益的持续时间。一般来说，这两者之间并无直接和密切的联系，无形资产的自然寿命通常远远超过他的经济寿命。而决定无形资产剩余经济寿命的评估，主要应直接根据其能带来收益的时间来评估，所以自然寿命并不常用。法定寿命是指无形资产受法律保护的有效期限。许多无形资产都具有明确的法律和合同寿命。比如：专利权、版权、租赁权、供货和销售合同、专营权等等，由法律规定了其有效期和保护期。无形资产的经济寿命和法定寿命两者关系紧密，前者决定无形资产的获利期限，后者决定无形资产的有效期限。由于折现期限同时受到有效与获利的双重约束，所以应遵守经济寿命和法定寿命孰短原则。

（2）根据无形损耗确定无形资产的经济寿命。无形资产在发挥作用的过程中，其损耗是客观存在的。无形资产不像有形资产那样存在由于使用或自然力作用而形成的有形损耗，其价值降低是由无形损耗形成的，即科学技术进步引起价值减少。具体原因有：第一，新的、更为先进、适用或效益更高的无形资产的出现，使原有无形资产贬值。第二，因为传播面积逐渐扩大，无形资产所带来的市场或价格、成本方面的优势逐渐消失，无形资产逐渐贬值，当全面普及时，它的交换价值优势完全丧失。第一种无形损耗使新的无形资产替代旧的无形资产，这样，被替代的无形资产同时丧失价值和使用价值，为无形资产的自然寿命和经济寿命画上了句号。第二种无形损耗并不是现实发生的，它还具有使用价值，并且在更为广泛地使用，社会效益很大，它的价值也没有丧失。但是，由于它不能为持有者带来额外收益，不具有独占性，从而也不能作为无形资产来评估，这也使无形资产的经济寿命结束。

2. 收益期确定的具体方法

（1）法定年限法。在无形资产中相当一部分是因为受到法律和合同的特定保护，才会形成企业控制的资产，如专利，所以法定保护年限就是它经济寿命的上限。合同规定有效期的情形也是一样。一般来说，版权、专利权、专营权、进出口许可证、生产许可证、购销合同、土地使用权、矿业权、租赁权益等，均具有法定或合同规定的期限。这里关键的问题是分析法定（合同）期限内是否还具有剩余经济寿命。

（2）更新周期法。根据无形资产的更新周期评估其剩余经济年限，对部分专利权、版权和专有技术来说，是比较适用的方法。无形资产的更新周期有两大参照系：一是产品更新周期。在一些高技术和新兴产业，科学技术进步往往很快转化为产品的更新换代。产品更新周期从根本上决定了依附其上的无形资产的更新周期。特别是针对产品的实用新型设计、产品设计等，必然随着产品更新而更新。二是技术更新周期，新一代技术的出现替代现有的技术。采用更新周期法，通常是根据同类无形资产的历史经验数据，运用统计模型来分析。

（3）剩余寿命预测法。剩余经济寿命为无形资产的尚可使用的经济年限。剩余寿命预测法是根据相应产品的市场竞争状况、可替代化程度、技术进步和更新的趋势对无形资产剩余经济寿命进行综合预测。重要的是要与有关技术专家和经验丰富的市场营销专家沟通，特别是企业的技术秘诀，依靠本企业的专家判断能比较接近实际，但需对判断中的片面因素进行修正。

（七）最低收费额的评估

由于无形资产具有垄断性特点，当该项无形资产是受让方不可缺少的生产经营条件，或受让方运用无形资产所增加的效益具有足够的支付能力时，收益法运用中除了考虑收益提成因素外，有时还需要根据无形资产转让内容考虑其转让成本的分摊率。同时，在无形资产转让中也可能存在机会成本的问题，需要在转让中得到补偿。应分摊的重置成本净值和机会成本，在评估实务中，一般称为最低收费额。

重置成本净值，如果受让方使用无形资产，就应由受让方补偿成本费用。当购买方与转让方共同使用该项无形资产时，则由双方按运用规模、受益范围等来分摊。

机会成本，由于无形资产的转让可能会导致停业而使由该项无形资产支撑的营业收益减少，也可能会因为自己制造了竞争对手而减少利润或增加开发支出。这些构成无形资产转让的机会成本，应由无形资产受让方来补偿。

无形资产的最低收费额的计算公式为

无形资产的最低收费额=重置成本净值×无形资产转让成本分摊率+无形资产转让的机会成本现值　　（6-17）

式中：

无形资产转让成本分摊率=购买方运用无形资产的设计能力/运用无形资产的总设计能力×100%

无形资产转让机会成本现值=无形资产转让的净减收益+无形资产再开发净增费用

其中：设计能力可以根据设计产量或按设计产量计算的销售收入确定。

“无形资产转让的净减收益”和“无形资产再开发净增费用”是运用边际分析方法测算的。“无形资产转让的净减收益”一般是指在无形资产尚能发挥作用期间减少的净现金流量。“无形资产再开发净增费用”包括保护和维持该无形资产追加的科研费用和其他费用、员工再培训费用等。

［**评估案例**6-3］光华电器科技有限公司因股权转让需要，需对该经济行为涉及的光华电器科技有限公司全部资产及负债进行评估，为股权转让事宜提供价值参考。经评估调查了解，该经济行为涉及企业外购专利技术和自行开发专有技术两项无形资产，其中：专利技术A系光华电器科技有限公司于2016年从中科院CDC所受让取得，取得成本80万元，目前账面价值为60万元，该专利技术主要应用于企业STE系列产品，STE系列产品为企业主导产品之一，该产品自2016年投产以来销售逐年上升并趋于稳定，市场占有率较高，销售毛利率超过行业平均毛利率水平；专有技术目前处于研制开发阶段，尚未应用于产品之中。根据上述情况，评估人员对专利技术A采用收益法进行评估（对专有技术采用成本法进行评估，具体情况详见后面［**评估案例**6-4］），

无形资产收益通过利润方式确定。具体分析过程如下：

（一）前期工作

评估人员通过现场考察和市场调研调查了解专利技术主要内容构成、技术来源、先进性技术水平分析、技术的垄断与竞争、技术的成熟程度、技术的保护措施及有效程度、主要生产工艺流程、生产设施配置情况、专利技术产品质量状况及用户反馈情况；核对有关专利技术相关证书、相关文件、缴费收据，并上网进行检索确认专利权于评估基准日有效；了解专利技术受让前交易情况、许可使用情况。

（二）确定收益法主要参数

1. 专利技术 A 预期收益预测

（1）STE 系列产品预期收益预测。

分析企业历史财务资料，将涉及 STE 系列产品财务资料分离出来并确定 STE 系列产品历史业绩，然后对宏观经济前景、行业状况及前景、企业状况及前景、主要竞争对手、现行结构、产品所处周期等影响 STE 系列产品未来收益的各项因素进行分析判断，预测 STE 系列产品未来各年收益。经上述分析预测，STE 系列产品历史业绩及未来各年预期收益如下（表 6-9），收益指标为净利润（单位：万元）。

表 6-9　STE 系列产品历史业绩及未来各年预期收益

项目	年度	STE 系列产品净利润
历史业绩	2016	150
	2017	200
	2018	220
	2019	250
	2020	300
未来预测	2021	300
	2022	300
	2023	250
	2024	200
	2025	180

（2）利润分成率的确定。

①确定专利技术的分成率取值范围。分成率的取值范围是根据国际技术贸易中已被众多国家认可的技术提成比率范围确定的。根据联合国工业发展组织对各国的技术贸易合同的提成率所做的大量调查统计，提成率（分成基础为销售收入）的一般取值范围为 0.5%~10%，分行业统计数据如表 6-10 所示。

表 6-10　提成率统计数据表

行业	提成率（分成基础为销售收入）
石油、化工行业	0.5%~2%
日用消费品行业	1%~2.5%
机械制造行业	1.5%~2.5%
化学行业	2%~3.5%
制药行业	2.5%~4%
电器行业	3%~4.5%
精密仪器行业	4%~5.5%
汽车行业	4.5%~6%
光学及电子产品	7%~10%

由于上述提成的数据是得到世界公认并且在技术贸易实践中得到验证，因此引用上述数据作为确定专利技术 A 的分成率的基础数据是科学的，则专利技术 A 的销售收入分成率为 3%~4.5%。

根据国家统计局近三年有关统计年鉴及相关行业统计资料，确定专利技术 A 所在行业平均利润率为 15%，则专利技术 A 的销售利润分成率为 20%~30%。

②根据分成率的评测表及综合评价模型，确定专利技术分成率的调整系数。

评估人员利用综合评价法并咨询相关专家意见后建立专利权 A 的综合评价表及综合评价模型如下（表 6-11）：

表 6-11　分成率的综合评价表

权重	考虑因素		权重	分值					
				100	80	60	40	20	0
0.2	法律因素	专利类型及法律状态	0.4				40		
		保护范围	0.3	100					
		侵权判定	0.3		80				
0.3	技术因素	技术所属领域	0.1			60			
		替代技术	0.2			60			
		先进性	0.2		80				
		创新性	0.2				40		
		成熟度	0.2	100					
		应用范围	0.1			60			
		技术防御力	0.1			60			
0.5	经济因素	供求关系	0.3			50			
		市场前景	0.3			60			
		经济效益	0.4			60			

说明：专利类型及法律状态。发明专利及经异议、无效或撤销程度的实用新型专利（100）；通过实审的发明专利申请、实用新型专利（40）。

保护范围。权利要求涵盖或具有该类技术的某一必要技术特征（100）；权利要求包含该类技术的某些技术特征（50）；权利要求具有该类技术的某一技术特征（0）。

侵权判定。待估技术是生产某种产品的唯一途径，易于判定侵权及其取证（100）；通过对某产品的分析，可以判定侵权，取证较容易（80）；通过对某产品的分析，可以判定侵权，取证存在一定困难（40）；通过对某产品的分析，判定侵权及取证存在一些困难（0）。

技术所属领域。新兴技术领域，发展前景广阔，属国家支持产业（100）；技术领域发展前景较好（60）；技术领域发展平稳（20）、技术领域即将进入衰退期，发展缓慢（0）。

替代技术。无替代产品（100）；存在若干替代产品（60）；替代产品较多（0）。

先进性。各方面都超过（100）；大多数方面超过（60）；不相上下（0）。

创新性。首创技术（100）；改进型技术（40）；后续专利技术（0）。

成熟度。实现产业化生产、产品质量稳定（100）；小批量生产，产品质量稳定（80）；中试（60）；小试（20）；实验室阶段（0）。

应用范围。可用于多个生产领域（100）；应用于某个生产领域（50）；专利技术的具有某些限定条件（0）。

技术防御力。技术复杂且需要大量资金研制（100）；技术复杂或所需资金多（50）；技术复杂程度一般，所需资金数量不大（0）。

供求关系。解决了行业的必需技术问题，为行业内多个企业所需要（100）；解决了行业一般技术问题（50）；解决了生产中某一附加技术问题或改进了某一技术环节（0）。

市场前景。专利技术产品市场前景好，市场正处于逐步扩大阶段（100）；专利技术产品市场前景一般，市场处于稳定阶段（60）；专利技术产品市场前景较差，市场处于衰退阶段。

经济效益。专利技术产品无竞争者，产品收益远高于行业平均收益水平（100）；专利产品竞争者少，产品收益略高于行业平均收益水平（60）；专利产品竞争者多，产品收益与行业平均收益水平相当（0）。

评估人员根据对专利技术的调查了解，并咨询该行业专家意见，确定分成率的综合评价表各项指标取值（取值情况见表6-11）。本次采用加权算术平均和作为综合评价模型：

$$r = \sum_{J=1}^{3} W_i \sum_{i=1}^{m} W_{ij} \times Y_{ij}$$

将上述各项指标取值代入综合评价模型公式求得专利技术分成率的调整系数0.647。

③确定专利技术的分成率。根据专利技术分成率的取值范围及调整系数，可最终得到分成率。计算公式为

$$K=m+(n-m)\times r$$

式中：

K 为待估专利技术的分成率；

m 为分成率取值下限；

n 为分成率取值上限；

r 为分成率调整系数。

将上述各项数据代入公式中求得利润分成率26.47%，取整得26%，转换为收入分成率后为3.90%。

（3）无形资产专利技术的预期收益。

根据STE系列产品各年预期收益及利润分成率确定无形资产未来各年预期收益，计算结果如表6-12：

表 6-12　无形资产专利技术预期收益　　金额单位：万元

	年度	STE 系列产品净利润	利润分成率	专利技术预期收益
历史业绩	2016	150	26%	39
	2017	200		52
	2018	220		57.20
	2019	250		65
	2020	300		78
未来预测	2021	300		78
	2022	300		78
	2023	250		65
	2024	200		52
	2025	180		46.8

2. 专利技术 A 收益期确定

根据国家有关法规，专利技术 A 法定年限为 20 年，即 2016 年至 2036 年。

根据专利技术 A 本身的特点、专利产品周期及市场竞争状况、可替代化技术进步和更新的趋势，评估人员确定专利技术 A 剩余经济寿命为 5 年，即 2021 年至 2025 年。

按照经济寿命和法定寿命孰短原则确定专利技术 A 收益期限为 5 年。

3. 专利技术 A 折现率确定

折现率=无风险报酬率+风险报酬率

无风险报酬率取基准日时点的凭证式 5 年期国债（年利率 3.14%）的折算复利率 2.95%。

风险报酬率等于行业风险报酬率加个别风险报酬率。

行业风险报酬率：本次评估行业风险报酬率按同行业上市公司净资产收益率扣除无风险报酬率后确定。根据国家有关统计年鉴，2017—2020 年电器类企业平均净资产收益率为 11.51%，扣除无风险报酬率后行业风险报酬率为 8.56%。

与同行业企业比较，光华电器科技有限公司个别风险为原材料供应集中、市场有限、安全与环保风险、受商业周期的影响等，本次评估选取 3%。

由于专利技术 A 目前已产业化规模生产多年，专利技术在应用过程不存在其他风险因素，因此本次评估直接选用企业风险报酬作为专利技术风险报酬率。

在进行未来净利润预测时，未考虑通货膨胀的影响，因而在合理折现率的构成因素上亦不作通货膨胀影响的附加修正，则

折现率=2.95%+8.56%+3%=14.51%（取整为 15%）。

（三）确定专利技术 A 的评估值

根据专利技术预期收益、收益期限、折现率确定专利技术 A 评估价值，计算结果如表 6-13 所示：

表 6-13 专利技术 A 评估值计算结果 金额单位：万元

年度	专利技术收益	折现率	折现系数	折现值	累计折现值
2021	78	15%	0.869 6	67.83	67.83
2022	78		0.756 1	58.98	126.81
2023	65		0.657 5	42.74	169.55
2024	52		0.571 8	29.73	199.28
2025	46.8		0.497 2	23.27	222.55

经评估分析及计算，光华电器科技有限公司所拥有的专利技术 A 于评估基准日 2020 年 12 月 31 日评估价值为人民币 222.55 万元，取整为 220 万元。

二、无形资产评估的成本法

（一）成本法的适用前提及注意事项

采用成本法评估无形资产应满足如下前提条件：

（1）应当具备可利用的历史资料。成本法是以历史资料为基础的，许多信息和指标需要通过收集和分析历史资料获得。

（2）形成资产价值的耗费是必然的。耗费是形成资产价值的基础，但耗费包括有效耗费和无效耗费。采用成本法评估无形资产，首先要确定这些耗费是必然的而且应体现社会或行业平均水平。

（3）无形资产具有的潜在获利能力不能或难以用货币量化，因而用成本标准评估其价值。

采用成本法评估无形资产价值时，其价值受无形资产重置成本和无形资产价值损失的影响，后者主要指无形资产的功能性贬值和经济性贬值。

常采用成本法进行评估的无形资产只有几种，如计算机软件、正在开发研制过程中的专利、专有技术、工程图纸及设计资料等。在确定资产的重置成本前，必须对资产进行慎重鉴定。属于已淘汰产品或预测在将来不会予以投产的项目的图纸，并不存在价值。而已经包括在建筑或机电设备装置评估价值中的建筑施工图纸价值或设备安装图纸价值，不应重复评估。

（二）无形资产的成本特性

1. 不完整性

与无形资产相对应的各项费用是否计入无形资产成本，是以费用支出资本化为条件的。我国现行会计制度把自行研制无形资产的科研费用从当期生产经营费用中列支，而不做资本化处理。这种办法简便易行，但企业账簿上反映的无形资产成本不完整，导致大量账外无形资产的存在。同时，即使是按会计制度规定进行费用支出资本化的无形资产的成本核算一般也是不完整的。因为无形资产的创造具有特殊性，有大量的前期费用，如培训、基础开发或相关试验等往往不计入该知识资产的成本，而是通过其他途径进行补偿。

2. 弱对应性

知识产权类无形资产的创建经历了基础研究、应用研究和工艺生产开发等漫长过程，成果的出现带有较大的随机性和偶然性，其价值并不与其开发费用和时间产生某种既定的关系。如果在一系列的研究失败之后偶尔出现一些成果，由这些成果承担所有的研究费用显然不够合理。而在大量的先行研究（无论成功还是失败）成果的积累之上，往往可能产生一系列的知识资产。然而，产生的这些研究成果是否应该以及如何承担先行研究的费用也很难判断。

3. 虚拟性

无形资产的内涵与形式往往具有不一致性。一些无形资产的内涵已经远远超出了它的外在形式的含义，其成本只具有象征意义。例如商标，发生成本的是商标设计费、登记注册费、广告费等，而商标的内涵是标示商品内在的质量信誉。这种无形资产实际上包括了该商品使用的特种技术、配方和多年的经验积累，而商标形式本身所花费的成本只具有象征性或称虚拟性。

（三）无形资产评估运用成本法的主要步骤

（1）明确评估对象、评估目的。

（2）收集形成无形资产的有关成本、税费。

（3）以现行价格用核算方法得到重置成本。即按无形资产形成实际发生的物化劳动量及活劳动量，以现行价格进行估算。

（4）考虑无形资产贬值因素或计算成新率。成新率的确定应考虑无形资产使用效用与时间的关系。

（5）计算无形资产价值。

（四）成本法在无形资产评估中的应用

1. 自创型无形资产重置成本的核算

自创型无形资产成本由创制该项资产发生的全部消耗的物化劳动和活劳动费用支出构成。在评估时应注意无形资产历史成本的不完整性、弱相对性及虚拟性特征。评估的具体方法主要有：

（1）核算法。其计算公式为

$$\text{无形资产重置成本}=\text{直接成本}+\text{间接成本}+\text{合理收益} \tag{6-18}$$

其中：无形资产的直接成本指其开发研制过程中直接和间接耗费料、工费用。主要费用一般包括：材料费用，即为完成技术研制所耗费的各的费用；工资费用，即参与研制开发技术的科研人员和相关人员的费用；专用设备费，即为研制开发技术所购置或专用设备的摊销；资料费，即研制开发技术所需的图书、资料、文献、印刷等费用；咨询鉴定费，即为完成该项目发生的技术咨询、技术鉴定费用；协作费，即项目研制开发过程中某些零部件的外加工费以及使用外单位资源的费用；培训费，即为完成本项目而委派有关人员接受技术培训的各种费用；差旅费，即为完成本项目发生的差旅费用；其他费用。无形资产直接成本的计算公式为

$$\begin{aligned}\text{无形资产直接成本} &= \sum(\text{物质资料实际耗费量}\times\text{现行价格})\\ &\quad+\sum(\text{实耗工时}\times\text{现行费用标准})\end{aligned} \tag{6-19}$$

无形资产的间接成本是指与研制开发有关而应分摊到该项无形资产中的费用。其主要包括：管理费，即为管理、组织本项目开发所负担的管理费用；非专用设备折旧

费，即采用通用设备、其他设备所负担的折旧费；应分摊的公共费用及能源费用。

此外，无形资产在交易过程中发生的费用支出，也可能需要作为成本因素加以考虑。它主要包括技术服务费、交易过程中的差旅费及管理费、交易手续费及税金。

无形资产的合理收益即无形资产机会成本，即无形资产在开发过程所占用的投资资本至少应按社会或行业的平均报酬率予以必要的报酬补偿。一般可根据以下公式确定：

无形资产合理收益 = 无形资产投资（直接成本+间接成本+其他成本）×无形资产研制开发期间×无形资产行业平均收益率或社会平均收益率　（6-20）

上述公式假设无形资产开发期间投资投入均匀。

（2）倍加系数法。劳动分为创造性劳动和简单劳动。无形资产研制多为智力投资，其劳动多为创造性劳动。创造性劳动创造的价值远远大于简单劳动创造的价值。故可以使用以下评估公式：

$$无形资产的重置成本=(C+\beta_1\times V)\times(1+L)/(1-\beta_2) \qquad (6-21)$$

式中：

C——无形资产研制开发中的物化劳动消耗；

V——无形资产研制开发中的活劳动消耗；

β_1——科研人员创造性劳动的倍加系数；

β_2——科研的平均风险系数；

L——无形资产投资报酬率。

评估人员在确定自创型无形资产重置成本时，应注意无形资产历史成本的不完整性、弱相对性及虚拟性特征。

2. 外购无形资产重置成本的估算

外购无形资产一般有购置费用的原始记录，也可能有可以参考的现行交易价格，评估相对容易。重置成本包括买价和购置费用两部分，一般采用以下两种方法来估算：

（1）市价类比法。在无形资产交易市场中选择类似的参照物，再根据功能和技术的先进性、适用性对其进行调整，从而确定其现行购买价格。购置费用可以根据现行标准和实际情况核定。

（2）物价指数法。以无形资产的账面历史成本为依据，用物价指数进行调整，从而估算其重置成本。其计算公式为

$$无形资产重置成本=无形资产账面成本\times\frac{评估时物价指数}{购置时物价指数} \qquad (6-22)$$

无形资产的账面成本包括物质消耗和人工消耗。物资消耗与生产资料物价指数相关，人工消耗与生活资料物价指数相关。由于不同的无形资产，其物质消耗和人工消耗的比重不同，应根据无形资产的种类和具体耗费情况确定物价指数。

3. 无形资产贬值的估算

由于无形资产没有实物形态，因此没有实体性贬值。在考虑其价值损失时，主要看其功能性贬值和经济性贬值。

功能性贬值是技术相对落后造成的贬值。估算功能性贬值时，主要根据资产的效用、生产加工能力、工耗、物耗、能耗水平等功能方面的差异造成的成本增加或效益降低，相应确定功能性贬值额。同时，还要重视技术进步因素，注意替代设备、替代技术、替代产品的影响，以及行业技术装备水平现状和资产更新换代速度。

通常情况下，功能性贬值的估算可以按下列步骤进行：

（1）将被评估无形资产的年运营成本与功能相同但性能更好的新型无形资产的年运营成本进行比较。

（2）计算二者的差异，确定净超额运营成本。由于企业支付的运营成本是在税前扣除的，企业支付的超额运营成本会引致税前利润额下降，所得税额降低，使得企业负担的运营成本低于其实际支付额。因此，净超额运营成本是超额运营成本扣除所得税以后的余额。

（3）估计被评估资产的剩余寿命。

（4）以适当的折现率将被评估资产在剩余寿命内每年的超额运营成本折现，这些折现值之和就是被评估无形资产的功能性贬值，计算公式为

$$\text{功能性贬值额} = \sum(\text{被评估资产年净超额运营成本} \times \text{折现系数}) \quad (6-23)$$

经济性贬值是外部环境变化造成的无形资产贬值。计算经济性贬值时，主要是根据由于产品销售困难而开工不足或停止生产、形成无形资产的闲置、价值得不到实现等因素，确定其贬值额。评估人员应根据资产的具体情况加以分析确定。当该资产使用基本正常时，不计算经济性贬值。

无形资产贬值的确定应考虑无形资产使用效用与时间的关系。这种关系通常为非线性关系，有的无形资产是非线性递减（如技术型无形资产），有的无形资产在一定时间内呈非线性递增（如商标、商誉等）。如有可能，评估人员应对这种变化趋势予以反映和说明。

［评估案例 6-4］ 评估人员对光华电器科技有限公司专有技术采用成本法进行评估，具体评估过程如下：

（一）方法选择

该项专有技术系光华电器科技有限公司自行研制开发取得，其拥有所有权，与该项技术相关的研制开发费用已进入企业同期费用支出。该项专有技术于 2018 年初开始研制，2020 年通过国家 Y 部科技成果鉴定。科技成果鉴定报告和现场勘察表明该项专有技术主要应用于产品 CTE 中，该产品市场前景较好，与同类产品比较处于领先水平。由于该专有技术及相关产品处于中试阶段，尚未实现产业化生产，很难确切地预计该项专有技术的超额收益；同类技术在市场上尚未发现有交易实例。因此，评估宜选用成本法。

（二）确定各项评估参数

1. 确定直接研制开发成本

从企业相关财务资料分离确定专有技术的直接研制开发历史成本，用物价指数进行调整，从而估算其重置成本。具体测算过程如表 6-14：

表 6-14　直接研制开发历史成本清单

费用项目	金额/元
直接材料费用	200 000
直接人工费用	300 000
专用设备费	80 000
资料费用	20 000
咨询鉴定费用	50 000
培训费用	25 000
差旅费用	15 000
其他费用	25 000
直接开发成本合计	715 000

将直接研制开发成本清单中直接人工费用项目归类为人工消耗，其余直接开发成本项目归类为物资消耗，分别采用生活资料物价指数及生产资料物价指数进行调整，从而估算其重置成本。根据相关统计资料及评估人员分析和测算，生产资料价格 2019 年、2020 年上涨指数分别为 5%和 10%，生活资料价格 2019 年、2020 年上涨指数分别为 2%和 3%。因此，可以将全部成本分别按生产资料价格指数和生活资料价格指数加以调整，即可估算出重置完全成本。

重置完全成本 = 415 000×(1+5%)×(1+10%)
+300 000×(1+2%)×(1+3%)
= 794 505.00（元）

2. 确定专有技术间接成本

专有技术间接成本主要包括应分摊管理费用、非专用设备折旧费、应分摊公共费用及能源费用，该部分成本难以从企业相关成本资料中剥离出来。本次评估基于上述分析，专有技术间接成本可按专有技术直接开发成本一定比例确定，该比例以类似无形资产间接成本经验数据为基准，并根据专有技术研制难易程度、研制开发周期调整后确定。经评估人员分析测算，该专有技术间接成本比例为 30%。由此可以计算出间接成本为

间接成本 = 794 505.00×30% = 238 351.50（元）

3. 确定重置成本

重置成本 = 直接成本+间接成本
= 794 505.00+238 351.50
= 1 032 856.50（元）

4. 专有技术合理利润

专有技术的合理收益即无形资产机会成本，也即专有技术在开发过程所占用的投资资本至少应按社会或行业的平均报酬率予以必要的报酬补偿。一般可根据以下公式确定：

专有技术合理收益＝专有技术成本（直接成本+间接成本+其他成本）

×无形资产研制开发期间/2×社会平均收益率

＝（794 505.00+238 351.50）×2/2×8.28%

≈85 520.52（元）

上述公式假设专有技术开发期间资本投入均匀，本次评估以沪深两市全部上市公司在2015—2016年的平均净资产收益率8.28%为社会平均收益水平。

5. 专有技术贬值的估算

由于该专有技术尚未开始正式使用，故本次评估不考虑贬值因素。

（三）确定专有技术评估价值

评估值＝直接成本+间接成本+合理利润－专有技术贬值

＝794 505.00+238 351.50+ 85 520.52－0.00

＝1 118 377.02（取整为1 120 000元）

三、无形资产评估的市场法

市场法在无形资产评估中的使用存在两个障碍：其一，无形资产市场交易活动有限、市场狭窄、信息匮乏，交易案例很难找到；其二，无形资产的非标准性，使我们很难确定类似有形资产用市场法评估时参考的调整差异事项。评估人员在采用市场法评估无形资产时，应注意这两个障碍，充分考虑市场法应用的可能性和可行性。

运用市场法评估无形资产的主要步骤和方法与应用市场法评估有形资产的主要步骤和方法基本相同，但运用时还应注意：

（1）确定具有合理比较基础的和可进行比较的类似无形资产；这些类似无形资产必须与被评估无形资产处于同一行业，或处于相同的经济变量有类似反应的行业。

（2）依据的价格信息具有代表性，且在评估基准日是有效的。

（3）依据宏观经济、行业和无形资产情况的变化，考虑时间因素，对被评估无形资产以往交易信息进行必要调整。

本章操作要点与难点

无形资产种类繁多，是目前评估工作中的难点，因此评估人员要掌握各类无形资产的特征与特点、各类无形资产的区别与联系，以便能清楚辨别和确认各类无形资产。

使用收益法时，要合理选取评估参数，各项评估参数选用要依据充分，切忌评估人员主观直接判断和人为确定评估参数。界定无形资产收益要清楚，不要与其他资产收益混淆在一起，注意预期收益与折现率口径一致。

使用成本法时，要注意方法适用性，并注意考虑无形资产成本特性和无形资产贬值因素。

应用市场法时，要注意方法选用前提及交易案例选取的合理性。

分析与思考

1. 试说明无形资产定义及特征、各类无形资产的含义及特点。

2. 无形资产预期收益类型、预期收益确定方法有哪些?

3. 无形资产选用市场法时应注意什么问题?

分析与思考答案

第七章　其他资产及负债评估

其他资产是指除机器设备、不动产、无形资产以外的资产。在企业资产评估尤其是整体资产评估中，其他资产是常见的评估对象，企业的债务也会成为评估中所关注的重要方面。本章主要介绍流动资产、长期投资、长期待摊费用及负债的评估方法，介绍中结合光华电器科技有限公司的特定情况分别讲解这些资产及负债的不同评估方法的运用。

建议教学时数：12

第一节　流动资产评估

流动资产是企业进行生产经营的重要物质手段，它和企业的固定资产等一起构成企业资产的基本部分。由于企业流动资产的表现形态多种多样，某些流动资产的价值在短时期内会发生明显的变化，因此，评估人员应充分认识流动资产评估的特点，合理选择流动资产的评估方法。

一、流动资产的含义与类别

流动资产是指在企业生产经营活动中，经常改变其存在状态的那些资产。一般地，流动资产只能一次或短期地使用于生产和消费过程中，在一年内或者超过一年的一个营业周期内变现或者被全部消耗掉。下面是一些常见的流动资产（图 7-1 至图 7-6）。

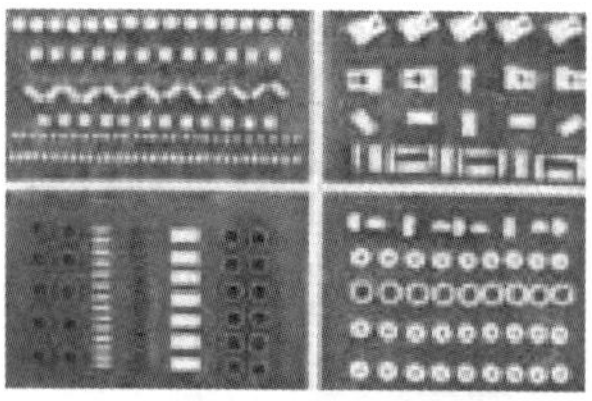
图 7-1　电子元器件

图 7-2　钢材

图 7-3　五金配件

图 7-4　劳保用品

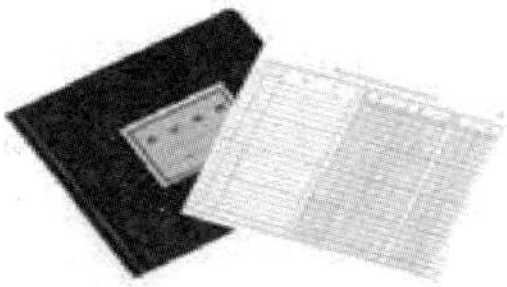

图 7-5　应收款项

图 7-6　货币资金

企业的流动资产品种繁多，形态各异，可以按照不同的分类标准进行分类（图 7-7、图 7-8）。

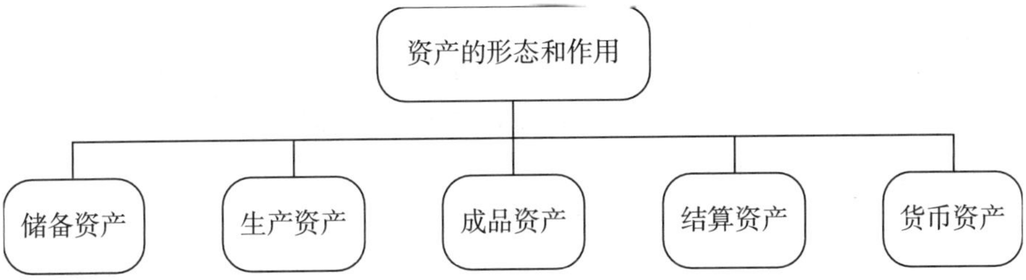

图 7-7　按资产在企业生产经营中的形态和作用对流动资产分类框图

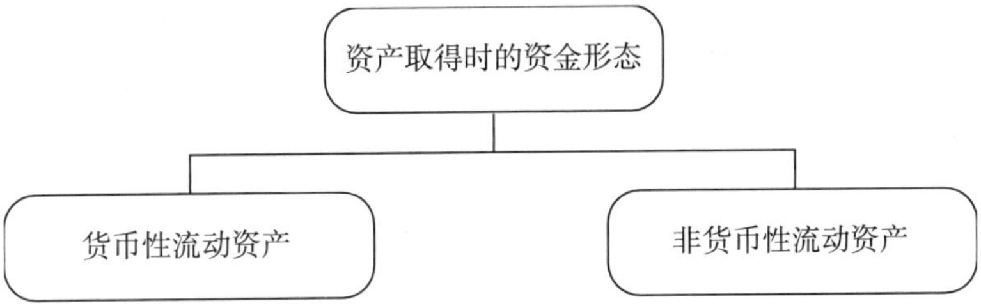

图 7-8　按照资产取得或重置时的资金形态对流动资产分类框图

二、流动资产的特性及其评估特点

（一）流动资产的特性

流动资产有着自身的特性，因而明显区别于固定资产以及其他类别的资产，下表（表 7-1）列出了流动资产的不同特性。

表 7-1　流动资产的特性

特性	特性说明
周转速度快	流动资产经过一个生产经营周期就完成价值的转移
形态多样化	流动资产的存在形态表现为货币、结算资产、储备（生产、成品）资产等
变现能力强	各种形态的流动资产都可以在较短的时间内出售和变卖
波动性大	流动资产总量以及不同形态构成比例因不断购买和售卖呈现出波动性

（二）流动资产评估的特点

从流动资产的上述特性可以看出，流动资产有着不同于固定资产的评估特点。

（1）流动资产评估是以单项资产为对象进行的资产评估，它不需要以其综合获利能力来表现其价值。

（2）流动资产数量与形态的快速变化要求在评估时必须注意评估时日变化对其价值的影响。另外，应该在规定时点上进行严格的资产清查、登记，确定流动资产数量、账面价值，避免重复登记和漏记现象的发生。

（3）流动资产的概念是相对的。企业生产对象和行业属性不同，固定资产与流动资产的划分标准也有所不同。在评估时，应按照相关财会制度的规定，结合企业具体情况划清固定资产和流动资产的界限。

（4）流动资产的价值受技术进步因素的影响较小，如无滞压情况，一般无须考虑功能性贬值因素。但是，在对流动资产进行评估时要考虑物价、汇率变动、质量残缺及呆滞、积压等因素对价值的影响。

（5）与企业规模有关，流动资产常常种类繁多、数量巨大，其原始价格及变化情况只有通过会计资料才能了解。这使得流动资产评估时对企业会计核算资料的依赖程度较高。考虑到评估的时间要求和评估成本，可以将被评估流动资产分类，选择不同的方法进行清查和评估。

（6）某些流动资产虽然在评估时为企业所占用，但因其所有权不属于该企业，故不应作为该企业资产予以评估。这种情况包括：

①外单位委托本企业代销、代管或寄存于本企业的材料、产品、商品等；

②承接代客加工，客方交来的材料、半成品等；

③借入材料、包装物、商品等；

④已开出发货票确认收入，但在评估基准日仍存放在企业的产品、商品、材料、半成品，以及销货退回待返工、待退换的产品和商品等；

⑤租入的包装物等（如果租期已过，暂付押金已被没收，应列入评估盘存数）；

⑥错发到本企业的材料。

三、流动资产的清查与鉴定

（一）流动资产的清查

流动资产清查就是验证基础资料，核实被评估流动资产的数量。流动资产评估的基础资料之一是委托方提供的资产清单。评估机构在收到委估资产清单后，应对该清单所列资产进行全面清查或抽查，核实申报资产的数量与评估基准日实有数量是否相符。

一般来说，资产占有方应在评估基准日时点进行存货盘点，并填制存货盘点表（盘点表格式参见第二章），对需要评估的存货进行清查，主要是核实各种存货的实存数量与清单所列数量是否一致。如果在清查或抽查中发现短缺或溢出，应对申报数量进行调整；如果申报清单所列数量严重失实，应要求委托方重新组织清查工作，重新填制资产清查评估明细表。由于评估人员现场清查时间与评估基准日有一定的时间间隔，清查数量的核实往往需要通过“倒轧”推算的方法确定。

存货基准日数量=清查日数量-基准日至清查日的入库数+基准日至清查日的出库数　(7-1)

对各类应收及预付款项进行清查，主要是核实有无错记、重记或漏记的事项。清查应收票据时，应当按其种类逐笔与购货单位或者银行核对查实；清查应收账款、其他应收款、预付账款时，可采取核对账目以及发询证函与债务人进行函对的方式，做好有关取证工作。应收款项的函证原则上应按不低于应收款项笔数的 10% 和金额的 50%进行，对于有特殊情况和有疑问的应收款项必须进行函证，无回函或者无法函证的，应采取适当的替代程序。

下面是询证函的一般格式（表 7-2）：

表 7-2　询证函

本公司接受委托，对________________________进行资产清查评估，我们从该单位会计账簿记录中查实该单位与贵单位有如下业务往来事项：

序号	会计科目名称	经济业务内容	发生日期	账面余额/元	到期日
1					
2					
3					
4					
5					
合　计				人民币　　　元	

请贵单位仔细核查上述经济往来事项，惠填下表并加盖公章。

上述往来事项属实，不存在任何条件限制	核定金额：	盖章 年　月　日
上述往来事项部分属实	核定金额：	盖章 年　月　日
上述往来事项不属实	核定金额：	盖章 年　月　日

关于上述事项的说明：____________________________

请贵单位于　　年　月　日前将该询证函寄至本公司（××市××路××号；邮编××××××）。若贵单位未能填寄本询证函，我们将认为贵单位默认上述事项属实。

资产占有方单位（盖章）　　　　　　　　××资产评估事务所（盖章）

年　月　日

短期投资的清查主要是对国库券、各种特种债券、股票及其他类短期投资进行清理，取得股票、债券及基金账户对账单，与明细余额核对；盘点库存有价证券，与相关账户余额进行核对。

货币资产的清查主要是核实库存现金和各种存款的实存金额。对于库存现金，要通过盘点方式核实实存金额；对于银行存款，主要清查企业在开户银行及其他金融机构各种存款账面余额与银行及其他金融机构中该企业的账面余额是否相符，应根据银行存款对账单、存款种类及货币种类逐一查对、核实，并检查银行存款余额调节表中未达账项的真实性；如果委托方有外币存款，还应注意检查非记账本位币折合记账本位币所采用的折算汇率是否正确，折算差额是否已按规定进行账务处理。

（二）流动资产的鉴定

流动资产鉴定就是对流动资产的保管使用情况、品质状态、回收风险等进行查勘分析，以利于合理地确定流动资产的价值。

对实物形态的流动资产进行质量检测和技术鉴定。实物形态的流动资产也有损耗问题，这种损耗反映在实体损耗和质量下降上。因此，对企业需要评估的原材料、在产品、产成品等实物形态的流动资产，在核实数量以后，还应进行质量检测和技术鉴定，以确定它们的技术状况和质量等级，并将其检测鉴定结果与被评估资产清单的记录进行核对。这一程序是正确评估资产价值的重要基础。存货在存放期内质量发生变化，如严重锈蚀、部分毁损、腐烂变质、积压过期等，会直接影响其市场价格，评估时必须考虑各类存货的内在质量因素。特别是对那些有时效要求的各种存货，如有保鲜期要求的食品和有效期要求的药品、化学试剂等，技术检测和品质鉴定尤为重要。

分析预测市场行情，判断资产变现情况。在市场经济条件下，企业各种存货的销路和价格水平，直接受到供求关系、消费心理、产品技术水平等因素的影响，而各种存货的销路和价格水平，又直接影响存货的变现情况。因此，评估人员要对被估存货的市场行情进行调查分析，预测市场的变化趋势，并在此基础上对存货变现的可能性、变现的时间、变现的费用和变现的风险做出基本的判断，为评估作价提供依据。

对各类应收及预付款项进行鉴定，主要是分析应收账款、应收票据、预付账款、其他应收款等债权类资产的结构和分布情况，调查了解与被评估企业有经济往来活动的债务人的资信情况、每一项债权的经济内容、发生时间的长短及未清理的原因等，综合分析确定这部分债权、票据的回收可能性、回收的时间、回收的费用及回收的风险等。

四、实物类流动资产的评估

实物类流动资产在生产经营过程中表现为储备资产、生产资产、成品资产。

（一）储备资产的评估

储备资产，指从购买到投入生产为止，处于生产准备阶段的流动资产，包括原材料、辅助材料、燃料、修理用备件、低值易耗品、包装物、外购半成品等。储备资产的特点是品种多、金额大，而且性质各异，计量单位、计价和购进时间、自然损耗等情况也各不相同，在评估时要注意以下几个环节：

第一，账、表与实物数量是否相符，如有差异应关注形成原因，并根据实际情况进行具体处理。

第二，查明有无霉烂、变质、毁损的材料，有无超储呆滞的材料及尚可使用的边角余料。

第三，运用存货 ABC 分类管理法，按照一定目的和要求，对存货排队，将 A 类存货（品种约占存货品种数量的 10%，价值约占存货价值总额的 70%）作为评估重点，全面进行核实并重点调查整理有关价格资料，做出准确评估。对 B 类存货和 C 类存货，可以进行一般性的核实和评估。

1. 材料的评估

材料包括企业外购的原材料、辅助材料、燃料、修理用备件及外购半成品等，在评估时应根据其购进时间的长短和其他相关情况，采用不同的评估方法。

（1）近期购进材料的评估。近期购进的材料，库存时间短，在市场价格变化不快的情况下，其账面值与现行市价基本接近。评估时，可以采用成本法，也可以采用市场法。

成本法的计算公式为

$$\text{材料评估价值} = \text{材料实存数量} \times \text{单位账面价值} - \text{损耗} \qquad (7-2)$$

［**评估案例** 7-1］光华电器科技有限公司库存原材料 PVC 板在评估时点前一个月购进，数量 6 500 块，单位成本 240 元。根据原始记录和清查盘点，评估时库存尚有 5 000 块，评估时点的价格和运杂费水平与购进时相比变化不大，根据上述资料，可以确定该材料的评估值为

PVC 板评估价值 = 5 000×240 = 1 200 000（元）

光华电器科技有限公司的集成电路、控制按钮等原材料评估都是采用的这一方法，评估结果详见附录资产清查评估明细表。

（2）购进批次间隔时间长、价格变化大的库存材料的评估。对这类材料评估时，一是可以采用最接近市场价格的材料价格或直接以市场价格作为评估值；二是可以利用物价指数对不同批次的原材料的账面价值加以调整，计算公式为

$$\text{材料评估价值} = \text{账面价值} \times \frac{\text{评估时物价指数}}{\text{取得时物价指数}} - \text{损耗} \qquad (7-3)$$

［**评估案例** 7-2］光华电器科技有限公司库存原材料电阻 14 892 支，系 2020 年上半年分两批购进，加权平均单位购进成本为 7.55 元；2020 年 12 月资产评估时该类材料价格上升明显，评估人员通过市场询价，确认该类材料的上涨幅度达到了 20%，因此，以评估基准日市价确定该材料的评估值为

电阻评估价值 = 14 892×7.55×(1+20%) = 134 921.52（元）

（3）购进时间早、市场已经脱销、没有准确市场现行价格的库存材料的评估。这类材料的评估，有三种方法可供选择：

①参照替代品的现行市价。这是通过寻找替代品的现行价格，修正材料进价的评估方法。其基本公式为

$$\text{材料评估价值} = \text{库存数量} \times \text{替代品现行市价} \times \text{调整系数} - \text{损耗} \qquad (7-4)$$

②同类商品的平均物价指数修正进价。这是用同类商品的平均物价指数修正材料进价的评估方法。其基本公式为

材料评估价值=库存数量×进价×同类商品物价指数-损耗　　(7-5)

③根据市场价格趋势修正进价。这是在市场供需分析的基础上，确定价格趋势，并以此修正材料进价的评估方法。其基本公式为

材料评估价值=库存数量×进价×市场供需升降指数-损耗　　(7-6)

[评估案例 7-3] 某企业 2019 年 6 月购进甲材料 200 吨，单价5 000元/吨。该种材料的供应有季节性，2020 年 3 月进行评估时，市场已经没有大量的购销活动。

经清查核实，甲材料评估时尚库存 100 吨，因保管等原因产生的有形损耗占结存材料原值的 5%。评估时选择不同方法分别计算如下：

应用式（7-4）。市场上有乙材料的现行市价，为 6 000 元/吨，并且乙材料与甲材料功能类似，可以作为甲材料的替代品。根据经验，甲、乙材料的价格之比为 1∶1.2。则甲材料的评估值为

100×6 000×1/1.2-5 000×5%×100=475 000（元）

应用式（7-5）。据调查，同类商品物价指数 2019 年 6 月为 100%，2020 年 3 月为 103%。则甲材料的评估值为

100×5 000×103%/100%-5 000×5%×100=490 000（元）

应用式（7-6）。经市场供需分析，估计甲材料价格上升 2%左右，则甲材料评估价值为

100×5 000×102%-5 000×5%×100=485 000（元）

（4）超储积压材料的评估。超储积压材料是指从企业库存原材料物资中清理划出，需要进行处理的那部分材料。这类材料的评估，可以在原账面价值的基础上，对其中失效、变质、残损、报废的，扣减相应的贬值额计算评估值。公式为

超储积压材料评估值=超储积压材料账面值×（1-调整系数）　　(7-7)

[评估案例 7-4] 光华电器科技有限公司原材料耐高温多芯线评估时的库存数量为 3 253 米，账面单位成本 6 元，账面价值 19 518 元。评估人员经核实查明，因企业产品改型，该种材料使用量大大减少，存在超储积压的现象。由于该种材料使用面较窄，市场供给大于需求，分析确定其综合损耗率为 30%。则该种材料的评估价值为

耐高温多芯线评估价值=3 253×6.00×(1-30%)= 13 662.60（元）

（5）盘盈、盘亏或毁损材料的评估。企业保管和储存的材料，会因自然损耗、收发点数失误、盗窃或账务处理差错等原因出现账实不符。盘盈材料是指实存数量大于账存数量的材料，可采用成本法和市场法评估。若盘盈材料能取得同种材料的现行市场价格，则应以市场价计价来进行评估。基本公式为

盘盈材料评估值=盘盈材料数量×该种材料现行市场单价-损耗　　(7-8)

若不能取得现行市价，则应以类似材料的交易价为参照进行评估，即

盘盈材料评估值=盘盈材料数量×类似材料交易价×(1+调整系数)
-损耗　(7-9)

[评估案例 7-5] 光华电器科技有限公司库存原材料卡座 S-1 账面数量 38 个，评估基准日实盘数量 48 个，盘盈 10 个。评估人员依据相关资料分析认为，该类材料盘盈系日常收发点数的差错，经了解，该材料的账面平均单价与评估时点的购进价格接近，则盘盈材料的评估单价可按账面单位成本确定：

卡座 S-1 的评估价值=（账面数量+盘盈数量）×单价
=（38+10）×10 = 480（元）

盘亏材料是指实存数量小于账存数量的材料，评估时，应以实际盘点数为准，调整该类材料的账存数量，从待估材料申报数额中扣除。

[评估案例 7-6] 光华电器科技有限公司评估时，库存原材料电位器账面数量2 130 个，单价 1 元，实盘数量 2 056 个，盘亏 74 个，评估时按实际数量确实评估值。

电位器的评估价值=实际数量×单价
=2 056×1.00 =2 056（元）

毁损材料是指因人为或自然原因而遭受毁坏和损失的材料。为确定毁损的数额，必须进行实地盘点，对确认的毁损材料，评估值确定为零或按净残值计算。

[评估案例 7-7] 光华电器科技有限公司评估时，库存原材料垫圈账面数量36 850 个，单价 0.14 元，账面价值 5 211 元。评估人员现场清查中发现部分垫圈存在受损变形的情况，经实际盘点，确认毁损数量 1 030 个，毁损材料无残余价值。则该材料的评估值为

垫圈的评估价值=(账面数量-毁损数量)×单价
=(36 850-1 030)×0.14=5 014.80（元）

对企业的委估材料进行评估，有时会出现某些材料的申报数量和金额为“红字”的情况，对此，评估人员应关注形成的原因，并根据具体情况采取不同的方法进行调整。对于因发票未到、实物已收到并领用，但账上未入库而形成的“红字”，应暂估入库，按实盘数量对账面数量和金额进行调整，同时调整应付账款的暂估入库金额。对于因领耗和结转成本时“张冠李戴”出现的明细项目的差错，应清查相关明细项目，进行调整。

[评估案例 7-8] 光华电器科技有限公司评估时，库存原材料卡座 S-2 的账面数量为-275 个，账面价值为-4 200 元。评估人员对该项“红字”形成的原因进行审核，了解到是由于材料购进入库时，未收到供货商的发票，企业没有进行入库的账务处理而造成的，实际上在评估基准日，该材料已被领耗完毕。根据上述情况，评估人员将卡

座 S-2 的账面价值按实际数量调整为零，并对应调整应付账款暂估入库金额4 200 元。

2. 低值易耗品的评估

低值易耗品是指单位价值在规定限额以下或使用期限不满一年，但能多次使用而基本保持其实物形态的劳动资料，如工具、管理用具、劳保用品等。

低值易耗品不一定在一个经营周期或一年内耗用，可以多次参加生产过程而不改变其原有实物形态，在使用过程中需要进行维护、修理，报废时也有一定的残值，这些特点都类似固定资产。但是它的价值比较低，有的又容易损坏，因此又被视同为材料进行管理。与典型流动资产相比，低值易耗品具有周转时间较长、不构成产品实体等特点。

由于低值易耗品的上述特点，评估时就可能遇到账面价值与实际价值不吻合的情况。按期限分次摊销法核算的低值易耗品，因摊销期通常核定在短期之内，而实际使用不受此限，常常出现账外资产；实行五五摊销法的，领用时摊一半，报废时摊一半，使资产的账面成本与实际成本的差异率很大；实行一次摊销的，则大多成为账外资产。因此，应特别注意低值易耗品的清点造册，以防遗漏账外资产。但在企业整体资产评估涉及的低值易耗品评估实践中，为了避免将低值易耗品已摊销的价值在评估时再次计算而形成增值，一般可以核查后的账面值作为评估价值，但对磨损严重或失去使用价值的，仍然需进行鉴定重估。

低值易耗品按使用情况，可分为在库低值易耗品和在用低值易耗品。在库低值易耗品的评估方法与材料类存货的评估方法类似；在用低值易耗品的评估方法类似于固定资产的评估方法，可根据不同情况采用成本法或市场法进行评估。它与在库低值易耗品评估的区别在于：在用低值易耗品已发生了部分损耗，不能按原值评估，只能按净值评估。评估公式为

$$\text{在用低值易耗品的评估价值}=\text{全新低值易耗品成本价值}\times\text{成新率} \tag{7-10}$$

这种方法是先评估低值易耗品的完全重置成本，然后分类计算出资产成新率，再计算低值易耗品的重置净价。其关键是要合理确定低值易耗品的成新率。一般说来，成新率可按如下公式确定：

$$\text{成新率}=(1-\text{实际已使用时间}/\text{估计可使用时间})\times 100\% \tag{7-11}$$

对于分期摊销成本的低值易耗品，成新率也可根据如下公式确定：

$$\text{成新率}=\frac{\text{低值易耗品账面净值}}{\text{低值易耗品账面原值}}\times 100\% \tag{7-12}$$

由于多数单位对低值易耗品采用“五五摊销法”，新旧程度很难从现有账面上得到准确反映，因此，成新率可主要由评估人员通过经验观测方法来予以确定。

[评估案例 7-9] 某项低值易耗品购进时原价为 600 元，预计使用 10 个月，实际已使用 5 个月，该项低值易耗品现行市价为 500 元，则该项低值易耗品的评估值为

$500\times(1-5/10)\times 100\%=250$（元）

对低值易耗品进行评估有时可能出现账面数量为零，但账面价值不为零的情况，此类现象是由领耗结转成本时计价有误所致，如果实际数量为零，应对账面值进行调整。

[**评估案例** 7-10] 光华电器科技有限公司评估时，在库低值易耗品电烙铁的账面数量为0，账面价值为210元。评估人员通过查阅相关资料了解到，这是由于企业在该类低值易耗品领耗时，价格计算有误，在评估时点，电烙铁的实存数量为0。针对这种情况，评估人员将其账面价值调整为零。

3. 包装物的评估

包装物是指用于包装本企业产品，并随同产品一同出售、出租或出借的各种包装容器，如箱、桶、瓶、坛等。包装物评估的最大特点在于：反映包装物本身价值的资产账户可能变得并不代表包装物的价值；而与它相关联的负债账户倒或许是包装物价格的准确体现。这是因为，在出租或出借包装物时，为保证包装物的安全，要收取押金，金额通常高于其成本，并作为负债记入“其他应付款”账户。一旦包装物不能回收，押金就归企业所有，押金的金额就成为包装物的价值。

因此，包装物的评估，除采用类似固定资产或低值易耗品的评估方法对实际在用的包装物进行评估外，重点是对包装物退还的可能性进行评估，根据这种可能确定哪些按实际在用的包装物估价，哪些按押金估价。评估的方法是根据经验数据测算出各类出售、出借、出租的包装物回收的概率，回收率余数与押金之积就是相应包装物的价值。

[**评估案例** 7-11] 某厂产权转让，现有100万元包装物，品种单一，其中库存未用包装物10万元，库存已用包装物20万元，出租出借包装物70万元。试评估包装物的价值。

分析：该企业的包装物处于三种形态，可相应采取三种方法评估：①未用，评估现行购价和费用即可；②已用，可以根据成新率和重置全价来估算净价；③出租出借的部分，可能有一部分回收而另一部分无法回收。回收的可按原账面值与升值率确定。不能回收的则按押金计价。

评估人员收集有关资料并计算如下：

(1) 全新包装物的重置成本上涨了10%，故库存未用包装物的重置价格为

$10\times(1+10\%)=11$（万元）

(2) 已用部分的包装物，从现有库存状况看，成新率为40%，比账面综合成新率低10个百分点，故重置净价为

$20\times(1+10\%)\times40\%/50\%=17.6$（万元）

(3) 出租出借的包装物，根据该厂过去情况估计，其回收率一般为30%，原加收押金是按摊余价值的2倍收取的，则

能回收的部分重估价值$=70\times30\%\times(1+10\%)\times40\%/50\%$

$=18.5$（万元）

不能回收部分重估价值=70×70%×2=98（万元）

则该厂包装物的评估值为

11+17.6+18.5+98=145.1（万元）

（二）生产资产的评估

生产资产，指从投入到产品制成入库为止，处于生产过程中的流动资产，包括在产品、自制半成品等。

1. 在产品的评估

在产品评估时的困难表现在两个方面：一是在产品的数量不易清查核实；二是在产品由于尚未加工或装配完毕，需要估计其完工程度。

在产品的评估方法可视具体情况而定，如果在产品数量不多，企业成本核算资料基本可信，成本变化不大，则可采用历史成本法进行评估，即以账面价值作为在产品的评估价值。

[**评估案例** 7-12] 光华电器科技有限公司进行整体资产评估时，在产品 STE-0-1 经核实为 28 台，单位成本 2 400 元，账面价值为 67 200 元。评估人员对其成本进行了审核验算，认为成本核算资料完整、准确，成本计算方法合理，账面价值与在产品实际价值基本吻合，故评估时将账面价值确定为评估值。

光华电器科技有限公司的在产品 STE-0-2、STE-0-3、BTG-0-1 的评估都采用的这一方法，评估结果详见附录资产清查评估明细表。

如果在产品数量多，金额大，企业成本核算资料又不可信，或成本变化较快，则可采用重置成本法，按标准成本（一般应接近社会平均成本）进行评估。

具体评估在产品价值时，常采用下列两种方法：

（1）成本法。这是指根据技术鉴定和质量检测的结果，按评估时的相关市场价格及费用水平重置同类同等级在产品所需投入的合理的料、工费计算评估值。具体的计算方法主要有以下两种：

① 按定额成本计算评估值。定额成本法是在清查核实在产品数量的基础上，通过查找和计算各道工序的在产品定额成本，求得各工序上在产品的价值。一般来说，当被评估企业的定额成本资料齐全、可靠，成本核算合理，符合行业标准的时候，使用这种方法比较简便可行。

定额成本法的基本公式为

评估价值=在产品定额成本

=定额原材料成本+定额工资成本+定额制造费用　　（7-13）

在产品定额原材料成本=在产品数量×单位材料消耗定额×计划单价　　（7-14）

在产品定额工资成本=在产品定额工时×每小时工资定额　　（7-15）

在产品定额制造费用=在产品定额工时×每小时制造费用定额　　（7-16）

在产品定额成本的一般计算步骤是：

Ⅰ. 各工序实际结存在产品数量，乘以各种材料的单位消耗定额，再乘以材料的计划单价，即可求得该工序在产品的定额材料成本。

Ⅱ. 计算该工序累计单位工时定额。如果各工序在产品数量和单位工时定额比较均衡，则累计单位工时定额可用下式求得

$$累计单位工时定额=\frac{\frac{上道工序的累计}{单位工时定额}+\frac{该工序的单位}{工时定额}}{2} \quad (7-17)$$

如果各工序的在产品数量和单位工时定额不均衡，则该道工序的单位工时定额应按实际情况测算。

Ⅲ. 以在产品数量乘以累计单位工时定额，求出在产品的定额工时；以在产品定额工时乘以每小时计划平均工资，即可求得在产品的定额工资成本；以在产品定额工时乘以计划每小时费用，即可求得在产品定额制造费用。

Ⅳ. 将以上各项相加，即可求出在产品定额成本。

在定额成本资料齐全的企业，只要根据在产品实际盘存数结合定额成本资料，即可求得在产品的定额成本，而不必每次都通过上述计算程序，因此比较简便。

[**评估案例** 7-13] 光华电器科技有限公司进行整体资产评估时，在产品 BTG-0-2 为新产品，数量 126 台，单位成本 315 元，账面价值为 39 690 元。评估人员经过审核分析，认为该在产品的成本核算资料不完整，与市场上同类在产品的市场价格存在较大差异，故采取了按定额成本计算确定评估值的方法。

经测算，每台 BTG-0-2 的材料消耗定额为：电容 1 支，单价 10 元，电阻 2 支，单价 7.6 元，集成电路“IC-4” 1 块，单价 268 元，其他材料 4 元；累计单位工时定额 10 小时，工资及福利费每小时 4 元，其他费用每小时定额 2 元。在产品 BTG-0-2 的定额成本为

原材料成本 = 10+2×7.6+268+4 = 297.20（元）

工资及福利费 = 10×4 = 40（元）

其他费用 = 10×2 = 20（元）

在产品 BTG-0-2 的评估单价 = 297.20+40+20 = 357.20（元）

在产品 BTG-0-2 的评估值 = 126×357.20 = 45 007.20（元）

②按在产品的完工程度计算评估值——当量产量法。这种方法是将清查核实后的在产品数量，按照完工程度调整为当量产量，然后，在计算产成品重置成本的基础上，按在产品的完工程度计算其评估值。其计算公式如下：

$$在产品评估值=在产品当量产量\times产成品重置成本 \quad (7-18)$$

某种产品的当量产量等于各工序在产品数量乘以该工序的完工率。如果各道工序在产品的数量和加工量都相差不大，则可以把全部在产品的完工程度估计为 50%。因为按 50%计算，对前面各工序多计算的加工量，可以抵补后面各工序少计算的加工量。各工序在产品完工率计算公式如下：

$$某道工序在产品完工率=\frac{\frac{上道工序的累计}{单位工时定额}+\frac{该工序的单位}{工时定额}\times 50\%}{产品单位工时定额}\times 100\% \tag{7-19}$$

［评估案例 7-14］ 某产品的单位工时定额 10 小时，经三道工序加工制成。其中：第一道工序工时定额 4 小时；第二道工序工时定额 5 小时；第三道工序工时定额 1 小时。该产品在产品完工率计算如下：

第一道工序完工率 =（4×50%）/10×100% = 20%

第二道工序完工率 =（4+5×50%）/10×100% = 65%

第三道工序完工率 =（4+5+1×50%）/10×100% = 95%

如果各道工序在产品的数量和加工量都相差很大，则不宜按 50% 计算，这时可分工序计算当量产量，通过加总进行测定或估定。

采用当量产量法，需要注意在产品的材料成本。一般来说，许多工业企业的主要原材料，往往都是在生产过程的第一道工序一次投入，所以材料成本就是按照在产品的实际数量而不是按照当量产量计算。

［评估案例 7-15］ 某产品需经过 4 道工序加工制成。原材料是在第一道工序一次投入。资产评估时，在每道工序上均有 10 件在产品，从第一道工序到第四道工序的完工率分别为 20%、50%、75%、95%。该产品的单位定额成本为：材料 100 元，工资及附加费 60 元，其他各项费用 10 元。该在产品的评估价值为

在产品当量产量 = 10×20%+10×50%+10×75%+10×95% = 24（件）

在产品材料成本 = 40×100 = 4 000（元）

在产品工资及附加费 = 24×60 = 1 440（元）

在产品其他费用 = 24×10 = 240（元）

在产品评估价值 = 4 000+1 440+240 = 5 680（元）

如果在产品原材料不是一次投入，而是随着生产过程陆续投入，则应将原材料成本调整为当量产量来进行计算。

（2）市场法。这是指按同类在产品的市价，扣除销售过程中预计发生的费用后计算评估值。基本公式如下：

$$\begin{aligned}在产品评估值&=该种在产品实有数量\times单位市场价格\\&\quad-预计在销售过程中发生的费用\end{aligned} \tag{7-20}$$

2. 自制半成品的评估

半成品分为自制半成品、外购半成品和对外销售的半成品三种，属于生产资产的仅是供企业内部使用的自制半成品。外购半成品被视同材料评估，对外销售的半成品则被视同产成品评估。

[评估案例 7-16] 某企业自制半成品甲（不对外销售）200 件，原材料消耗定额为 5 千克/件，每千克现行市价 10 元，工资定额为每件 20 元，费用定额为每件 8 元。则

甲半成品评估价值=200×(5×10+20+8)= 15 600（元）

（三）成品资产的评估

成品资产，指从产品入库到产品销售为止，处于产品待销过程中的流动资产，包括库存商品、产成品和准备销售的半成品等。由于外购商品的评估与产成品类似，故在此只介绍产成品的评估方法。

1. 成本法

采用成本法对产成品进行评估，主要根据生产、制造该项产成品全过程中发生的合理的成本费用确定评估值。具体运用过程中可分为以下两种情况：

（1）如果企业平时使用定额成本（或标准成本）方法对产成品进行核算，而且随时根据市场情况调整修正定额成本，定额成本资料可靠，与社会制造成本差异不大，则可以用定额成本作为产成品评估的依据。评估的基本公式是

$$产成品评估价值=产成品数量×单位定额成本 \tag{7-21}$$

（2）企业没有可靠的定额成本（或标准成本）资料，但能找到社会成本资料，也可以社会成本资料或评估时点地区或行业的中等成本来代替。

[评估案例 7-17] 光华电器科技有限公司整体资产评估时，库存产成品 STE-1 型机的账面记录是：数量 220 台，单台成本 4 200 元，账面价值924 000元。经清查核实，该产品的实际数量与账面记录一致，单台成本与单位定额成本和行业平均成本接近，则评估价值为

STE-1 型机的评估价值=220×4 200=924 000（元）

光华电器科技有限公司“STE 系列”产成品的评估都是采用的这一方法，评估结果详见附录资产清查评估明细表。

2. 市场法

这种方法的主要思路是以不含价外税的可接受的市场价格为基础，扣除相关费用后，计算被评估企业产成品的评估值。

在使用市场法评估产成品时，需特别注意以下几点：

（1）根据对产品本身的技术水平和内在质量的技术鉴定结果，确定产品是否具有使用价值以及产成品的实际等级，以便选择合理的市场价格。

（2）分析市场供求关系和被估产成品的市场前景。

（3）所选择的价格应该是在公开市场上所形成的近期交易价格，非正常交易价格不能作为评估的依据。

（4）正确处理现行市价中待实现的利润和税金。

实际工作中，应对产成品的销售情况进行分类，区分不同类型进行评估。计算公式为

十分畅销的产成品评估价值=核实后产成品数量×不含税出厂单价-（销售费用+销售税金及附加+所得税） (7-22)

正常销售的产成品评估价值=核实后产成品数量×不含税出厂单价-（销售费用+销售税金及附加+所得税+适当税后利润） (7-23)

勉强能销售的产成品评估价值=核实后产成品数量×不含税出厂单价-（销售费用+销售税金及附加+所得税+税后利润） (7-24)

滞销、积压、降价销售的产成品评估价值=核实后数量×不含税出厂单价×(1-折扣率) (7-25)

[**评估案例** 7-18] 光华电器科技有限公司资产评估时，产成品 BTG-2 型机账面数量为 268 台，单价 580 元，账面价值 155 440 元。经评估人员分析核实，该产品的成本核算不准确，但市场价格资料已取得，产品很畅销，现行不含税出厂价格为 760 元/件。经测算，销售费用率为 8.7%，流转税率为 6%，利润率为 14.21%。该企业的所得税税率为 33%。根据上述资料，计算该产成品的评估值为

BTG-2 型机评估单价=760×(1-8.7%-6%-14.21%×33%)

≈612.64（元）

BTG-2 型机评估价值=268×612.64=164 187.52（元）

光华电器科技有限公司“BTG 系列”产成品的评估都是采用的这一方法，评估结果详见附录资产清查评估明细表。

在不能取得同种产品市场价格资料的情况下，可以先找出替代产品作为参照资产，然后确定调整系数，再计算被评估资产的价值。计算公式是

评估价值=产成品数量×替代产品现价×（1±调整系数）-（销售费用+销售税金及附加+所得税） (7-26)

对超过合理库存、长期积压在库的产成品，评估的重点可以放在分析各种减值因素、计算潜在的损失方面。评估人员要根据分析和鉴定情况，结合所掌握的市场资料，确定一个或几个调整系数，计算出减值因素。评估公式是

积压产成品评估价值=产成品数量×现行市场价格或社会制造成本-减值因素 (7-27)

五、债权类及货币类流动资产的评估

债权类流动资产包括应收账款、其他应收款、预付账款、应收票据、短期投资及待摊费用等；货币类流动资产包括现金及各项存款。

（一）应收款项和预付账款的评估

对应收款项和预付账款评估时，一般应从两方面进行：一是清查核实应收账款数额（这里主要说明应收账款评估，其他应收款、预付账款评估可比照进行）；二是判断估计可能产生的坏账损失。确定应收账款评估值的基本公式为

应收账款评估值=应收账款账面价值-已确认坏账损失-预计坏账损失 （7-28）

1. 审核确定应收账款的账面价值

核对总账、明细账是否相符，资产负债表中的应收账款与总账“应收账款”科目中的余额是否相符，查实应收账款明细账中负债人的名称、地址、形成时间、业务内容等。评估时可根据债权资产内容进行分类，即将外部债权、机构内部独立核算单位之间往来及其他债权分成几类，并根据其特点及内容，采取不同的方法进行核实。对外部债权，除了与账表核对外，一般尽可能地要求按户发函核对，查明各项应收账款的虚实和金额，以及每一笔账款是否具有合法、有效记录。对机构内部独立核算单位之间往来进行双向核对，避免重计、漏计及其他不真实的债权关系。对于企业以一个结算户头记录往来事项而形成的贷方余额应按相关制度规定进行重分类调整。对于企业因往来结算中合同价与实际支付金额之间的差异形成的结算尾款长期挂账问题应在查明原因、获得相关凭据后进行账面值调整。

对应收账款的评估，是按照实际可收回的可能性进行的。因此，应收账款评估值就不必再考虑坏账准备数额。另外，对于确定能收回，但收回时间跨度较长的应收款项，应适当考虑时间价值的影响，同时还应考虑收账费用的影响。

[评估案例 7-19] 光华电器科技有限公司整体资产评估时，应收账款的账面原值为 1 926 531. 64 元，计提坏账准备 9 632. 66 元，账面净值为1 916 898. 98元，明细项目情况见表 7-3（见下页）。

评估人员通过审核分析，了解到应收山峰电子公司-5 600 元、应收津南航天实业公司-80 000. 00 元，实际是企业预收的客户货款，应按照相关制度规定进行重分类调整，由此调增应收账款 85 600. 00 元；应收预达经营部 8. 26 元，实际是往来结算中的尾款挂账，应进行清理，由此调减应收账款 8. 26 元；在债务审核中，对预收账款的借方余额南峰精密机械公司-8 000. 00 元、应付账款的借方余额通达化工厂-25 247. 00 元也进行了重分类调整，由此调增应收账款 33 247. 00 元。按评估准则的相关规定，坏账准备按零值计算，应收账款调整后账面值为 2 045 370. 38 元。

2. 确认在评估基准日可确定的坏账损失

可确定的坏账损失是指评估时因债务人死亡、失踪或破产倒闭、撤销而确定无法收回的应收账款。确认坏账损失，应严格按有关规定进行。

[评估案例 7-20] 沿用上例的资料，评估人员通过认真清理，从购销合同、赊销条件、与债务人的往来记录、债务人支付情况、账龄等方面进行分析，发现某些应收账款存在账龄较长、账款呆滞的情况，为此，进行了坏账分析，获取了债务人张海失踪的相关证据，结合账龄情况，对应收张海17 000. 00元确认为坏账损失。

3. 确定预计坏账损失

这是指对应收账款回收的可能性进行判断，一般可以根据企业与债务人的业务往来

表 7-3　应收账款清查评估明细表

金额单位：元

序号	欠款单位名称（结算对象）	业务内容	发生日期	账龄	账面价值	调整后账面值	评估价值	增值率/%	备注
1	三丰电子有限责任公司	货款	2020-9-12	3 月	735 682.00	735 682.00	735 682.00	0.00	
2	新川电器有限责任公司	货款	2020-5-6	7 月	305 594.16	305 594.16	305 594.16	0.00	
3	光明实业公司	货款	2020-10-18	2 月	634 708.65	634 708.65	634 708.65	0.00	
4	山峰电子公司	货款	2020-3-20	4 月	-5 600.00	0.00	0.00		调整到预收账款
5	永华电器厂	货款	2019-6-8	1 年 6 月	30.00	30.00	30.00	0.00	
6	预达经营部	货款	2019-12-25	1 年	8.26	0.00	0.00		结算尾款，长期挂账未清理
7	东方红电气集团公司	货款	2020-3-11	9 月	1 000.00	1 000.00	1 000.00	0.00	
8	省稀有金属公司	货款	2017-1-16	3 年 11 月	41 078.57	41 078.57	41 078.57	0.00	
9	灵通机器制造有限公司	货款	2020-8-8	4 月	2 800.00	2 800.00	2 800.00	0.00	
10	京南通讯公司	货款	2018-5-12	2 年 7 月	15 860.00	15 860.00	15 860.00	0.00	
11	市仪表八厂	货款	2020-12-13		80 000.00	80 000.00	80 000.00	0.00	
12	申晶表业发展有限公司	货款	2020-8-6	4 月	111 320.00	111 320.00	111 320.00	0.00	
13	津南航天实业公司	货款	2020-12-19		-80 000.00	0.00	0.00		调整到预收账款
14	光辉实业公司	货款	2020-11-18	1 月	2 800.00	2 800.00	2 800.00	0.00	
15	多彩宝石元件厂	货款	2020-10-28	2 月	64 250.00	64 250.00	64 250.00	0.00	
16	张海	货款	2017-3-3	3 年 9 月	17 000.00	17 000.00	0.00	-100.00	债务人失踪，确认为坏账
17	坏账准备				-9 632.66		-79 106.44	-100.00	预计坏账损失
18	南峰精密机械公司					8 000.00	8 000.00	0.00	由预收账款借方余额调整而来
19	通达化工厂					25 247.00	25 247.00	0.00	由应付账款借方余额调整而来
	合计				1 916 898.98	2 045 370.38	1 949 263.94	-4.70	

和债务人的信用情况，将应收账款分为几类进行账龄分析，并按分类情况估计应收账款回收的可能性。详细分类情况如下：

（1）业务往来较多，对方结算信用良好。这类应收账款一般能够如期全部收回。

（2）业务往来少，对方结算信用一般。该类应收账款收回的可能性很大，但回收时间不确定。

（3）一次业务往来，对方信用情况不太清楚。这类应收账款可能只收回一部分。

（4）长期拖欠或对方单位已撤销，这类应收账款可能无法收回。

上述分类方法，既是对应收账款坏账损失可能性的判断过程，也是对预计坏账损失定量分析的准备过程 。

对预计坏账损失定量分析的方法有：

（1）坏账估计法。这种方法并不考虑有哪些应收账款将会变成坏账，而是根据以往的经验，估计出坏账的比例，按坏账比例判断不可回收的坏账损失的数额。坏账比例的确定，可以根据被评估企业评估基准日前若干年（一般为3~5年）的实际坏账损失额与其应收账款余额的比例确定。计算公式为

$$坏账比例=\frac{评估前若干年发生的坏账数额}{评估前若干年应收款余额}\times100\% \tag{7-29}$$

$$本期估计坏账损失=本期应收账款余额\times坏账比例 \tag{7-30}$$

采用这种方法估计坏账时，应注意分析其特殊原因造成的坏账损失，剔出其对坏账比例的影响。

[评估案例7-21] 沿用评估案例7-19的资料，光华电器科技有限公司整体资产评估基准日为2020年12月31日，前5年应收账款发生情况及坏账处理情况如表7-4所示：

表7-4　应收账款余额及坏账处理情况统计分析表

单位：元

	应收账款余额	处理坏账金额	备注
2020年	1 916 898.98	34 879.00	
2019年	1 845 699.23	22 989.65	
2018年	2 146 779.64	56 877.51	
2017年	2 055 893.99	98 745.10	
2016年	2 148 796.33	105 873.50	
合计	8 181 968.17	319 364.76	

由此计算前5年坏账损失占应收账款的百分比为

(319 364.76÷8 181 968.17)×100%≈3.9%

则：评估基准日预计坏账损失金额

=(调整后应收账款账面值−已确认坏账损失)×坏账损失率

=(2 045 370.38−17 000)×3.9%≈79 106.44(元)

综合评估案例 7-18、7-19、7-20，光华电器科技有限公司应收账款评估值为

2 045 370.38−17 000−79 106.44＝1 949 263.94（元）

（2）账龄分析法。这是指按应收账款拖欠时间的长短，分析判断可收回的金额和坏账。经验表明，应收账款账龄越长，坏账损失的可能性越大。因此，可将应收账款按账龄的长短分成几组，按组估计坏账损失的可能性，并进而计算出坏账损失金额。

［**评估案例** 7-22］某企业在评估时核实有应收账款 435 500 元，已提取坏账准备金 30 000 元。该企业应收账款按账龄计算分析坏账如表 7-5 所示。

表 7-5　账龄分析法估计坏账计算分析表

金额单位：元

应收账款账龄	应收账款余额	估计坏账损失率/%	估计坏账损失金额
未到期	250 000	1	2 500
过期 6 个月	85 000	5	4 250
过期 1 年	56 000	10	5 600
过期 2 年	32 000	50	16 000
过期 3 年以上	12 500	80	10 000
合计	435 500	—	38 350

根据上表，评估的坏账损失额为 38 350 元，该企业应收账款的评估值为

435 500−38 350＝397 150（元）

（二）应收票据的评估

应收票据是指企业持有尚未兑现的各种票据，主要包括：

（1）顾客交来的自己签发的本票；

（2）顾客交来的由他人签发背书的本票和汇票；

（3）企业本身签发的、经付款人承兑的汇票。

由于票据有带息和不带息之分，相对于评估基准日有到期和未到期的差别，因此，对应收票据的评估应区分下列几种情况分别进行。

1. 到期无息应收票据的评估

由于无息票据到期后，只能按票面金额收回款项，所以其评估价值等于票面金额。

2. 到期有息应收票据的评估

到期有息票据的评估价值，应在票面金额的基础上加上利息，计算公式为

$$\begin{aligned}\text{票据评估价值} &= \text{票据票面金额} + \text{利息} \\ &= \text{票据票面金额}\times(1+\text{利率})\end{aligned}\tag{7-31}$$

[评估案例 7-23] 某企业持有一张为期半年的应收票据，票面金额为10 000元，票面年利率为 8%，截至评估基准日，该票据刚好到期，试评估票据的价值。

应收票据评估值=10 000×(1+8%/2)= 10 400（元）

3. 未到期无息应收票据的评估

未到期票据应以票据的贴现收入作为票据的评估价值。所谓票据贴现，就是在票据未到期之前，收款人为获得现款而向其银行贴付一定利息所做的票据转让。其计算公式为

应收票据评估值=到期价值-贴现息

=到期价值×(1-贴现率×贴现天数/360)　　(7-32)

式中的贴现天数 = 到期天数-持票天数

[评估案例 7-24] 某企业持有的应收票据为 3 个月期的无息票据，票面金额为 80 000 元，至评估基准日止已持有 30 天。评估基准日的贴现率为 6%，则

贴现天数=90-30=60（天）

到期价值=80 000（元）

应收票据评估值=80 000×(1-6%×60/360)= 79 200（元）

4. 未到期有息应收票据的评估

未到期有息应收票据贴现与无息应收票据贴现的原理基本相同，二者的区别在于前者的到期价值应在票面金额的基础上加上利息。

[评估案例 7-25] 承上例，假如应收票据载明票面利率 8%，则

到期价值=80 000×(1+8%×3/12)= 81 600（元）

应收票据评估值=81 600×(1-6%×60/360)= 80 784（元）

（三）一年内到期的非流动资产的评估

一年内到期的非流动资产的评估对象就是费用支出所形成的实体资产和权益，它只与资产权益的存在相关，与摊余价值没有本质的联系。如果一年内到期的非流动资产所形成的资产和权益已经消失，无论摊余金额还有多少，一年内到期的非流动资产的价值均为零。对于一年内到期的非流动资产的评估，原则上应按其形成的具体资产价值来确定。例如，某企业一年内到期的非流动资产中，发生的待摊修理费用为 3 万元。评估时应考虑由于修理能延长机器设备寿命或增加其功能，使机器设备价值增大，因此，该待摊修理费用 3 万元已在机器设备价值中实现，这部分反映在一年内到期的非流动资产中的价值无须再体现，在评估中这项一年内到期的非流动资产不能被重新确认。

在存在资产和权益的情况下，一年内到期的非流动资产评估有两类方法：一类是一年内到期的非流动资产的作用很难界定，如引进技术、合作生产而开支的技术转让费和职工技术培训费等，一般按待摊费用余额确定；另一类预付费用性质的待摊费用，评估的主要依据是预付费用在未来可以产生效益的时间长短。如果预付费用产生的经

济效益在评估基准日之前已经全部体现，只是因为各种原因被分期摊销，则这种预付费用的评估价值为零。只有那些在评估基准日之后仍然发挥作用的预付款项才是被评估的真正对象。因此，应首先明确这类待摊费用的作用期限和受益情况，根据实际情况从总额中按照一定比例扣除已受益部分，以其余额作为评估价值。

［**评估案例 7-26**］某企业评估基准日为 2020 年 10 月 31 日，账面一年内到期的非流动资产余额 285 300 元。其中，2020 年年初，企业预付了一年的保险金 240 000 元，现已摊销140 000 元，余 100 000 元；2020 年 7 月初，预付下半年房屋租金 180 000 元，现已摊销 120 000 元，余 60 000 元；以前年度应结转但因成本太高而未结转的费用 125 300 元。试对该企业上述一年内到期的非流动资产进行评估。

评估方法如下：

（1）预付保险金的评估

按照保险金全年支付数额计算每月应分摊数额为

240 000/12＝20 000（元）

尚存受益期＝12－10 ＝2（个月）

待摊保险金评估值＝20 000×2 ＝40 000（元）

（2）预付房租的评估

按照租约，计算每月应负担的房租为

180 000/6＝30 000（元）

尚存受益期＝6－4＝2（个月）

待摊预付房租租金评估值＝30 000×2＝60 000（元）

以前年度应该结转而未结转的费用 125 300 元的评估值为 0，因为这一款项已经不再发挥作用。

一年内到期的非流动资产的评估结果为

40 000+60 000+0＝100 000（元）

（四）短期投资的评估

对短期投资进行评估，应在清查核实的基础上，区分短期投资的不同类型进行。

1. 交易性金融资产的评估

由于短期投资性质的有价证券经常在市场流通，可随时变现，应按评估基准日的市场收盘价为基础确定评估值。基本公式如下：

$$\text{有价证券评估价值} = \sum(\text{有价证券持有数} \times \text{基准日单位持有数市场收盘价}) \qquad (7-33)$$

2. 短期股权投资的评估

对短期股权投资进行评估，应在查阅有关投资协议或合同的基础上，根据投资双方就权利、责任和义务以及投资收益分配形式的规定，结合被投资企业的具体情况进行。在被投资企业生产经营正常、财务状况良好的情况下，可以短期投资成本加上截至评估基准日的应计收益（根据投资合同约定的收益分配比例计算）作为评估值；在被投资企业生产经营正常、财务状况一般的情况下，基于稳健性原则，可以短期股权投资的成本作为评估值；在被投资企业不能正常经营的情况下，应考虑投资损失确定评估值。

3. 短期债权投资的评估

短期债权投资主要是因企业将现金资产直接借与其他企业或单位而形成。评估时，应根据借款合同，在分析评价债务人偿债能力的基础上确定评估值。在债务人财务状况良好、能合理预计如期偿还债务的情况下，可以短期债权投资的成本加投资时至评估基准日的利息（以借款合同约定的利率计算）确定评估值；在债务人财务状况一般、不能预计能否如期收回借款的情况下，可以短期债权投资的成本作为评估值；在债务人财务状况恶化、预计不能如期收回借款的情况下，应估计收款风险，考虑减值因素确定评估值。

（五）现金和各项存款的评估

现金和各项存款属于货币类流动资产，评估时的主要方法是账面价值审核法，即对这些项目的账面价值清查确认。

1. 现金的评估

（1）核对现金日记账与总账的余额是否一致，获取评估基准日现金盘点表，观察了解被评估企业现金管理状况，以决定现金清查的范围。

（2）盘点库存现金。评估人员应在现场工作期间，监督被评估企业盘点现金，获得现场工作日的现金盘点表（现金盘点表的格式可参阅本书第二章表 2-4），与现金日记账核对；并以现场工作日的现金余额为基础，倒推计算出评估基准日的现金余额。其计算公式为

$$\begin{matrix}\text{评估基准日}\\\text{现金余额}\end{matrix}=\begin{matrix}\text{现场工作日}\\\text{现金余额}\end{matrix}-\begin{matrix}\text{评估基准日至现场}\\\text{工作日的现金收入数}\end{matrix}+\begin{matrix}\text{评估基准日至现场}\\\text{工作日的现金支出数}\end{matrix}\qquad(7-34)$$

（3）若有外币现金账户，应单独盘点并按评估基准日汇率折算为人民币价值。

（4）以核实后的现金实有数额为现金的评估值。

［评估案例 7-27］光华电器科技有限公司评估基准日现金申报额为66 548元，评估人员于 2021 年 1 月 15 日监督企业盘点现金，实点数为56 525. 50元，与盘点日现金日记账余额相符。查阅基准日至现场工作日的收付款凭证，评估基准日至现场工作日的累计现金收入数为 128 732. 65 元，评估基准日至现场工作日的累计现金支出数为 138 755. 15 元，则

评估基准日现金余额＝56 525. 5－128 732. 65＋138 755. 15

＝66 548. 00（元）

现金评估值按清查核实后的账面值确定为 66 548. 00 元。

2. 银行存款的评估

（1）核对银行存款日记账与总账的余额是否一致，了解企业银行存款账户的入账情况。

（2）取得并检查银行存款对账单、银行存款余额调节表，核实银行存款实有数。

在企业的银行存款余额与银行对账单余额不一致的情况下，应查明差额的原因，

对于记账错误应加以更正，对于“未达账项”造成的差额，应编制银行存款余额调节表，检查调整后余额是否相符。

（3）以核实后的实有数额为银行存款的评估值。

[评估案例 7-28] 光华电器科技有限公司评估基准日银行存款申报金额为 735 277.30 元，包括 3 个户头，明细情况见表 7-6。

表 7-6　银行存款清查评估明细表

单位：元

序号	开户银行	账号	币种	外币账面金额	评估基准日汇率	账面价值
1	工行光华支行	226900785545	人民币			677 635.34
2	市建一支行	4022340902453675	人民币			16 516.98
3	中行经纬支行	357808093001	人民币			41 124.98
	合计					735 277.30

评估人员审核了企业与银行往来的入账情况，与评估基准日的报表数和银行存款日记账核对相符，并获取了评估基准日 3 家开户银行的银行对账单，经与银行存款日记账逐笔核对后，发现市建一支行和中行经纬支行的银行对账单余额与企业的银行存款日记账余额相符，但工行光华支行的对账单余额为 691 403.92 元，与企业的银行存款日记账余额不符。审查发现以下账项企业与银行记账不一致：

光华电器科技有限公司 12 月 28 日收到祥和公司货款 12 700 元的转账支票一张，银行尚未入账；

光华电器科技有限公司 12 月 29 日开出支票 21 210 元，收款人尚未向银行兑现；

银行支付光华电器科技有限公司的存款利息 5 423.58 元，公司尚未入账；

银行从光华电器科技有限公司账户扣除结算手续费 165 元，公司尚未下账。

根据上述资料，评估人员编制银行存款余额调节表如表 7-7 所示。

表 7-7　光华电器科技有限公司银行存款余额调节表

2020 年 12 月 31 日　　单位：元

银行对账单余额	691 403.92
加：银行尚未入账的祥和公司货款	12 700.00
银行已从企业存款中扣除的结算费用	165.00
减：企业已开出，收款人尚未向银行兑现的支票	21 210.00
银行存款利息	5 423.58
企业账面余额	677 635.34

经过对未达账项的调整，银行对账单余额与企业银行存款日记账余额相符，银行存款评估值按核实后的账面金额确定为 735 277.30 元。

第二节　长期投资评估

一、长期投资评估概述

（一）长期投资的概念和分类

长期投资是指企业不准备随时变现、持有期在一年以上的对外投资。其特点是以获取投资权益为目的，放弃对实际资产的直接控制权。长期投资的类型如图 7-9、图 7-10 所示。

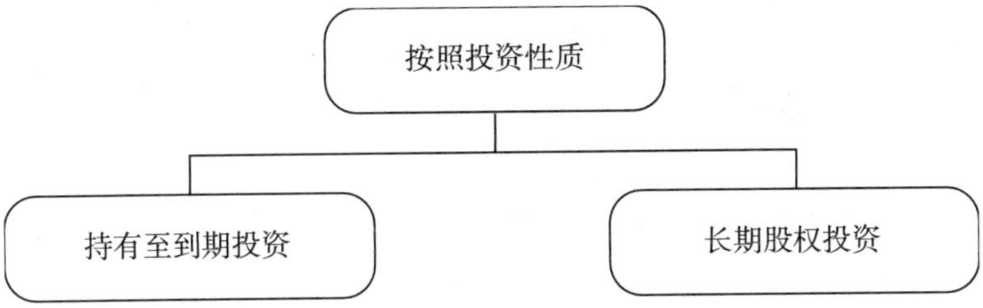

图 7-9　按照投资性质对长期投资分类框图

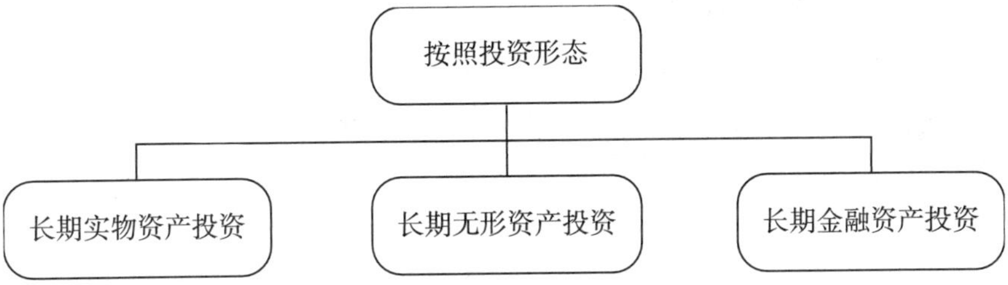

图 7-10　按照投资形态对长期投资分类框图

（二）长期投资评估的特点

长期投资的特点决定了长期投资评估的特点，其主要表现在：

1. 长期股权投资评估是对资本的评估

尽管长期投资的出资形式可以是实物资产、无形资产或货币资产，但是投放到被投资企业后，即发挥着资本金的作用。因此对长期股权投资的评估是对其代表的权益所进行的评估，实质上是对被投资企业的资本的评估。

2. 长期股权投资评估是对被投资企业获利能力的评估

一项长期股权投资价格的高低主要取决于该项投资所能带来的权益。显然，这不取决于投资方，而是取决于被投资方的经营状况、财务状况。因此，被投资企业的获利能力的大小就成为长期股权投资评估的决定因素。

3. 持有至到期投资的评估是对被投资企业偿债能力的评估

持有至到期投资的投资利益是债券的利息收入，影响持有至到期投资价值的是债券的利息水平及债券到期时如数收回本金的安全性，而被投资企业的偿债能力直接影响着持有至到期投资到期收回本息的可能性。因此，被投资企业偿债能力就成为持有至到期投资评估的决定因素。

由此可见，对被评估企业的长期投资评估，已经超出了对被评估企业自身的评估，而通常需要对被投资企业进行评估，当然这要视被评估企业对被投资企业的控制力和影响程度而定。

（三）长期投资评估的程序

（1）明确长期投资项目的具体内容。在进行长期投资评估时，应明确投资的具体形式、原始投资额、评估基准日余额、投资收益获取的方式、历史收益额、长期股权投资占被投资企业实收资本的比例以及相关会计核算方法等。

（2）进行必要的职业判断。在进行长期投资评估时，应判断长期投资预计可收回金额计算的正确性和合理性，判断长期投资余额在资产负债表上列示的准确性。

（3）根据长期投资的特点选择合适的评估方法。对上市交易的股票和债券，一般采用现行市价法进行评估，即按评估基准日的收盘价确定评估值；对非上市交易及不能采用现行市价法评估的股票和债券以及其他股权投资等，则视评估对象的不同情况，采用不同的评估方法。

（4）测算长期投资价值，得出评估结论。

二、持有至到期投资的评估

持有至到期投资主要是指债券投资，同时也可能包括其他债权投资。债券是债务人为了筹集资金，按照法定程序发行的并向债权人承诺于指定日期还本付息的有价证券。与股权投资比较，债券投资具有如下的特点：

1. 到期还本付息，收益相对稳定

债券收益主要受两大因素制约：一是债券面值；二是债券票面利率。这两大因素都是事前约定的，只要债券发行主体不发生较大变故，债券投资的收益是相对稳定的。

2. 投资风险较小，安全性较高

相对于股权投资而言，债券投资风险相对较小。债券的发行必须按国家规定严格执行。政府发行的债券由国家财政担保；银行发行的债券以银行的信誉及资产作后盾；企业债券则要以企业的资产担保。即使发生企业破产清算，债权人分配剩余财产的顺序也排在企业所有者之前。因此，投资债券的风险相对较小。

（一）上市交易债券的评估

在一般情况下，对上市债券评估采用现行市价法，即按照评估基准日的收盘价确定评估值。如果市场价格严重扭曲，不能代表债券的实际价值，债券价格与其收益现值严重背离时，则按照非上市债券的评估方法进行评估。

在市场法下，上市交易债券评估值的计算公式为

$$债券的评估值=债券数量\times评估基准日该债券收盘价 \qquad (7-35)$$

[**评估案例** 7-29] 某被评估企业持有 2017 年发行的五年期债券 1 000 张，面值 1 000 元，票面年利率 10%。2020 年 9 月 30 日进行评估时，根据市场调查，该种债券的市场收盘价为 1 110 元，据评估人员分析，该价格比较合理，确定评估值为

评估值＝1 000×1 110＝1 110 000（元）

（二）非上市交易债券的评估

对非上市债券，无法直接通过市场判断其价值，主要采用收益法进行评估。债券利率和还本期都是事先约定好的，收益的计算并不困难；债券评估的折现率由无风险报酬率和风险报酬率两部分构成。前者常以国债利率或银行利率为准，而风险报酬率需要评估人员根据发行债券企业的财务状况、债券到期年限、行业经营风险等情况分析确定。

根据债券还本付息的方式，债券又可以分为到期一次还本付息债券和分次付息到期还本债券两种，评估时应采取不同的方法计算。

（1）到期一次还本付息债券的评估。评估值的计算公式为

$$P=\frac{F}{(1+i)^{n}} \tag{7-36}$$

式中：

P——债券的评估值；

F——债券到期时本金和利息之和；

n——评估基准日到债券到期日的间隔时间（以年或月为单位）；

i——折现率。

本利和 F 的计算还要区分债券计息方式是单利还是复利。

采用单利计算时，债券的本利和为

$$F=A(1+m\times i) \tag{7-37}$$

采用复利计算时，债券的本利和为

$$F=A(1+i)^{m} \tag{7-38}$$

式中：

A——债券面值；

m——计息期限；

i——债券利息率。

[**评估案例** 7-30] 光华电器科技有限公司 2020 年 12 月 31 日整体资产评估时，“长期债权投资——债券投资”的账面价值为 300 000 元，系购买的方正集团股份有限公司 2018 年 7 月 1 日发行的三年期一次还本付息债券，票面利率 10%，单利计息。经审核，评估时债券购入时间已满一年，依据相关制度规定该年度应计未收利息 30 000 元应调增“长期债权投资——债券投资”的账面价值，因此，“长期债权投资——债券投资”调整后账面价值为330 000 元。经评估人员分析调查，评估时国债收益率为 6%，发行企业经营业绩较好，财务状况稳定，两年后具有还本付息的能力，投资风险较低，测算风险报酬率为 2%，以国债收益率为无风险报酬率，故取折现率 6%+2%＝8%。

该债券的评估值为

$F=300\ 000\times(1+3\times10\%)=390\ 000$（元）

$P=390\ 000\times(1+8\%)^{-2}=390\ 000\times0.857\ 3=334\ 347$（元）

（2）分次付息到期一次还本债券的评估。评估定期支付利息到期还本的债券，其计算公式如下：

$$P=\sum_{t=1}^{n}\frac{R_t}{(1+i)^t}+\frac{A}{(1+i)^n} \tag{7-39}$$

式中：

P——债券的评估值；

R_t——第 t 年的预期利息收益；

i——折现率；

A——债券面值；

t——评估基准日距收取利息日期限；

n——评估基准日距还本日的期限。

［评估案例 7-31］ 某评估事务所受托对甲企业的长期债权投资进行评估，被评估企业“长期债权投资——债券投资”的账面价值为 12 万元，系 A 公司发行的期限为三年、年息 12%、每年付息到期还本债券。评估时债券购入时间已满一年，当时的国库券利率为 7%。评估人员通过调查分析，根据发行债券企业的财务状况，确定风险报酬率为 3%，故取折现率 10%。

该债券的评估值为

$$P=\sum_{t=1}^{n}\frac{R_t}{(1+i)^t}+\frac{A}{(1+i)^n}$$

$$=\frac{120\ 000\times12\%}{(1+10\%)^1}+\frac{120\ 000\times12\%}{(1+10\%)^2}+\frac{120\ 000}{(1+10\%)^2}$$

$$=13\ 091.04+11\ 901.06+99\ 175.54$$

$$=124\ 167.64\text{（元）}$$

三、长期股权投资的评估

长期股权投资包括两种形式，即间接投资形式与直接投资形式。

间接投资形式，是指投资主体在证券市场上通过购买发行企业的股票，实现投资目的的一种形式。直接投资形式，是指投资主体以货币资产、实物资产以及无形资产等直接投资到被投资企业的一种形式。长期股权投资的评估，应区别直接投资和间接投资分别进行。

（一）股票投资的评估

1. 股票投资的特点及其评估原则

股票属于不确定请求权的有价证券。股票的收益不确定，基本上取决于发行企业的经营业绩。如果是上市股票，股市行情也会影响股票收益。所以，股票投资具有高风险、高收益的特点。

根据股票投资的特点，其评估应遵循以下原则：

（1）预期收益原则。股票的价格基础是股票发行主体的生产能力和获利能力，因此，在评估中应充分注意股票发行主体的经营业绩和预期收益。

（2）收益本金化原则。股票价值应当是预期收益的本金化价格。

（3）实际变现原则。股票作为一种特殊资产，其评估值根据股票的变现值确定。

2. 股票的价格和价值

股票的价格包括票面价格、发行价格、账面价格、清算价格、内在价格和市场价格。股票的价值评估通常与股票的票面价格、发行价格和账面价格的联系不紧密，而与股票的内在价值、清算价格和市场价格有着较为密切的联系。

股票的内在价值，是一种理论价值或模拟市场价值。股票发行公司的财务状况、管理水平、技术开发能力、公司发展潜力以及公司面临的各种风险等决定了股票的内在价值。

股票的清算价格是公司清算时公司的净资产与公司股票总数的比值。如果公司因经营不善或者其他原因被清算，该公司的股票价值就相当于公司股票的清算价格。

股票的市场价格是证券市场上买卖股票的价格。在证券市场比较完善的条件下，股票的市场价格基本上是市场对公司股票内在价值的一种客观评价，在某种程度上可以将市场价格直接作为股票的评估价值。在证券市场不完善、投机成分太大的条件下，股票的市场价格就不能完全代表其内在价值，就不能将其市场价格作为股票的评估值。

对于股票的评估，一般分为上市交易股票和非上市交易股票两类进行。

3. 上市交易股票的评估

上市交易股票是指企业公开发行的、可以在证券市场上市交易的股票。对上市交易股票的价值评估，在正常情况下，可以采用现行市价法，即按照评估基准日的收盘价确定被评估股票的价值。在非正常情况下，应采用评估非上市交易股票的方法，以股票的内在价值作为评估股票价值的依据。

4. 非上市交易股票的评估

非上市股票的评估，一般应采用收益法，综合分析股票发行企业的经营状况及风险、历史利润水平和分红情况、行业收益水平等因素，科学预测股票投资的未来收益，选择合理的折现率确定评估值。具体评估方法是：

（1）优先股的评估。在一般情况下，优先股在发行时就已规定了股息率，其价值评估主要是根据股票发行企业的生产经营状况、利润实现情况、负债情况、股本构成中优先股的比重、股息率的高低等，判断其是否有足够的税后利润用于优先股的股利分配。如果股票发行企业的资本构成合理，盈利能力强，优先股的收益有保证，评估人员就可以根据事先确定的股息率，计算优先股的年收益额，然后进行折现计算评估值。其计算公式为

$$P = \sum_{t=1}^{\infty} \frac{A_t}{(1+i)^t} = \frac{A}{i} \tag{7-40}$$

式中：

P—— 优先股的评估值；

A_t—— 第 t 年优先股股票的收益；

A—— 优先股股票的年等额股息收益；

i—— 折现率。

（2）普通股的评估。由于普通股的股息率不固定，收益额受股票发行主体的经营状况、利润分配政策等因素的影响，所以在确定普通股股票的未来收益和折现率时，就需要对股票发行企业的历史利润水平、利润分配政策、发展前景、盈利能力、管理人员素质、创新能力等进行全面、客观的了解与分析。

股份公司的股利分配政策，通常可以划分为固定红利型、红利增长型和分段型三种类型。股票价值的评估在不同类型的股利分配政策下有不同的方法。

①固定红利型。固定红利型是假设企业经营稳定，分配红利固定，并且今后也能保持固定水平。在这种假设条件下，普通股股票的评估值的计算公式为

$$P=\frac{D}{i} \tag{7-41}$$

式中：

P——股票的评估值；

D——股票的未来收益额；

i——折现率。

[评估案例 7-32] 甲企业持有乙企业的非上市普通股 30 万股，每股面值 1 元。甲企业持股期间，每年股票收益率保持在 14%左右的水平。现假设乙企业生产经营比较稳定，财务状况良好，在可预见的年份中，保持 12%的红利分配水平。评估人员根据该企业的行业特点及当时宏观经济运行情况，确定风险报酬率为 2%。在选用国库券利率 8%的基础上确定折现率为 10%。根据上述资料，该股票的评估值为

$$P=\frac{D}{i}=\frac{300\ 000\times12\%}{(2\%+8\%)}=360\ 000\text{（元）}$$

②红利增长型。红利增长型适用于成长型股票的评估。成长型企业具有发展前景好、潜力大、追加投资能带来较高收益的特点。该模型的假设条件是股票发行企业没有把剩余收益分配给股东，而是用于追加投资扩大再生产，因此，红利呈增长趋势。其股票评估值的计算公式为

$$P=\frac{D}{i-g}\quad (i>g) \tag{7-42}$$

式中：

P——股票的评估值；

D——股票的未来收益额；

i——折现率；

g——股利增长率。

股利增长率 g 的测定方法有统计分析法和趋势分析法两种。前者是在企业历年红利分配数据的基础上，利用统计学方法计算出股票红利的平均增长速度，作为股利增长率；后者主要是根据股票发行企业股利分配政策，以企业剩余收益中用于再投资的比率与企业净资产利润率的乘积作为股利增长率。

[评估案例 7-33] 光华电器科技有限公司 2020 年 12 月 31 日整体资产评估时，“长期股权投资——股票投资”的账面价值为 512 213 元，系 2019 年 3 月 1 日购入的非上市公司——远大集团股份有限公司的 250 000 股普通股股票，每股面值 1 元。经审核，初始投资金额为 524 213 元，持股比例为 5%，购入当年，股票发行企业按每股 0.048 元发放现金股利，光华电器科技有限公司获得股息 12 000 元，按照会计制度规定，该项股权投资采用成本法核算，投资当年分得的现金股利，系投资前被投资企业实现的利润分配所得，作为冲减投资成本处理。因此，“长期股权投资——股票投资”的账面价值在评估时点为 524 213 元减去 12 000 元，为 512 213 元，该项股票投资的入账价值符合制度规定。

经评估人员分析调查，远大集团股份有限公司每年以净利润的 70%用于发放股利，其余 30%用于追加投资，股票持有期间每年收益率为 10%左右。该公司发展潜力较大，在评估基准日后，至少可保持 3%的发展速度，净资产利润率将保持在 12%的水平，测算风险报酬率为 2%，以国债收益率（6%）为无风险报酬率，故折现率为 6%+2%=8%。

该股票的评估值为

$$P=\frac{D}{i-g}$$

$$=\frac{250\ 000\times10\%}{(2\%+6\%)-30\%\times12\%}\approx568\ 181.82\ (\text{元})$$

③ 分段型。固定股利和按固定比例增长股利都过于模式化，很难适用所有的股票评估，针对实际情况，采用分段型则比较客观。分段型是先把股票收益期分为两段：第一段是指较能客观地预测股票收益的期间；第二段是指不易预测收益的期间。然后分别计算两段的收益现值，并将两段收益现值相加，得出评估值。

[评估案例 7-34] 甲企业持有乙企业的非上市普通股 30 万股，每股面值 1 元。甲企业持股期间，每年股票收益率保持在 12%左右的水平。评估人员经调查分析，认为前三年保持 12%的收益率是有把握的；第四年由于技术进步收益率可提高 5%，并将继续下去。评估时风险报酬率为 2%，无风险报酬率以国库券利率 8%为依据，确定折现率 10%。该种股票的评估值为

$$P=\text{前三年收益的折现值}+\text{第四年后收益的折现值}$$

$$=300\ 000\times12\%\times\frac{1-(1+10\%)^{-3}}{10\%}+\frac{300\ 000\times17\%}{10\%}\times\frac{1}{(1+10\%)^{3}}$$

$$=36\ 000\times2.486\ 9+510\ 000\times0.751\ 3$$

$$\approx472\ 691.40\ (\text{元})$$

（二）直接股权投资的评估

直接投资形式的股权投资，一般都是通过投资协议或合同规定投资双方的权利、责任和义务、投资期限、投资收益的分配形式以及投资期满对投入资本金的处理方式等。对直接投资的评估，必须首先获取投资双方的投资合同，具体了解投资的期限、投资的形式、收益分配方式、投资额占被投资企业资本的比重以及收回方式，然后再根据不同情况进行评估。

1. 非控股型直接投资的评估

非控股型直接投资是指投资方的直接投资份额在被投资企业的资本总额中比例较小，不形成实质上的控制权，投资目的主要是为了获得投资收益。对非控股的股权投资的评估，一般采用收益法，即根据历史上的投资收益、投入资产的回收方式和被投资企业的未来经营情况及风险，预测未来收益，选用适当的折现率折算为现值，从而得出评估值。

（1）投资收益的估测。对于合同、协议明确约定了投资报酬的，可按合同约定计算的未来持续经营期间内应获得的收益额折为现值，作为评估值；对不是直接获取资金收入，而是取得某种权利或其他间接经济利益的，可通过了解分析，测算相应的经济效益，折现计算评估值。

（2）投资本金的估测。无期限的投资不存在投资本金的处理。投资有期限的，按投资合同约定的资本金回收形式，以及对被投资企业的经营能力的分析，考虑回收风险，预测出回收数额，选取适当的折现率折现，计算评估值。

由于非控股型直接投资会计上采用成本法核算，如果进行该项投资的日期距离评估基准日较短，价值变化不大，被投资企业资产账实基本相符，则可根据核实后的经过注册会计师审计的被评估企业资产负债表上的净资产数额和投资方所占的股权份额确定评估值。

对于明显没有经济效益，也不能形成任何权利的投资，其评估值按零值计算。

［**评估案例 7-35**］某资产评估公司受托对甲企业拥有的乙食品厂的股权投资进行评估。甲企业 5 年前与乙食品厂签订联营协议，协议双方联营 10 年，按各自投资比例分配乙食品厂的利润。甲企业以其机器设备向乙食品厂投资 500 000 元，占乙食品厂资本总额的 25%。联营协议约定，联营期满，乙食品厂按甲企业投入机器设备折余价值 250 000 元返还甲企业，该设备年折旧率为 5%。评估时，双方联营期已满 5 年，经调查分析，评估人员预测今后 5 年乙食品厂经营规模和财务状况相对比较稳定，每年预计分得红利 100 000 元。经测定折现率 10%，则该项投资的评估值为

$$P=\sum_{t=1}^{n}\frac{A_t}{(1+i)^t}+\frac{V_0}{(1+i)^n}$$

$$=100\,000\times\frac{1-(1+10\%)^{-5}}{10\%}+250\,000\times\frac{1}{(1+10\%)^5}$$

$$\approx 379\,079+155\,230$$

$$=534\,309\text{（元）}$$

2. 控股型直接投资的评估

对于控股型直接投资的评估，应在对被投资企业进行整体评估的基础上，按投资企业股权比例计算应分享的净资产额，确定评估价值。对被投资企业整体资产价值进行评估的评估基准日应与投资方的评估基准日相同。

[**评估案例** 7-36] 光华电器科技有限公司 2020 年 12 月 31 日整体资产评估时，“长期股权投资——其他股权投资”的账面价值为 2 745 787.00 元，系 2017 年 7 月对通达高科技有限责任公司的投资。经查验投资合同和投资以来的账务记录、会计凭证，评估人员了解到：该项投资的初始投资金额为2 000 000元，占通达高科技有限责任公司资本总额的 80%，该项股权投资采用权益法核算，从 2017 年至评估基准日，光华电器科技有限公司根据通达高科技有限责任公司的损益情况对“长期股权投资——其他股权投资”的原始入账价值进行了调整，相关账务处理符合制度规定。

由于该项投资属于控股型直接投资，要确定其价值，就需掌握被投资企业的净资产价值。评估人员深入通达高科技有限责任公司，对其 2020 年 12 月 31 日的整体资产价值进行了评估，在评估时点，通达高科技有限责任公司净资产账面价值为 3 432 233.75 元，评估值为 3 603 845.44 元，则光华电器科技有限公司该项股权投资的评估值为

3 603 845.44×80%＝2 883 076.35（元）

第三节　长期待摊费用评估

长期待摊费用，指的是不能被全部计入当年损益，应在以后年度进行分期摊销的各项费用，主要包括开办费、已足额提取折旧的固定资产的改建支出、租入固定资产的改良支出、固定资产大修理支出、股票发行费用等。需要注意的是，根据《企业会计准则（2016)》，开办费须列入“管理费用”科目中。为此，要了解和确定被评估企业的科目设置情况，以及开办费的处置情况。

长期待摊费用本质上是一种费用，其摊余价值不能单独对外交易或转让，只有当企业发生整体资产产权变更时，才有可能涉及对其价值的评估。

长期待摊费用能否作为评估对象并不取决于它在评估基准日之前支付数额的多少，而取决于它在评估基准日之后能否为新的产权主体带来经济利益。因此，在评估时，必须了解费用支出和摊余情况，了解形成资产和权利的尚存情况，根据评估目的实现后资产的占有情况和尚存情况，并排除与其他评估对象重复计算的因素后，确定其评估值。其中，固定资产大修理费、建筑物装修费等，通常在对应资产的评估中已经考虑了修理状况、装修状况，为了避免重复评估，就不能再计算固定资产大修理费、建筑物装修费的评估值。对其他长期待摊费用的评估，应依据其对企业未来收益的影响、费用的受益时间以及货币时间价值等因素确定评估值。

[**评估案例** 7-37] 光华电器科技有限公司 2020 年 12 月 31 日整体资产评估时，“长期待摊费用”的账面价值为 169 720.00 元，明细情况见表 7-8。

表 7-8　长期待摊费用清查评估明细表　　金额单位：元

序号	费用名称或内容	形成日期	原始发生额	预计摊销月数	账面价值	调整后账面值	评估价值
1	企业筹建相关费用	2010-8	52 000.00		52 000.00	0.00	0.00
2	固定资产大修理	2018-12	146 200.00	60	87 720.00	87 720.00	0.00
3	办公楼装修	2016-6	150 000.00	60	30 000.00	15 000.00	0.00
	合计				169 720.00	102 720.00	0.00

评估人员对各明细项目的性质、形成时间、原始发生额、摊销期限、摊余情况等进行了审核分析，根据具体情况评估如下：

（1）企业筹建相关费用，形成时间距离评估基准日已长达 10 余年，按相关制度规定应摊销完毕无余额，但被评估企业一直未进行摊销，账面价值就是原始发生额。评估人员对此进行账面值调整，账面值调整为零，评估值为零。

（2）固定资产大修理费用，支付及摊销的账务处理符合制度规定，摊余价值正确。已在固定资产评估时的成新率中考虑，评估值为零。

（3）办公楼装修费用，根据企业入账的相关资料，按预计的摊销期限，月摊销额为 2 500 元，评估基准日的摊余价值应为 15 000 元，评估人员首先对此进行了账面值调整，然后分析该项费用的具体情况，由于已在建筑物评估中考虑装修因素，故该项长期待摊费用的评估值为零。

综合以上情况，光华电器科技有限公司的长期待摊费用评估值为零。

［评估案例 7-38］ 某企业因产权变动涉及长期待摊费用评估。在评估基准日，企业账面长期待摊费用的借方余额为 76 万元，其中：①办公楼装修费 50 万元；②预付销售门市部租金 30 万元，承租时间为 3 年，始租时间为 1 年前，已摊销租金 10 万元，账面余额 20 万元；③经营性租入固定资产改良费用 30 万元，租期为 5 年，始租时间为 4 年前，已经摊销 24 万元。

分析：根据评估日以后能否产生经济效益为标准，评估人员调查研究后确定，该企业账面的 76 万元长期待摊费用可以作为评估对象。由于长期待摊费用的收益无法准确预测，决定用账面成本价值进行评估。其中，办公楼的装修费已经在固定资产评估中体现，在此不能重复评估；销售门市部的租金根据租赁合同规定，每年 10 万元租金，还有两年租赁使用权；租入固定资产改良费用 30 万元，按租期每年分摊 6 万元，尚有一年使用期。由于费用的受益时间较短，评估时不计算货币时间价值，该企业长期待摊费用的评估值为

$P=10+10+6=26$（万元）

第四节　负债评估

一、负债评估的前提和特点

负债评估主要是在企业整体资产评估时产生。企业整体资产评估通常需要确定企业净资产的价值，而净资产价值是资产价值总额减去负债总额后的余额。在对企业进行整体资产评估时，不仅要对其资产价值做出评估，还应对其负债进行评估和审核。

尤其是对企业整体资产评估的目的为合并、兼并或收购时，收购企业在取得被收购企业资产的同时，往往还必须承担被收购企业所负担的债务。因此，对企业整体资产评估的同时，必须对其负债做进一步核实。

负债的评估方法主要是账面价值审核法，即根据国家有关法规政策和会计制度，通过审计和核查，对负债进行分析、查对、计算、调整，确定负债的金额，将审核后确认的负债的账面价值确定为评估值。对于企业负债的审核包括两个方面的内容：一是负债的确认；二是负债的计量。

二、负债的确认

对于负债的确认，应在抽查凭证、审查合同、审计有关入账记录、账务处理的基础上，对负债的真实性进行分析。核对总账、明细账是否相符，资产负债表中的短期借款、应付票据、应付账款、预收账款、其他应付款、应付利润、应交税费、应付工资、应付福利费、其他应交款、预提费用、长期借款、长期应付款等项目与总账对应科目中的余额是否相符，查实负债科目明细账中债权人的名称、地址、形成时间、业务内容等，并根据其特点及内容，采取不同的方法进行核实。

短期借款、长期借款的评估应在审查借款合同的基础上进行，对借款入账时间、偿还时间、借款性质、利率、附加条件、利息计算及支付情况等进行关注，查实有关凭证，核对账务记录情况，对错记、漏记、入账不准确等情况进行调整；应付票据的评估应在明细清查的基础上，区分带息和不带息票据采用不同的方法分别进行（带息票据应根据出票日到评估基准日的时间间隔期按票面利率计算应付利息，并以此金额调增应付票据的账面价值；不带息票据按账面价值确定评估值）；应付款项应按明细清查，适当函证，函证按不少于应付款项笔数的10%和金额的50%进行，并根据回函情况采用适当的替代程序，在核实情况的基础上做出职业判断；应付工资应对应具体员工应付数额确定评估值，积累数无对应的则转权益；应付福利费应按政策规定提取和使用，超额提取的应转权益；应交税费、其他应交款的评估应按税法及相关政策规定结合被评估企业的具体情况和会计资料通过审计程序进行测试，在测试金额吻合的情况下确认申报金额，如果有较大出入，则应对其账面值进行调整。

负债审核的重点应放在对企业账面负债的可免出部分和应免除部分，以及企业将面临的或有负债的分析。企业账面负债可免出部分主要是指无主负债，即债权人已不存在，如无法偿还的无主贷款、无法支付的应付账款。企业账面负债应免除部分主要是指按国家有关政策的规定，企业的部分负债，如应交税费、应付费用等，可以部分或全部豁免，予以扣除。虽然企业账面上没有，但企业未来可能将会发生的负债，即或有负债，则要给予充分的考虑。如企业对出售商品实行“三包”可能发生的未来费用，处于诉讼中的财产纠纷案涉及的费用等。

对大额负债，应审核交易记录的原始凭证，并按户发函核对，查明各项应付款项的虚实和金额，以及每一笔账款是否具有合法、有效记录。对长期挂账的负债，应查明原因，获得相关凭据，结合实际情况和相关政策规定进行处理，避免虚报负债。对于企业以一个结算户头记录往来事项而形成的借方余额应按相关制度规定进行重分类调整。

[**评估案例** 7-39] 光华电器科技有限公司整体资产评估时，应付账款的账面值为1 057 213.82元，明细项目情况见表7-9。

表 7-9　应付账款清查评估明细表

单位：元

序号	户名（结算对象）	发生日期	业务内容	账面价值	调整后账面值	评估价值	备注
1	宇杰科技材料公司	2020-12	材料款	33 700.00	33 700.00	33 700.00	
2	春风有机化工厂	2020-5	材料款	1 872.80	1 872.80	1 872.80	
3	创维金刚石制品有限公司	2020-6	材料款	18 560.00	18 560.00	18 560.00	
4	讯捷运输公司	2020-10	运费	12 688.62	12 688.62	12 688.62	
5	西北有色金属材料厂	2020-12	材料款	12 709.90	12 709.90	12 709.90	
6	红光机器设备制造厂	2020-6	设备款	105 600.00	105 600.00	105 600.00	
7	科迪普信公司	2018-3	设备款	358.00	0.00	0.00	结算尾款，长期挂账未清理
8	通达化工厂	2020-9	材料款	-25 247.00	0.00	0.00	调整到应收账款
9	永胜商贸中心	2020-4	材料款	5 996.90	5 996.90	5 996.90	
10	大宇电子元器件公司	2020-10	材料款	384 000.00	384 000.00	384 000.00	
11	先锋新材有限责任公司	2019-1	材料款	11 222.00	11 222.00	11 222.00	
12	信成经贸有限公司	2020-11	材料款	370 862.60	370 862.60	370 862.60	
13	暂估材料	2020-12	材料款	124 890.00	129 090.00	129 090.00	因调整原材料“红字”对应调增 4 200 元
14	晶鑫电子有限公司				10 000.00	10 000.00	由预付账款贷方余额调整而来
小　计				1 057 213.82	1 096 302.82	1 096 302.82	
合　计				1 057 213.82	1 096 302.82	1 096 302.82	

评估人员通过审核分析，在获取相关依据的情况下进行了以下调整：

应付账款明细项目中应付通达化工厂-25 247.00 元，实际是企业应收的客户货款，应按照相关制度规定进行重分类调整，由此调增应付账款25 247.00元；因原材料“红字”调整，调增暂估入账，由此调增应付账款4 200.00元；在资产项目预付账款的审核中，对预付账款贷方余额晶鑫电子有限公司-10 000.00 元进行重分类调整，由此调增应付账款 10 000.00 元。应付科迪普信公司 358.00 元，实际是购置设备时合同价与实际结算价的差异形成的挂账，实际已不需付出，评估人员在查验有关合同和结算凭据后按相关规定进行了核减计算，由此调减应付账款 358.00 元，应付账款调整后账面值为 1 096 302.82 元。

评估值按审核调整后账面值确定。

三、负债的计量

负债的计量主要是测算各项负债在评估基准日的金额是否正确，考虑货币的时间价值问题，对负债的准确性进行分析。由于负债基本上都是以货币金额反映，不存在变现困难，只是各类负债的偿还期不同而有短期负债和长期负债之分。短期负债（流动负债）偿还期较短，通常不考虑其货币时间价值问题。当然这也要看短期债权是否考虑了货币时间价值因素，两者应尽可能地对等一致。对于长期负债，则要视具体偿付的时间、偿付的条件等考虑是否应给予折现处理。

［**评估案例 7-40**］光华电器科技有限公司整体资产评估时，长期借款账面值为 4 000 000 元，评估人员审核相关借款合同后了解到：该项借款是 2019 年 12 月 28 日从中国银行经纬支行借入的，原始借款金额为 4 000 000 元，两年期，月利率 0.786%，偿还期是 2021 年 12 月 28 日。

按照相关制度规定，长期借款所发生的利息应按照权责发生制原则按期预提，并以此调增长期借款的账面价值。评估人员针对上述情况，计算该项借款在评估基准日的应计利息为

4 000 000×0.786%×12＝377 280（元）

长期借款调整后账面价值＝4 000 000+377 280＝4 377 280（元）

由于长期借款的偿还时间离评估基准日只有一年，可以不考虑货币时间价值进行折现，长期借款评估值以审核调整后账面值确定。

案例解析

宏大公司为进行企业并购，委托某事务所对其整体资产进行评估。评估基准日为 2020 年 6 月 30 日。其中宏大公司提供了流动资产部分有关资料：

（1）库存现金 6 528 元，与现金日记账核对无误。

（2）银行存款日记账余额为 458 511 元，银行对账单余额为 447 063 元，经查核有如下业务：

宏大公司销售商品，收到支票一张，金额 32 400 元，银行对账单没有反映；

银行代宏大公司支付水电费 21 608 元，宏大公司银行存款日记账没有记录；

宏大公司购进一批材料开出支票 42 560 元，银行对账单没有反映。

（3）应收账款总账余额为 627 520 元，经函询查核，大部分债务人已确认债务，但其中 A 企业所欠 46 000 元因破产清算，已无法收回，有关应收账款账龄分析表如下（表 7-10）：

表 7-10 应收账款账龄分析表

单位：元

应收账款项目	金额	账龄					
		未到期	过期3个月	过期半年	过期1年	过期2年	过期3年及以上
A 企业	46 000					46 000	
B 企业	108 000	58 000	30 000	20 000			
C 企业	85 700	85 700					
D 企业	153 000	100 000	53 000				
E 企业	64 520						64 520
F 企业	170 300			150 000	20 300		
合计	627 520	243 700	83 000	170 000	20 300	46 000	64 520

库存有特种钢材共 100 吨，其中 2017 年 10 月购进 50 吨，单价 2 000 元，领用 30 吨；2018 年 4 月购进 80 吨，单价 2 100 元，至评估时尚未领用。

库存完工产品实有数 2 200 件，每件实际成本 70 元，账面价值 154 000 元。产品出厂价格为 117 元（含增值税）。

评估人员在 2020 年 8 月展开现场工作，根据上述资料，在审查核实的基础上确定了如下评估思路：根据评估目的，对流动资产的评估要满足宏大公司整体资产出让的要求，按照公允的价值标准结合流动资产评估的特点进行。具体评估过程和结论如下：

（1）库存现金的评估：现场工作日，督促企业对库存现金进行盘点，与现金日记账进行核对，并倒推出评估基准日的现金余额数，与企业申报数相符，现金评估值为 6 528 元。

（2）银行存款的评估：查看银行存款日记账，与总账核对相符。与银行对账单核对，相差 11 448 元，此差额是未达账项所致。经查验银行存款余额调节表，调整后的余额相符。银行存款评估值按核实后账面值确定，为 458 511元。

（3）应收账款的评估：评估人员查实了应收账款的金额，通过取证，确认了坏账损失 46 000 元。根据相关资料，决定按账龄分析法评估，经分析预计坏账率如表 7-11 所示。

表 7-11

账龄	预计坏账损失率/%
未到期	1
过期 3 个月	5
过期半年	10
过期 1 年	20
过期 2 年	30
过期 3 年及以上	50

评估人员计算预计坏账如表 7-12 所示：

表 7-12

应收账款账龄	应收账款余额/元	估计坏账损失率/%	估计坏账损失金额/元
未到期	243 700	1	2 437
过期 3 个月	83 000	5	4 150
过期半年	170 000	10	17 000
过期 1 年	20 300	20	4 060
过期 2 年	46 000	30	0
过期 3 年及以上	64 520	50	32 260
合计	627 520	—	59 907

应收账款评估值=应收账款账面价值-已确定坏账损失-预计坏账损失

=627 520-46 000-59 907=521 613（元）

（4）材料的评估：库存的特种钢材购进批次不同，价格有一定变化，但最近一批购进价格与评估时点的价格相比变化不大，可按最近一批购进单价（2 100 元/吨）进行评估，评估值=100×2 100=210 000（元）。

（5）库存产品的评估：根据评估目的及有关资料，评估人员认为可采用市场法进行评估。该产品很畅销，经测算，产品的销售费用率为 2%，销售税金及附加占销售收入的比例为 5%，利润率为 20%。

评估值=2 200×117/1.17×(1-2%-5%-20%×33%)= 190 080（元）

宏大公司流动资产评估值=6 528+458 511+521 613+210 000+190 080

=1 386 732（元）

本章操作要点与难点

（1）存货中的材料评估和在产品、产成品评估在选用方法上有较大的区别，材料评估的关键是核实数量，这需要对企业的库存管理制度和库存管理的实际情况进行符合性测试。进行低值易耗品评估时，应注意在用低值易耗品和在库低值易耗品的区别。在产品评估要注意根据企业生产技术方面的特点采用恰当的方法进行数量核实，并对企业的成本核算情况进行全面的分析，充分利用会计信息资料。采用现行市价法评估产成品，应注意处理现行市价中待实现的利润和税金。

（2）进行应收账款、其他应收款、预付账款的评估要注意回收可能性分析。对有可能收不回来的应收款项的评估是最难处理的，在实际操作中有的评估机构为回避风险简单地以账面值作为评估值，对于一些有可能收不回来的款项却全额确认其价值，显然有失公平。评估时应先按照《资产评估操作规范意见（试行）》中的规定剔除有理由全部能收回的款项，包括一些内部往来、关联方交易形成的应收款和一些押金、保证金和备用金性质的款项，以及符合有关规定应核销或者有确凿证据表明无法收回的款项。然后根据被评估企业前若干年的实际坏账损失额与其相应的应收款余额的比例确定预计坏账损失金额。

（3）进行长期股权投资的评估，应区别直接投资和间接投资分别采用不同的方法进行。对股票投资的评估，要注意根据实际情况选用适当的方法，采用分段型评估方法，要注意第二阶段的收益需要进行两次折现。对直接投资的评估，要详细分析投资合同，具体了解投资期限、收益获取方式、投资份额及投资本金收回方式等。区别控股型直接投资和非控股型直接投资并采取不同的方法进行评估。

分析与思考

1. 流动资产评估与流动资产审计工作应如何结合进行？
2. 进行低值易耗品评估时应注意哪些问题？
3. 长期投资的评估应注意区分哪些投资形式？

分析与思考答案

第八章 企业价值评估

企业价值评估是资产评估行业的一项重要业务，也是当今国际价值评估行业中迅速发展的领域。评估人员应明确企业价值评估对象和价值类型，掌握和灵活运用不同的评估方法。本章从介绍企业价值评估的基础知识入手，结合光华电器科技有限公司项目讲解企业价值评估的一般方法。

建议教学时数：12

第一节 企业价值评估概述

一、企业价值的基本概念

（一）企业

企业是以提供产品、服务以及资本为手段，以实现资源增值为目的，按照法律程序建立的经济实体，形式上体现为由各种要素资产组成并具有持续经营能力的自负盈亏的法人实体。进一步说，企业是由各个要素资产围绕着一个系统目标，发挥各自特定功能，共同构成一个有机的生产经营能力和获利能力的载体。从本质上讲，企业是多种合同或契约的综合体（表 8-1）。

表 8-1 企业的特点

序号	特点	特点说明
1	营利性	企业的生产经营活动是以盈利为目的的
2	持续经营性	企业在可以预见的将来按照适当的经营规模和经营类型继续经营
3	整体性	企业是以生产经营活动为主线，将若干要素资产有机组合而形成的功能完整、配置有效的有机整体

（二）企业价值

从资产评估的角度，企业的价值是以企业的内在价值为基础的市场交换价值。一方面，企业价值是企业的公允市场价值。企业价值评估的目的是为企业产权交易提供服务，使交易双方对拟交易企业的价值有一个清晰的认识，所以企业价值评估应建立在公允市场假设之上，其揭示的是企业的公允市场价值。另一方面，企业价值基于企业的盈利能力。人们收购企业或建立企业的目的不在于拥有企业具有的物质资产或产品，而在于拥有企业获得利润的能力并从中受益。企业之所以能够存在价值并且能够进行交易，是由于它们所具有的创造利润的能力。

二、企业价值评估的基本概念

（一）企业价值评估的定义

企业价值评估是指资产评估师对评估基准日特定目的下企业整体价值、股东全部权益价值或部分权益价值进行分析、估算并出具资产评估报告的专业服务行为。企业价值评估的实质是对各种契约（合同）相对应的众多经济权利所反映的价值做出判断及评价。

（二）企业价值评估的对象

企业价值评估的对象包括企业整体价值评估、股东全部权益价值评估和部分权益价值评估（图 8-1）。

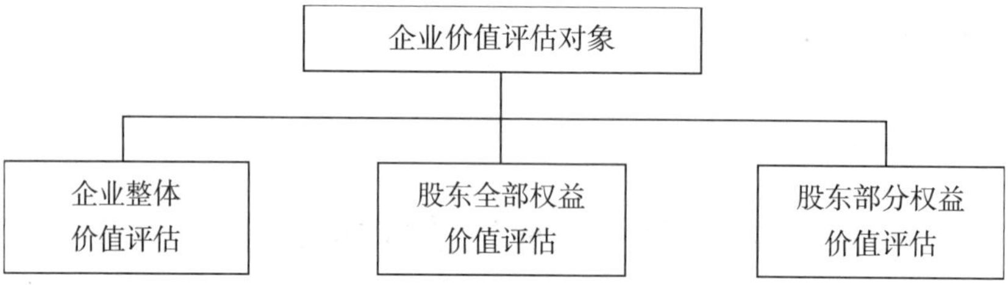

图 8-1　企业价值评估对象

在资产评估实务中，企业价值可以进一步分为企业的整体价值（即股东全部权益价值和付息债务的价值之和）、股东全部权益价值和部分权益价值。为了使大家有进一步的了解，我们通过图示（图 8-2）的方式做进一步的说明。

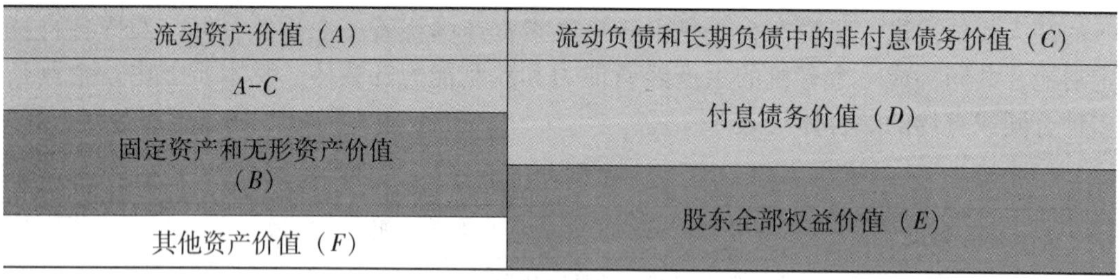

图 8-2　经评估后的简化资产负债表

上图是对某企业的全部资产和负债进行评估后的简化资产负债表。流动资产价值加上固定资产、无形资产价值和其他资产价值构成了全部资产的价值，即 $A+B+F$；流动负债和长期负债中的非付息债务价值加上付息债务价值和股东全部权益价值构成了全部负债和权益价值，即 $C+D+E$。

$$\text{股东全部权益价值} = (A+B+F)-(C+D) = E \tag{8-1}$$

$$\text{企业整体价值} = (A+B+F)-C = (A-C)+B+F = D+E \tag{8-2}$$

企业整体价值即股东全部权益价值和付息债务的价值之和。

在企业价值评估实务中，一般是在得到股东全部权益价值后再确定部分权益价值。

如何分析和确定部分权益价值呢？股东部分权益价值并不必然等于股东全部权益价值与股权比例的乘积，因为在某些情况下，同一企业内不同股东的同等股份权益的价值可能会不相等。这种价值的不相等可能源于两种情况：一种情况是对股权的控制支配程度或缺乏这种支配的权利（称为非控股状况）；另一种情况是被评估企业权益的市场流动性的程度或缺乏这种市场性（称为非市场性股权状况）。显然企业的控股股权享有许多非控股股权所没有的非常有价值的权利，一个投资者为了获得企业的控股权益往往愿意付出比市场流通的少数权益价值更高的价格来购买控股股权。因此在评估股东部分权益价值时，还应当在适当及切实可行的情况下考虑由于控股权和少数股权等因素产生的溢价或折价。除控股权的影响外，企业内相同股权价值不相等原因的另外一个方面是流通性对企业股权价值的影响。在相同情况下，一个股权可以在市场上流通的企业股权比一个股权不能够在市场上流通的企业股权的价值更高。因此在评估股东部分权益价值时，还应当在适当及切实可行的情况下考虑非流通性折扣或缺乏市场流通性折扣。

（三）企业价值评估的特点

企业价值评估与单项的资产价值评估相比，具有其自身的特点：

（1）企业价值评估的对象是由多个或多种单项资产组成的资产综合体；

（2）决定企业价值高低的因素，是企业的整体获利能力；

（3）企业价值评估是一种整体性评估。

企业价值的整体性表明它与构成企业的各个单项资产的评估值简单加和是有区别的。这种区别主要表现在以下两个方面：一是评估对象上的差别。企业价值评估的对象是按特定生产工艺或经营目标有机结合的资产综合体，而构成企业的各个单项资产的评估值加和，则是先就各个单项资产作为独立的评估对象进行评估，然后再加总。由于评估对象上的差别，两种评估考虑的因素也有差别。企业价值评估是以企业的获利能力为核心，围绕影响企业获利能力以及企业面临的各种风险进行评估。而企业单项资产的评估值加和，是在评估时针对影响各个单项资产价值的各种因素展开的。二是评估结果的差异。由于企业价值评估和构成企业的单项资产的评估值加和在评估对象、评估考虑的因素等方面存在差异，两种评估的结果也会有所不同。其不同之处主要表现在企业的评估值中包含不可辨认或称不可确指的无形资产——商誉的价值。

此外，在企业价值评估中，应当分析不动产的财务核算方式以及是否存在不动产未结合同和尚未支付款项，关注不动产对企业价值的贡献程度，避免重复计算或者漏算。

三、企业价值评估中的信息收集

评估人员需要独立收集各方提供的、不同来源的企业相关信息资料，并在自身力所能及的条件下确认这些信息是可靠的和适当的，同时为达到这种确信程度而采取的必要措施应当是行业内所公认的。评估人员在进行企业价值评估时，应当收集以下信息资料：

（1）被评估企业类型、评估对象相关权益状况及有关法律文件；

（2）被评估企业的历史沿革、现状和前景；

（3）被评估企业内部管理制度、核心技术、研发状况、销售网络、特许经营权、管理层构成等经营管理状况；

（4）被评估企业历史财务资料和财务预测信息资料（并应当尽可能获取被评估企业和参考企业经过审计的财务报表）；

（5）被评估企业资产、负债、权益、盈利、利润分配、现金流量等财务状况；

（6）评估对象以往的评估及交易情况；

（7）可能影响被评估企业生产经营状况的宏观、区域经济因素；

（8）被评估企业所在行业的发展状况及前景；

（9）参考企业的财务信息、股票价格或股权交易价格等市场信息，以及以往的评估情况等；

（10）资本市场、产权交易市场的有关信息；

（11）其他相关信息资料。

第二节　企业价值评估的一般方法

一、成本法

（一）成本法的评估思路

企业价值评估中的成本法也称资产基础法，是指在合理评估企业各项资产价值和负债的基础上确定评估对象价值的评估思路。运用成本法评估企业价值，就是以资产负债表为基础，对各单项资产及负债的现行公允价格进行评估，并在各单项资产评估值加和基础上扣减负债评估值，从而得到企业的净资产价值。其基本计算公式为

净资产评估值=流动资产评估值+长期投资评估值+固定资产评估值+无形资产评估值+其他资产评估值-负债评估值　（8-3）

（二）成本法的适用条件

成本法主要适用于以下企业：

（1）新建企业或基础投资项目完工不久的企业；

（2）劳动密集型或资金密集型小企业；

（3）清算中的企业。

成本法不适用于拥有大量无形资产（包括商誉）的公司。

（三）成本法的缺陷

虽然采用成本法评估企业价值具有一定的合理性和可行性，但同时由于其自身的缺陷以致成本法在评估企业价值中存在很大的局限：

（1）与企业获利能力脱节；

（2）对资产功能性与经济性贬值考虑不足；

（3）有时造成价值偏低，忽略无形资产的价值；

（4）有时造成价值偏高，有价无市。

（四）评估人员在选择和使用成本法时应当注意的事项

（1）在运用成本法进行企业价值评估时，应当考虑被评估企业所拥有的所有有形资产、无形资产以及应当承担的负债。

成本法是以资产负债表为基础，以各单项资产及负债的现行公允价格替代历史成本。但是由于受会计核算制度的制约，并不是企业所有资产的价值都能经过会计程序得以量化、最终出现在会计报表上，成为总资产的组成部分。而采用成本法评估时，评估人员往往以会计报表上的总资产和负债为依据，忽略报表之外的资产和负债项目，使企业价值的资产、负债构成不全面。企业资产除有形资产外，还包括无形资产，很多无形资产在财务报表上并没有相应记录和反映，采用成本法很容易少评或漏评，不能体现企业的完整价值。因此在运用成本法进行企业价值评估时，应当考虑被评估企业所拥有的所有有形资产、无形资产以及应当承担的负债。

（2）以持续经营为前提对企业进行评估时，成本法一般不应当作为唯一使用的评估方法。

运用成本法评估企业资产，是通过分别估测构成企业的所有可确指的资产加和而成的，这种方法无法把握一个持续经营企业的价值的整体性，也很难把握各个单项资产对企业的贡献，更难衡量企业各单项资产间的工艺匹配和有机组合因素可能产生的整合效应，即不可确指的无形资产。因此，在一般情况下，不宜单独运用成本法评估一个在持续经营假设前提下的企业价值。

（五）成本法评估的基本步骤

（1）确定评估基准日的财务报表，财务报表通常应是经过审计的。

（2）采用具体的评估方法对各项资产和负债进行评估，确定各项资产和负债的市场价值。

（3）评估并加上资产负债表外的特定有形资产、无形资产和负债。

（4）考虑资产负债表调整对税收的影响，以及资产负债表上是否要扣除递延税款。

（5）评估结果汇总，最后确定所有者权益的评估值。

[评估案例 8-1] 根据前面各章对光华电器科技有限公司单项资产与负债的评估结果，可以得到

净资产评估值＝流动资产评估值+长期投资评估值+固定资产评估值+无形资产评估值+其他资产评估值−负债评估值

＝11 932 233.86+3 785 605.17+12 716 723.68+4 184 831.33−（9 388 566.43+4 377 280.00）

＝18 853 547.61（元）

二、市场法

（一）市场法的评估思路

企业价值评估中的市场法，是指将评估对象与参考企业、在市场上已有交易案例的企业的股东权益、证券等权益性资产进行比较以确定评估对象价值的评估方法。

市场法中常用的两种方法是参考企业比较法和并购案例比较法。

参考企业比较法是指通过对资本市场上与被评估企业处于同一或类似行业的上市公司的经营和财务数据进行分析，计算适当价值比率或经济指标，在与被评估企业比较分析的基础上，得出评估对象价值的方法。

并购案例比较法是指通过分析与被评估企业处于同一或类似行业的公司的买卖、收购及合并案例，获取并分析这些交易案例的数据资料，计算适当的价值比率或经济指标，在与被评估企业比较分析的基础上，得出评估对象价值的方法。

（二）市场法的适用条件

使用市场法应具备以下四个前提条件：

（1）有一个充分发展、活跃的资本市场。

（2）在上述资本市场中存在着足够数量的与评估对象相同或相似的参考企业，或者在资本市场上存在着足够的交易案例。

（3）能够收集并获得参考企业或交易案例的市场信息、财务信息及其他相关资料。

（4）可以确信依据的信息资料具有代表性和合理性，且在评估基准日是有效的。

（三）市场法的适用性和局限性

市场法是所有评估方法中最具市场导向的，从理论上说，运用市场法将获得较为客观的评估结果。市场法的概念和理论基础简单直接，易于理解。市场法包括多种具体的评估方法，如参考企业比较法和并购案例比较法等，在运用具体的评估方法时又有多种价值乘数可供选择，因此运用起来相对灵活多样，尤其在企业未来收益无法做到详尽预测时，运用收益法评估可能会受到相当限制，而市场法所受到的限制可能相对较小。

但是在实务中，市场法的运用常常会遇到以下问题：

（1）评估人员很难在市场上寻找到与评估对象相同或类似的可比企业。

（2）即使寻找到相同或类似的可比企业，评估人员有时也无法从合适的渠道获得可比企业的市场信息和财务信息，因而无法选择和估算合适的价值比率。

（3）对价值比率进行分析和调整，以充分反映评估对象和可比企业的异同，使调整后的比率适用于评估对象的工作具有相当的难度。

（四）市场法评估的基本步骤

（1）明确被评估企业的基本情况，包括评估对象及其相关权益状况。

（2）恰当选择与被评估企业进行比较分析的参考企业。评估人员应选择与评估对象在同一行业或受同一经济因素影响的参考企业或交易案例，并且应确信所选择的参考企业与被评估企业具有可比性。

（3）对所选择的参考企业或交易案例的业务和财务情况进行分析，与评估对象的情况进行比较、分析并做必要的调整。根据评估项目的具体情况，评估人员可在适当的情况下考虑以下事项：

①调整被评估企业和参考企业财务报表的编制基础。

②调整不具有代表性的收入和支出，如非正常和偶然的收入和支出。

③调整非经营性资产、负债和溢余资产及与其相关的收入和支出。

④评估人员认为需要调整的其他事项。

（4）选择并计算合适的价值乘数，并根据以上工作结果对价值乘数进行必要的分析和调整。评估人员在选择、计算、使用价值比率时，应当考虑以下事项：

①选择的价值比率应当有利于合理确定评估对象的价值。

②用于计算价值比率的参考企业或交易案例相关数据应当适当和可靠。

③用于价值比率计算的相关数据口径和计算方式应当一致。

④被评估企业和参考企业或交易案例相关数据的计算方式应当一致。

⑤合理将参考企业或交易案例的价值比率应用于被评估企业。

（5）将价值比率运用到评估对象所对应的财务数据，并考虑适当地调整，得出初步的评估结果；对缺乏流动性折扣、控制权溢价等事项，评估人员应进行必要的分析并考虑在评估报告中做出适当披露。

（6）根据被评估企业特点，对不同价值比率得出的数值予以分析，形成合理评估结论。

（五）市场法的运用

在运用市场法进行企业价值评估时，因评估对象的特点以及所能收集的相关市场信息资料等条件，评估人员应恰当选择市场法中的具体技术方法。

1. 参考企业比较法的具体运用

（1）参考企业选择步骤。

①资本市场的选择。评估人员首先需要考虑的是在哪个资本市场上选择参考企业。在选择资本市场时，通常考虑的因素包括市场的成熟度、证券交易的活跃性和数据的可获得性。

②准参考企业的选择。在确定了所选择的资本市场后，就需要在其中选择合适的准参考企业。评估人员通常应当选择与被评估企业属于同一行业、从事相同或类似的业务或受相同经济因素影响的企业作为准参考企业。

③参考企业的选择。在确定了准参考企业后，评估人员需要在其中进行适当的筛选，以确定合适的参考企业。选择参考企业时需要考虑的因素包括：

a. 所从事的行业及其成熟度；

b. 在行业中的地位及其市场占有率；

c. 业务性质、自成立起的发展历史；

d. 所提供的产品或服务；

e. 所处地域及其服务的目标市场；

f. 企业构架；

g. 企业的规模；

h. 资本结构及财务风险；

i. 运营风险；

j. 经营指标，包括盈利能力、收入及收益趋势、利润率水平等；

k. 资产及盈利的质量；

l. 分配股利能力；

m. 未来发展能力；

n. 是否具有商誉及其他无形资产；

o. 员工数量及经验；

p. 管理层情况；

q. 股票交易情况及股票价格的可获得性；

r. 其他。

在上述各种考虑因素中，所从事的行业和业务的相似性对于选择参考企业十分重要。企业所处地域及其服务的目标市场、企业规模、资本结构、资产及盈利的质量、企业财务比率的相似性，也是需要考虑的主要因素。

（2）对参考企业的财务报表进行分析调整。首先，评估人员应当从适当可靠的渠道获得参考企业的财务信息。在获得参考企业的财务信息后，评估人员还需对其进行分析调整，以使参考企业的财务信息尽可能准确、客观，使其与被评估企业的财务报表具有可比性。

（3）选择、计算、调整价值比率。在对参考企业财务报表进行分析调整后，评估人员需要选择合适的价值比率进行计算。选择价值比率应当有利于合理确定评估对象的价值。

1）价值比率的组成。价值比率表现为企业价值与可比指标的比率，它由分子和分母组成。价值比率的分子通常有以下两类：

①权益价值（P）；

②企业整体价值或投入资本市值（EV）。

可比参考企业的权益价值（或企业市值）通常通过以下公式计算获得：

$$企业市值=股票价格\times股数 \tag{8-4}$$

需要注意的是，由于我国上市公司发行的股票中有大约65%的国家股和法人股并没有上市流通，这对确定和计算参考企业市值带来很大困难。还有一种情况，如果参考企业的股票在“柜台市场”交易（特别是一些在欧美证券市场的上市公司），其交易数量可能极其有限，有时候可能每周仅有1~2次交易。在这种情况下，其股票交易价格可能不能完全反映具有流通性情况下的价值。因此，对于股票在流通性方面有所限制或未能在活跃市场上交易的上市公司，在运用市场法时需要予以特别注意。

价值比率的分母一般包括以下几类：

①销售收入（sales）；

②息税折旧摊销前利润（EBITDA）；

③息税前利润（EBIT）；

④净利润（earning）；

⑤净现金流（free cash flow）。

根据以上分子和分母的选择，价值比率就有多种选择（见表8-2）。

表8-2　价值比率的几种类型

分母	分子	
	权益价值	企业整体价值
销售收入	P/sales（＊）	EV/sales
息税折旧摊销前利润	P/EBITDA（＊）	EV/EBITDA
息税前利润	P/EBIT（＊）	EV/EBIT
净利润	P/E	EV/E（＊）
净现金流	P/FCF （对股东的现金流）	EV/FCF′ （对企业整体的现金流）
账面价值	P/B（账面权益价值）	EV/B'（账面总资产价值）

2）选择价值比率时应注意的几个问题包括：

①在资产评估实务中，某些行业的特定指标也可以作为计算价值比率的一个主要参数。例如，对电信运营商而言，用户数量可能是计算价值比率的一个关键指标。对制造业而言，年产量可能是计算价值比率的一个重要指标。对基金管理公司而言，所管理的基金的总金额通常作为计算价值比率的主要参数。

②在资产评估实务中，所选择的价值比率应当有利于合理确定评估对象的价值。例如，当评估对象由于经营历史有限，有关收益指标不可获得或不可运用（如为负数）时，选择以收益指标为主要参数的价值比率（如 P/E）就不太合适，而要考虑选择其他的价值比率。当被评估企业的资本结构与参考企业的资本结构有较大差异时，EV/sales 比率是通常可以考虑选择的一个价值比率。具体而言，企业类型、发展程度及其业务成熟度是在选择价值比率时的关键因素。

③在资产评估实务中，选择价值比率时应注意使分子和分母尽量保持一致。例如，在其他价值比率可获得的情况下，选择 P/EBITDA 比率就不合适。由于息税折旧摊销前利润表示对所有投资者（包括权益资本和债务资本）的现金流，权益价值则仅仅表示权益资本，因此严格而言两者缺乏一致性。表 8-2 中标注有（ * ）的价值比率为分子和分母在一致性方面比较欠缺，在实际运用时需要谨慎选择。

④在资产评估实务中，各类数据应尽可能选择靠近评估基准日的相关数据。考虑到数据的可获得性以及所获得数据的可靠性和合理性，分母一般可以考虑选择以下现期、近期和未来的财务指标，以此为基础计算相应的价值比率：

a. 现期比率：分母为最近一个财政年度的财务指标；

b. 近期比率：分母为最近 12 个月的财务指标；

c. 未来比率：分母为未来一个财政年度的财务指标。

⑤在资产评估实务中，还应当根据影响价值比率的变量对参考企业的价值比率进行调整，从而得到适用于被评估企业的价值比率。需要考虑的基本调整因素包括：企业的盈利能力（尤其是在选择与销售收入相关的价值比率时，更需要注意被评估企业和参考企业是否具有可比的盈利能力。否则，评估人员需要对此进行适当的调整）、企业未来发展能力、企业面临的风险等。具体的调整方法视具体情况确定。例如，当被评估企业的收入由多种业务构成（如主营业务收入和投资收益）且都占有相当的比重，而各种业务在未来发展能力方面不尽相似时，可能需要将各种业务进行区分，分别对其进行调整计算，以获得适用的价值比率。

（4）运用价值比率得出评估结果。在计算并调整参考企业的价值比率后，与评估对象相应的财务数据或指标进行乘积计算得到相应的企业整体价值或权益价值。企业整体价值的计算方法如下：

$$\text{企业整体价值} = \text{企业市值（或权益价值）} - \text{溢余现金} + \text{付息债务} \tag{8-5}$$

上述计算结果仅代表部分股权的价值，如果评估对象具有控制权，则应当在适当及切实可行的情况下考虑控股权产生的溢价。此外，上述结果也未考虑可能适用的缺乏流动性折扣。对于缺乏流动性的投资，可能需要对其价值考虑一定的折扣，因此评估人员还应在适当及切实可行的情况下考虑流动性对评估对象价值的影响。

［**评估案例 8-2**］评估对象 W 公司系一家制药厂，该企业 2020 年销售收入为 20 亿元，收入构成如下：制药占 85%，保健品占 12%，其他占 3%。该企业销售网络遍布全国，其中 10%的销售收入来自国外。W 公司目前有两个主要产品“M 产品”和“N 产品”，分别用于治疗高血压和心脏病。过去几年中，这两个产品在国内销售较好，每年均有 15 亿元左右的销售收入。W 公司目前有多项产品处于研发阶段，有多个产品处于临床试验阶段，其中将要推出一种治疗呼吸系统疾病的新药“P 产品”，管理层预计其将是企业未来几年的增长点。但是由于推出新药的市场费用很高，预计 2021 年 W 公司的息税前利润（EBIT）有所下降，但预计该新药每年都会保持 5 000 万元左右的利润。

在评估基准日 W 公司的销售收入的各项指标如表 8-3 所示。

表 8-3　W 公司各项指标

项目	金额/万元
销售收入	200 000
账面总资产	350 000
账面净资产	120 000
净现金流量	10 000

W 公司拟增资扩股，需要确定企业评估基准日的股东全部权益价值。

通过分析，评估人员运用参考企业比较法来评估 W 公司。运用市场法的第一步是寻找合适的准参考企业，评估人员在上市公司中寻找到六家销售规模和资产规模、资本结构比较相近的制药企业作为准参考企业，分别为 A、B、C、D、E、F。

评估人员对上述六家准参考企业具体情况进行详细研究分析，包括企业主要经营范围、主要目标市场、收入构成、研发能力等方面。通过对上述准参考企业的业务情况和财务情况的分析比较，筛选出适当的具有可比性的参考企业。经过分析，评估人员发现有三家准参考企业并不具备可比性，具体原因见参考企业分析表（表 8-4）。

表 8-4　参考企业分析表

企业名称	不选择作为参考企业的主要原因
A	生物制药比重较大。新产品研发较为单一，缺乏推出新药的竞争力。另外，其制药收入占其总收入的比例仅为 60%
D	制药收入占总收入比重较小，更注重于化学产品及保健产品生产
E	从长远企业发展目标来说，未来将更集中于诊断器械的生产

通过以上分析，评估人员排除了以上三家企业，剩余的三家企业，即 B、C、F 均属于集中于制药领域发展的且与 W 公司在业务和财务方面都基本相似的企业，因而被选择作为参考企业。B、C、F 三家企业在评估基准日的有关数据见参考企业财务指标一览表（表 8-5）。

表 8-5　参考企业财务指标一览表

项目	B 公司	C 公司	F 公司
股票收盘价	2.93 元/股	3.15 元/股	1.86 元/股
总股本	80 000 万元	100 000 万元	130 000 万元
市价	234 400 万元	315 000 万元	241 800 万元
销售收入	180 000 万元	210 000 万元	220 000 万元
账面净资产	110 000 万元	130 000 万元	150 000 万元
净现金流量	9 000 万元	12 000 万元	11 000 万元

根据上表计算得出价值比率结果，如表 8-6 所示。

表 8-6　参考企业价值比率汇总表

价值比率	B 公司	C 公司	F 公司	平均
市价/销售收入	1.3	1.5	1.1	1.3
市价/账面净资产	2.13	2.42	1.61	2.05
市价/净现金流量	26.04	26.25	21.98	24.76

上表中计算出来的各个公司的价值比率在数值上比较接近，说明得出的数值结果具有较强的可比性。根据上表得到的三个价值比率计算出 W 公司的类比价值，再将三个类比价值进行算术平均，得出 W 公司的评估价值（如表 8-7 所示）。

表 8-7　W 公司的评估价值

金额单位：万元

项目	W 公司财务数据	参考企业平均比率	W 公司类比价值
销售收入	200 000	1.3	260 000
账面净资产	120 000	2.05	246 000
净现金流量	10 000	24.76	247 600
W 公司的平均价值			251 200

2. 并购案例比较法的具体运用

（1）并购案例比较法与参考企业比较法的联系与区别。并购案例比较法与参考企业比较法的基本思路是一致的。两者的区别是参考企业比较法是通过对参考企业的经营和财务数据进行分析，计算适当的价值比率；而并购案例比较法则是通过分析与被评估企业处于同一行业或类似行业的公司买卖、收购及合并案例计算适当的价值比率。

（2）并购案例的选取。评估人员在选择合适的并购案例时需要了解所获取途径的相对可靠性，在选取并购案例时，通常需要考虑以下因素：

①行业分类；

②并购案例的发生期间，一般距离评估基准日不超过三年；

③并购案例已完成。

在适当的情况下，评估对象本身以前发生的并购交易也可以考虑选取为并购案例，但需要考虑交易时间、交易具体情况的差异可能产生的影响。

（3）对并购案例的具体情况进行了解和分析。在选取并购案例后，需要对并购案例的具体情况进行了解和分析，这包括交易日期、交易价格、收购的股权比例、影响交易价格的其他重要交易条款（如付款条件等）。

（4）针对具体情况选取合适的价值比率，经过适当的计算调整，得出评估结果。对价值比率的选取、计算和调整，以及运用价值比率估算评估结果的程序与参考企业比较法基本一致，详见前述内容。

三、收益法

（一）收益法的评估思路

企业价值评估中的收益法，是指通过将被评估企业预期收益资本化或折现以确定评估对象价值的评估思路。

收益法的基础是经济学的预期效用理论，即对于投资者来讲，企业的价值在于预期企业未来所能产生的收益。投资者在取得收益的同时，还必须承担风险。根据上述理论，收益法就是通过预测目标企业未来所能产生的收益，并根据获取这些收益所面临的风险及所要求的回报率，对这些收益进行折现，得到目标企业的当前价值。

（二）收益法的适用条件

使用收益法应具备以下三个前提条件：

（1）被评估企业具有持续的盈利能力；

（2）能够对企业未来收益进行合理预测；

（3）能够对与企业未来收益的风险程度相对应的收益率进行合理估算。

（三）收益法中的计算方法

收益法中常用的两种具体方法是收益资本化法和未来收益折现法。

1. 收益资本化法

收益资本化法是将企业未来预期的具有代表性的相对稳定的收益，以资本化率转换为企业价值的一种计算方法。通常直接以单一年度的收益预测为基础进行价值估算，即通过将收益预测与一个合适的比率相除或将收益预测与一个合适的乘数相乘获得。收益资本化法通常适用于企业的经营进入稳定时期，即在可预计的时期内将不会产生较大的波动或变化，其收益达到稳定的水平。这种情况下，企业的当期收益等于年金，用一个资本化率来计算这一年金的现值，以获得企业的价值。计算公式为

$$V=\frac{A}{r} \tag{8-6}$$

式中：

V ——企业评估价值；

A ——企业每年的收益；

r ——折现率。

如果企业的收益预计以固定比率增长，则计算公式为

$$V=\frac{A}{r-g} \tag{8-7}$$

式中：g 为预期的长期年增长率。

2. 未来收益折现法

未来收益折现法通过估算被评估企业将来的预期经济收益，并以一定的折现率折现得出其价值。这种方法在企业价值评估中广泛运用，通常需要对预测期间（从评估基准日到企业达到相对稳定经营状况的这段时间）企业的发展计划、盈利能力、财务状况等进行详细的分析。

在具体计算时将持续经营的企业收益预测分为前后两段。将企业的收益预测分为前后两段的理由在于：在企业发展的前一个期间，企业处于不稳定状态，因此企业的收益是不稳定的；在该期间之后，企业处于均衡状态，其收益是稳定的或按某种规律进行变化。对于前段企业的预期收益采取逐年预测并折现累加的方法；对于后段企业的预期收益，则针对企业具体情况并按企业的收益变化规律，对其进行折现和还原处理。将企业前后两段收益现值加在一起便构成企业的当前价值。计算公式为

$$\text{企业价值}=\text{预测期间的各年收益现值和}+\text{终值的现值} \tag{8-8}$$

（1）持续经营假设前提下的未来收益折现法。假设以前段最后一年的收益作为后段各年的年金收益，计算公式可写为

$$V=\sum_{t=1}^{n}[R_t\times(1+r)^{-t}]+\frac{R_n}{r}\times(1+r)^{-n} \tag{8-9}$$

实际上，大部分企业在建立初期都会有较高的增长率（g），然后达到一个稳定发展的状态，因此可将企业表述为暂时超常增长，（n+1）年起稳定无增长，计算公式可写为

$$V=\sum_{t=1}^{n}\frac{R_t\times(1+g)^t}{(1+r)^t}+\frac{R_n}{r(1+r)^n} \tag{8-10}$$

假设从（n+1）年起的后段，企业预期收益将按一固定比率（g）增长，则计算公式可写为

$$V=\sum_{t=1}^{n}\frac{R_t\times(1+g_s)^t}{(1+r)^t}+\frac{R_n(1+g)}{(r-g)(1+r)^n} \tag{8-11}$$

式中：

V——企业评估价值；

R_t——企业第 t 年预期收益；

r——折现率；

R_n——企业第 n 年预期收益；

g——企业收益增长率。

（2）有限持续经营假设前提下的未来收益折现法。对于经营期限为有限期的企业（如受经营许可期限的限制，而该期限无法延长或被评估企业不打算延长；或矿产开采企业，其拥有开采权的资源是有限的等），运用未来收益折现法评估其企业价值时，首先将企业在可预期的经营期限内的收益加以估测并折现，其次将企业在经营期限后的残余资产的价值加以估测及折现，最后将两者相加，得到企业的当前价值。计算公式为

$$V = \sum_{t=1}^{n} [R_t \times (1+r)^{-t}] + P_n \times (1+r)^{-n} \qquad (8-12)$$

式中：P_n 为第 n 年企业资产的变现值，其他符号含义同前。

（四）收益法评估的基本步骤

1. 收益资本化法的主要工作步骤

（1）获得被评估企业历史的财务数据并进行分析，对非经常性的项目和非经营性资产、溢余资产进行调整，得到正常化的财务数据。

（2）计算用于进行资本化计算的收益。通常用评估基准日前一财务年度或前 12 个月的经过正常化调整的收益进行资本化计算，在某些情况下，预测的下一年的收益或历史几年的平均收益被用来作为进行资本化计算的收益。

（3）计算资本化率。

（4）将收益资本化以计算待估价值。

（5）就非经常性资产和溢余资产的价值进行评估，并对上述待估价值进行相应调整。

2. 未来收益折现法的主要工作步骤

（1）获得被评估企业历史的财务数据并进行分析，对非经常性的项目和非经营性资产、溢余资产进行调整，得到正常化的财务数据。

（2）获得被评估企业在经过正常化调整的历史财务数据基础上编制的财务预测，并进行分析。

（3）根据财务预测，计算用于折现的未来预期收益。

（4）计算折现率。

（5）将未来预期收益折现以计算待估价值。

（6）就非经常性资产和溢余资产的价值进行评估，并对上述待估价值进行相应调整。

（五）收益法运用中的综合分析

1. 企业所处经济环境分析

运用收益法评估企业价值的关键在于对目标企业未来收益和风险的准确预测，这种预测是建立在企业未来面临的经营环境基础之上的。分析历史上经营环境与企业业绩的关系，以及企业历史业绩和现行结构对未来经营业绩的惯性影响，有助于评估人员对目标企业未来经营收益和风险的预测更加客观和准确。

在对企业所处的经济环境分析时，通常分为三个层次进行：

（1）宏观经济环境（GDP、经济增长率、利率等）、未来宏观经济的走势和被评估企业对经济周期不同阶段的敏感性。

(2) 企业所处行业状况、预期的行业发展水平、技术发展水平和行业中与被评估企业相竞争的其他企业的情况。当被评估企业跨行业经营时，评估人员还应当对不同的行业进行分析，并了解不同行业之间的相互影响。

(3) 企业自身的状况（如企业的经营管理状况、企业历史的经营业绩及财务状况、企业未来的发展计划和盈利能力等）。

2. 企业历史及现状分析

通过对企业历史及现状的分析判断企业的正常盈利能力，首先要根据企业的具体情况确定分析重点。对于已有较长经营历史且收益稳定的企业，应着重对其历史收益进行分析，并在企业历史收益的平均趋势的基础上判断企业的盈利能力。而对于发展历史不长的企业，就要着重对其现状进行分析并主要在分析企业未来发展机会的基础上判断企业的盈利能力。可以作为分析判断企业盈利能力参考依据的财务指标有：资金利润率、投资资本利润率、净资产利润率、成本利润率、销售收入利润率、资金收益率、投资资本收益率、净资产收益率、成本收益率、销售收入收益率等。

客观判断企业的正常盈利能力，必须对影响企业盈利能力的内部和外部因素进行分析。首先，评估人员应通过与企业管理人员的充分交流和自身的分析判断，对企业的核心竞争力存在一个较为清晰的认识。其次，评估人员要对企业所处行业的发展前景、企业在行业及市场中地位、企业的主要竞争对手的情况等有一个客观的认识。再次，评估人员还应分析和考虑影响企业发展的可以预见的宏观因素。

3. 企业收益的预测分析

在运用收益法进行企业价值评估时，对收益的预测分析一般分为两个主要部分：预测期间的收益水平、预测期后的收益情况。

企业的未来收益能力和收益水平取决于企业的发展目标和战略、企业的经营管理和营销计划、企业的产品定价和材料采购、企业的人力资源等关乎企业生存和发展的决策，因此应当由被评估企业或委托方提供预测。评估人员的责任是对被评估企业或委托方提供的关于未来收益的预测资料进行分析，在此基础上确信预测的合理性。

评估人员对收益预测进行的相关分析工作包括：

(1) 从专业的角度深入细致地分析理解编制相关预测的依据及其有关说明。

(2) 考察和评价企业经营业务的稳定性及其发展趋势。

(3) 预测是否基于经过正常性调整的历史财务数据编制。

(4) 预测的支持证据是否充分，基本假设是否恰当。

(5) 预测选用的会计政策与实际采用的会计政策是否一致。

(6) 预测的计算方法是否适当等。

一旦发现重大不合理的假设或结果，评估人员应当向企业或委托方提出意见，征询其理由，对不合理的地方提出调整建议，由企业或委托方做出调整并认同所有最终的预测数据，对有关预测负责。

评估人员对收益预测进行分析的具体内容包括：

(1) 销售收入：

①企业采取的产品开发、营销策略，企业的生产能力是否能满足销售量增长的需要。

②销售收入的预测值与增长趋势。

③企业是否将引入新产品或采取新的产品策略，其对销售收入预测值的影响有多大。

④企业预期的销售收入增长率与行业增长率是否一致。

⑤企业目前的市场份额及预期的变化趋势如何。

（2）销售成本：

①预测的产品成本结构与历史数据的一致性程度。

②预测的毛利率是否与历史数据一致；与行业中其他企业的毛利率水平相比，是否在合理的范围内；如果不是，为什么。

③企业未来的产品结构（如增加高附加值的产品）是否会有变化，对产品成本和毛利率的影响如何。

（3）管理及销售费用：

①管理及销售费用中的变动费用部分是否与历史的变动趋势一致。

②固定费用的预测是否考虑到由于经营规模的扩大对固定费用的额外需求，如需要增加办公室面积，相应地是否需要增加租金支出。

③预测的研发费用是否与企业未来的业务发展及历史支出水平一致。

④管理及销售费用占销售收入的比例与历史趋势是否一致。

（4）营运资本：

①预测的营运资本水平是否与历史水平吻合。

②预测的营运资本水平是否与预测的企业增长一致，企业是否有足够的资金来满足营运资本增长的需要。

（5）资本性支出：

①预测的资本性支出中有多少用于更新现有的固定资产，多少用于企业生产规模的扩大。

②预测的资本性支出是否与预测的销售收入增长相匹配。

③预测用于更新现有固定资产的资本性支出时，所采用的经济使用寿命有多长，是否符合行业惯例。

④企业是否有足够的资金来满足资本性支出的需要。

当企业或委托方提供的预测趋势与企业的现实情况存在重大差异时，评估人员应对产生差异的原因及其合理性进行分析，尽可能让企业或委托方重新考虑和提供未来经营状况和收益状况的预测，并对重大差异予以披露。

此外，评估人员还应当确认预测是否考虑了通货膨胀因素，即是按名义货币还是按实际货币价值编制的。

4. 预测期间的分析

预测期间是指被评估企业经营达到相对稳定前的时间区间，对这一期间企业的收益需要进行较为详细的预测和分析。

通常达到稳定状态的企业具有下列特征：

（1）企业的投资回报率接近市场平均水平。一般来讲，如果一个企业具有较高的差异性优势和潜在竞争者进入壁垒，它所能享受高于市场平均投资回报率的时间越长。

（2）企业的风险水平达到市场平均水平。

（3）企业的资本性支出较小。

（4）企业的财务杠杆接近行业平均水平。

下列企业的预测期需要特别考虑：

（1）如果目前被评估企业正在享受某些税收优惠，通常应预测到税收优惠期结束，企业按正常税率缴税，预测收益具有代表性为止。

（2）对于具有周期性波动的企业，预测期应包括一个完整的周期，以便据此估算预测期后的收益情况。

（3）对于迅速成长或刚经历重大变动的企业，应预测到企业经营相对稳定、预测收益具有代表性为止。

5. 资本化率或折现率的分析

评估人员应根据所使用的预期收益口径，确定应使用的资本化率或折现率的口径。例如，企业未来产生的全部净现金流量与加权平均资本成本相对应；流向股东的现金流量与权益资本成本相对应；如果预期收益考虑了通货膨胀因素，那么资本化率或折现率也应考虑通货膨胀因素。

由于企业存在多种收益口径的选择，因此评估人员需要注意选取的折现率与收益口径的匹配。如果采用的是权益自由现金流量，就应用权益资本成本对其折现，得出的是股东全部权益价值；如果采用的是企业自由现金流量，就应用加权平均资本成本对其折现，得出的是企业整体价值，然后减去企业债务的市场价值，得到股东全部权益价值。对应情况如表 8-8 所示：

表 8-8　现金流量与折现率对应表

评估值内涵	对应的现金流量	适用的折现率
企业整体价值	企业自由现金流量	加权平均资本成本
股东全部权益价值	权益自由现金流量	权益资本成本

有关资本化率或折现率的分析与选取，以及 Beta 系数的确定等，可参见前面有关章节的内容或其他专业书籍中的介绍。

（六）企业价值评估中的几个注意点

（1）不同评估方法得到的企业价值并不必然相等或相近。评估对象在持续经营前提下的价值并不必然大于在清算前提下的价值。

（2）应当根据评估对象的不同，谨慎区分企业整体价值、股东全部权益价值和股东部分权益价值。

（3）资产评估师执行企业价值评估业务，应当根据评估目的等相关条件选择适当的价值类型。

案例解析

某光电科技有限公司因股权转让需要，需对该经济行为涉及的其公司全部资产及负债进行评估，为股权转让事宜提供净资产价值参考依据。截至评估基准日 2020 年 12 月 31 日，该公司总资产为 2 735.36 万元，总负债为 1 220.32 万元，所有者权益为

1 515.04 万元。有关该公司的相关情况参考前面各章的介绍。该公司主导产品自2016年投产以来，其销售额逐年上升并趋于稳定，市场占有率较高，销售毛利率超过行业平均毛利率水平。公司历史财务指标如表8-9所示。

表8-9 历史财务指标表　　单位：万元

指标	2016年	2017年	2018年	2019年	2020年
总资产	2 124.89	2 288.56	2 403.84	2 546.61	2 735.36
总负债	1 507.42	1 502.16	1 441.52	1 395.66	1 220.32
所有者权益	617.47	786.40	962.32	1 150.95	1515.04
营业收入	1 965.79	2 026.35	2 230.91	2 344.70	2 562.51
营业成本	1 298.44	1 328.34	1 395.56	1 441.99	1 563.13
税金及附加	117.95	121.58	133.85	140.68	153.75
其他业务利润	5.65	9.85	11.36		48.13
销售费用	124.65	129.55	132.85	141.68	223.44
管理费用	142.29	146.56	144.90	155.76	140.94
财务费用	62.51	53.22	54.41	54.89	65.41
投资收益		10.89	15.47	26.44	32.57
营业外收入		8.25	16.43	33.56	68.42
营业外支出	8.48	17.79	17.56	32.59	21.54
利润总额	217.12	258.30	395.04	437.11	543.42
所得税25%	54.28	64.58	98.76	109.28	135.86
净利润	162.84	193.73	296.28	327.83	407.57
折旧及摊销	33.00	60.81	53.50	72.00	76.50
营运资本增加	50.00	40.00	35.00	30.00	20.00
资本性支出	270.00	20.00	10.00	260.00	150.00
付息债务的变动	300.00	-100.00	-100.00	0.00	-100.00
净现金流量	175.84	94.54	204.78	109.83	214.07

具体评估过程如下：

一、企业基本情况（略）

二、宏观经济环境及其行业状况分析（略）

三、企业自身状况分析及其历史财务状况分析（略）

四、收益法运用中相关参数的选取

收益法的主要参数为收益额、折现率和收益期限。

（一）收益额的选取

本次评估在持续经营的假设前提下，选取企业权益净现金流量作为预期收益。评估中采用未来收益折现法对企业现金流量进行预测，即将企业未来现金流量分为明确的预测期间的现金流量和明确的预测期之后的现金流量。各年公司的现金流量按以下公式预测：

企业权益现金流量=税后净利润+折旧与摊销-资本性支出-净营运资金变动+付息债务的增加（减少）

（二）折现率的选取

根据收益额与折现率匹配的原则，本次评估中为与预测的企业权益现金流量口径保持一致，采用国际上通用的CAPM模型计算的权益资本成本作为折现率，即

$$K_e=r_f+\text{Beta}\times\text{MRP}+r_c$$

式中：

K_e 为权益资本成本；

r_f 为目前的无风险利率；

Beta 为权益的系统风险系数；

MRP 为市场风险溢价；

r_c 为企业特定风险调整系数。

（三）收益期限的确定

由于公司目前产品销售逐年上升，开发的新产品将于2022年推出，预计到2025年公司产品销售量趋于稳定，也不再有较大的固定资产投入，经营基本稳定且具备持续经营的基本条件，故本次预测期选择2021—2025年，且企业按永续方式持续经营。

五、收益预测

根据企业管理层提供的收益预测资料，评估人员逐项进行了分析判断，在对一些小差异进行调整后，得出企业2021—2025年的预测资料，并以2025年的收益作为永续年金。具体数据见表8-10。

表8-10　　单位：万元

指标	2021年	2022年	2023年	2024年	2025年
营业收入	2 700.00	3 000.00	3 300.00	3 600.00	3 780.00
营业成本	1 755.00	1 950.00	2 145.00	2 340.00	2 457.00
税金及附加	162.00	180.00	198.00	216.00	226.80
其他业务利润	15.00	15.00	15.00	15.00	15.00
销售费用	170.10	189.00	207.90	226.80	238.14
管理费用	194.40	216.00	237.60	259.20	272.16
财务费用	80.00	80.00	65.00	55.00	50.00
投资收益	40.00	45.00	50.00	55.00	60.00
营业外收入	40.00	40.00	40.00	40.00	40.00
营业外支出	35.00	35.00	35.00	35.00	35.00
利润总额	398.50	450.00	516.50	578.00	615.90
所得税25%	99.63	112.50	129.13	144.50	153.98
净利润	298.88	337.50	387.38	433.50	461.93
折旧及摊销	75.00	100.00	110.00	110.00	110.00
营运资本增加	20.00	50.00	30.00	10.00	0.00
资本性支出	400.00	300.00	80.00	80.00	80.00
付息债务的变动	150.00	100.00	-100.00	-100.00	-50.00
净现金流量	103.88	187.50	287.38	353.50	441.93

六、折现率的确定

权益资本成本的确定参见前面公式。

（1）无风险利率选取基准日时点的凭证式5年期国债（年利率3.14%）的折算复利率2.95%。

（2）市场风险溢价=市场预期收益率-无风险利率。

市场预期收益率选取沪深两市1 361个样本的2020年加权平均净资产收益率8.01%。则市场风险溢价为5.06%。

（3）Beta系数的确定。评估人员在沪深两市上市公司中选取了24家与委估企业相类似的公司，按照前述计算步骤，计算出参考企业的β_{Ui}平均值（β_U）为1.116 1，然后将其换算为具有被评估企业目标财务杠杆系数的*Beta*系数（β_L），公式为

$$\beta_L=\beta_U\times[1+(1-t)D/E]$$

根据委估企业基准日财务数据及税率（33%）计算得出：

$$\beta_L=1.116\ 1\times[1+(1-33\%)\times900/1\ 515.04]$$
$$\approx1.560\ 3$$

式中：$D=900$，系企业长、短期借款数之和；$E=1\ 515.04$，系企业所有者权益。

（4）企业特定风险收益率确定。与同行业企业比较，光华电器科技有限公司特定风险为原材料供应集中、市场有限、安全与环保、受商业周期的影响等，本次评估选取3%。

在进行未来净利润预测时，未考虑通货膨胀的影响，因而在合理折现率的构成因素上亦不作通货膨胀影响的附加修正，则

$$K_e=r_f+Beta\times MRP+r_c$$
$$=2.95\%+1.560\ 3\times5.06\%+3\%$$
$$\approx13.85\%\text{（修正约为14\%）}$$

七、评估值的计算

根据上述方法，计算公式为

$$V=\sum_{t=1}^{n}[R_t\times(1+r)^{-t}]+\frac{R_n}{r}\times(1+r)^{-n}$$

式中：

V——企业评估价值；

R_t——企业第t年预期收益；

r——折现率；

R_n——企业第n年预期收益。

计算过程如表8-11所示：

表 8-11　现值计算表

年度	未来净现金流量/万元	折现率	折现系数	折现值/万元
2021	103.88		0.877 2	91.12
2022	187.50		0.769 5	144.28
2023	287.38		0.675 0	193.98
2024	353.50	14%	0.592 1	209.31
2025	441.93		0.519 4	229.54
合计				868.23
2025 后	441.93			1 639.47
评估值				2 507.70

经上表计算得出委估企业净资产（股东全部权益）价值取整为 2 507 万元。

本章操作要点与难点

在进行企业价值评估时，注意区分各种评估方法的适用条件。要根据被评估企业的实际情况，选择适当的评估方法。

运用收益法时，要注意企业价值内涵与预期收益、折现率口径一致。要合理选取评估参数，各项评估参数选用依据要充分，切忌评估人员主观直接判断确定评估参数。

应用市场法时，要注意参考企业及价值比率选取的合理性。

分析与思考

1. 企业价值评估中如何收集和分析有关资料?

2. 企业预期收益分析中应该考虑哪些因素?

3. 运用市场法评估时参考企业如何选择? 价值比率如何计算?

分析与思考答案

第九章　资产评估报告的编制、审查与档案管理

资产评估报告综合反映资产评估工作的各个方面，是资产评估工作完成的标志。本章对资产评估报告的基本内容、编制程序与方法、报告的审查与分析等内容进行了全面介绍。本章还就评估工作档案管理的内容与有关要求给出了详细介绍和说明。

建议教学时数：12

第一节　资产评估报告概述

一、资产评估报告简介

（一）资产评估报告的基本概念

资产评估报告，是指资产评估机构及其资产评估专业人员遵守法律、行政法规和资产评估准则，根据委托履行必要的资产评估程序后，由资产评估机构对评估对象在评估基准日特定目的下的价值出具的专业报告。资产评估报告也是一种工作制度与行为规范，即评估机构与资产评估师在完成约定的评估项目之后必须用书面形式向委托方报告评估过程、评估结论以及与之有联系的相关事项。

（二）资产评估报告的基本要求

资产评估报告应当清晰、准确地对评估过程、评估结论及相关内容进行陈述与说明。评估报告中的言辞语句不得存在歧义或引起误解，也不得带有任何诱导、虚夸和推荐的成分。评估报告中应包含必要的、完整的信息，使评估报告的使用者能够了解评估过程和理解评估结论。

资产评估报告应按照文书要求用中文撰写并打印、装订成册。资产评估报告中的数据一般应采用阿拉伯数字，数据结果前后一致，并与相关数表保持正确的数据关系。

出具资产评估报告是评估机构与资产评估专业人员遵循独立、客观、公正、专业的原则，完成评估事项后应履行的职责；评估报告的使用者应按照约定合理地使用该报告。资产评估人员应该就报告中陈述的客观性、委估双方的责任等事项进行声明。如果资产评估人员执行评估业务受到限制无法实施完整的评估程序，应当在评估报告中明确披露受到的限制、无法履行的评估程序和采用的替代措施。

（三）资产评估报告的组成与分类

1. 资产评估报告的组成

资产评估报告的内容包括：标题及文号、目录、声明、摘要、正文、附件。通常

意义上的资产评估报告即报告正文及相关附件；附属说明书指包含详细评估与计算过程的、主要在技术层面上进行说明的、单独装订成册的书面文件；数据表指具体的评估数据细项与汇总项的各表，根据数据表页的多少，数据表可以单独装订成册或作为附件与资产评估报告正文合订。资产评估报告前应有评估师关于该报告有关事项的声明。

2. 资产评估报告的分类

根据不同的标志分类，资产评估报告可以有多种类型（图 9-1 至图 9-3）：

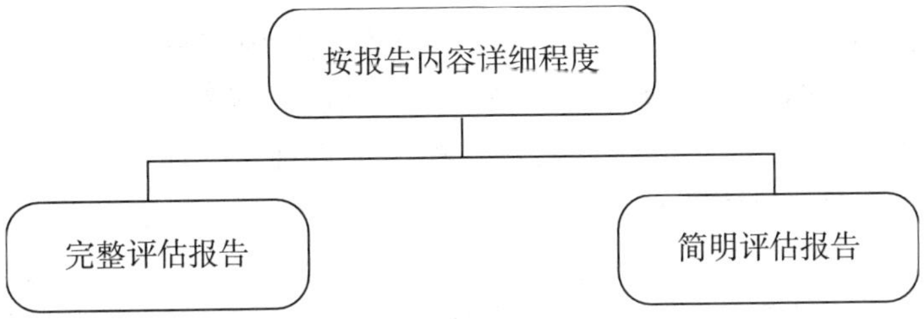

图 9-1　按报告内容详细程度对评估报告分类图

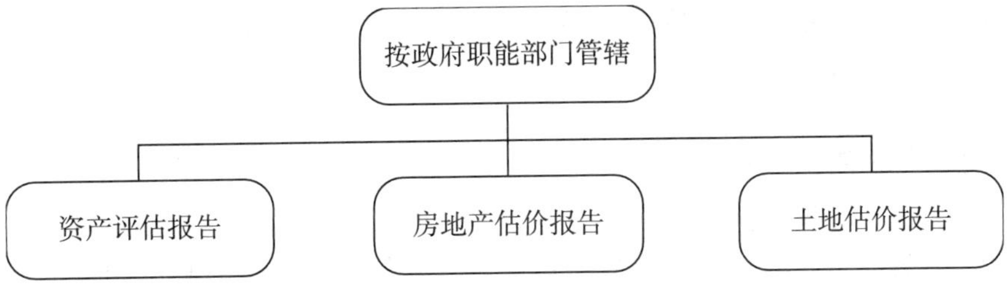

图 9-2　按政府职能部门管辖对评估报告分类图

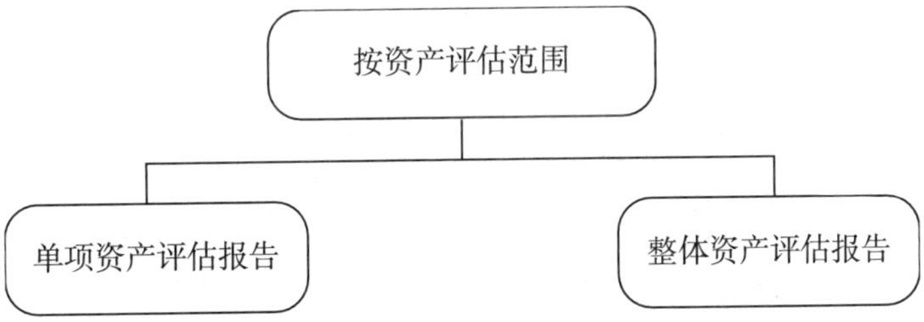

图 9-3　按资产评估范围对评估报告分类图

（四）资产评估报告的作用

根据业务委托约定和有关法规制度规定，资产评估报告作为一个书面档案文件可以有以下作用。

（1）评估报告可以作为被评估资产的作价参考依据。作价事项包括资产经营与交易以及与资产价格有关的其他事项，如企业改制，对外投资，企业设立、合并、分立、清算，资产出售、转让与置换，资产抵押、拍卖等。必须注意，评估人员不是资产管理的决策者，其给出的作价参考意见不是定价结论，即评估结果不应被认为是对评估对象可实现价格的保证。资产的最终实现价格应由资产所有者与相关各方在考虑多种因素后协商确定。

（2）评估结果可以作为企业资产管理、会计账务记录或调整账项的依据。企业可以根据相关制度规定以评估结果为参考依据进行相应账务处理，具体操作时，应由有关权力机关批准认可。

（3）资产评估报告作为委托评估项目的完成标志和合同行为，可以作为明确委托方、资产占有方与评估方等各方面责任的根据，也可以作为评估机构履行评估协议和向委托方或有关方面收取评估费用的依据。

（4）资产评估报告可以作为档案资料，供评估人员内部查阅和借鉴。

（5）资产评估报告能够反映评估任务的完成情况和工作质量，可以供资产管理部门和行业管理部门抽查、审核、统计之用。根据现行规定，涉及国有资产的评估项目应报经国有资产管理部门核准或备案。

委托方或报告的使用者应该注意，资产评估结论成立于一定的假设条件下，报告中所反映的评估目的是唯一的，因此，资产评估报告的使用不能超出资产评估师已经声明的限制范围。例如，资产评估报告只能在报告规定的有效期内使用；除法律、法规另有规定外，任何其他人不得成为资产评估报告的使用者等。评估机构与资产评估师不承担评估报告使用不当所造成后果的责任。为此，评估机构与评估人员应提醒报告使用人正确理解评估结论。

二、资产评估报告的内容

目前在我国各类评估报告的格式与内容尚未统一。有关部门曾制定颁发过资产评估报告基本内容与格式的暂行规定或估价报告规范等。下面以财政部制定的《资产评估基本准则》和中国资产评估协会发布的《资产评估执业准则——资产评估报告》为参照介绍资产评估报告的内容，同时，举例介绍其他类型报告的基本格式与内容。

（一）资产评估报告的基本内容

1. 声明

资产评估专业人员应在报告中进行声明的内容有：本报告依据财政部发布的资产评估基本准则和中国资产评估协会发布的资产评估执业准则和职业道德准则编制；评估报告中陈述的事实是客观的；评估机构与评估人员在被评估资产中没有现实的和预期的利益，同时与相关各方没有个人利益关系或偏见；评估报告的分析和结论是在恪守独立、客观和公正原则基础上形成的，仅在评估报告设定的评估假设和限制条件下成立；评估结论仅在评估报告中载明的评估基准日有效，只能用于载明的评估目的；遵守相关法律、法规和资产评估准则，对评估对象价值进行估算并发表专业意见是资产评估专业人员的责任；提供必要的资料并保证所提供资料的真实性、合法性和完整性，恰当使用评估报告是委托方和相关当事方的责任；资产评估专业人员对评估对象的法律权属给予了必要的关注，但不对评估对象的法律权属作任何形式的保证；评估报告书的使用权归委托方所有，未经许可不得随意向他人提供或公开；对企业存在的可能影响资产评估值的瑕疵事项，在企业委托时未做特殊说明而评估人员根据专业经验一般不能获知的情况下，评估机构及评估人员不承担责任；对于评估结论，评估机构与评估人员不承担相关当事人决策的责任；其他需要声明的事项。

2. 资产评估报告摘要

资产评估报告的正文之前应有该报告的主要内容摘要，用以方便报告的使用者浏览和了解该报告的主要信息。该摘要所述内容必须与评估报告中相关内容保持逻辑关系及意义上的一致，有关数据及评估结果必须与正文中的完全相同。为了防止误解和避免片面性，报告编制者应当提醒报告的使用者阅读全文。评估报告摘要应由资产评估专业人员、评估机构法定代表人及评估机构等签字盖章并署明提交日期。

3. 绪言

报告绪言应写明该评估报告委托方全称并简要说明受托评估项目的基本情况。在绪言中还应明确说明评估报告的类型，即完整评估报告或简明评估报告。

绪言一般采用包含下列内容的表述格式：

“×××（委托人全称）：

×××（资产评估机构全称）接受贵单位（公司）的委托，按照法律、行政法规和资产评估准则的规定，坚持独立、客观和公正的原则，采用×××评估方法（评估方法名称），按照必要的评估程序，对×××（委托人全称）拟实施×××行为（事宜）涉及的×××（资产——单项资产或者资产组合、企业整体价值、股东全部权益、股东部分权益）在××××年××月××日的××价值（价值类型）进行了评估。现将资产评估情况报告如下。”

4. 委托人及其他资产评估报告使用人

报告应当说明委托方、资产占有方和其他评估报告使用者的名称，分别介绍各方的基本情况，以及各方之间的隶属关系或经济关系。

5. 评估目的

评估目的应写明委托方对施行既定资产评估项目的需要或对评估结果的用途，写明与评估业务相关的经济行为。评估目的的表述应当清晰、具体，无歧义。如果与评估业务相关的经济行为需获得有关部门批准，则应将批准文件的名称、批准单位、批准日期及文号写出。报告载明的评估目的应当唯一。

6. 评估对象和评估范围

在评估范围中说明被评估资产为整体资产、单项资产、全部资产还是部分资产；说明纳入评估的各项资产（负债）的具体类型，列出评估前各项资产（负债）的申报账面价值和经审计或清产核资调整后的账面价值。当被评估资产为多家占有时，应说明各自的份额及对应资产类型。当纳入评估范围的资产与委托评估时确定的资产范围不一致时，应说明不一致的原因。

7. 价值类型及其定义

价值类型是影响和决定资产评估价值的重要因素，制约资产评估方法的选择。明确评估价值类型，可以更清楚地表达评估结果，可以避免委托方误用评估结果。价值类型一般可分为两大类，即市场价值和市场价值以外的价值。具体地，也可以表述为公允市场价值、持续经营价值、清算价值和强制清算价值等。

8. 评估基准日

一般地，评估基准日可根据经济行为的性质由委托方确定，或由有关各方商量确定。评估基准日应尽可能与评估时日及评估目的的实现日接近。在确定评估基准日后，还应说明被评估资产在该基准日的状况及该基准日的成立条件。

9. 评估依据

报告应说明执行资产评估业务过程中所依据的法律、法规、政策文件、规范与标准。一般来说，评估依据包括经济行为依据、法律法规依据、准则依据、权属依据、计算和取价依据等。

（1）经济行为依据应当为有效批复文件以及可以说明经济行为及其所涉及的评估对象与评估范围的其他文件资料；

（2）法律法规依据通常包括与国有资产评估有关的法律法规等；

（3）评估准则依据包括本评估业务中依据的相关资产评估准则和相关规范；

（4）权属依据通常包括国有资产产权登记证书、基准日股份持有证明、出资证明、国有土地使用证（或者国有土地使用权出让合同）、房屋所有权证、房地产权证（或者不动产权证书）、采矿许可证、勘查许可证、林权证、专利证（发明专利证书、实用新型专利证书、外观设计专利证书）、商标注册证、著作权（版权）相关权属证明、船舶所有权登记证书、船舶国籍证书、机动车行驶证、有关产权转让合同、其他权属证明文件等；

（5）取价依据通常包括企业提供的财务会计、经营方面的资料，国家有关部门发布的统计资料、技术标准和政策文件，以及评估机构收集的有关询价资料、参数资料等；

（6）其他参考依据。

10. 评估方法

说明评估方法选择与评定估算的具体过程，包括评估方法及原理介绍、方法与参数选择理由、计算与分析的过程等。

11. 评估程序实施过程和情况

评估程序实施过程和情况指评估机构和评估人员从接受评估项目委托起至提交评估报告的全过程。报告中应当说明评估业务承接情况，包括确定评估目的、对象及范围、基准日以及拟订评估方案和确定评估人员组成等；说明资产清查鉴定和资料收集情况，包括资产清查、审计、现场检测与鉴定、账表调整、数表填制、收集准备资料等；说明分析、整理评估资料的过程与情况，包括资料检查、验证与分析、市场调查与询证等；说明评估结论与报告形成情况，包括初步结论与最终结论的形成过程、评估结论分析、撰写报告与说明、报告审查过程，以及意见征询和提交评估报告等。

12. 评估假设

资产评估结果成立于一定的假设条件下，资产评估专业人员应当就此进行说明。在报告中应详细披露影响评估分析、判断和结论的评估假设和限制条件，并说明其对评估结论的影响。

13. 评估结论

评估结论一般应用文字和列表两种方式进行表述，即使用文字完整地叙述资产评估结论，对资产、负债、净资产等主要项评估前后的增减幅度进行说明，以及对委托方所要求的或特定的资产进行单独说明。评估结论中还应说明其他可能影响评估过程和结果的有关事项，也应提示评估报告使用者注意特别事项对评估结论的影响。评估报告中的评估结果表为简明汇总表，该表应分列各主要资产项、主要负债项、净资产项的申报账面值、调整后账面值、评估后的价值以及评估增减数值与增减幅度。该表还应单独列示出委托方所要求的、特定的资产项数值。评估结论通常是确定的数值。经与委托人沟通，评估结论可以是区间值或者其他形式的专业意见。

在资产评估报告提交前，如果被评估资产在数量、质量和价值上发生重大变化，资产评估专业人员应予以披露并揭示该期后事项对评估结论的影响。

14. 特别事项说明

评估报告的特别事项说明通常包括下列内容：权属等主要资料不完整或者存在瑕疵的情形；未决事项、法律纠纷等不确定因素；重大期后事项；重要的利用专家工作及相关报告情况。资产评估报告应当说明特别事项可能对评估结论产生的影响，并重点提示评估报告使用者予以关注。

15. 评估报告使用限制说明

评估报告的使用限制说明通常包括下列内容：评估报告只能用于评估报告载明的评估目的和用途；评估报告只能由评估报告载明的评估报告使用者使用；未征得出具评估报告的评估机构同意，评估报告的内容不得被摘抄、引用或披露于公开媒体（法律、法规规定以及相关当事方另有约定的除外）；评估程序受限造成的评估报告的使用限制。评估结论不等同于评估对象可实现价格，评估结论不应当被认为是对评估对象可实现价格的保证。资产评估报告应当明确评估结论的使用有效期。通常，只有当评估基准日与经济行为实现日相距不超过一年时，才可以使用资产评估报告。

16. 评估报告日

评估报告载明的评估报告日通常为资产评估专业人员形成最终专业意见的日期。

17. 评估机构签章和资产评估专业人员签名

评估机构应在评估报告上署名并加盖公章，同时应当由评估机构法定代表人或合伙人和至少两名承办该项业务的资产评估专业人员签名、盖章。

（二）资产评估报告附件的基本内容

资产评估报告的附件指直接附在资产评估报告后面的备查文件。备查文件应包含与资产及评估事项相关的、重要的证照、文件、资料等，以供委托方及其他报告的使用者查证和参阅。评估报告附件一般包括：

（1）有关评估经济行为的文件；

（2）委托方与资产占有方营业执照（或个人身份证）复印件；

（3）委托方和相关当事方的承诺函；

（4）资产评估机构资格证书复印件；

（5）签字资产评估专业人员资格证明复印件；

（6）评估机构营业执照复印件；

（7）主要资产权属证明文件；

（8）重要的作价依据资料；

（9）资产评估汇总表或者明细表。

附件的种类与数量因评估项目的不同而不同。根据需要，可以将会计报表、专项审计报告、与资产有关的合同或协议、实物照片、询证资料、相关文件、预测数据表、签名资产评估师的承诺函等作为附件。有关报告的内容与格式可参见《企业国有资产评估报告指南》。

[**评估案例 9-1**] 房地产估价结果报告的基本格式

现行《房地产估价结果报告》的基本格式如下：

第一部分　摘要

第二部分　估价师声明

第三部分　估价报告正文

一、委托方

二、估价方

三、估价对象

四、估价目的

五、估价时点

六、价值定义

七、估价依据

八、估价原则

九、估价方法

十、估价结果

十一、估价人员

十二、估价作业日期

十三、估价报告应用的有效期

第四部分　附件

[**评估案例 9-2**] 土地估价报告的基本格式及主要内容

现行《土地估价报告》的基本格式及主要内容如下：

第一部分　摘要

一、估价项目名称（说明估价项目的全称）

二、委托估价方（说明该项估价的委托单位或个人）

三、估价期日（说明所估地价的具体时点）

四、价格结果（说明最终确定的总地价、单位面积地价和楼面地价，并附大写金额。如用外币表示，应说明外币与人民币的比价）

五、土地估价师签字（由参加本次估价的土地估价师签名，并注明土地估价师资格证书号）

六、土地估价机构（由土地估价机构加盖公章）

七、报告日期

第二部分　估价对象界定

一、委托估价方（说明该项估价的委托单位、单位地址、法人代表、联系人或委托的个人、联系地址、联系人等）

二、受托估价方（说明该项估价的受托估价机构、机构地址、估价机构资质级别、资格证书号、法人代表等）

三、估价目的（说明该项估价的目的和应用方向）

四、估价日期（说明该项估价工作的起止日期）

五、估价期日（说明所估地价的具体时点）

六、估价对象概况

1. 土地登记状况（说明估价对象的土地位置、土地用途、四至、面积、级别、土地权属性质、土地登记证书号、地籍图号、宗地号等）

2. 土地权利状况（说明估价对象的土地所有权、使用权、他项权利状况，以出让方式取得的土地使用权要说明已使用年限和剩余使用年限及宗地使用的特殊规定。对估价对象存在的抵押权、担保权、地役权、租赁权、地上地下权等他项权利都要详加说明）

3. 建筑物和地上附着物状况（说明建筑物的耐用年限、已使用年限、建筑面积、建筑结构、建筑细部说明、设备和安装状况、建筑成新、建筑密度、建筑高度、层数和各层建筑用途以及其他地上附着物状况等）

七、地价影响因素分析（说明影响估价对象价格水平的因素条件）

1. 一般因素（说明税收政策、产业政策、城市经济发展等对地价产生影响的因素）

2. 区域因素（说明城市商业中心等级及其影响、道路等级及路网条件、公共交通状况、对外交通状况、基本生活设施条件、环境条件、产业集聚、规划限制、自然灾害、相邻区域土地利用等对待估宗地地价水平产生影响的因素以及区域基准地价水平）

3. 个别因素（说明待估宗地最有效使用用途及标准、宗地宽度、深度、形状、面积、地基与基础、容积率、宗地基础设施条件等对待估宗地地价水平产生影响的其他个别因素）

八、地价定义（说明所估地价的内涵、土地实际开发程度及本次估价所设定的开发程度）

第三部分　土地估价结果

一、估价依据（说明该项估价所依据的有关法律法规和政策文件、采用的技术规程、委托估价方提供的有关资料、受托估价方掌握的有关资料和估价人员实地勘察及调查所获取的资料等）

二、土地估价（简要说明估价过程中涉及的有关内容及估价结果）

1. 估价原则（说明该项估价所遵循的主要原则）

2. 估价方法（说明估价中采用的主要方法、方法选择的依据和每种方法的计算结果。要求所选估价方法不少于两种）

3. 估价结果（说明最后估价额确定依据、方法和单位地价及总地价）

三、需要特殊说明的事项

1. 本项估价的假设条件。

2. 该报告使用的限制条件。

3. 有关资料来源及未经实地确认或无法实地确认的资料和估价事项。

4. 估价中未考虑的因素及一些特殊处理，必要时说明这样做的原因或依据。

5. 土地估价结果有效的条件和结果对外提供的限制条件、要求等。

6. 其他需要说明的问题。

第四部分　附件

（附件应包括土地使用证复印件或土地产权证明材料、房屋产权证复印件或证明材料、地籍图、宗地图、建筑平面图等图件、估价对象照片、有关背景材料和估价机构资质证书复印件等）

（三）资产评估说明（估价技术报告）的基本内容

资产评估说明（估价技术报告）是资产评估报告的重要组成内容及必要的附属文件。资产评估说明详细陈述评估机构与评估人员实施评估程序和评定估算的全部过程，包括说明操作方法、遵循原则、采用依据、选取参数等，以及与资产评估的相关事项。资产评估说明中所揭示的评估事项及评估结论应与资产评估报告中所阐述的一致，但评估说明中有关评估过程的叙述和评估事项的说明更为细致。撰写资产评估说明是资产评估的必要工作，也是编制资产评估报告的基础工作。

资产评估说明有规定的格式与内容要求，其基本格式与主要内容有：

1. 关于评估说明使用范围的声明

这部分应声明评估说明仅供资产评估主管机关、企业主管部门在审查资产评估报告和检查评估机构工作之用，除法律、行政法规规定外，材料的全部或部分内容不提供给其他任何单位和个人，不得见诸公开媒体。

2. 关于进行资产评估有关事项的说明

这部分需说明的事项有：委托方与资产占有方概况；评估目的、评估范围与评估基准日的确定事项；可能影响评估工作的重大事项；资产及负债清查情况；资产委托方与资产占有方提供资料情况等。

3. 资产清查核实情况说明

这部分需要说明的事项有：资产清查核实的内容；实物资产的分布情况及特点；影响资产清查的事项；资产清查核实的过程与方法；资产清查结论；资产清查调整说明等。

4. 评估依据说明

这部分主要说明评估工作中所遵循的各种依据，包括行为依据、法规依据、产权依据和取价依据等。

5. 各项资产及负债的评估技术说明

这部分主要说明评定估算过程、解析评估方法、介绍技术思路等。这部分主要内容有：流动资产评估说明；长期投资评估说明；机器设备评估说明；建筑物评估说明；在建工程评估说明；土地使用权评估说明；无形资产及其他资产评估说明；流动负债评估说明和长期负债评估说明等。具体地，应按照委托申报的资产（负债）项逐项加以说明。

6. 整体资产评估收益现值法评估验证说明

在对企业整体资产进行评估情况下，需要用收益法来验证单项资产加和法的评估结果，其主要目的是避免评估结果出现较大偏差。同时，可以查验企业资产整合情况以及潜在无形资产效力情况。这部分应说明的主要内容有：收益法的应用简介；企业的生产经营业绩；企业的经营优势；企业的经营计划；企业的各项财务指标；评估依据；企业营业收入、成本费用和长期投资收益预测；折现率的选取和评估值的计算过程；评估结论等。

7. 评估结论及其分析

这部分主要说明的内容有：评估结论；评估结果与调整后账面值比较变动情况及原因；评估结论成立的条件；评估结论的瑕疵事项；评估基准日的期后事项说明及对

评估结论的影响；评估结论的效力、使用范围与有效期等。

[**评估案例 9-3**] 房地产估价技术报告的基本格式与主要内容

一、标题

二、个别因素分析（详细说明、分析估价对象的个别因素）

三、区域因素分析（详细说明、分析估价对象的区域因素）

四、市场背景分析（详细说明、分析类似不动产的市场状况，包括过去、现在和可预见的未来）

五、最高最佳使用分析（详细分析、说明估价对象最高最佳使用）

六、估价方法选用（详细说明估价的思路和采用的方法及其理由）

七、估价测算过程（详细说明测算过程、参数确定等）

八、估价结果确定（详细说明估价结果及其确定的理由）

九、附件（估价对象的位置图、四至和周围环境图、土地形状图、建筑平面图、外观和内部照片、项目有关批准文件、产权证明、估价中引用的其他专用文件资料、估价人员和估价机构的资格证明等）

[**评估案例 9-4**] 土地估价技术报告的基本格式

第一部分　总述

一、估价项目名称

二、委托估价方

三、受托估价方

四、估价对象

五、估价目的

六、估价依据

七、价格定义

八、估价期日

九、估价日期

十、估价结果

十一、需要特殊说明的事项

1. 估价假设条件。

2. 该报告使用的限制条件。

3. 资料来源及未经实地确认或无法实地确认的资料和估价事项。

4. 估价中未考虑的因素及一些特殊处理，必要时说明这样做的原因或依据。

5. 土地估价结果有效的条件和结果对外提供的限制条件、要求等。

6. 其他需要说明的问题。

十二、土地估价师签名

十三、土地估价机构签章

十四、报告日期

第二部分　估价对象描述及地价影响因素分析

一、估价对象描述

1. 土地位置状况
2. 土地权利状况
3. 建筑物和地上附着物状况
二、地价影响因素分析
1. 一般因素
2. 区域因素
3. 个别因素
第三部分　土地估价
一、估价原则
二、估价方法与估价过程
（一）市场比较法
（二）收益还原法
（三）剩余法
（四）成本逼近法
（五）基准地价系数修正法
三、地价的确定
（一）地价确定的方法
（二）估价结果
第四部分　附录

（四）资产评估数据表基本内容

资产评估数据表包含各项资产（负债）清查评估明细表和汇总表。该表详细列示资产（负债）评估前后的数据并反映评估增减变化情况。资产评估数据表是资产评估报告的重要组成部分，资产评估报告正文及资产评估说明中的有关资产（负债）的数据均应与该数据表中的相应数据一致。

有关数据表具体内容参见第二章及附录。

三、资产评估报告范例

第一部分：评估报告摘要

光华电器科技有限公司整体资产评估项目

资产评估报告摘要

华夏资评报字〔2021〕006号

·委托方、产权持有者和委托方以外的其他评估报告使用者

委托方与产权持有者均为光华电器科技有限公司。

·评估对象和评估范围

光华电器科技有限公司拥有的企业整体资产。纳入评估范围的资产申报账面总额为人民币27 353 601.79元；净资产申报账面总额为人民币15 150 404.36元。

·评估目的

为委托方与资产占有方处理企业并购事宜提供其企业整体资产（股东全部权益）价值的参考意见。

·价值类型

市场公允价值。

·评估基准日

本项目资产评估基准日是2020年12月31日。

·评估方法

根据评估目的，考虑委托评估资产基准日状况为正常在用，评估人员在此次评估中采用了成本法、收益法、市场法等方法。

·评估结论

委估净资产（股东全部权益）评估价值为人民币18 853 547.61元。

·特别事项说明

略。

资产评估结果如表9-1所示：

表9-1　资产评估结果汇总表

金额单位：万元

项目	账面价值	调整后账面价值	评估价值	评估增值	增值率/%
资　产	2 735.36	2 831.84	3 261.94	430.10	15.19
负　债	1 220.32	1 376.58	1 376.58	0.00	0.00
净资产	1 515.04	1 455.25	1 885.35	430.10	29.56

资产评估师　　李公平（签字）
资产评估师　　陈有志（签字）
评估机构法定代表人　王蓉生（签章）
华夏资产评估有限公司（签章）
报告提交日期　2021年2月28日

以上内容摘自资产评估报告正文，欲了解本评估业务的详细情况和正确理解评估结论，应认真阅读资产评估报告正文。

第二部分：资产评估报告正文

光华电器科技有限公司拟进行企业并购所涉及的整体资产

资产评估报告

华夏资评报字〔2021〕006号

光华电器科技有限公司：

华夏资产评估有限公司接受贵公司的委托，根据国家有关资产评估的规定，本着客观、独立、公正、科学的原则，按照公认的资产评估方法，对光华电器科技有限公司整体资产进行了评估。本公司评估人员按照必要的评估程序对委托评估的资产实施了实地查勘、鉴定、市场调查与询证，并在此基础上进行了估价和计算，对委估资产在2020年12月31日所表现的市场价值做出了公允反映。本评估报告为完整评估报告。现将资产评估情况及评估结果报告如下：

第一章　委托人及其他资产评估报告使用人

委托方与产权持有者均为光华电器科技有限公司。

光华电器科技有限公司成立于2010年5月8日，其在工商行政管理局登记的工商注册号为51010010001；公司注册资本为人民币300万元；公司法定代表人为宋光华；企业经济性质为有限责任公司；公司注册地址位于××市××路××号；公司经营项目包括电器制造与销售、电子元件与技术开发等。

第二章　评估对象和评估范围

根据委托，委估双方通过业务合同确定了本次评估范围为存续的光华电器科技有限公司拥有的、被列为与评估目的全部相关的（整体）资产。评估对象为账列资产占有方资产负债项目中的流动资产、长期投资、固定资产（含在建工程）、无形资产（土地使用权、专利技术）、流动负债与长期负债等。其中，流动资产申报账面价值（以人民币计，以下同）为10 781 017.65元；长期投资申报账面价值为3 558 000.00元；固定资产申报账面价值为11 732 464.14元；无形资产申报账面价值为1 112 400.00元；其他资产申报账面价值为169 720.00元；流动负债申报账面价值为8 203 197.43元；长期负债申报账面价值为4 000 000.00元。纳入评估范围的资产申报账面总额为27 353 601.79元；负债申报账面总额为12 203 197.43元；净资产申报账面价值为15 150 404.36元。

上述资产（负债）在清查审核后，其重计、漏计、实际损（遗）失项和按会计制度规定应调整项均被做了调整。调整后资产账面总额为28 318 354.88元；负债账面总额为13 765 846.43元；净资产账面价值为14 552 508.45元。普信会计师事务所有限公司对资产占有方评估基准日会计报表进行了审计（参见《审计报告》普审字〔2021〕002号）。

上述资产范围与数量与委托方委托评估时确定的资产范围与数量一致。

第三章　评估目的

为委托方与资产占有方处理企业并购事宜提供其企业整体资产（股东全部权益）价值的参考意见。

第四章　价值类型及其定义

市场公允价值。其他略。

第五章　评估基准日

本项目资产评估基准日是2020年12月31日。

考虑到该基准日为资产占有方的出报日和资产盘点日，该日的资产（负债）数量及状况能够反映资产占有方的实际情况，且该日距评估时日较为接近。经与委托方商量，确定2020年12月31日为资产评估基准日。评估中对资产价值的取价标准均为评估基准日有效的价格标准。该基准日有效的条件是委估资产的数量真实可靠，其作价标准符合公允的会计法规和交易规则，或已经按此要求做出了调整。

第六章　评估方法

在本次评估中，根据评估目的的要求及考虑委托评估资产基准日状况为正常在用，且企业将持续经营，评估人员在此次评估中分别选用了成本法、收益法、基准地价系数修正法、假设开发法、市场法等方法。

方法的基本原理及参数选取思路等评估过程介绍略。

第七章　评估假设

被评估资产处在正常使用状态且能够持续使用（包括易地使用和转用）；能够在公开市场条件下进行交易。被评估资产的价值实现不存在他项权利限制。

该报告结论成立的前提条件是委托方与资产占有方所提供的资料、有关申报数据真实、完整。评估结果是反映评估对象在约定目的下，根据现行标准和评估基准日的企业内外部经济环境条件所确定的。

第八章　评估依据

略。

第九章　评估程序实施过程和情况

实施过程略。

第十章　评估结论与分析

一、评估结论

资产清查评估结果如下：

委估资产原账面值为 27 353 601. 79 元，调整后账面值为 28 318 354. 88 元，评估价值为 32 619 394. 04 元，增值 15. 19%；负债原账面值为 12 203 197. 43 元，调整后账面值为 13 765 846. 43 元，评估价值为 13 765 846. 43 元，无增减变化；净资产原账面值为 15 150 404. 36 元，调整后账面值为 14 552 508. 45 元，评估价值为 18 853 547. 61 元，增值 29. 56%。

委估资产评估值详细情况见资产清查评估明细表和汇总表。

二、评估结论分析

略。

上述各项资产增减变化的主要原因是：

略。

三、评估基准日期后事项说明及其对评估结论的影响

尚未发现明显影响评估值的期后事项，若存在或隐含与委估资产相关联的重要期后事项，委托方与资产占有方应提示评估机构，其对评估价值的影响将被列示出来。

在评估基准日后、报告有效期内若出现委估资产的出售、转让或租借等情况，发生资产抵押、担保、资产损坏或报废等事项，以及不可预见之自然力影响对所确定的评估基准日委估资产价值带来变化，或者发生经营业务变化，委托方与资产占有方应该及时聘请评估机构重新确定评估值，或者委托方与资产占有方在实际作价时予以相应调整。

第十一章 声明

略。

本报告及评估结论的有效期限为1年，即从2020年12月31日至2021年12月30日。

第十二章 评估报告日

评估报告提交日期为2021年2月28日。

华夏资产评估有限公司（签章）

评估机构法定代表人（签章）

资产评估师（签字）

资产评估师（签字）

第三部分：资产评估报告后附相关文件清单

略。

第二节 资产评估报告的编制程序、要点与注意事项

一、资产评估报告的编制程序

资产评估报告不应是简单套用格式的结果。资产评估专业人员所接手的各评估项目都会在评估目的、评估对象、评估范围、评估过程、评估环境和相关事项等方面有所不同，同时，不同评估人员在认知与理解能力上也会有差异。因此，应该注意资产评估报告的特定性和针对性。另外，资产评估报告作为合同履行的最终标志，应能准确、综合地说明资产评估项目的情况和报告评估结果，以及体现评估机构和资产评估专业人员的专业能力。换句话说，体现评估机构和资产评估专业人员专业能力的一个重要方面就是资产评估报告的编制。

资产评估报告的编制程序大致有下面几个工作环节或步骤。

（一）整理工作底稿、归集有关资料

资产评估报告所反映的结果、揭示的内容及披露的事项都基于各类评估资料和评估过程的实施及完成情况。评估人员的现场记录和过程描述等工作底稿是最直接的评估依据。在资产评估报告制作之前，对这些底稿进行整理，有助于资产评估专业人员更加全面地了解和熟悉被评估对象个别的与整体的状况；对所收集的资产权属证明、债权债务询证函件、被评估资产背景材料、相关合同文本、技术鉴定报告和价格取证资讯等有关资料进行分类与归集，有助于资产评估专业人员更加全面地掌握和判断评估过程中的种种情况。通过整理底稿和归集资料，也可以发现和弥补前面工作中的不

足和疏漏，最大限度地避免偏见和杜绝陈述缺陷。

（二）分析数据关系、汇总各类数据

资产评估中涉及相当多的、来自各个方面的数据，包括资产数量与价值的申报数据、审查调整后的数据、各类资产价格数据、预测数据和各种计算参考数据等等。资产评估报告所揭示出来的评估结果正是来自对这些相关数据的分析、计算与汇总工作。资产评估专业人员必须认真审视和分析各类数据，注意数据间的关联性和数据之间的钩稽关系；在汇总中，应根据数据层次关系层层汇总，即从明细数据到明细汇总，从明细汇总到分类汇总，从分类汇总到资产负债表式的汇总；另外，还要注意各类数据项的金额单位、小数位数、正负号的使用，注意报告内容中各处引用的数据与评估表中的相关数据的一致性。初步评估结果数据出来后，资产评估项目负责人应召集参与评估工作过程的有关人员，对初步结果进行会审，并根据实际需要进行相应的修正和调整，以确保评估结果的可靠性和合理性。

（三）阅读评估说明、审查相关事项

资产评估说明或资产评估技术报告全面细致地反映了资产评估项目各个方面的情况，其相当多的内容也会在资产评估报告中出现。因此，在拟制报告前，资产评估专业人员应认真、仔细地阅读资产评估说明，充分把握项目实施具体情况，以避免报告中重要信息遗失或失真，同时也有助于提高资产评估报告编制的效率。

在阅读资产评估说明或评估技术报告时，应特别关注资产权属，注意评估方法的适用性和评估的限制条件以及评估结果成立的前提等，并在资产评估报告中对其恰当描述和披露。

（四）拟制报告初稿、征询反馈意见

有了资产评估初步结论后，作为项目负责人的资产评估专业人员可以据此草拟出资产评估报告。为了更加准确地反映评估情况，避免评估报告中的遗漏和不实，包括减少文字和数字谬误，评估机构可就评估报告初稿的内容与委托方及资产占有方交换意见，在必要情况下，与企业上级主管单位或国有资产管理部门进行沟通，充分听取相关各方的看法和建议。在坚持独立、客观、公正的原则前提下，认真分析反馈意见，并根据情况修正评估报告。

［**评估案例 9-5**］资产评估报告意见征询表

光华电器科技有限公司：

我公司按照有关资产评估的规定和原则，接受贵单位的委托，完成了约定的资产评估事项。现将资产评估报告（初稿）及资产清查评估结果（表）呈上，请阅读并核填下表（表 9-2）。

表 9-2

序号	审阅内容	认可在□中划√	意见及问题
1	资产范围与对象	□	
2	评估基准日	□	
3	评估目的	□	
4	词语表述	□	
5	评估结果	□	
6	评估结论分析	□	
7	重大事项披露	□	
8			
9			
委托方负责人（签字）		委托方（盖章）	

华夏资产评估有限公司

资产评估师
资产评估师
2018 年 2 月 25 日

（五）完善报告内容、签发评估报告

经报告编制人、复核人和评估机构负责人各级审阅核查后，正式的资产评估报告就可以打印了。报告打印装订后，应分别由负责该项目的两名执业资产评估专业人员、评估机构负责人和评估机构签字和签章。资产评估报告经签发盖章后即可送交委托单位。对涉及国有资产或特定评估项目的资产评估报告，其送交方式与附送资料应按专门规定进行。

二、资产评估报告的编制要点

资产评估报告为评估机构与资产评估专业人员完成委托评估项目后形成的文字资料，属于专题性报告式公文，其编制应符合公文制的基本要求。对资产评估报告编制的基本要求包括规定的格式与体例、规范的文字内容表述和文字编排印制等多个方面。一份规范的资产评估报告除了能体现评估的专业性以外，还应在文体结构、语法、修辞、编排、行文等方面体现其专业性。

（一）报告的标题

资产评估报告的标题由资产评估事由和文种组成。通常格式为“企业名称+经济行为关键词+评估对象+资产评估报告”。经济行为关键词即简明的专题事由。标题要明显并突出反映报告专题事由。专题事由一般指评估项目的具体事项，如整体资产评估、机器设备评估、不动产评估、土地使用权评估、抵押或担保资产评估等。专题事由里也可明确资产占有方，如某企业整体资产评估、某人不动产评估。

（二）格式和基本内容

对资产评估报告格式和基本内容方面的要求，应该严格遵循资产评估管理有关规定和报告规范。对于特定评估项目，可以增设表格、表项，增加披露事项和附件资料。

（三）文辞表述

资产评估报告中的文字表达与叙述应该简练、准确，符合语法规则和写作规范。报告中不应出现含混不清或模棱两可的措辞；避免用词不准、生造词句、成分残缺、语序不当、标点符号错误；避免名称、时间、数字的含混或不统一。报告中的陈述既要简明扼要，又要把有关问题说明清楚，不得带有任何诱导、恭维和推荐性的陈述。

（四）文字处理与文案编排

资产评估报告是文字性资料，除了格式与内容的规范以外，在文字处理中还应注意字号与字体的选取、章节与序号的编排、行列间距与页面规格设计等。总之，资产评估报告的文字处理与文案编排要在整体上保持一致。另外，还应注意保持页面整洁，签章规正，装订齐整，装帧美观。

三、资产评估报告编制中的注意事项

（一）讲求实事求是

评估机构与评估人员必须遵循独立、客观、公正的原则。资产评估报告中所陈述的内容应真实、客观。严禁出具虚假报告或授意报告。

（二）遵循法规与准则

资产评估报告的内容与格式都必须符合有关规定和要求。评估机构与资产评估专业人员应保证评估行为与过程的合法性和规范性。

（三）明确免责条款

资产评估专业人员应在报告中明确说明有关事项的法律责任，避免出现责任包揽或责任人含混不清的语句。

（四）保守商业机密

资产评估会涉及委托方或资产占有方的相关秘密，评估机构与评估人员应遵循职业道德，为客户严守秘密，避免有关资料的流失与数据的外传。

（五）及时送报归档

在完成资产评估工作后，应按业务合同的约定时间及时将报告书送交委托方。评估机构应建立严格的档案管理制度，及时对评估项目的相关资料整理归档并由专人负责签收与保管。

第三节　资产评估报告的审查与分析

资产评估报告是反映评估机构和评估人员职业道德、执业能力水平以及评估工作质量高低和机构内部管理机制完善程度的重要依据。资产评估报告包含着专业的和综合的内容，涉及技术、经济、政策、法律、物价等多个方面以及数理知识与方法等。审核和

阅读报告需要一定的理解能力、判断能力和综合分析能力。对资产评估报告进行审核，既是评估机构内部保证工作质量的重要方面，也是行业管理部门和资产管理部门完善资产评估管理的重要手段。

一、资产评估报告的内部审查

内部审查指在评估机构内部进行的审查，通常是由理论功底扎实、实践经验丰富的资产评估专业人员、部门负责人或专职的审核人完成。资产评估机构应该建立多级审核制度。资产评估报告的内部审查的内容与要点有：

（一）明确报告使用者

资产评估是委托人与评估机构的合同行为，资产评估报告既是项目完成的标志也是委托人的合同要求，因此，该报告应该由评估机构向委托人提交并作为履约之物。评估报告中应有相应提示，即其他人不得作为报告使用者随意使用。审阅人应注意使用者的不确定可能引起的法律问题。

（二）关注和披露资产权属事项

资产的所有权确认超出评估机构与资产评估专业人员的职责权限和工作范围，但评估人员应该充分收集资产的权属证明资料，梳理产权关系，分析资产所有权受限情况，关注资产权属并在评估报告中给予必要的说明和披露。审阅人应注意陈述的准确性和披露的恰当性，以及对相关法律事项及其责任申明的适用性。一般情况下，不应对权属事项做出假设。

（三）把握经济行为实施的可行性

资产评估目的是为了满足委托人的要求，而经济行为必须符合法律、法规与制度的相关规定。因此，审阅人必须注意评估目的与经济行为之间的关系，而资产评估专业人员也应事先对经济行为的合法合规性、可行性做出充分、准确的估计，避免评估目的无法实现。

（四）注意评估基准日与取价日的差异

在评估实践中，常常出现评估基准日为过去甚至是过去时间较长的某日。在这种情况下，实际评估的是资产过去的价值。考虑到价格依据收集与利用中的不便情况，审阅人要注意评估基准日与取价日间的价格差异对资产价值评估结果的影响，以及重要的期后事项对资产价值评估结果的影响。

（五）明确评估范围与评估对象

评估范围、评估对象的选取与评估经济行为相关，因此，审阅人应注意评估范围、评估对象的适当性。审阅人应查阅相关资料，从对资产的历史形成关系、延续性、一致性分析入手，判断资产有无遗漏、多计和重复，以及相应调整的合理与准确性；另外，还可从资产的拆分和组合的可能性判别资产评估范围划分的合理性。

（六）审查业务约定和承诺条款内容

评估机构与资产评估专业人员承接资产评估业务，除了要考虑自身能力、专业知识和从业经验外，还要考虑时间、地域及其他条件的限制，考虑不可预见因素的影响。审阅人应注意业务合同里有无显失公平条款、隐瞒和忽略事项，特别应仔细阅读委托方与资产占有方的承诺函，分析针对特定评估项目的承诺内容是否妥当和有法有据可依。

（七）分析各类数据来源及其相关关系

审阅人在阅读审核资产评估报告时，应全面、细致地对有关数据进行审查，分析数据来源的可靠性、参数选取的合理性、计算公式的正确性、数据间的钩稽关系等。资产评估师应给予充分说明和解释。

（八）查验现场工作记录和实证资料

审阅人可通过评估人员的工作底稿、查勘记录（包括笔录、摄影、摄像及其他勘察记录）、会议纪要、询证函件等了解评估实施过程，避免评估人员走过场和敷衍了事。

（九）审查评估结论

审阅人应重视对评估结论的分析并透过评估结论中所反映的数字和数字变化关系发现隐藏的问题，特别要对那些资产（负债）调整前后的数字差异显著的、资产评估前后价值增减幅度变化较大的、评估分析不能说明问题的评估结论加以重点审查。

资产评估报告中还有一些应重点审视的内容，如特定资产的评估及其处理情况、可能影响评估工作的重大事项、企业间资产负债关联影响事项、或有资产（负债）情况等等。另外，对委托方与资产占有方的反馈意见也应给予足够重视。

[评估案例 9-6] 资产评估报告审核样表（表 9-3）

表 9-3　评估报告审核表

评估报告编号	华夏资评报字〔2021〕第　　号	出报份数	份
委托方			
资产占有方			
项目负责人		签字评估师	
其他参与人员			
报告编制人		报告自审（校对）人	
序号	审核内容	审核意见	通过√
1	工作方案设计		
2	工作程序与步骤		
3	现场查勘		
4	报告基本格式		
5	资产范围与对象		
6	评估基准日		
7	评估目的		
8	词语表述		
9	参数与评估依据		
10	评估结果		
11	评估结论分析		
12	重大事项披露		
13	意见征询与反馈		
14	其他		
第二审审核人意见： （签字）		第三审审核人意见： （签字）	
法定代表人（签字）：			

注：该表须存入评估报告书档案。

二、资产评估报告的外部审查

资产评估报告的外部审查主要指由国有资产管理部门进行的制度性的审查。2002年，财政部相继制定出台了《国有资产评估项目核准管理办法》《国有资产评估项目备案管理办法》《国有资产评估项目抽查办法》和《国有资产评估违法行为处罚办法》等一系列实施办法。根据新办法的要求，各级国有资产管理部门应定期或不定期地选取具体评估项目，对评估各方当事人相关行为和评估报告的真实性、合法性进行检查，依法行使监督职能。

（一）选取资产评估项目

国有资产评估项目的抽查选取应考虑评估项目的代表性，即抽查结果能够在较大程度上说明一个地方国有资产价值变动情况、资产占有主体经济行为发生的频度、资产评估机构总体执业质量等。抽查选择中，要特别对那些经济行为影响面广、涉及资产数量金额巨大、评估结果变化显著，包括评估机构与评估人员执业水平与素质问题突出、评估过程反复或久决不下的项目加以关注。

（二）审查的重要事项与内容

重要事项与内容有：占有单位经济行为的合法性；被评估的资产范围与有关经济行为所涉及的资产范围；占有单位提供的产权证明文件、生产经营资料及财务资料的真实性、完整性；评估机构和评估人员的执业资格（一般资格或特别资格，如上市公司、债转股企业、中央企业和金融企业的资产评估等）；资产账面价值与评估结果的差异；经济行为的实际成交价与评估结果的差异；现场勘查活动及评估现场工作记录；评估工作底稿；必要的资产清查、函证工作；评估依据的合理性；评估报告对重大事项及对评估结果影响的披露程度；其他。这些内容的检查可以概括为合法性检查、规范性检查、合理性检查、真实性检查、完整性检查和时效性检查六个方面。

（1）合法性检查是检查资产评估经济行为、资产评估目的以及资产评估处理方式是否遵循国家颁布的相关法律法规，评估结论是否能够维护和保障所有者的权益，是否有利于企业发展和社会稳定。

（2）规范性检查是检查评估项目的进行在执业资格上、操作程序上、文档记录上、表报格式上等是否符合国务院、国家资产管理部门和行业管理部门的相关规定。

（3）合理性检查是检查评估基准日的选择、评估依据的选择、评估方法和参数的选择、账务的调整处理、评估结论的分析等是否符合评估惯例和公认的标准。

（4）真实性检查是检查行为的真实性、资产的真实性、权属的真实性、依据的真实性，保证资产评估报告与说明没有虚假描述。

（5）完整性检查是检查资产评估的程序、过程与档案的完整性、资产评估报告（包括资产清查评估表和资产评估说明）的完整性，如必要的备注文件资料、委估双方的承诺函等。

（6）时效性检查是检查资产价值与其利用的有效期限，防止资产实际价值的显著变化、包括期后事项的明显影响带来的作价失准。

在各项抽查中要注意的是，对经济行为、方法和过程的检查重于对评估数据结果的检查；对评估机构与评估人员是否独立、客观、公正执业的检查重于对报告本身的检查。

（三）审核与检查的主要方法

审核与检查的主要方法有重点法、专家法、差异法、核实法、倒推法、询问法等。

（1）重点法是指重点关注和检查评估项目中的个别事项，通过以点带面的方式评价项目的质量和发现问题的一种方法。

（2）专家法是指充分利用专家（包含工程技术类专家和评估业专家等）的智慧和经验，对特定资产评估项目或特定评估方法进行检查，通过较高的专业认知能力来保证检查的严肃性和可信性的一种方法。

（3）差异法是指通过对资产评估项目中存在的或揭示出的各种差异（数据差异、价值差异、权属差异、范围差异等）的对比来找寻问题，对产生差异的原因和相应处理方法进行分析，从而全面掌握项目情况的一种方法。

（4）核实法是指按照审计查验的程序，对项目中的各项处理事项，如账面资产（流动资产、负债等）估价，检查其是否符合财务会计与评估等相关法规制度规定的一种方法。

（5）倒推法是指在对评估结论及差异原因分析的基础上，用回溯的方法梳理纷杂的评估过程，从而对评估的思路和评估方法进行全面了解的一种方法。

（6）询问法是指对评估项目的负责人及评估人员进行细致的询问，通过交流而深入了解评估项目，在询查中做到摸清底细的一种方法。

（四）辅助审查方式

在国有资产评估项目的抽查中，还可以采用多种辅助方式，如以评估人员现场勘查活动及工作记录为线索，到资产占有单位了解资产基本情况与利用现状，实地核查资产数量；到资产评估机构查询项目档案，翻阅评估工作底稿、必要的资产清查和函证资料；和签字资产评估专业人员交流，充分了解资产评估过程，了解评估方法的使用与适用情况；向专家咨询，对评估报告中涉及的专业技术问题和疑难事项进行深入了解；与评估行业管理机构交换意见，掌握资产评估机构及相关人员执业情况；等等。全方位、多手段、有计划、有程序地进行抽查，才能做到既不拘泥于形式，又注重实质，真正达到监管的目的。

（五）审查要点与技巧

根据要求，资产评估报告和说明应对评估中所涉及的重大事项及其对评估结果的影响进行披露。披露的内容是审查中需要特别注意的。一般地，被披露的内容有：资产的他项权利限制，说明资产价值实现受到一定限制，如资产被抵押、质押、担保、租借等；或有事由影响，说明可能的未来资产和负债变化，如经济纠纷、法律诉讼、其他未决事项等；权属不确定事实，说明资产在评估基准日的权属状态，如没有权属证明或尚未办理权属证明、权属资料不全、不实或与实际情况有异、权属有纷争等；资产被不当处置或资产处置遗留问题；重要资产非常规损失、流失；评估基准日后重大资产与负债变化事项；其他自然或人为地对资产价值产生明显影响的事项；等等。在审查中，还要特别注意特定资产的评估与处理，例如土地使用权、工业技术产权类资产、资源性资产以及不良资产等。这些资产的评估与处理有较强的政策性规定，要认真审查资产权属的认定、资产数量的统计、评估方法的选用、计算参数的计取、作价依据的利用等，分析和评价资产评估结果的准确程度和资产实际成交价的合理程度等。

（六）国有资产评估项目的备案

根据国有资产管理相关规定，国有资产评估项目、评估报告及结果需报送国有资产管理部门备案。备案表可在各级国资委网站上下载。

［**评估案例 9-7**］国有资产评估项目备案表中的资产评估项目基本情况表（表 9-4）

表 9-4　资产评估项目基本情况

<table>
<tr><td>资产占有单位</td><td colspan="3"></td><td colspan="2">企业管理级次</td><td></td></tr>
<tr><td>上级单位</td><td colspan="6"></td></tr>
<tr><td>集团公司（有关部门）</td><td colspan="6"></td></tr>
<tr><td>资产所在地</td><td colspan="6">省（区、市）　　市（地）　　区（县）</td></tr>
<tr><td>经济行为类型</td><td colspan="6">一、设立：1. 股份有限公司　2. 有限责任公司　3. 中外合资企业
4. 中外合作企业　5. 其他
二、企业：1. 合并　2. 分立　3. 股权比例变动　4. 租赁　5. 产权转让
6. 破产　7. 解散　8. 其他
三、资产：1. 出资　2. 重组　3. 转让　4. 租赁　5. 拍卖　6. 涉讼
四、其他</td></tr>
<tr><td>评估范围</td><td colspan="3">整体/部分资产</td><td colspan="2">主要评估方法</td><td></td></tr>
<tr><td>账面值（万元）</td><td rowspan="2">资产</td><td></td><td rowspan="2">负债</td><td></td><td rowspan="2">净资产</td><td></td></tr>
<tr><td>评估结果（万元）</td><td></td><td></td><td></td></tr>
<tr><td>评估机构名称</td><td colspan="3"></td><td colspan="2">资质证书编号</td><td></td></tr>
<tr><td>评估师证书编号</td><td colspan="3"></td><td colspan="2">评估基准日</td><td>年　月　日</td></tr>
<tr><td>占有单位联系人</td><td></td><td>电话</td><td colspan="2"></td><td>通信地址</td><td></td></tr>
<tr><td>上级单位联系人</td><td></td><td>电话</td><td colspan="2"></td><td>通信地址</td><td></td></tr>
<tr><td colspan="2">申报备案

资产占有单位盖章
法人代表签字

年　月　日</td><td colspan="3">同意转报备案

上级单位盖章
单位领导签字

年　月　日</td><td colspan="2">备案

财政部门
（集团公司、有关单位）

年　月　日</td></tr>
</table>

第四节　资产评估档案管理

资产评估档案是资产评估工作的重要组成部分，是资产评估过程和评估成果的真实写照，是检验资产评估工作的依据，也是评估机构的宝贵财富。同时，资产评估档案涉及国家和评估委托方、资产占有方的秘密，保护国家和评估委托方、资产占有方的秘密是评估机构和评估人员的重要职业道德之一。

一、资产评估档案的内容

资产评估档案主要是指评估项目的立卷与归档，其内容是指评估机构在有关资产评估工作过程中收集到的、形成的与评估业务相关、有保存价值的各种文字、图表、声像等不同形式的记录。完整的评估工作档案包括评估报告、评估说明、资产清查评估表以及工作记录与底稿等。表 9-5 列示了评估档案的一般内容。

表 9-5　评估档案内容一览表

序号	档案内容
1	业务委托书与收费凭证
2	评估工作方案或计划
3	资产评估工作底稿（会议记录、函询与查验记录、图片、照片等）
4	各类评估用表格
5	资产产权证明文件
6	资产与负债清查核实及调整情况说明
7	各类原始经济事项凭证
8	资产处置相关文件
9	有关法规制度文件
10	价格标准及询价记录
11	资产评估报告书初稿及正式稿
12	评估机构内部审核及修改意见、工作总结
13	国有资产评估项目的备案表或核准函
14	其他需要存档的资料

二、资产评估档案管理的一般原则与要求

（一）档案管理一般原则

（1）设立档案管理制度原则；

（2）按序按目整理立卷原则；

（3）原始资料真实反映原则；

（4）档案内容完整无缺原则；

（5）及时登记移交归档原则；

（6）专人管理与保密原则。

（二）档案规范管理及其要求

资产评估档案规范管理即遵循上述档案管理原则进行档案的编制、整理、归档和保管。其中，工作底稿的编制、审核及其档案整理是评估过程中必要的和重要的工作

内容，评估机构与资产评估师应对其高度重视。评估工作底稿可以分为管理类工作底稿、操作类工作底稿和备查类工作底稿。管理类工作底稿是指评估机构和资产评估师承揽、规划、控制和管理整个评估项目所形成的内部工作文件；操作类工作底稿是指评估人员执行具体评估程序时形成的内部工作文件；备查类工作底稿是指评估人员收集获取的各类备查性质的文件或资料。

资产评估档案规范包括制度的规范、文案工作规范和管理程序的规范。资产评估机构应建立健全评估档案制度，用制度来规范和约束评估及档案管理人员的行为。评估档案规范管理也是监督评估程序执行情况、评价评估人员敬业态度、完善评估机构内部管理、提高评估工作质量的重要方面。

根据《资产评估执业准则——资产评估档案》，资产评估专业人员通常应当在资产评估报告日后 90 日内将工作底稿、资产评估报告及其他相关资料归集形成资产评估档案，并由所在资产评估机构按照国家有关法律、行政法规和本准则规定妥善管理。重大或者特殊项目的归档时限不晚于评估结论使用有效期届满后 30 日。

三、资产评估档案的保存期限、查阅和销毁

（一）资产评估档案的保存期限

评估档案至少保存 15 年；属于法定评估业务的档案，保存期限不少于 30 年。

以上年限均从评估基准日算起。

（二）资产评估档案的查阅

（1）评估机构内部因工作需要查阅档案的，在履行评估机构内部档案管理手续后，可以进行查阅；

（2）法院、检察院、行业主管部门及国家其他部门依法履行职责需了解评估情况，在办理必要手续后，可以进行查阅；

（3）其他评估机构因工作需要查阅档案的，须经原评估委托方和管理档案的评估机构负责人同意后进行查阅，但不得复印；

（4）查阅档案时，涉及原评估委托方商业机密时，查阅人必须承担保密责任。

（三）资产评估档案的销毁

对于保管期限届满的资产评估档案，评估机构编造清册后，由法定代表人签字后销毁。

案例解析

下面内容摘自一评估报告，试对其进行分析和诊断。

无形资产评估报告书

××资产评估事务所接受 XYZ 公司的委托，根据国家关于资产评估管理的有关规定，本着客观、独立、公正的原则，对 ABC 公司的无形资产进行了评估。现将评估情

况及评估结果报告如下：

一、委托方与资产占有方简介

委托方为 XYZ 公司；资产占有方为 ABC 公司。

二、评估目的

资产转让。

三、价值类型

评估价值类型设定为市场价值。

四、评估范围与对象

无形资产——专利技术。

五、评估基准日

2020 年 10 月 30 日。

六、评估依据

…………

七、评估假设和限制条件

本次评估假设资产占有方持续经营，委估资产权属不存在纠纷。专利技术的先进性和贡献能力保持在 10 年时间以上。评估结果只用于本报告所设定的评估目的；评估报告只供委托方使用。

八、评估程序实施过程

（1）于 2020 年 11 月 5 日与委托方签署业务合同，确定相关事项。

（2）于 2020 年 11 月 6 日进场查看有关资料证明，确认资产权属。

（3）2020 年 11 月 7—12 日，评估人员进行市场调查，收集数据，选择评估方法，估计与预测，评定与估算。

本次评估确定的评估方法为收益法。根据评估对象情况，评估人员设定其收益年限为 10 年，折现率为 10%。

（4）2020 年 11 月 13—15 日，撰写评估报告，并与委托方进行意见征询，根据委托方要求，对评估结果进行了相应修正。

（5）于 2020 年 11 月 18 日正式印发资产评估报告。

九、评估结论与分析

无形资产——专利技术的评估价值为：2 300 万元。

资产评估师：×××
评估机构法定代表人：×××
××资产评估事务所有限公司

…………

分析与诊断

（1）标题应明确说明文种、事由并加注报告文号。为阅读理解和归档整理方便，通常可在标题之上冠上资产占有方名称；在标题下标注报告印发文号，如××报字〔2020〕第 123 号。如果要说明某类资产，应与实际评估的资产在类型上和范围上一致，如资产评估报告、整体资产评估报告、无形资产——专利技术评估报告等。

（2）资产评估报告应标示被报告人，明确报告的使用者。该报告的使用者为XYZ公司。

（3）序言里应说明报告类型，即完整报告或简明报告。序言还应写明该评估报告委托方全称并简要说明受托评估项目的基本情况。

（4）委托方与资产占有方的简介内容应包括各方的基本情况，以及各方之间的隶属关系或资产关联关系。

（5）资产转让是委托方与资产占有方欲施行的特定的经济行为，资产评估是其一项基础工作。资产评估专业人员不能简单将企业经济行为如企业改制、投资合作、企业破产等设定为评估目的。资产评估目的一般可表述为：满足委托方为进行××事宜而了解评估对象价值的需要，为委托方提供评估对象在××条件下的公允价值的参考依据。

（6）对资产价值类型应有较充分的解释，并说明该价值实现的条件或受到的限制。

（7）资产评估范围可分为整体资产与单项资产；评估对象为具体的资产类别。

（8）评估基准日的选择理由和成立条件应有适当说明。

（9）评估假设和限制条件要根据资产存在与利用状况、评估环境影响的实际或可能情况来设置。该报告对资产占有方持续经营的假设以及对专利技术先进性及其贡献能力的时间假设显然都是不合适的。

（10）评估报告中应说明无形资产的权属、使用的信息来源、宏观经济和行业的前景、无形资产的历史状况、无形资产的竞争状况、无形资产的前景、无形资产以往的交易情况。

（11）评估实施过程说明应较为详细。应该说明使用的评估方法及其理由；评估方法中的运算和逻辑推理方式；折现率等重要参数的来源；各种价值结论调整为最终评估价值的逻辑推理方式。

（12）评估结论中应有更为详细的内容，包括资产价值评估前后变动的情况分析等。在资产项较多时，应以表格列示。

（13）资产评估专业人员应当在评估报告中声明下列内容：

①评估报告陈述的事项是真实和准确的；

②对评估所依据的信息来源进行了验证，并确信其是可靠和适当的；

③评估报告的分析和结论是在恪守独立、客观和公正原则基础上形成的，仅在假设和限定条件下成立；

④与被评估无形资产及有关当事人没有任何利害关系；

⑤利用了专家的工作，并对专家工作的结果负责（如果没有利用专家工作，则不用声明）；

⑥评估报告只能用于载明的评估目的，因使用不当造成的后果与签字资产评估专业人员及其所在评估机构无关。

（14）根据有关规定，资产评估报告应有两个以上的资产评估专业人员签字。

本章操作要点与难点

资产评估报告是评估工作的最终成果。资产评估中的工作程序与事项、处理思路与技术路线、评估依据与评估前提、评估结论等都是报告中的重要内容。报告的完整性及其质量能够充分体现评估人员的工作能力和文案工夫。资产评估报告的编制既有格式的要求，又会因评估对象的不同或评估条件与方法的不同而有其特别之处，实践中的难点主要有：准确表述评估思路与方法；恰当披露重要事项或瑕疵事项；简练优美的文辞修饰。

分析与思考

1. 资产评估报告的基本要素有哪些？
2. 为什么要在评估报告中写明评估假设和限制条件？
3. 建立报告审核制度和档案制度有何意义？

分析与思考答案

第十章　资源资产评估

资源资产评估在资产评估中存在一定的难度，同时也是资产评估涉足未深的领域，评估人员应该熟悉资源资产的一般特征和评估工作特点，掌握和灵活运用各类资源资产评估的方法。本章从介绍资源资产评估的基础知识入手，结合实际的森林资源资产和矿产资源项目分别讲解不同评估方法的运用。

建议教学时数：8

第一节　资源资产评估基础知识

一、资源资产的概念和分类

（一）资源资产的概念

资源资产是特定权属主体所拥有或实际控制的，能以货币计量并能在生产经营过程中为其权属主体带来未来经济利益的一切社会、自然资源。广义的资源包括自然资源、经济资源和人文社会资源。狭义的资源是指自然资源，具体指自然界中人类可以直接获得的，用于生产和生活的物质资源，包括海洋资源、矿产资源、森林资源、土地资源、水资源等。本章讨论的资源资产是指狭义的自然资源转化而成的资产。

（二）资源资产的分类

资源资产按不同的标准有不同的分类方式（图 10-1、图 10-2）。

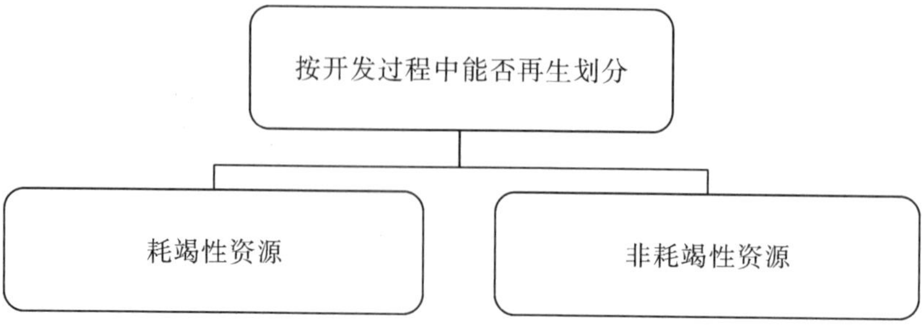

图 10-1　按照开发过程中能否再生对自然资源分类框图

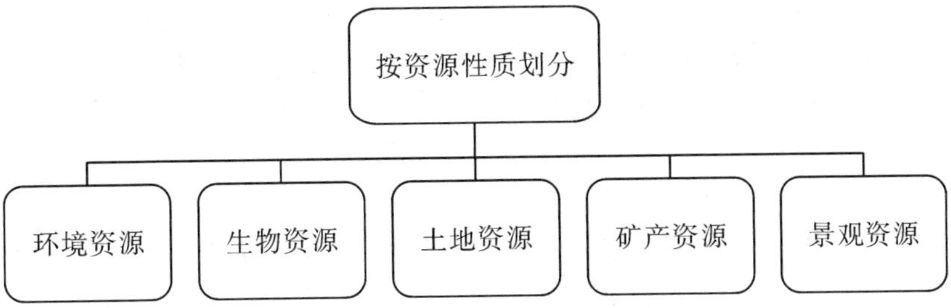

图 10-2　按照资源性质对自然资源分类框图

二、资源资产的特性

资源资产的特性取决于自然资源本身的性质和特点及其在社会再生产中的关系。资源资产是一部分自然资源资产化的表现形式。资源资产与自然资源相比，其物质内涵是一致的，除了具有自然资源的基本特性外，根据资产的定义，其还具有经济属性和法律属性。

（一）自然属性

1. 天然性

天然性是指作为评估对象的资源资产都是先天性的，而不是后天性的。即最初完全是自然因素形成的，处于自然状态。如矿产资源中的油田，评估的对象是没有经过人类加工仍处于原始状态下的油田资源，而不是经过加工后的煤油、汽油、柴油等产品。

2. 有限性和稀缺性

有限性是指资源资产相对于一定的时期或一定时点无论是数量或质量供给都是有限的，而不是无限的。主要表现在三个方面：一是资源资产的数量是有限的，人类活动使某些自然资源数量减少、枯竭或耗尽。如矿产资源随着开采，其储量逐渐耗竭，在替代资源尚未开发之前相对人类的无限需要，则越来越少。二是自然资源和自然条件的贫化、退化和质变。三是自然资源的生态结构、生态平衡被破坏。如森林资源被人类无节制地利用而不进行培植补充，也会逐渐耗竭。

3. 生态性

各种资源如太阳、大气、地质、水文、生物等构成了一个复杂的体系，形成特定的生态结构，构成不同的生态系统。不同的资源间相互依存，具有一定的生态平衡规律。如果毫无顾忌地开采和获取资源，使消耗超过补偿的速度，会导致这些资源毁灭；向陆地圈、水圈、大气圈以超过自然净化能力的速度排放废物就会破坏生态系统的平衡，从而导致某些自然资源难以持续利用。

4. 地区差异性

资源资产在地域上分布不均衡，存在显著的数量或质量上的地域差异。在我国，金属矿产资源基本上分布在由西部高原到东部山地丘陵的过渡地带，森林资源也呈集中分布的状态，长白山林地面积和木材蓄积就分别占全国的11%和13.8%。

（二）经济属性

1. 有用性

由于自然资源具有使用价值和物质效用，因此能够转化为经济资源，成为人类的生活资料和生产资料，可以为人类所利用并为人类带来一定的好处。比如经济增长和经济发展要耗费一定的资源，所以自然资源是人类发展的物质基础，也是经济发展的基础。全部物质财富都必须以自然资源为物质基础，其相对丰富程度影响着经济的发展程度。

2. 可计量性

资源资产除了能够用实物单位计量以外，还可以用价值量表示，这是资源资产评估的基础。对于有使用价值但是无法用货币计量的自然资源，如空气、太阳光等就不能成为资产。

3. 获益性

只有具有经济价值的自然资源才能成为资产。没有经济价值或在当今知识与技术条件下尚不能确定其经济利用价值的资源不能成为资产。

（三）法律属性

1. 产权独立性

资源资产必须能够为特定的产权主体所拥有，且控制资源资产产权在法律上具有独占性。

2. 使用权的依法交易性

我国实行资源资产的所有权和使用权相分离的制度，法律不允许资源资产的所有权转让，但是使用权可以依法交易。

三、资源资产评估的概念

资源资产评估是在现时条件下，对资源资产在某一时点上的有偿使用价值进行的评定和估算。资源资产包括资源的实体（有形）资产和由所有权派生出来的使用权（无形）资产。由于在资源资产的生成过程中没有投入人类劳动，只是因为它的有限性和独占性才有了价格，所以资源资产的价格与价格的真正含义不一样。它的价格的确定不是以价值为基础，而是以开发利用实体所获得收益为基础，这一点是资源资产评估与其他资产评估相区别的基本点。同时，实体所获收益的取得又是和资源资产产权权属关系密不可分的。因此，资源资产评估就是对开发利用实体所获得的收益和产权权属关系进行的评估。

在我国，资源资产评估的目的主要有两个：一是国家出让资源性资产的使用权；二是拥有使用权的单位或个人转让使用或以使用权为资本投资入股以及抵押、出租等。即大致有一级出让市场和二级转让市场。

由于资源资产的产权权属关系与其实体密不可分，因此，对资源资产使用权的评定和估算也不能脱离资源资产的实体而独立存在。就实物资源资产而言，目前我国开展评估的主要有矿产资源资产和森林资源资产。资源资产评估的基本方法也是三种，即收益法、成本法、市场法。其评估方法、参数的选择等都必须结合资源资产的数量、质量、市场供求状况、资源产品的价格、资源政策、科学技术条件等各种影响因素来进行选择和评估。

四、资源资产评估的特点

资源资产由于具有独特的自然、经济和法律属性，因而与其他资产相比，资源资产的评估具有其自身的特点。

1. 资源资产价格是自然资源的使用权价格

我国自然资源大部分属于国家所有，只有一部分属于集体所有。如矿产资源属于国家所有，大部分森林资源属于国家所有，并实行所有权和使用权相分离的制度。通常，法律不允许资源资产的所有权转让，因此资源资产评估的对象主要是资源资产的使用权，是对资源资产权益的评估价值。

2. 资源资产价格一般受资源的区位影响较大

由于资源资产的有限性、稀缺性和区域性，资源资产价格受自然资源所在区位的影响很大。

3. 资源资产评估须遵循自然资源形成和变化的客观规律

资源资产的类别多种多样，不同资源其资源条件、经营方式、市场供求等都不同。资源条件包括资源的质量品位、资源的赋存开采条件和产地至销地的运输距离和运输条件（运输工具和地貌等）。如矿产资源是经过一定地质过程形成的，森林资源是一种生物资源；矿山企业对矿产资源开发利用、对矿业权的经营，森林企业的营林生产过程等都有自身的客观规律。因此，在评估中要充分了解资源资产实体和资产使用权的专业特点，以合理评估资源资产的价值。

4. 资源资产的评估价值受诸多因素影响

大部分资源资产在其生成过程中虽不投入人类劳动，但要其达到使用状态，却要追加一定的劳动，如矿产资源的勘探开采，天然草原、森林的防火、防虫等。这些劳动消耗要在资源资产的使用权转让中得到补偿。对于景观林、经济林，其生成过程是需要投入人的劳动。对于再生资源的使用，要求提供再生产的补偿费用，如已开发的森林要支付育林费，已开发的矿产资源要支付采矿使用费和土地复垦费。因此，资源资产评估应包括对其追加的劳动成本、资源再生费用和补偿费用的评估。

第二节　森林资源资产评估

一、森林资源资产

（一）森林资源资产的概念

森林资源资产，是指由特定主体拥有或者控制并能带来经济利益的，用于生产、提供商品和生态服务的森林资源，包括森林、林木、林地、森林景观、森林生态等。

（二）森林资源资产的特点

森林资源资产除了具备其他资产的共同特点外，还具有以下特点：

1. 经营的永久性

森林资源资产属于可再生资源性资产，在没有受到自然灾害和人为破坏时，通过科学合理的森林经营，森林资源资产的消耗可以得到补偿，不存在折旧问题，可长期实现保值增值。

2. 再生的长期性

森林资源资产是可再生性资源资产，其具有生长期长的特点，投入森林资源资产经营的资金，一般要几年、几十年，甚至上百年，等林木成熟并进行采伐时，才能收回投资。

3. 分布的辽阔性

森林是陆地生态的主体，分布极为广泛。南方的森林资源资产与北方的森林资源资产不同，山地的森林资源资产与平地的不同。不同地域的森林资源资产有着不同的经营属性，不能对其采取同一经营模式。分布的密集程度也直接关系到森林资源资产的价值与功效。

4. 功能的多样性

森林资源具有生态、社会和经济三重效益，评估森林资源资产的经济价值，需要关注生态效益和社会效益对森林资源资产经济价值实现的限制性影响。反之，在特定目的与条件下，森林资源资产的部分生态价值却需要纳入评估范围，评估其经济价值。

5. 管理的困难性

森林资源资产存在于广阔的林地上，既不能仓储，又难以封闭，大多地处偏远，使其管理十分困难，火灾、虫灾、盗伐等自然或人为的灾害很难控制，增加了风险损失的可能性。

（三）森林资源资产分类

森林资源种类很多，按照不同划分标准，可以将其分成不同的类别。图 10-3、图 10-4 是各种不同的分类。

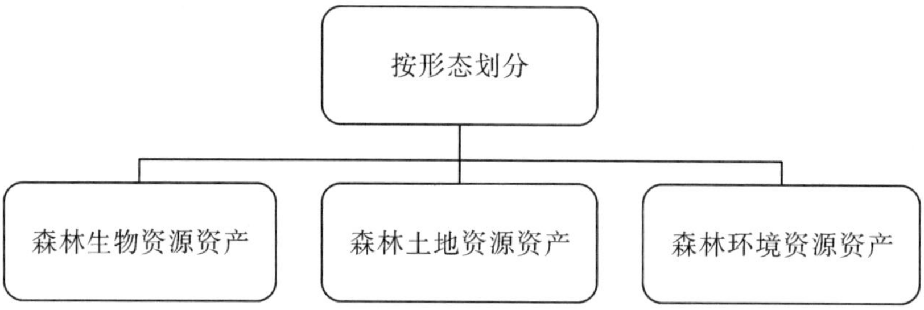

图 10-3　按照形态对森林资源资产分类框图

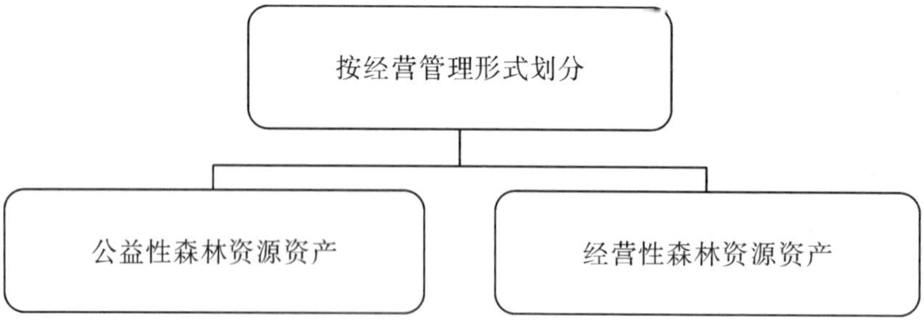

图 10-4　按照经营管理形式对森林资源资产分类框图

二、森林资源资产评估的概念和特点

（一）森林资源资产评估的概念

森林资源资产评估，是指资产评估机构及其资产评估专业人员遵守法律、行政法规和资产评估准则，根据委托对评估基准日特定目的下的森林资源资产价值进行评定和估算，并出具资产评估报告的专业服务行为。

（二）森林资源资产评估的特点

森林资源资产的特点决定了森林资源资产评估有着不同于一般资产评估的特点。

1. 森林资源资产价值的关联性

森林的价值体现在林木、林地、森林景观资产以及与森林资源相关的其他资产之上，林地价值的体现又与林木、森林景观以及与森林资源相关的其他资产密不可分，森林景观资产价值依托于森林、林地、林木等资源资产，森林生态价值的体现更要依托于森林系统整体。因此，评估森林资源资产要关注其资产的关联性，确定评估对象和评估范围，合理评估森林、林木、林地、景观、野生动植物、林下经济、森林生态等生物价值。

2. 森林资源资产的可再生性

森林资源资产具有可再生性，这是森林实现持续经营的基础，也是其资产的特点，在评估时应考虑再生产的投入，即森林更新、培育、保护费用的负担；考虑在生产的期限，即未来经营期的长短，包括产权变动对经营期的限制；考虑综合平衡森林资源培育、利用和保护的关系。

3. 森林经营的长周期性对资产评估结果有着较大的影响

森林资源资产经营的周期少则 5~6 年（如南方的桉树短伐期人工林），长则几十年（如杉木、马尾松、木荷等）、上百年（如北方的红松、落叶松、云杉、冷杉等）。这样长的经营周期对评估价值产生较大的影响，主要表现为：

（1）在供求关系对价格的影响方面表现为供给弹性小，且成本效应滞后。当培育成本与市场价格出现背离时，成本对价格效应的反应非常滞后，市场需求对价格的影响会在相当长的时期内起主导作用。评估时应更多地考虑现行市场价格的因素。

（2）由于经营周期长，投入资金时间价值极为重要，投资收益率的微小变化将对评估结果产生重大的影响。

（3）由于经营周期长，生产过程不易人为控制，对未来投入产出的预测较为困难，而收益法的评估是建立在对未来投入产出预测基础上的，故预测的准确性对评估的影响很大。

4. 森林资源资产效益的多样性

森林资源资产具有经济、生态和社会三重效益，效益的多样性给森林资源资产评估带来了重大的影响，主要表现为：

（1）在现实的生产中生态效益和社会效益往往限制了经济效益的发挥，国家为了公众的利益制定了一系列法规，对一些森林的经营进行限制，这些限制对森林资源资产价值的实现影响较大，在评估时必须予以充分的关注。

（2）在生态文明建设的大背景下，森林的生态效益越来越被社会和市场认可，但有效进入市场还需时日，对其生态价值的评估要依据委托目的和市场环境具体分析确定。

5. 森林资源调查和资产核查的困难性

森林资源资产不同于其他资产，主要分布在偏远山区，那里山高路陡，人烟稀少，交通不便，外业调查或核查专业技术性强、工作量大，风险高，耗时费力，工作条件极为艰苦。但这项工作是森林资源资产评估工作中不可或缺的重要环节，是森林资源资产评估风险控制的关键。通过森林资源资产现场核查或调查，核实森林资源的实物量是评定估算森林资源资产价值的基础。

6. 森林资源资产的地域性明显

森林生长于固定的地理位置，评估时除考虑森林的价值外，还要考虑森林地位级和森林地利级，如气候条件、土地肥沃程度、适地适树情况、交通条件等。尤其是交通条件，无论对用材林、经济林的价值，还是对景观资产的价值，都有较大影响。

三、森林资源资产主要的评估方法

根据《资产评估执业准则——森林资源资产》（中评协〔2017〕第 41 号），森林资源资产评估的对象主要是林木资产、林地资产和森林景观资产。执行森林资源资产评估业务，应当根据评估对象、评估目的、价值类型、资料收集等情况，分析市场法、收益法和成本法三种资产评估基本方法的适用性，从而选择评估方法。本章重点阐述林木资产评估的主要方法。

林木资源资产按林种不同分为用材林资产（含薪炭林资产）、经济林资产、竹林资产、防护林资产以及特种用途林资产（见图 10-5）。

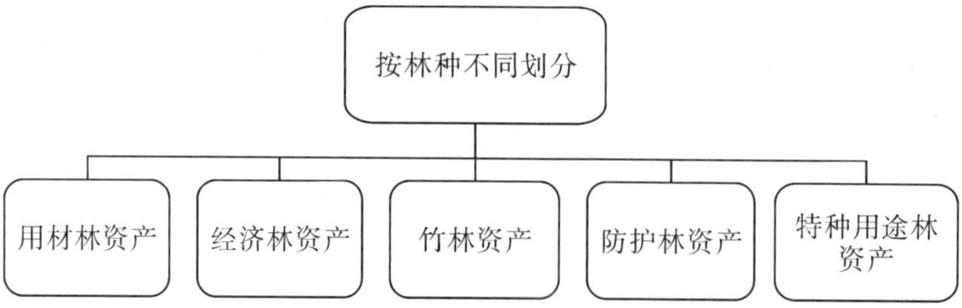

图 10-5　按照林种不同对林木资源资产分类框图

林木资产功能不同，其内在价值的表现形式、生产经营方式也各不相同。比如用材林资产、竹林资产以木材（竹材）价值为主，经济林资产以果品或原料价值为主，或者二者兼具。因此，估算不同林木资产的价值应选择对应的评估方法。

（一）用材林林木资产评估

用材林林木资产评估方法主要有：市场法，包括木材市场价倒算法、市场成交价比较法；收益法，包括收获现值法、年金资本化法、周期收益资本化法；重置成本法。

1. 木材市场价倒算法

木材市场价倒算法又叫剩余价值法，是将被评估资产皆伐后所得木材的市场销售总收入，扣除木材生产经营所消耗的成本和合理利润，剩余价值部分作为林木资产评估价值的一种方法。

其计算公式为

$$E_n = W - C - F \tag{10-1}$$

式中：E_n为林木资产评估值，W 为销售总收入，C 为木材经营成本（包括采运成本、销售费用、管理费用、财务费用及有关税费），F 为木材生产经营利润。

当森林培育与木材生产为同一方时，评估专业人员应该结合评估目的等因素，确定是否扣减木材生产经营利润 F。市场价倒算法是成熟、过熟林林木资产评估的常用方法。该法所需的经济技术资料在市场上较易获得，各工序的生产成本、木材价格、利润、税费等数据都较易收集。立木的蓄积、胸径和树高等林况因子在资产核查中已确定，无须进行生长预测，财务的分析也不涉及投资收益率等问题。该方法计算简单，测算结果最贴近市场，最易为市场和评估当事人所接受。

木材市场价倒算法主要用于成熟、过熟林的林木资产资源评估，但在一般的收益现值法、林地期望价法、收获现值法中，其林分①主伐的预期收获的计算均是采用该法进行，它是森林资源资产评估中最基本的方法。

[**评估案例 10-1**] 某公司拟转让近期收购的 100 公顷杉木林，该林分经营类型为一般用材林，林龄为 28 年，已过主伐期，处于成熟林组，林分平均胸径为 18 厘米，平均树高为 16 米，平均蓄积为 160 立方米/公顷，请评估该小班②价值。

据调查，相关技术经济指标为：

(1) 木材价格。木材价格以委托评估资产附近林产品交易市场木材销售价为基础，结合待评估林木资产的实际平均胸径综合确定木材的平均售价。

经调查分析，杉原木售价 800 元/立方米，杉综合材售价 650 元/立方米。

(2) 木材经营成本。木材经营成本主要包括伐区设计费、检尺费、采造集装费、运费、销售管理费等，以出材量为计算基数，合计为 170 元/立方米。

(3) 木材销售税费。木材销售税费主要包含增值税、城建税、维简费③、不可预见费等，合计按销售收入的 18%征收。

(4) 经营利润率。按主伐成本的 16%计算。

(5) 出材率。按委托评估资产地方标准《××市县林区商品林主要树种出材率表》，胸径为 18 厘米的杉木出材率为 70%（其中原木 25%，综合材 45%）。

根据上述指标，评估过程及结论如下：

(1) 主伐收入 $W=100\times160\times25\%\times800+100\times160\times45\%\times650=7\ 880\ 000$（元）

(2) 主伐成本=经营成本+销售税费

$C=(100\times160\times25\%+100\times160\times45\%)\times170+7\ 880\ 000\times18\%=3\ 322\ 400$（元）

(3) 木材经营利润 $F=3\ 322\ 400\times16\%=531\ 584$（元）

该林分评估值=7 880 000−3 322 400−531 584=4 026 016（元）

2. 市场成交价比较法

市场成交价比较法是将相同或类似的森林资源资产的现行市场成交价格作为比较基础，估算拟评估森林资源资产评估值的方法。对同一评估对象应选取三个及三个以上参照交易案例，并从评估资料、评估参数指标等的代表性、适宜性、准确性方面，客观分析参照交易案例。对各估算结果进行分析判断后，可采用简单算数平均法、加

① 林分（forest structure）指的是森林的内部结构特征，即树种组成、森林起源、林层成林相、林型、林龄、地位级、出材量及其他因子大体相似，并与邻近地段又有明显区别的森林地段。根据林分起源，林分可以分为天然林和人工林。

② 小班是林业上经常使用的名词，是内部特征基本一致，与相邻地段有明显差别的地段，是进行森林经营、组织木材生产的最小单位，也是森林资源清查和经营利用的基本单位。

③ 维简费（又称更新改造资金），是指从成本中提取，专项用于维持简单再生产的资金，是维持木材建材简单再生产和发展林区生产建设事业的资金。

权算数平均法、中位数法、众数法、综合分析法等方法确定评估结论，并在评估报告中披露所采用的方法和理由。其中简单算数平均法计算公式为

$$E = \frac{X}{N}\sum_{i=1}^{n} K_i \times K_{bi} \times G_i \qquad (10-2)$$

式中：E 为评估价值，X 为拟评估森林资产的实物量，K_i 为第 i 个参照交易案例林分质量综合调整系数，K_{bi} 为第 i 个参照交易案例物价调整系数，G_i 为第 i 个参照交易案例市场交易价格，N 为参照交易案例个数。

[**评估案例** 10-2] 某公司拟转让 8 公顷的杉木成熟林，要求其对林木资产进行评估。根据资产清查该小班面积为 8 公顷，蓄积量 1 200 立方米，地利系数为 0.95。

参照案例 A：某公司 2 年前以 200 000 元向邻村购买年龄、平均胸径、平均树高都与该小班相近的杉木成熟林 7 公顷，蓄积量 950 立方米，地利系数为 1.05。目前，木材销售价格由 2 年前的 700 元/立方米上涨为现在的 800 元/立方米。

参照案例 B：某公司所购林场的附近林场 1 年前以 160 000 元向邻村购买年龄、树高相近，平均胸径为 20 厘米的杉木成熟林 6 公顷，其蓄积量为 900 立方米，地利系数为 0.90。1 年前杉木原木材销售价格为 750 元/立方米。

参照案例 C：某个体户近期以 100 000 元购买了年龄、平均胸径、树高都与该小班相近的成熟林 3 公顷，蓄积量 500 立方米，地利系数为 1.03。

根据上述指标，评估过程及结论如下：

参照案例 A 可得：

$K_1 = 0.95 \div 1.05 \approx 0.905$

$K_{b1} = 800 \div 700 \approx 1.143$

$G_1 = 200\ 000 \div 950 \approx 210.53$（元/立方米）

$E_1 = K_1 K_{b1} G_1 = 0.905 \times 1.143 \times 210.53 \approx 217.78$（元/立方米）

参照案例 B 可得：

$K_2 = 0.95 \div 0.90 \approx 1.056$

$K_{b2} = 800 \div 750 \approx 1.067$

$G_2 = 160\ 000 \div 900 \approx 177.78$（元/立方米）

$E_2 = K_2 K_{b21} G_2 = 1.056 \times 1.067 \times 177.78 \approx 200.31$（元/立方米）

参照案例 C 可得：

$K_3 = 0.95 \div 1.03 \approx 0.922$

$K_{b3} = 800 \div 800 = 1$

$G_3 = 100\ 000 \div 500 = 200$（元/立方米）

$E_3 = K_3 K_{b3} G_3 = 0.922 \times 1 \times 200 = 184.4$（元/立方米）

用算术平均数得出单位蓄积林木评估值：

$E =$（$217.78 + 200.31 + 184.4$）$\div 3 = 200.83$（元/立方米）

总评估值 $E_{总} = EX = 200.83 \times 1\ 200 = 240\ 996$（元）

3. 收获现值法

收获现值法是通过预测林分生长到主伐时可生产的木材的数量，利用木材市场倒算法测算出其立木的价值并将其折成现值，然后扣除评估基准日后到主伐前预计要进行各项经营措施成本（含地租）的折现值，将其剩余部分作为被评估林木资产的评估值。在森林资源资产评估中，理论上收获现值法可以用于任何年龄阶段的林木资产评估，但实际应用中一般用于中龄林和近熟林的林木资产评估。

此种方法主要是针对造林年代已久，用成本法容易产生偏差，且离主伐期尚早，不宜采用市场法的林木资产评估而提出的。在计算中需要考虑的要素有：

（1）林分主伐时的净收益，即木材销售收入扣除采运成本、销售费用、管理费用、财务费用及相关税费和木材经营的合理利润；

（2）间伐的纯收入；

（3）投资收益率，一般采用平均收益率进行测算；

（4）评估基准日到主伐时的营林成本；

（5）林分质量调整系数 K，一般根据待评估的林分与标准林分的蓄积或胸径指标进行调整。

4. 年金资本化法

年金资本化法是在永续经营条件下，将被评估森林资源资产年稳定收益作为资本投资的收益，按适当的投资收益率折算林木资源资产价值的方法。其计算公式为

$$E = \frac{A}{P} \tag{10-3}$$

式中：E 为评估值，A 为年平均纯收益，P 为投资收益率。

该方法公式简单，要测定的因素少，计算方便，但它的使用有两个严格的前提条件和两个必须要注意的问题。

前提条件：①待评估资产的年收入必须稳定；②待评估资产可以永续经营。

必须注意的问题：①测算年平均纯收益时应扣减成本的正常利润；②投资收益率必须是不含通货膨胀率的当地该类资产投资的平均收益率。

年金资本化法主要用于评估年纯收益稳定的森林资源资产。

5. 周期收益资本化法

周期收益资本化法是将被评估林木资产的周期收益作为资本投资的收益，再按适当的投资收益率求出资产的价值。使用该方法以实现森林资源永续利用为前提条件，适用于异龄林木资源资产评估。根据林木资产经营的具体情况，分为刚择伐后的林木资产评估、择伐 m 年后的林木资产评估及未成熟林的林木资产评估。

（1）刚择伐后的林木资产评估。林木择伐后要经过一个经营周期才达到下一次择伐期，刚择伐后的林木资产评估的收益现值法计算公式为

$$E = K \times \frac{A_u}{(1+P)^u - 1} - \frac{V}{P} \tag{10-4}$$

式中：E 为刚择伐后的林木资产评估值，K 为林分质量综合调整系数，A_u 为择伐的纯收益，V 为年森林管护成本，u 为择伐周期，P 为投资收益率。

（2）择伐 m 年后的林木资产评估。林木择伐 m 年后，随着林分生长逐渐接近下一次择伐期，林分的蓄积量在增长，林分的价值在增加，其择伐 m 年后的林木资产评估的收益现值法计算公式为

$$E = K \times \frac{A_u (1+P)^m}{(1+P)^u - 1} - \frac{V}{P} \tag{10-5}$$

式中：E 为择伐 m 年后的林木资产评估值，K 为林分质量综合调整系数，A_u 为择伐的纯收益，V 为年森林管护成本，u 为择伐周期，m 为距评估基准日最近一次择伐的年限，P 为投资收益率。

［**评估案例** 10-3］ 某一异龄林小班面积为 5 公顷，刚择伐过，现有保留蓄积 225 立方米/公顷。据实际调查，该小班择伐周期为 10 年，择伐强度为 25%，择伐时小班蓄积量为 300 立方米/公顷，出材率为 70%，其中原木 45%，综合材 25%。择伐每立方米原木和综合材分别可获纯收入 400 元、320 元，每年分摊的管护费为 90 元/公顷，投资收益率为 6%。分别求刚择伐后和已择伐 5 年后小班森林资源资产的评估值。

解：（1）刚择伐后异龄林林木资源资产每公顷评估值：

$$E = K \times \frac{A_u}{(1+P)^u - 1} - \frac{V}{P}$$

$$= \frac{300 \times 25\% \times (45\% \times 400 + 25\% \times 320)}{(1+6\%)^{10} - 1} - \frac{90}{0.06}$$

$$= 23\ 157(\text{元 / 公顷})$$

该小班刚择伐后的林木资源资产评估值为 23 157×5＝115 785（元）

（2）如果上述异龄林林木资源资产为择伐 5 年后进行评估，该异龄林林木资源资产每公顷评估值：

$$E = K \times \frac{A_u (1+P)^m}{(1+P)^u - 1} - \frac{V}{P}$$

$$= \frac{300 \times 25\% \times (45\% \times 400 + 25\% \times 320) \times (1+6\%)^5}{(1+6\%)^{10} - 1} - \frac{90}{0.06}$$

$$= 31\ 497(\text{元 / 公顷})$$

该小班刚择伐 5 年后的林木资源资产评估值为 31 497×5＝157 485（元）

以上评估值包含无期限经营下的林木评估值和林地使用费。

6. 重置成本法

重置成本法是按现时的工价及生产水平，重新营造一块与被评估林木资产相类似的资产所需的成本费用，作为被评估林木资产的评估值的方法。在森林资源资产的管理中，对幼龄林未来的收获预测困难，收益法难以应用，市场上很难找到交易案例。而作为营造不久的幼龄林，其各项营林成本较清晰，测算重置成本较为容易，因此重置成本法最适用于幼龄林林木资产的评估。

根据用材林的经营特点，重置成本法的计算公式为

$$E_n = K\sum_{i=1}^{n} C_i\ (1 + P)^{n-i+1} \tag{10-6}$$

式中：E_n为林木资产评估值；K为林分质量综合调整系数；C_i为第 i 年以现时工价及生产水平为标准计算的生产成本，主要包括各年投入的劳动力工资、物质消耗、地租、管理费用等；n 为林分年龄；P 为投资收益率。

运用重置成本法评估林木资产时应注意：

（1）运用重置成本法评估林木资源资产必须确定合理的投资收益率。林木经营周期往往长达数十年，这期间经营基本上无收益（或仅有少量收益），且营林投入和风险主要集中在前几年。这会造成资金占用的时间很长，因此需要合理确定投资收益率，计算资金占用成本和投资收益。

（2）运用重置成本法评估林木资产不需要考虑成新率问题。林木的经营过程中，投资形成资本的积累，生长过程中没有收益或有很少收益，不存在实体性损耗，资产的价值一直增加，要到主伐时才一次性将林木采伐和出售，资本全部收回。因此，在林木的重置成本法中一般不存在资产的折旧问题，也就不存在成新率。

（3）运用重置成本法评估林木资产必须根据林分质量调整估算评估值。不同林分的质量差异较大，其重置成本一般是指社会平均劳动的重置值。其林分的质量是以当地平均的生产水平为标准。但各块林分由于经营管理水平的不同，与平均水平的林分存在差异。因此，各块林分的价值必须用林分质量调整系数进行调整。

（二）经济林资源资产评估

经济林是以生产油料、工业原料、药材、干鲜果品及其他副特产品为主要目的的森林，是森林资源的重要组成部分。其评估方法有重置成本法、市场成交价比较法和收益现值法。对经济林的评估应核查的主要项目有树种、品种、产期、生长阶段、冠幅、单位面积株数、生长状况、单位面积产量、产品品质等。

1. 产前期经济林资源资产评估

产前期是经济林的幼龄阶段，林木以营养生长为主，只有投入，没有收益。这一阶段投资投工最多，投入成本清楚。产前期经济林资源资产评估宜选用重置成本法，在经济林交易市场公开、活跃、发育完善的条件下，也可使用市场成交价比较法。

（1）重置成本法。新造经济林的成本投入主要有劈山清杂、开带挖穴、施肥定植、防病治虫、修枝定型、除草、管理费用分摊及林地地租等费用。第一年的投入最多，以后各年较为一致。其计算公式为

$$E_n = K\sum_{i=1}^{n} C_i\ (1 + P)^{n-i+1} \tag{10-7}$$

式中：E_n为第 n 年的经济林资源资产评估值；K 为经济林林木质量调整系数；C_i为第 i 年以现时工价及生产经营水平为标准的生产成本，主要包括各年度投入的工资、物质消耗和地租等；n 为经济林年龄；P 为投资收益率。

在重置成本法中对成本的投入必须达到预期的效果，即一定的成活率、株数、树高生长和树冠生长。因此，经济林资源资产评估要求评估人员必须根据其实际效果与预期的效果对比进行修正，常按现实株数、林分平均高、冠幅与同龄参照林分平均高、冠幅、株数的比值来确定调整系数。

①当拟评估林分株数≥造林标准株数或参照林分株数时：

$$株数调整系数\ K_1 = 1$$

②当拟评估林分株数<造林标准株数或参照林分株数时：

$$K_1 = \frac{拟评估林分株数}{造林标准株数（或参照林分株数）}$$

$$林分平均高调整系数\ K_{2-1} = \frac{拟评估林分平均树高}{参照林分评估树高}$$

$$林分平均冠幅调整株数\ K_{2-2} = \frac{拟评估林分平均冠幅}{参照林分评估冠幅}$$

$$经济林林分质量调整系数\ K = K_1 \times K_{2-1} \times K_{2-2}$$

［**评估案例** 10-4］某公司拟转让5公顷5年生锥栗林，该锥栗林为嫁接苗造林，每公顷株数450株，平均树高3.3米，冠幅3.0米，请对该锥栗林的价值进行评估。

据调查，有关经济技术指标如下：

①锥栗林营林生产成本：造林费用12 000元/公顷；第1—3年每年抚育、施肥费用为3 600元/公顷；第4年起每年抚育、施肥、修剪费用为3 000元/公顷。

②投资收益率：8%。

③林地年地租：600元/公顷。

④当地同年龄参照林分株数450株/公顷，平均树高3.5米，平均冠幅3.1米。

该锥栗林为5年生幼林，选用重置成本法评估其资产价值，林分质量调整系数：

$$K_1 = \frac{拟评估林分株数}{造林标准株数（或参照林分株数）} = \frac{450}{450} = 1$$

$$林分平均高调整系数\ K_{2-1} = \frac{拟评估林分平均树高}{参照林分评估树高} = \frac{3.3}{3.5} \approx 0.94$$

$$林分平均冠幅调整株数\ K_{2-2} = \frac{拟评估林分平均冠幅}{参照林分评估冠幅} = \frac{3.0}{3.1} \approx 0.97$$

经济林林分质量调整系数 $K = K_1 \times K_{2-1} \times K_{2-2} = 1 \times 0.94 \times 0.97 \approx 0.91$

每公顷锥栗林的评估值：

$$E_n = K\sum_{i=1}^{5} C_i\ (1+P)^{5-i+1}$$

$$= 0.91\times\left[\begin{array}{l}(12\ 000+3\ 600+600)\times1.08^5+(3\ 600+600)\times1.08^4+\\(3\ 600+600)\times1.08^3+(3\ 000+600)\times1.08^2+(3\ 000+600)\times1.08\end{array}\right]$$

$$\approx 39\ 034.45\ （元）$$

该锥栗林的评估值：

$E = 5 \times 39\ 034.45 = 195\ 172.25$（元）

本评估值已包含评估基准日之前的林地使用费。受让方在以后经营中应按年向林地所有者或原林地使用权所有者交纳地租，交纳林地使用费的方式也可由双方协商另行约定。

（2）市场成交价比较法。在经济林交易市场公开、活跃、发育完善的条件下，产前期经济林资源资产评估也可以使用市场成交价比较法。经济林评估所用的市场成交价比较法与用材林林木资源资产评估相同。产前期经济林林木主要处于营养生长期，交易案例的调整系数除考虑待评估经济林资源资产与交易案例的时间差异外，还要考虑林分质量的差异以及林木年龄的差异。在评估中，以物价调整系数修正待评估经济林资源资产与交易案例的时间差，以实现林分株数、树高和冠幅与参照林分的比值的乘积为林分质量调整系数，对经济林资源资产案例价格进行修正。最后综合平均，确定待评估经济林资源资产评估值。

2. 初产期经济林资源资产评估

初产期是经济林开始有一定数量产品产出到产品产量稳定的盛产期之间的发育阶段。在这一阶段中营养生长和生殖生长两者并重，经济林产品的产量从小到大迅速增加。从经营看，这一时期生产成本基本稳定，开始有一定的净收益，且收益也在迅速增加。对这一阶段的经济林资源资产评估可用重置成本法或收益现值法或市场成交价比较法。

（1）重置成本法。初产期的经济林资产评估中重置成本的全价只计算到经济林资产年经营收入大于年经营投入的前一年，并通过经济林林分质量调整系数来修正重置成本值，以确定经济林资产评估值。其计算公式为

$$E_n = K\sum_{i=1}^{n}(C_i - A_i)(1+P)^{n-i+1} \tag{10-8}$$

式中：E_n 为评估值，K 为林分质量综合调整系数，C_i 为第 i 年投入，A_i 为第 i 年经营收入，n 为林分年龄，P 为投资收益率。

此时的经济林林分质量调整系数，除考虑经济林林分冠幅修正以外，还要考虑经济林产品产量的修正。

$$K_1 = \frac{\text{拟评估林分单位面积产量}}{\text{参照林分单位面积产量}} \tag{10-9}$$

（2）收益现值法。当初产期的经济林资产年经营收入大于年经营投入时，宜采用收益现值法进行评估。采用收益现值法应明确该品种经济林的经济寿命、拟评估经济林初产期和盛产期的平均产量，并分段计算。其计算公式为

$$E_n = K\left[\sum_{i=n}^{n_1-1}\frac{A_i}{(1+P)^{i-n+1}} + \mathrm{AI}\frac{(1+P)^{u-n_1+1}-1}{P(1+P)^{u+n+1}} + \frac{\mathrm{AJ}}{(1+P)^{u-n+1}}\right] \tag{10-10}$$

式中：E_n 为评估值，AI 为盛产期平均年净收益，AJ 为经济寿命期末经济林木材的净收益，A_i 为初产期各年的净收益，u 为经济寿命期，n 为林分的年龄，n_1 为盛产期的开始年，K 为林分质量综合调整系数，P 为投资收益率。

（3）市场成交价比较法。在经济林交易市场公开、活跃、发育完善的条件下，初产期经济林资源资产评估也可以使用市场成交价比较法。林分质量调整系数除考虑经济林林分冠幅修正以外，还要考虑经济林产品的产量、质量的修正。

3. 盛产期经济林资源资产评估

盛产期是经济林资源资产的产品产量最高、收益多且稳定的时期。这一时期持续

时间很长，持续年数因树种、品种和经营管理水平而异，长的可达70~80年，一般占其经济寿命的2/3以上。盛产期的经济林资源资产评估可用收益现值法或市场成交价比较法。

（1）收益现值法。初产期阶段采用收益现值法应明确该品种经济林的经济寿命、拟评估经济林初产期和盛产期的平均产量。其计算公式为

$$E = K\left[\sum_{i=n}^{n_1-1}\frac{A_i}{(1+P)^{i-n+1}} + \mathrm{AI}\frac{(1+P)^{u-n_1+1}-1}{P(1+P)^{u-n+1}} + \frac{\mathrm{AJ}}{(1+P)^{u-n+1}}\right] \tag{10-11}$$

收益现值法应用的前提是林木资产每年都有一定收益，同时每年也有一定的成本支出，且具有一定的经济收益期。此种方法应用的关键在于以下要素的确定：

①被评估经济林各年的收益；

②经济林资产各年的成本支出；

③投资收益率的确定；

④林分的收获期，一般不同品种的经济林收获期不同。

［**评估案例**10-5］某公司拟将一块面积为150亩的茶园作为抵押物进行银行贷款抵押，该茶园内茶树林龄为7年，处于盛产期，请计算该茶树经济林作为资产评估值。

相关参数指标如下：

①该地区茶树盛产期为第6~20年。

②该茶园内茶树进入盛产期后年平均收入为5 800元/亩。

③该茶园年平均年经营成本为2 650元/亩，其中包括采摘人工费、初级加工费、管护费、地租等。

④投资收益率为15%。

评估过程及结论如下：

①$A_i=5\ 800$元，$C_i=2\ 650$元。

②盛产期$u=20$，茶树林龄$n=7$。

③$E = K \times \mathrm{AI} \times \dfrac{(1+P)^{u-n+1}-1}{P(1+P)^{u-n+1}}$

$= 150 \times (5\ 800 - 2\ 650) \times (P/A,\ 15\%,\ 20-7+1) = 2\ 704\ 815$（元）

（2）市场成交价比较法。经济林盛产期市场成交价比较法中林分质量调整要考虑成新率。

$$K_2 = 1 - \frac{\text{拟评估林分盛产期已收获的年数}}{\text{参照林分盛产期可收获的总年数}} \tag{10-12}$$

4. 衰产期经济林资源资产评估

衰产期经济林的产量明显下降，继续经营收益低，甚至出现亏损，应及时更新。这个阶段的经济林资产可用剩余价值法进行评估。特别是乔木树种的经济林中，其剩余价值主要是木材的价值，评估方法可用木材市场价倒算法。

第三节　矿产资源资产评估

一、矿产资源资产评估概述

（一）矿产资源资产的内涵

矿产资源资产是国有资产的一个重要组成部分，也是资源性资产的一个大类，对它的评估进行专门的探讨具有重要的意义。矿产资源资产属于不可再生资源资产，在某一地区范围内，在一定技术经济条件下，某种矿产资源在被开发利用过程中会日趋枯竭，甚至完全采尽用光。因此，通过加强对矿产资源资产的评估，贯彻有偿使用的原则，可促进矿产资源的合理开发和有效使用。

矿产资源资产是指地壳形成以后，经过几千万年、几亿年甚至几十亿年的地质运动而形成的，具有一定数量和质量的，通过勘探和开采能够进入社会生产过程并创造经济价值的矿物或岩石，包括呈固体、液体或气体状态的各种金属、非金属、燃料矿产和地下热能。

在我国，矿产资源是属于国家所有。由国务院行使国家对矿产资源的所有权，矿产资源物质实体及其所有权属于国家，矿产资源资产评估的对象是矿产资源实物资产、矿业权、地质勘查成果专有权，而主要是矿业权。

（二）矿产资源资产评估的对象

矿业权是指自然人、法人或其他社会组织依法享有的，在一定的区域和期限内，进行矿产资源勘查或开采等一系列经济活动的权利。我国的矿业权包括探矿权和采矿权。探矿权是指探矿权人在依法取得勘查许可证规定的范围内，勘查矿产资源的权利。取得勘查许可证的单位或个人称为探矿权人。采矿权是指采矿权人在依法取得的采矿许可证规定的范围和期限内，开采矿产资源和获得所开采的矿产品的权利。取得采矿许可证的单位或个人称为采矿权人。

矿业权评估的对象是探矿权和采矿权。探矿权、采矿权与矿产资源是不可分的。矿产资源所有权和矿业权的权利客体同为矿产资源，但权利主体不同。矿业权的权利主体是矿业权人，包括自然人、法人、其他经济组织，而矿产资源所有权的权利主体是国家。矿业权可以依法流转，矿产资源所有权不允许流转。

二、影响矿产资源资产价值的因素

影响矿产资源资产价值的因素主要包括：矿产资源本身的稀缺程度和可替代程度、矿产品的供求状况、矿床自然丰度和地理位置、科技进步、资本化率等。

1. 矿产资源本身的稀缺程度和可替代程度

在我国，不同的矿种资源的稀缺程度差别很大。在市场需求一定的情况下，占有和经营质量好、使用价值高的矿产资源，往往能获得更多的利润。同时，由于国家一般对稀缺资源实行保护性开采政策，稀缺的矿产资源一般具有更高的价值。一般而言，资源的稀缺程度越高，其可替代程度往往越低，凡是可替代程度低的矿产资源，其资产价值也较高。

2. 矿产品的供求状况

矿产品供求状况决定矿产品价值的实现程度，决定何种等级的矿产资源将被投入生产过程，从而决定矿产资源资产价格水平。

3. 矿床自然丰度和地理位置

矿床的自然丰度是通过矿体规模、形态、厚薄、品位、埋深等一系列指标综合反映的。在一定的技术经济条件下，矿床的自然丰度越高，开采所需投入的成本越低，企业的超额利润会越大，矿产资源资产价值也会相应增加。金属矿石的选冶性能、矿床含有的有益伴生组分以及矿床地质构造的复杂程度等，都会直接影响矿产品的选冶性能，从而影响企业的利润率。

矿床的地理位置对矿产资源资产价格的影响有时甚至超过矿床本身的丰度。矿产距离加工消费地的远近和运输条件的优劣，会影响企业的生产成本。因此，矿床丰度与地理位置综合作用于矿产资源资产价格。

4. 科技进步

科技进步对矿产资源资产价值的影响主要有下列几个方面：会使一些没有被利用的或者被认为无法利用的伴生元素或矿物得到开发和利用，从而使矿产资源总规模扩大，市场供给增加；可以发现已被使用的矿产资源新的或更有效的利用价值，从而改变和增加矿产资源资产的价值；可以发现和创造对矿产资源开发、利用更有效的方法，使采掘企业的技术经济指标发生显著变化，如采矿损失率、矿石贫化率等降低。

5. 资本化率

资本化率的高低反映潜在投资者向矿业权投资者所要求的回报率，以及矿业权投资风险的大小。

矿产资源资产评估，根据不同的评估对象和评估目的，具有多种评估方法。

三、探矿权的主要评估方法

探矿权可在不同精度勘查阶段转让，评估师应针对不同精度勘探阶段合理选择评估方法。高精度勘查阶段，是指达到了详查和勘探阶段，探明或控制了一定的矿产储量，做过一定数量的实验室选矿实验，尚未进入可行性研究阶段。低精度勘查阶段是指处于预查及普查阶段，未查明矿产资源。高精度勘查阶段的探矿权评估方法主要包括约当投资——贴现现金流量法和地勘加和法，低精度勘查阶段的探矿权评估方法主要包括勘查成本效用法、地质要素评序法。

（一）高精度勘查阶段

1. 约当投资——贴现现金流量法

约当投资——贴现现金流量法是通过对新探矿权人未来开采投入的全部资产的未来预期收益现值进行估算，按原探矿权人和新探矿权人投资的比例对预期收益现值进行分割后，以原探矿权人分割所得的预期收益现值来确定探矿权的评估值。该方法的应用需具有一定勘查程度，并具有较详细的地勘投资财务资料。

约当投资——贴现现金流量法具体步骤为：

（1）计算新探矿权人的资产收益现值。

$$W = \sum_{t=1}^{n}\left[W_t \times \frac{1}{(1+r)^t}\right] \tag{10-13}$$

式中：W——资产收益现值；

W_t——第 t 年的收益额；

r——资本化率；

n——计算年限。

W_t＝年销售收入－年经营成本－年资源补偿费－资源税金－其他税金

（2）计算原探矿权人、新探矿权人投资现值。原探矿权人投资现值 T_y 可采用重置成本法计算，探矿权人的投资现值 T_x 可采用贴现法计算。

$$T_x = \sum_{t=1}^{n}\left[T_t \times \frac{1}{(1+r)^t}\right] \tag{10-14}$$

式中：T_x——新探矿权投资累计现值；

T_t——第 t 年投资值；

n——投资年限。

（3）计算探矿权评估价值。其计算公式为

$$P = \frac{T_y}{T_y + T_x} \cdot W \tag{10-15}$$

式中：P——探矿权评估价值；

T_y——原探矿权人投资现值；

T_x——新探矿权投资累计现值。

2. 地勘加和法

地勘加和法是利用地质勘查投入的重置成本加上以地质勘查投入所分配的超额利润来确定探矿权价值，是将重置成本和约当投资——贴现现金流法相结合的一种评估方法。它既考虑了探矿权投入的成本，也考虑了探矿权未来的获利能力。计算公式为

$$\begin{aligned} P &= P_x + L_n \\ L_n &= M \times T/(T+G) \end{aligned} \tag{10-16}$$

式中：P——探矿权评估值；

P_x——不含勘查风险的探矿权净价；

L_n——超额利润分配额；

M——超额利润总额；

T——地质勘查总投资；

G——矿山建设总投资；

$T+G$——矿山总投资。

（二）低精度勘查阶段

1. 勘查成本效用法

勘查成本效用法是指采用效用系数对地质勘查重置成本进行修正，估算探矿权价值的方法，适用于投入少量地表或浅部地质工作的预查阶段的探矿权评估，或者经一定勘查工作后找矿前景仍不明朗的探矿权评估。

以成本途径评估矿业权仅适用于已开展过勘查工作（包括前人所做的勘查工作），但尚未达到可以估算储量的探矿权评估，如预查及普查程度的探矿权。

根据探矿权的地质勘查特点，人们主要采用有效实物工作量计算重置价值，其他投入按照分摊的办法处理。计算公式为

$$P = C_r \cdot F = \sum_{i=1}^{n} U_i \cdot P_i \cdot (1 + \varepsilon) \cdot F \tag{10-17}$$

或

$$P = C_r \cdot F = \sum_{i=1}^{n} (U_i \cdot P_i + C) \cdot F \tag{10-18}$$

式中：P——探矿权评估值；

C_r——重置成本；

U_i——各类地质勘查技术方法完成的实物工作量；

P_i——各类地质勘查实物工作对应的现行价格和费用标准；

F——效用系数，即f_1-f_2，其中f_1为勘查工作布置合理性系数，f_2为勘查工作加权平均质量系数；

i——各实物工作量序号（i=1，2，3，…，n）；

n——勘查实物工作量项数；

ε——岩矿测试、其他地质工作（含综合研究及编写报告）、工地建筑等间接费用的分摊系数；

C——岩矿测试、其他地质工作（含综合研究及编写报告）、工地建筑等间接费用。

2. 地质要素评序法

地质要素评序法是指将勘查成本效用法估算所得的价值作为基础成本，根据评估对象的找矿潜力和矿产资源的开发前景对其进行调整，得出探矿权价值的方法，适用于勘查区块内已进行较系统的地质勘查工作，有符合勘查规范要求的地质勘查报告或地质资料，并具备比较具体的、可满足评判指数所需的地质、矿产信息，在勘查区块外围有符合要求的区域地质矿产资料的评估。相关数学表达式为

$$P = P_c \cdot \alpha = \sum_{i=1}^{n} U_i \cdot P_i \cdot (1 + \varepsilon) \cdot F \cdot \prod_{j=1}^{m} \alpha_j \tag{10-19}$$

或

$$P = P_c \cdot \alpha = \sum_{i=1}^{n} (U_i \cdot P_i + C) \cdot F \cdot \prod_{j=1}^{m} \alpha_j \tag{10-20}$$

式中：P——地质要素评序法探矿权评估价值；

P_c——基础成本（勘查成本效用法探矿权评估价值）；

α_j——第j个地质要素的价值指数（j=1，2，…，m）；

α——调整系数（价值指数乘积，即$\alpha = \alpha_1 \cdot \alpha_2 \cdot \cdots \cdot \alpha_m$）；

m——地质要素的个数。

四、采矿权评估方法

采矿权评估主要采用贴现现金流法和市场法。

1. 贴现现金流法

贴现现金流法是根据矿山企业现有的或设计的矿山设备、生产条件和方案等，预测矿山企业在预测收益期内各年开发利用矿产资源所取得的预期收益额，扣除生产经营成本和税费后折现成现值作为矿业权价值的方法，适用于各种类型的采矿权评估和详查期末、勘探阶段的探矿权评估。贴现现金流法的评估公式为

$$P=\sum_{t=1}^{n}(\mathrm{CI}-\mathrm{CO})_{i}\times\frac{1}{(1+r)^{i}} \tag{10-21}$$

式中：P——采矿权评估值；

CI——现金流入量；

CO——现金流出量；

r——折现率；

i——年序号（$t=1, 2, \cdots, n$）。

2. 市场法

市场法是以矿业权市场最近发生的、具有类似环境和类似地质特征的矿业权交易为参照，通过比较和适当调整对比参数进行矿业权价值评估的方法。采用市场法评估矿业权价值的评估公式为

$$P=\frac{\sum_{i=1}^{n}(P_{i}\times\mu\times\omega\times t\times\theta\times\lambda\times\delta)_{i}}{n} \tag{10-22}$$

式中：P——待评估矿业权价值；

P_i——参照矿业权成交价格；

μ——可采储量调整系数；

ω——矿石品位（质级）调整系数；

t——生产规模调整系数；

θ——产品价格调整系数；

λ——矿体赋存开采条件的调整系数；

δ——区位与基础设施条件的调整系数；

n——相似参照物个数。

在利用市场法进行矿业权评估时，需要调整的因素有很多，如果诸因素都需要调整，会使评估过程复杂，因而需要选择主要的影响因素进行调整。在影响矿业权价值的诸因素中，我们选择最主要的矿产储量、矿石品位、价格、生产规模、矿体赋存开采条件、区位与基础设施条件作为该方法的基本调整系数。在实务中，应根据具体情况选取调整参数并在评估报告中充分论证确定或增减调整系数的原因。

应用市场法进行矿业权评估，评估对象与参照物的相似程度越高，评估的准确性越高。如果各比较参数差异较大，则不适合采用市场法。运用市场法需要注意以下几个问题：

（1）参照物与待评估矿业权的矿种必须是同一矿种并且具有相同或相似的大地构造位置、成矿条件和相同的矿床成因类型。

（2）参照物与待评估矿业权必须存在可比因素，如产品方案、产品规格、生产规

模、矿石品质及交通运输条件等。若要素差异过大，调整系数难以有效确定，则不适宜用此法。

（3）所选参照物和评估对象的信息充分，若相关资料缺乏，也无法采用此法。

（4）成本调整系数和差异调整系数不可同时使用，二者必居其一；差异调整系数中的每项差异要素，只要评估对象或参照物中某方存在某一种要素，那么该要素就必须被赋值，缺项的那一方对此项要求赋零值。

案例解析

××评估有限责任公司接受××省地质矿产勘查局××地质队的委托，遵循国家有关探矿权评估的规定，本着客观、独立、公正、科学的原则，对该项拟转让的××金属普查探矿权在评估基准日的公平市场价值进行评估。

该矿产资源勘查许可证号：3400000430015。有效期限：自 2019 年 1 月 9 日 2021 年 1 月 8 日。本次评估的结果是公平市场价值。评估基准日为 2019 年 10 月 30 日。

评估人员经过分析，认为该探矿权勘查虽然投入了较多的实物工作量，取得了一定的地质、矿产信息资料，但是勘查和研究的程度较低，未进行概略研究或预可行性研究，无选矿实验报告等资料，尚不能预测未来的收益。故不具备折现现金流量法和市场法的条件。但是评估对象的勘查工作程度和已取得的地质矿产信息基本满足地质要素的适用条件。最终确定本次评估采用地质要素评序法。

地质要素评序法是通过对已完成勘查投入现值及其效用价值的计算和对区内矿产潜力及未来资源开发利用前景的预测两部分来确定评估对象的价值。

地质要素评序法的数学表达式为

$$P = P_C \cdot \alpha = \sum_{i=1}^{n} (U_i \cdot P_i + C) \cdot F \cdot \prod_{j=1}^{m} \alpha_j$$

经分析，该探矿权勘查区的勘查已到普查阶段。经核实计算，该探矿权的有关、有效工作量的重置直接成本为 1 320.00 万元，间接费用按重置成本的 30%计算。经评估专业人员分析判断，勘查工作的加权平均质量系数为 1.20，工程部署合理性系数为 1.15。评估专业人员聘请熟悉当地地质情况的高级工程师 5 人对该探矿权的地质要素的价值指数进行了评判打分，最终得到如表 10-1 所示的地质要素价值指数评判综合表。

表 10-1　××金属矿地质要素价值指数评判综合表

地质要素	价值指数平均值
区域成矿地质条件	1.16
物化探异常显示	1.48
矿化强度及蕴藏规模显示	1.08
矿石质量及选矿或加工性能显示	1.00
开采技术条件显示	1.00
矿产品及矿业权市场条件显示	1.18
基础设施条件显示	1.00

通过实地查勘和资料收集，评估小组最终确定了 7 项地质要素，分别是区域成矿地质条件 α_1、物化探异常显示 α_2、矿化强度及蕴藏规模显示 α_3、矿石质量及选矿或加工性能显示 α_4、开采技术条件显示 α_5、矿产品及矿业权市场条件显示 α_6、基础设施条件显示 α_7。通过专家对评估对象这 7 项地质要素价值指数进行评判，最终计算调整系数。

评估过程如下：

1. 计算重置成本

重置成本 = 重置直接成本 + 重置间接成本

= 1 320.00×（1+30%）= 1 716.00（万元）

2. 计算效用系数

效用系数（F）= 工程部署合理性系数（f_1）×加权平均质量系数（f_2）

= 1.20×1.15 = 1.38

3. 计算基础成本

基础成本 = 重置成本×效用系数

= 1716.00×1.38 = 2 368.08（万元）

4. 计算调整系数

$$\alpha_i = \alpha_1 \times \alpha_2 \times \alpha_3 \times \alpha_4 \times \alpha_5 \times \alpha_6 \times \alpha_7$$

$$= 1.16 \times 1.48 \times 1.08 \times 1.00 \times 1.00 \times 1.18 \times 1.00 \approx 2.19$$

5. 计算探矿权价值

××金属普查探矿权的评估价值 = 基础成本×调整系数 = 2 368.08×2.19 ≈ 5 186.10（万元）

本次评估在充分调查、正确分析评估对象实际情况及查阅原始资料的基础上，依据地质要素评序法的评估程序和方法，经过评估估算，确定“××金属普查探矿权”的评估价值约为 5 186.10 万元。

本章操作要点与难点

由于资源资产的特性，我们要研究森林资源资产和矿产资源资产的评估。而两者的差异十分大，故森林资源资产和矿产资源资产的评估方法大相径庭。

森林资源资产评估的对象主要是林木资产、林地资产评估和森林景观资产评估。森林资产评估的基本方法主要是市场法、收益法和成本法。由于森林资源资产的特殊性，根据具体的评估对象和资料情况，针对林木资产、林地资产和森林景观资产，又有相对应的具体的评估方法。

木材市场价倒算法又叫剩余价值法，是将被评估资产皆伐后所得木材的市场销售总收入，扣除木材生产经营所消耗的成本和合理利润，剩余价值部分作为林木资产评估价值的一种方法。

市场成交价比较法是将相同或类似的森林资源资产的现行市场成交价格作为比较基础，估算拟评估森林资源资产评估值的方法。对同一评估对象应选取三个及三个以上参照交易案例，并从评估资料、评估参数指标等的代表性、适宜性、准确性方面，客观分析参照交易案例。

探矿权可在不同精度勘查阶段转让，评估师应针对不同精度勘探阶段合理选择评估方法。高精度勘查阶段的探矿权评估方法主要包括约当投资——贴现现金流量法和地勘加和法，低精度勘查阶段的探矿权评估方法主要包括勘查成本效用法、地质要素评序法。

分析与思考

1. 资源资产评估的特点有哪些？

2. 对于林木资产评估，如何划分种类和选择评估方法？

3. 影响矿产资源资产价值的因素有哪些？对矿产资源资产价值进行评估的方法有哪些？

分析与思考答案

第十一章　其他资产评估业务介绍

伴随着经济发展方式的转变和经济结构的调整，传统资产评估业务市场的需求日益增多并向纵深发展，诸多新兴的资产评估开始出现。本章主要介绍珠宝首饰评估，以及司法实践、生态环境建设、税收、PPP项目领域的资产评估相关内容。

建议教学时数：4

第一节　珠宝首饰评估

一、珠宝首饰评估的基本概念

中国资产评估协会发布的《资产评估执业准则——珠宝首饰》（2017年）中将珠宝首饰评估定义为资产评估机构、资产评估师（珠宝）及其他珠宝评估专业人员遵守法律、行政法规和资产评估准则，按照有关珠宝首饰的国家标准，在对珠宝首饰进行鉴定分级分析的基础上，根据委托对评估基准日特定目的下的珠宝首饰价值进行评定和估算，并出具资产评估报告的专业服务行为。

珠宝评估师开展珠宝首饰评估业务时，应当根据评估对象、评估目的、价值类型、资料收集情况等相关条件，分析市场法、成本法和收益法等资产评估基本方法的适用性，恰当选择评估方法，以对评估对象做出公正合理的判断。珠宝首饰是一种特殊的资产，它既属于有形资产，又具有无形资产的特征，因此珠宝首饰的评估专业性强、技术含量高，它不仅需要评估理论、方法和市场等方面的知识，还需要具备珠宝鉴定分级知识，具有很强的综合性。

二、珠宝首饰评估的方法

（一）成本法

成本法适用于被评估珠宝首饰可复制或存在品质相似的替代品的情况，是按珠宝首饰的重置成本减扣各项损耗价值来确定被评估珠宝首饰价值的方法。

1. 珠宝首饰的重置成本

珠宝首饰的重置成本即在评估时日的技术经济条件和市场供给情况下，重新制作相同珠宝首饰所需要的全部成本。珠宝首饰重置成本的基本计算公式可以用下式表示：

重置成本=原石成本+贵金属成本+设计费用+加工费+利润+其他费用　（11-1）

［**评估案例** 11-1］待评估珠宝首饰为一枚钻石戒指，通过对戒指的鉴定分析得出如下结果：钻石重 0.6 克拉、颜色等级 E、净度等级 VS2、切工等级极好（Excellent），戒托重 2.7g，成色为 18K 铂金。

据调查相关技术经济指标为：

（1）原石头成本。根据钻石的品质级别和钻石的克拉质量，查找钻石的市场报价。

根据市场调查和统计，得出钻石的市场报价为 20 011 元。

（2）贵金属成本。根据金属的质量，计算金属底托的成本价。

根据报价比照，国内镶嵌厂 18K 铂金价为 320 元/g，则戒托贵金属成本 = 320×2.7 = 864（元）。

（3）设计费。设计独特的珠宝首饰需要考虑设计费用。

被评估的钻石戒指为市面上常见女戒，工艺不复杂，不需要重新起板，因此不考虑设计费用。

（4）加工费。根据首饰类型、工艺复杂程度和工艺好坏，计算宝石的镶嵌费用。

被评估钻石戒指镶嵌工艺较好，综合评估其镶嵌费用为 270 元。

（5）利润及其他费用。根据市场情况，确定合理的利润以及销售费用、税费等其他费用。

根据市场调查和数据收集，以该市场的平均水平确定该钻石戒指的利润及其他费用合计 11 000 元。

根据上述指标，评估过程及结论如下：

被评估戒指的重置成本 = 主钻成本 + 铂金钻托成本 + 镶嵌工费 + 利润 + 其他费用 = 20 011+864+270+11 000 = 32 145（元）

为了更好地反映珠宝首饰的市场价值，也可以通过市场交易的成本价为基础计算珠宝首饰的重置成本，其计算公式如下：

$$\text{批发价} = \text{成本价} \times (1+\text{批发利润率}) \tag{11-2}$$

$$\begin{aligned}\text{市场零售价} &= \text{批发价} \times (1+\text{市场利润率}) \\ &= \text{成本价} \times (1+\text{批发利润率}) \times (1+\text{市场利润率}) \\ &= \text{成本价} \times (1+\text{加价率})\end{aligned} \tag{11-3}$$

其中，加价率主要取决于珠宝首饰的类型以及市场级别。

［**评估案例** 11-2］被评估戒指为一枚钻石戒指，考虑其钻石、戒托贵金属采购费用以及定做戒指的加工费用合计为 20 000 元，在此基础上只需要确定该戒指的加价率即可得到其市场价值。通过市场调查和分析，同等级市场中的加价率为 120%，则该戒指的市场价值为

20 000×（1+120%）= 44 000（元）

2. 珠宝首饰的贬值及估算

珠宝首饰贬值是指珠宝首饰价值的损失。就珠宝首饰而言，功能性贬值可以忽略不计，主要考虑实体性贬值和经济性贬值。

（1）实体性贬值。珠宝首饰实体性贬值是由于使用磨损和自然损耗造成的珠宝首饰的物理性磨损。例如，珠宝首饰在佩戴的过程中，因磕碰而使珠宝边角破损，或金属托磨损导致首饰品质下降和价值下降。通常，珠宝首饰的实体性贬值是通过观察确定珠宝首饰的成新率来估算。

（2）经济性贬值。珠宝首饰经济性贬值是由于外部经济环境变化造成的贬值，包括珠宝首饰最佳利用形式的改变、使用的立法限制以及供求关系改变等。例如，珠宝首饰款式过时或者首饰所用金属的种类不再流行等因素导致供求关系改变而产生贬值。

（二）市场法

市场法是珠宝首饰评估最常见的方法，是通过收集评估对象以往的交易信息、相同或者类似珠宝首饰交易的市场信息，根据评估对象与参照物之间的区别，以及市场级别、市场交易条件等因素的差异，对交易价格及相关资料进行分析调整从而得到珠宝首饰的评估价值。珠宝首饰市场法的基本计算公式可以用下式表示：

$$\text{被评估珠宝首饰的市场价值}=\text{参照珠宝首饰市场价值}+\sum\text{因素调整金额} \quad (11-4)$$

珠宝首饰的因素调整一般考虑珠宝首饰的状况和品质级别、制造工艺、销售时间和地点、销售量、市场状况、买卖动机、付款方式等因素。

［**评估案例** 11-3］被评估首饰为一枚钻石戒指。经鉴定，主钻克拉重量为 0.3ct，颜色等级为 F，净度为 VS2，切工等级为 3EX（极好）；伴钻克拉重量 0.1ct，数量为 10 颗，价格为 1 500 元/ct；贵金属为 2.8g 的 Au750 的钻托。由于主钻克拉重量、等级是影响这类戒指价值的重要因素，因此选取了同一市场级别近 1 个月销售（市场价格波动不大）的三个与被评估首饰主钻指标相同的参照案例进行比较（见表 11-1）。

表 11-1　可比因素对比表

对象	交易价格	主钻	伴钻	钻托金属	钻托重量
评估对象		克拉重量 0.3ct，颜色等级 F；净度 VS2，切工 3EX	克拉重量 0.1ct，数量 10 颗，1 500 元/ct	Au750 238 元/g	2.8g
参照案例 A	8 860 元	克拉重量 0.3ct，颜色等级 F；净度 VS2，切工 3EX	克拉重量 0.2ct，数量 4 颗，2 300 元/ct	PT950 385 元/g	2.4g
参照案例 B	9 190 元	克拉重量 0.3ct，颜色等级 F；净度 VS2，切工 3EX	克拉重量 0.1ct，数量 12 颗，1 500 元/ct	PT950 385 元/g	3.2g
参照案例 C	9 764.6 元	克拉重量 0.3ct，颜色等级 F；净度 VS2，切工 3EX	克拉重量 0.20ct，数量 6 颗，2 300 元/ct	Au750 238 元/g	3g

根据上述指标，评估过程及结论如下：

参照案例 A 可得

黄金差价：2.8×238−2.4×385＝−257.6（元）

伴钻价格调整：10×0.1×1 500−4×0.2×2 300＝−340（元）

调整后价值＝8 860−257.6−340＝8 262.4（元）

参照案例 B 可得

黄金差价：2.8×238−3.2×385＝−565.6（元）

伴钻价格调整：（10−12）×0.1×1 500＝−300（元）

调整后价值＝9 190−565.6−300＝8 324.4（元）

参照案例 C 可得

黄金差价：（2.80−3）×238＝−47.6（元）

伴钻价格调整：10×0.1×1 500−6×0.21×2 300＝−1 260（元）

调整后价值＝9 764.6−47.6−1 260＝8 457（元）

用算术平均数法得出被评估钻戒评估值

评估值＝（8 262.4+8 324.4+8 457）÷3≈8 347.93（元）

（三）收益法

收益法适用于租赁、展览等持续经营活动中，具有独立获利能力或者获利能力可以量化的珠宝首饰的资产评估业务，是通过估算被评估珠宝首饰未来收益并折算成现值来确定其价值的一种方法，但是珠宝艺术品和古董的价值并不是根据其可以产生的收益潜力进行频繁买卖的，因此收益法的使用在评估中受到了一定的限制。

三、珠宝首饰评估的实践展望

珠宝首饰评估与珠宝市场是珠宝首饰业的延伸，在我国将有不可限量的发展前景。目前来看，随着我国保险制度的不断完善，涉及保险理赔纠纷处理的珠宝首饰保险评估、银行珠宝首饰抵押贷款珠宝企业上市融资和股权交易、拍卖公司以及典当行对珠宝首饰的评估等都在不断地扩充市场对于珠宝首饰评估的需求，并且，随着我国遗产税等税种的开征，纳税评估也将成为珠宝首饰评估的市场需求。

第二节　司法实践领域的资产评估

一、资产评估司法鉴定的基本概念

资产评估司法鉴定，是依法取得有关资产评估司法鉴定资格的鉴定机构和鉴定人员受司法机关或当事人委托，运用资产评估学的原理、专门知识和技能，依据资产评估及司法鉴定有关规定与方法，对司法活动中的诉讼、仲裁、执行等所涉及的价值纠纷或争议，通过现场勘察取证及市场调查，并在分析、研究、鉴别后做出鉴定结论的活动。资产评估司法鉴定结论是由独立的评估中介机构出具的客观、公正、科学的专业意见，是一种司法实践中的独立证据。

二、司法实践对资产评估的需求

司法领域资产评估鉴定属于传统的三大类鉴定业务以外的鉴定业务，随着我国经济体制改革的逐步深入，司法实践工作对资产评估的需求也不断增长。结合目前国内相关法律法规及司法解释的规定，司法实践领域对资产评估的需求主要有债务纠纷涉及的资产拍卖（变卖）价值鉴定评估、资产损害赔偿鉴定评估、刑事案件量刑中相关损失的估算、民事案件涉诉标的价值的估算等几个方面。

（一）债务纠纷涉及的资产拍卖（变卖）价值鉴定评估

债务纠纷涉及的资产拍卖（变卖）鉴定评估，主要指人民法院在处理债务纠纷案件中，涉及的各项资产拍卖（变卖）鉴定评估，包括机器设备、现房、在建工程项目整体、在建工程部分、企业整体、无形资产、股权拍卖（变卖）的鉴定评估等。对于债务纠纷涉及的拟拍卖（变卖）财产的定价，人民法院都应当委托具有相应资质的评估机构进行价值评估，将评估价值作为第一次拍卖的保留价，未做评估的，保留价由人民法院参照市价确定，并应当征询有关当事人意见。

资产拍卖（变卖）鉴定评估，鉴定评估价值一般情况下定义为市场价值评估，通常不评估变现拍卖（变卖）成交后交易的税费以及税费的转移分担。经估价机构书面提示后，委托方仍然特别指名要求评估变现价值的，可以在揭示该资产市场价值之后，评估其变现价值。资产拍卖（变卖）鉴定评估的估价目的，一般表述为“为司法拍卖（变卖）提供××资产市场价值参考依据”。

（二）资产损害赔偿鉴定评估

资产损害赔偿鉴定评估是依照有关法律法规规定，对涉案资产价格进行分析、鉴别、评估后所做的一种结论性意见，经过相关管理部门确认后，作为确定损害赔偿责任的证据之一。在该项鉴定过程中需要注意以下几点。

（1）对公共设施的评估，应参考损坏物的制作费用及当地市政、路政等相关部门的赔偿标准。

（2）对房屋建筑的评估，一般根据房屋结构、材料、损失状况，考虑拆除工程费用、修缮工程费用、恢复工程费用等按照市场价格确定最低修复费用，并根据实际情况考虑其附属设施修复、租房损失、营业损失及从业人员工资损失。

（3）对可移动的机器设备的评估，主要考虑机器设备的搬迁费用、搬迁过程中因拆、装所造成的机器设备损失、折旧、损耗等费用以及营业损失等。

（4）对农田庄稼的评估，青苗期按青苗费用加合理补偿，成熟期按当地同类农作物平均产量测算。

（5）对宠物、牲畜的评估，受伤的以治疗为主，受伤后失去使用价值或死亡的，一般情况下，宠物根据现行市场上同类型宠物的市场交易价格作为参考，牲畜按照该类型动物肉、皮毛价格作为主要评估依据。

［评估案例 11-4］ 被评估房屋由于业主违规搭建阳光房，降低了该栋住宅的抗震性能，导致该栋住宅出现潜在的安全隐患。评估机构为委托人确定该住宅楼因质量缺陷造成的价值减损进行估价，为其求偿提供参考依据。通过咨询建筑施工专业人士，确定了修复方案：将已改造的阳光房拆除；按照原有设计恢复被损坏的结构并重新装修；加固部分房屋承重部位。初步计划工期为 25 天。

据调查相关技术经济指标为：

（1）拆除、修缮、恢复工程费。工程量按照施工图纸的实际工程量计量，单价参照房屋修缮工程预算定额，结合市场价格水平调整。经计算拆除、修缮、恢复工程费用包括直接费、间接费、利润和税金共计 54 800 元。

（2）直接经济损失。通过综合分析、评估住宅的实际情况，在施工期间直接损失主要考虑楼下住户周转安置费用、住宅楼其他住户施工影响补偿。

楼下一住户需要配合施工搬离住所。经过调查，该区域同类房屋平均租金水平为3 000元/月，考虑到短租的实际情况，在平均租金水平的基础上给予500元作为补偿费用。搬家费根据市场调查为500元/次，施工前搬出、施工后入住两次合计1 000元。因此楼下住户周转安置费用=3 500+1 000=4 500（元）。

住宅楼其他居民施工影响补偿费主要考虑由于施工搭设脚手架等对该住宅楼住户出行、日常生活等方面的影响以及施工过程中的噪音污染，对该住宅楼其他6户住户进行补偿（楼下一户住户由于搬离不计入其中）。由于同朝向住户受影响较大，根据相关规定，给予每户补偿1 000元补偿，其余每户补偿500元。因此其他住户施工影响补偿=2×1 000+4×500=4 000（元）。

（3）被拆除物残值。本项目拆除物中，部分钢结构具有残值，其余为建筑垃圾。通过市场询价，钢结构残值约为3 000元。建筑垃圾清理费根据估计的数量以及人工单价确定为500元。因此，被拆除物残值=3 000-500=2 500（元）。

该房屋质量缺陷损失评估价值=拆除工程费用+修缮工程费用+恢复工程费用+直接经济损失-被拆除物残值=54 800+4 500+4 000-2 500=60 800（元）。

（三）刑事案件量刑中相关损失的估算

刑事案件量刑中相关损失的估算指的是依照有关法律法规规定，对涉案物品价格进行分析、鉴别、计算后所做的一种结论性意见，是法定的刑事证据种类之一，涉案物品价格鉴定结论确定了该涉案物品价格是否达到了犯罪的立案数额标准、是否为数额巨大或数额特别巨大的情节，是刑事证据中不可或缺的证据种类。刑事案件中的价格鉴定不仅需要考虑财物本身价值，还需要结合案件发生情况，由司法人员对价格鉴定方法和过程进行再次审核。

（四）民事案件涉诉标的价值的估算

民事案件涉诉标的价值的估算是指在符合相关诉讼法律法规举证责任分配的基础上，针对较为重大且难以确定相关价值的或者涉及公共利益的经济诉讼，对诉讼标的物或者标的权益进行评估解释的活动，　般包括合同纠纷、商业侵权、婚姻诉讼、知识产权侵权诉讼、房地产诉讼、破产清算等。民事案件涉诉标的价值评估的主要步骤有涉诉标的物权益范围的划定、相关证据的采集、评估机构的认证和确定、对评估结果的说明及报告。

[**评估案例**11-5] 某公司在房地产项目施工过程中，造成村民承包地上的苗木受损，赔偿过程中双方对受损苗木经济价值争议较大，委托资产评估机构对受损苗木经济价值进行鉴定，为经济损失赔偿提供参考依据。资产评估机构接到委托后开展了以下工作：

（1）成立司法鉴定小组，制定鉴定方案。

（2）书证审查。鉴定小组根据法律法规对法院提供的鉴定资料进行了书证审查。鉴定组召开了原被告双方共同参加的司法鉴定调查听证会，并核实了有关情况。经核实，鉴定组认定原被告双方对土地承包合同的有效性、苗木损坏的事实等均无异议。原被告双方对苗木的现值及剩余承包期内可得利益无法达成共识。

(3) 现场访谈和收集资料。鉴定组在法院工作人员和原被告双方的陪同下，到涉案场地进行了现场勘验和调查，对林地地理位置、地形地貌、沟渠配套、灌溉情况等进行勘察，对受损苗木逐株进行测量、标记。

(4) 录入、整理采集数据。

(5) 经济损失评估结果。鉴定组分别采用市场法和收益法对原告现实经济损失和预期经济损失进行了鉴定评估，最终得出评估结果。

(6) 编制司法鉴定书。

(7) 司法鉴定意见采信情况。法院收到司法鉴定意见书后，依法向当事人送达并组织庭审质证，原被告双方对鉴定意见未提出任何实质性意见，法院依法采信鉴定意见进行了判决。

三、司法领域资产评估实践及展望

司法实践领域中，关于涉讼标的财产（资产）的价值认定、资产损害赔偿价值认定、刑事案件中影响量刑依据的涉案财物（资产）及损失判定，都需要由法院选定的专业评估机构出具专业价值意见。民事诉讼案中，在立案、审理、判决、执行等各个环节，资产评估均可以提供涉案标的资产的价值鉴定工作。随着社会经济的发展，人们的经济活动大量增加，经济活动中的民事纠纷也随之增加，资产评估行业将会在司法领域发挥更大作用。

第三节　生态环境建设领域的资产评估

一、生态环境建设领域的资产评估需求

自然生态系统中的生物和非生物具有双重属性，既是生态系统不可或缺的组成部分，也是人类生存和社会可持续发展的重要基础资源。近年来，随着我国生态保护管理体制改革和生态文明建设的不断深入，多部门通过发布相关制度、规定等对生态环境损害赔偿做出了明确规定，损害赔偿价值的评估需求拓展了我国资产评估行业在此领域的业务需求。

二、生态环境建设领域的资产评估实践

生态环境的价值评估大致可以分为市场化和决策管理两个层面。市场化的生态环境价值评估是采用经济手段调整与生态环境有关的行为而产生的评估需求，包括生态环境损害事件的法律诉讼经济补偿和拆迁征占项目涉及的生态环境的破坏的部分。决策管理的生态环境价值评估是出于建设项目审批、政策选择、制度设计等公共事务决策目的而产生的对生态环境价值进行评估的需求，目前主要集中在项目审批管理层面。现今社会发展对生态环境价值评估的需求愈加迫切，生态环境建设领域中的资产评估实践也在不断加强，国家有关部门开始积极推动生态环境价值评估方面的工作。2009年，陕西省林业厅委托资产评估机构对陕西省全省森林资源价值进行了评估。2017年，浙江、江西、贵州和青海四省被列为开展生态产品价值实现机制试点省。

［**评估案例 11-6**］被评估项目一年前因非法开采造成部分山体及植被遭到破坏，为全面掌握该山体破坏对生态环境造成的损失，资产评估师受托评估山体破坏对生态环境造成的损害范围和程度以及矿产资源损失，评估生态恢复所需的费用。

通过与相关管理部门以及专家研讨，根据调查，相关技术、经济指标为：

（1）生态恢复方案。修复山体、平整土地后种植与基线水平面积相同、植物组成和生长指标与破坏前相等的成熟林，恢复工程初步估计需要 1 年的时间。

（2）受损生态系统的空间面积及生物物种。根据遥感影像解译与实地测量确定受损生态系统的空间面积共为 1.15 公顷，主要受损害的物种为椿叶花椒、柔毛油杉。

（3）受破坏的山体体积。通过现场利用测距仪和罗盘测量得到概化后圆锥体的高度及半径，计算得到评估区受破坏的山体体积约为 9 730m^3，砂砾密度为 1.45t/m^3。

（4）砂石单价。通过市场询价获得近两年砂石料价格，同类型砂石单价为 120 元/t。

根据上述指标，评估过程及结论如下：

（1）砂石料矿产资源损失。山体开采获得的砂石料属于一种重要的自然资产，且无法恢复，按照砂石料的直接市场价值计算砂石料损失。

砂石料矿产资源损失 = 9 370×1.45×120≈163.04（万元）。

（2）生态恢复工程参照《造林技术规程》进行设计，工程成本按照《防护林造林工程投资估算指标》进行计算，恢复成本为 290.43 万元。

（3）恢复所需的费用 = 163.04+290.43 = 453.47（万元）。

三、生态环境建设领域的资产评估展望

正确评估生态资产状况和正确计量生态资产价值，实现生态资产的科学管理和合理使用，是实现人类社会可持续发展目标所需要解决的关键问题之一，这也决定了生态环境评估未来应用于生态服务市场化、气候变化——碳交易评估、旅游开发中的景观价值评估、建设项目全程生态价值评估、国民经济管理层面评估等丰富的市场需求和发展前景。

第四节　税收领域的资产评估

一、税收领域资产评估的基本概念

以税收为目的的资产评估，是指资产评估机构及资产评估专业人员，遵守资产评估法、资产评估准则、税法等法律法规的要求，根据委托人的委托，合理确定评估对象及评估范围、价值类型、评估基准日等，根据资产评估对象的特点、评估目的及评估应用条件，选择与税法有关规定中资产计量模式相符的评估方法，对以税收为目的所涉及的各类资产或企业价值进行评定、估算，并出具评估报告的专业服务行为。以税收为目的的资产评估可以为税收征收和缴纳提供价值尺度，已经成为资产评估实务中重要的领域之一。

二、税收领域的资产评估需求

在税收领域，有些税种的课税基数与资产价值或企业价值有关，为了满足税法的

有关规定，需要核定课税基数，确定计税价值。企业或政府税收征收部门会聘请资产评估人员对资产价值或企业价值进行评估，产生了对资产评估的需求。在核定税基、确定资产计税价值、关联交易转让定价、企业重组、企业清算、国企改制等方面都涉及以税收为目的的资产评估业务。

（一）核定税基时对资产评估的需求

税基即课税基础，是计算应纳税额的依据，是税收的核心因素之一。税基的范围比较广泛，包括房地产交易、企业利润、个人所得、投资消费支出、商业流转额、财产转让所得等。在核定税基的应用中比较典型的是房产税税基确定的评估，参照国际惯例，我国逐步以房屋的评估价值作为计税依据。流转税税基的评估应按照税收法律制度的规定评估，即核定纳税人销售货物或提高应税劳务向购买方收取的全部价款和价外费用，但不包括收取的销项税额，要重点关注视同销售行为和税收优惠的评估。企业所得税的税基是应纳税所得额，即纳税人每一纳税年度的收入总额减不征税收入、各项扣除以及允许弥补的以前年度亏损后的余额，评估时主要按照企业所得税法的有关规定，核定收入总额和准予扣除项目，确定应纳税所得额。核定收入时注意不征税收入和免税收入不列入应税收入，核定准予扣除项目时，注意提及不能扣除的项目、扣除有限制的项目以及加计扣除支出的项目。

（二）确定计税价格时对资产评估的需求

组成计税价格是在没有实际销售价格时按照税法规定计算应纳税额的价格。我国税制的主体税种是流转税，流转税以商品生产、流通环节的流转额或者数量以及非商品交易的营业额等为征税对象，以商品、劳务的销售额和营业收入作为计税依据，企业收入的高低关系到流转税的多少。制定组成计税价格成为衡量企业计税基础、保证税源的一种方式。随着市场经济的发展，企业的经营越来越灵活，借助于专业评估手段正确判定组成计税价格是税收征管的内在需求。目前，我国组成计税价格是通过成本加成的方式确定的，通过对企业的现场勘察和同行业的比较，估算企业价值和资产价值，在价值形成过程中产生对企业利润率和报酬率的判断。

（三）关联交易转让定价对资产评估的需求

关联交易是企业关联方之间的交易，其中购买或销售商品、购买或销售商品以外的其他资产是关联交易的主要形式。关联方转让定价是目前税收领域的热点问题。如何阐明交易双方定价安排的经济合理性以及如何让交易双方的税务主管机关（通常涉及不同国家或不同区域的税务主管机关）接受是关键。同时，伴随全球经济一体化进程的加快，企业需要在全球范围内配置资源，以期获得更高的回报率，跨国公司或集团公司内部的交易对企业的整体运营发挥了日益重要的作用。在这些交易中，对风险与收益进行评估能够把握交易的实质，判断交易的价值。

三、税收领域的资产评估实践与展望

资产评估的独立性、公正性和科学性，可保证公平合理地提供涉税资产或企业的价值，能够促进税收的公平合理，易于得到相关利益方及法理上的认可。随着税收制度的优化、税收管理的精细化和征管措施的逐步完善，运用评估技术提高税收征管效率已成为必然，资产评估服务于税收的作用越来越大，税收改革的不断推进使资产评估在税收领域的应用越来越广泛，地位也越来越重要。

第五节　PPP 项目领域的资产评估

一、PPP 项目的基本概念

PPP（public-private-partnership）项目起源于 1982 的英国政府提出的“公共-私营-合作机制”，是政府采取竞争性方式择优选择具有投资、运营管理能力的社会资本，双方按照平等协商原则订立合同，明确责权利关系，由社会资本提供公共服务，政府依据公共服务绩效评价结果向社会资本支付相应对价，保证社会资本获得合理收益的合作机制。

PPP 项目允许社会资本通过特许经营等方式参与城市基础设施投资和运营，政府部门和社会资本在基础设施及公共服务领域建立一种长期合作关系，通过风险的合理分担、利益的合理划分，实现政府部门和社会资本的合作共赢。

二、PPP 项目领域的资产评估需求与实践

（一）PPP 项目各阶段的资产评估需求与实践

随着 PPP 项目的不断发展以及管理的不断完善，PPP 生命周期各阶段涉及的评估目的和评估对象有所不同，无论是定价需要还是依据国有资产相关法规，项目的投资决策、采购决策、响应决策、项目监测与支付、风险再分配、项目调价、质押融资、资产转让等均有可能产生价值评估的需求。

1. PPP 项目识别阶段的资产评估

在 PPP 项目识别阶段，资产评估机构可以开展的 PPP 项目相关业务通常包括：项目发起及项目筛选咨询业务、新建项目尽职调查、存量项目尽职调查、编制项目初步实施方案或项目建议书、项目识别阶段的物有所值评价及财政承受能力论证等。评估机构在项目公司成立时，通常需要关注下列事项。

（1）用于出资的资产应是《中华人民共和国公司法》《中华人民共和国公司登记管理条例》规定允许出资的资产。项目公司成立时出资形式主要包括货币资金、房屋、机器设备、土地使用权、无形资产等，项目收益权及与之相关的特许经营权不能用于项目公司的出资。

（2）拟出资资产应当是 PPP 项目所需要的资产。

（3）如已约定无偿移交的，在出资时应考虑无偿移交因素对评估价值的影响。

（4）应关注拟出资资产的权属状况。

（5）评估报告披露需要注意拟出资资产权属状况以及实物资产产权变更产生的税费处理方式。

2. PPP 项目准备阶段的资产评估

在 PPP 项目准备阶段，评估机构可以开展的 PPP 项目相关业务通常包括：项目实施方案的编制、项目准备阶段的物有所值评价、项目准备阶段的财政承受能力论证及项目实施方案的评估等。项目识别阶段已开展物有所值评价、财政承受能力论证工作的，可在项目准备阶段根据影响结论因素的变化情况对项目识别阶段的报告进行调整。

3. PPP 项目融资阶段的资产评估

在 PPP 项目融资阶段，评估机构可以开展的 PPP 项目相关业务通常包括：协助政府对社会资本进行资格预审、协助政府制定项目采购文件、协助社会资本制定项目响应文件、对社会资本尽职调查、参与合同体系构建及项目采购阶段的物有所值评价等。

（1）对于已设定抵（质）押权的资产，已经在项目资产上设定抵（质）押权的项目收益权，需要考虑其可能对评估结果产生的影响。

（2）需要选择适当的价值类型，并考虑不同交易市场的价格水平可能存在的差异，选择合适的交易市场数据进行评估。

（3）需要关注评估对象的法律、经济、技术等具体特征，并考虑与处置相关的税费计算原则与方式。

（4）使用无形资产融资时的评估，如果无形资产与 PPP 项目直接相关，应考虑无形资产未来收益与 PPP 项目投入产出、项目实施方案、物有所值评价、财政承受能力论证等相关数据的一致性。

（5）对于有锁定期或其他股权变更限制的股权，需要注意其对评估结果的影响。

（6）如已约定无偿移交的，在融资时需要考虑资产无偿移交因素对评估价值的影响。

（7）评估报告中披露需要注意已设定抵（质）押权、担保的资产对评估结果产生的影响。

4. PPP 项目执行阶段的资产评估

在 PPP 项目执行阶段，评估机构可以开展的 PPP 项目相关业务通常包括：协助设立项目公司、融资咨询、项目现金流分析、项目绩效监测与支付评审、项目风险再分配咨询、项目中期评估、项目调价过程中的咨询及项目执行阶段的资产评估等。评估机构在开展 PPP 项目执行阶段涉及的资产评估服务时，需要根据具体评估准则的要求，并结合 PPP 项目的特殊性开展业务，其中对于土地、商业性物业的评估通常需要关注下列事项。

（1）土地、商业性物业的收益期限、开发利用方式、开发规模和频度等需要以 PPP 项目合同或者其他相关协议中的约定为准。

（2）如果 PPP 项目合同或者其他相关协议中约定，土地使用权或商业性物业只能由特定权利人开发或者使用，通常考虑由此对土地使用权或商业性物业具体评估方法选用以及评估结果的影响。

（3）在估算土地、商业性物业时，需要考虑 PPP 项目建成后形成的商业氛围、交通条件、地理条件等对土地使用权、商业性物业价值的影响。

（4）评估报告披露需要注意是否有勘查受限的情况。

5. PPP 项目资产移交涉及的资产评估

在 PPP 项目移交阶段，评估机构可以开展的 PPP 项目相关业务通常包括：项目移交阶段的资产清查、移交阶段的资产评估、项目移交方案的编制及项目绩效评价等。评估机构开展 PPP 项目移交前的资产评估时，需要重点关注下列内容。

（1）明确移交资产范围，根据移交资产范围准确界定资产评估范围和对象。

（2）根据移交资产的特点、价值类型、资料搜集情况等条件，合理选择一种或者多种方法进行评估。PPP 项目合同中对评估方法选用有约定的，应从其约定。

（3）需要充分考虑移交资产的物理性能状况、可用状态和范围及资产剩余经济寿命期对评估结果的影响。

（二）PPP 存量项目的资产评估需求与实践

PPP 存量项目是指政府方基于已全部或者部分建成的公共产品或者公共服务项目设施，按约定的条件与社会资本开展合作的项目，已全部或者部分建成的公共产品或者公共服务项目设施称为 PPP 存量资产。PPP 存量项目不论其构成内容是在建工程、固定资产还是无形资产，其资产所有权或经营权的转让，只要涉及国有资产的转让，都属于法定评估事项。对 PPP 存量项目评估报告的利用主要有两种方式：一是以评估结果作为存量项目转让的依据，社会资本对项目产出物的初始结算价格进行竞价；二是在项目产生物的初始结算价格一定的前提下，社会资本对存量项目转让价格进行竞价。评估机构开展 PPP 存量项目的资产评估时，需要重点关注下列内容。

（1）执行 PPP 存量项目评估业务，收益法通常为必选方法，且不应当将成本法作为唯一使用的方法。对同一 PPP 存量项目采用多种评估方法时，应当对各种初步评估结论进行分析，结合评估目的、不同评估方法使用数据的质量和数量，采用定性或者定量分析方式形成最终评估结论。

（2）市场法对 PPP 存量项目进行评估，需要特别关注评估对象与可比交易案例在 PPP 项目合同的约定、项目公司协议与章程的规定、风险分配方案、合作期等方面存在的差异以及可能产生的影响。

（3）当 PPP 存量项目评估范围中的各项资产难以完整识别并单独评估时，不宜选用成本法。

［**评估案例 11-7**］某市水利局采用 PPP 模式拟对本地区某河道进行新建与修复，河道长度 94km，新建 48km，加固修复 25km，另有 21km 为近几年刚刚建成，目前正常使用。现存 28km 的资产，在水利局下属二级事业单位登记管理。相关资产评估工作开展情况如下：

（1）确定资产属性。经核查相关资料，确认现存资产属于事业单位资产。

（2）已建成资产的评估。对已建成资产，纳入整个合作项目进行管理，虽然所有权没有发生转移，但按照非经营性资产转为经营性资产的要求，仍然需要进行资产评估。

（3）大修资产的评估。按照相关规定，对账面资产进行大修时，应将拆除部分的价值从账面减去，增加更新资产价值。由于资产建成时间较长，鉴于当时的资产管理及资料工作较弱，资产无法按子项区分，评估人员须对该类资产进行清查，分类登记造册，并对未拆除资产的价值进行评估，将评估后的价值加上新建资产的价值作为入账值。

三、PPP 项目领域的资产评估展望

在 PPP 项目中，资产评估有着不可或缺的推进作用，资产评估需求总量和资产评估业务类型呈现出双增长趋势。此外，随着 PPP 项目资产证券化工作的推进，资产评估将在 PPP 项目资产证券化的基础资产抵（质）押价值评估、现金流进行预测等证券化业务中发挥重要作用。

案例解析

传统资产评估业务的扩充给资产评估提出了新的要求，在新兴评估业务处理上，资产评估师需要多方面更新业务知识，以适应不断变化的经济发展形势和业务需求。下面是在新兴资产评估业务处理过程中常见的问题。

1. 评估时如何确定珠宝首饰的市场级别?

2. 珠宝首饰评估过程中需要考虑到珠宝首饰的哪些性状?

3. 司法鉴定中资产评估的现场踏勘环节除资产评估师外是否需要其他人参与?

4. 司法鉴定业务中资产评估师出庭质证有哪些注意事项?

5. 资产价值司法鉴定文书的基本要求有哪些?

6. 生态资产的自然资源价值和生态系统服务价值如何综合评定?

7. 核定税基时的价值类型如何确定?

8. 如何科学识别不同类型的 PPP 项目的收入结构和成本结构?

9. 如何合理区分不同的回报机制下 PPP 项目的利益分配和风险承担?

10. PPP 项目中除了项目本身的特许经营权外，项目其他的附加权益如何影响项目的收益来源和结构?

显然，上述这些问题涉及多个领域的专业知识和相关政策、法律和规范中的相关规定与要求，因此，评估人员需要全面扩充业务知识量，不断学习和接受新知识，在实践中不断积累经验。

例如，对于上面第 3 个问题，由于涉及司法领域的资产评估的特殊性，因此其要求与传统资产评估有所不同，资产评估师在进行现场踏勘时应当有法官陪同，双方当事人或其委托律师共同到场。现场踏勘过程中，估价师应公开收集各种权属资料，并要求法官和双方当事人签字确认其真实性、完整性。资产评估师必须拍摄估价对象及其环境照片，并根据踏勘基本数据填写现场踏勘登记表，注明踏勘日期和踏勘人员，并要求法官和双方当事人签字确认其真实性、完整性。

本章操作要点与难点

珠宝首饰是一种特殊的资产，既属于有形资产，又具有无形资产的特征，因此珠宝首饰的评估专业性强、技术含量高，它不仅需要评估理论、方法和市场等方面的知识，还需要珠宝鉴定分级知识，具有很强的综合性。

目前司法实践领域的资产评估主要涉及债务纠纷涉及的资产拍卖（变卖）价值鉴定评估、资产损害赔偿鉴定评估、刑事案件量刑中相关损失的估算、民事案件涉诉标的价值的估算等几个方面。

生态环境的价值评估大致可以分为市场化和决策管理两个层面。生态环境评估涉及生态学、经济学等多种学科的综合交叉科学，是生态环境保护的必要专业工具，要求对其进行公正、权威、科学以及合法的专业评估。

以税收为目的资产评估需求主要涉及核定税基、确定资产计税价值、关联交易转让定价、企业重组、企业清算、国企改制等方面。

对 PPP 存量项目的评估，一般需要考虑项目实施方案和 PPP 合同条款的影响。对 PPP 存量项目评估报告的利用，主要有两种方式：一是以评估结果作为存量项目转让的依据，社会资本对项目产出物的初始结算价格进行竞价；二是在项目产生物的初始结算价格一定的前提下，社会资本对存量项目转让价格进行竞价。

分析与思考

1. 与传统资产评估业务相比，其他资产评估业务有哪些特点？

2. 税收领域的资产评估需求是什么？

分析与思考答案

本书提供四套期末测试卷及答案解析

扫一扫

参考文献

[1] 徐平. 资产评估理论与实务 [M]. 北京：中国商务出版社，2005.

[2] 全国注册资产评估师考试辅导教材编写组. 机电设备评估基础 [M]. 北京：中国财政经济出版社，2001.

[3] 中国房地产估价师学会. 房地产估价报告精选 [M]. 北京：中国建筑工业出版社，2003.

[4] 刘萍. 企业价值评估指导意见（试行）讲解 [M]. 北京：经济科学出版社，2005.

[5] 汪海粟. 企业价值评估 [M]. 上海：复旦大学出版社，2005.

[6] 上海市资产评估协会. 收益法评估理论与实践 [M]. 上海：立信会计出版社，2001.

[7] 潘学模. 资产评估学 [M]. 成都：西南财经大学出版社，2004.

[8] 刘伍堂，崔劲. 无形资产评估案例 [M]. 北京：中国财政经济出版社，2004.

[9] 陈涛涛，徐国. 企业无形资产评估方法与实务 [M]. 北京：经济科学出版社，1996.

[10] 王子林. 资产评估原理、理论、实务 [M]. 北京：中国财政经济出版社，1994.

[11] 沈品发，赵斌，白玉. 无形资产评估理论与实务 [M]. 上海：华东理工大学出版社，2005.

[12] 袁辉. 对应收款评估定量及定性分析探讨 [J]. 中国资产评估，2003（1）：24-25.

[13] 苏淑欢，朱健仪. 资产评估学 [M]. 广州：中山大学出版社，2002.

[14] 于鸿君. 资产评估教程 [M]. 北京：北京大学出版社，2000.

[15] 中国资产评估协会. 资产评估基础 [M]. 北京：中国财政经济出版社，2020.

[16] 中国资产评估协会. 资产评估相关知识 [M]. 北京：中国财政经济出版社，2020.

[17] 中国资产评估协会. 资产评估实务（一）[M]. 北京：中国财政经济出版社，2020.

[18] 中国资产评估协会. 资产评估实务（二）[M]. 北京：中国财政经济出版社，2020.

[19] 高丽，黄良杰. 资产评估 [M]. 上海：立信会计出版社，2013.
[20] 朱萍. 资产评估学教程 [M]. 上海：上海财经大学出版社，2004.
[21] 肖翔，何琳. 资产评估学教程 [M]. 北京：清华大学出版社，2004.
[22] 刘德运. 无形资产评估 [M]. 北京：中国财政经济出版社，2015.
[23] 张蓓莉，陈华，孙凤民. 珠宝首饰评估 [M]. 北京：地质出版社，2000.

附录一　企业资产评估全表

附表1　资产评估结果汇总表

资产占有单位：光华电器科技有限公司　　评估基准日：2020年12月31日　　金额单位：万元

项　目		账面价值	调整后账面值	评估价值	增减值	增值率/%
		A	B	C	D=C−B	E=D/B×100
流动资产	1	1 078.10	1 198.30	1 193.22	−5.08	−0.42
长期投资	2	355.80	358.80	378.56	19.76	5.51
固定资产	3	1 173.25	1 152.00	1 271.67	119.67	10.39
其中：在建工程	4	26.50	26.50	26.50		
建筑物	5	656.56	656.56	765.81	109.25	16.64
设　备	6	490.18	468.94	479.36	10.42	2.22
无形资产	7	111.24	112.46	418.48	306.02	272.11
其中：土地使用权	8	51.24	52.46	86.48	34.02	64.85
其他资产	9	16.97	10.27		−10.27	−100.00
资产总计	10	2 735.36	2 831.84	3 261.94	430.10	15.19
流动负债	11	820.32	938.86	938.86		
长期负债	12	400.00	437.73	437.73		
负债总计	13	1 220.32	1 376.58	1 376.58		
净资产	14	1 515.04	1 455.25	1 885.35	430.10	29.56

评估机构：华夏资产评估有限公司　　项目负责人：张竞成

法定代表人：王蓉生　　签字注册资产评估师：李公平、陈有志

附表 2　资产评估结果分类汇总表

资产占有单位：光华电器科技有限公司　　　　评估基准日：2020 年 12 月 31 日　　　　金额单位：元

序号	科目名称	账面价值	账面调整值	调整后账面值	评估价值	增值额	增值率/%
1	一、流动资产合计	10 781 017.65	1 202 003.09	11 983 020.74	11 932 233.86	−50 786.88	−0.42
2	货币资金	801 825.30		801 825.30	801 825.30		
3	交易性金融资产						
4	应收票据						
5	应收股利						
6	应收利息						
7	应收账款	1 916 898.98	128 471.40	2 045 370.38	1 949 263.94	−96 106.44	−4.70
8	其他应收款	1 335 686.01	1 059 391.99	2 395 078.00	2 393 078.00	−2 000.00	−0.08
9	减：坏账准备						
10	应收账款净额	3 252 584.99	1 187 863.39	4 440 448.38	4 342 341.94	−98 106.44	−2.21
11	预付账款	359 043.71	10 065.50	369 109.21	369 109.21		
12	应收补贴款						
13	存货	6 367 563.65	4 074.20	6 371 637.85	6 418 957.41	47 319.56	0.74
14	一年内到期的非流动资产						
15	其他流动资产						
16	二、长期投资	3 558 000.00	30 000.00	3 588 000.00	3 785 605.17	197 605.17	5.51
17	三、固定资产	11 732 464.14	−212 450.00	11 520 014.14	12 716 723.68	1 196 709.54	10.39
18	固定资产原价	13 826 959.00		13 826 959.00	15 461 043.75	1 634 084.75	11.82
19	其中：设备类	6 362 700.00		6 362 700.00	5 842 868.00	−519 832.00	−8.17
20	建筑物类	7 464 259.00		7 464 259.00	9 618 175.75	2 153 916.75	28.86

附表 2（续）

序号	科目名称	账面价值	账面调整值	调整后账面值	评估价值	增值额	增值率/%
21	减：累计折旧	2 359 494. 86	212 450. 00	2 571 944. 86	3 009 320. 07	437 375. 21	17. 01
22	固定资产净额	11 467 464. 14	−212 450. 00	11 255 014. 14	12 451 723. 68	1 196 709. 54	10. 63
23	其中：设备类	4 901 829. 00	−212 450. 00	4 689 379. 00	4 793 587. 70	104 208. 70	2. 22
24	建筑物类	6 565 635. 14		6 565 635. 14	7 658 135. 98	1 092 500. 84	16. 64
25	工程物资						
26	在建工程	265 000. 00		265 000. 00	265 000. 00		
27	固定资产清理						
28	待处理固定资产净损失						
29	四、无形资产合计	1 112 400. 00	12 200. 00	1 124 600. 00	4 184 831. 33	3 060 231. 33	272. 12
30	其中：土地使用权	512 400. 00	12 200. 00	524 600. 00	864 831. 33	340 231. 33	64. 86
31	其他无形资产	600 000. 00		600 000. 00	3 320 000. 00	2 720 000. 00	453. 33
32	五、递延资产合计	169 720. 00	−67 000. 00	102 720. 00		−102 720. 00	−100. 00
33	开发支出						
34	长期待摊费用	169 720. 00	−67 000. 00	102 720. 00		−102 720. 00	−100. 00
35	六、其他非流动资产						
36	七、递延所得税资产						
37	八、资产总计	27 353 601. 79	964 753. 09	28 318 354. 88	32 619 394. 04	4 301 039. 16	15. 19
38	九、流动负债合计	8 203 197. 43	1 185 369. 00	9 388 566. 43	9 388 566. 43		
39	短期借款	5 000 000. 00		5 000 000. 00	5 000 000. 00		
40	应付票据						
41	应付账款	1 057 213. 82	39 089. 00	1 096 302. 82	1 096 302. 82		
42	预收账款	653 272. 83	93 600. 00	746 872. 83	746 872. 83		
43	其他应付款	728 936. 00	1 052 680. 00	1 781 616. 00	1 781 616. 00		

附表 2（续）

序号	科目名称	账面价值	账面调整值	调整后账面值	评估价值	增值额	增值率/%
44	应付职工薪酬——工资	139 135.50		139 135.50	139 135.50		
45	应付职工薪酬——职工福利费	254 896.35		254 896.35	254 896.35		
46	应交税费	369 742.93		369 742.93	369 742.93		
47	应付利润						
48	其他未交款						
49	预计负债						
50	一年内到期的非流动负债						
51	其他流动负债						
52							
53	十、长期负债合计	4 000 000.00	377 280.00	4 377 280.00	4 377 280.00		
54	长期借款	4 000 000.00	377 280.00	4 377 280.00	4 377 280.00		
55	应付债券						
56	长期应付款						
57	专项应付款						
58	其他非流动负债						
59	递延所得税负债						
60							
61	十一、负债合计	12 203 197.43	1 562 649.00	13 765 846.43	13 765 846.43		
62							
63	十二、净资产	15 150 404.36	-597 895.91	14 552 508.45	18 853 547.61	4 301 039.16	29.56

评估机构：华夏资产评估有限公司　　签字注册资产评估师：李公平、陈有志

附表 3　流动资产清查评估汇总表

资产占有单位：光华电器科技有限公司　　评估基准日：2020 年 12 月 31 日　　金额单位：元

编号	科目名称	账面价值	调整后账面值	评估价值	增值额	增值率/%
3-1	货币资金	801 825. 30	801 825. 30	801 825. 30		
3-2	交易性金融资产					
3-3	应收票据					
3-4	应收股利					
3-5	应收利息					
3-6	应收账款	1 916 898. 98	2 045 370. 38	1 949 263. 94	-96 106. 44	-4. 70
3-7	其他应收款	1 335 686. 01	2 395 078. 00	2 393 078. 00	-2 000. 00	-0. 08
	减：坏账准备					
	应收款净额	3 252 584. 99	4 440 448. 38	4 342 341. 94	-98 106. 44	-2. 21
3-8	预付账款	359 043. 71	369 109. 21	369 109. 21		
3-9	应收补贴款					
3-10	存货	6 367 563. 65	6 371 637. 85	6 418 957. 41	47 319. 56	0. 74
3-11	其他流动资产					
3	流动资产合计	10 781 017. 65	11 983 020. 74	11 932 233. 86	-50 786. 88	-0. 42

资产占有单位填表人：孙小莉　　评估机构：华夏资产评估有限公司

填表日期：2021 年 1 月 15 日　　评估人员：李公平、魏可

附表 3-1-1　货币资金——现金清查评估明细表

资产占有单位：光华电器科技有限公司　　　评估基准日：2020 年 12 月 31 日　　　金额单位：元

序号	存放部门（单位）	币种	外币账面金额	评估基准日汇率	账面价值	调整后账面值	评估价值	增值率/%
	财务部	人民币			66 548.00	66 548.00	66 548.00	0.00
小　计					66 548.00	66 548.00	66 548.00	0.00
合　计					66 548.00	66 548.00	66 548.00	0.00

资产占有单位填表人：孙小莉　　　评估机构：华夏资产评估有限公司
填表日期：2021 年 1 月 15 日　　　评估人员：李公平、魏可

附表 3-1-2　货币资金——银行存款清查评估明细表

资产占有单位：光华电器科技有限公司　　评估基准日：2020 年 12 月 31 日　　金额单位：元

序号	开户银行	账号	币种	外币账面金额	评估基准日汇率	账面价值	调整后账面值	评估价值	增值率/%	备注
1	工行光华支行	226900785545	人民币			677 635. 34	677 635. 34	677 635. 34	0. 00	
2	市建一支行	4022340902453675	人民币			16 516. 98	16 516. 98	16 516. 98	0. 00	
3	中行经纬支行	357808093001	人民币			41 124. 98	41 124. 98	41 124. 98	0. 00	
小　计						735 277. 30	735 277. 30	735 277. 30	0. 00	
合　计						735 277. 30	735 277. 30	735 277. 30	0. 00	

资产占有单位填表人：孙小莉　　评估机构：华夏资产评估有限公司

填表日期：2021 年 1 月 15 日　　评估人员：李公平、魏可

附表 3-6　应收账款清查评估明细表

资产占有单位：光华电器科技有限公司　　评估基准日：2020 年 12 月 31 日　　金额单位：元

序号	欠款单位名称（结算对象）	业务内容	发生日期	账龄	账面价值	调整后账面值	评估价值	增值率/%	备注
1	三丰电子有限责任公司	货款	2020-9-12	3 月	735 682.00	735 682.00	735 682.00	0.00	
2	新川电器有限责任公司	货款	2020-5-6	7 月	305 594.16	305 594.16	305 594.16	0.00	
3	光明实业公司	货款	2020-10-18	2 月	634 708.65	634 708.65	634 708.65	0.00	
4	山峰电子公司	货款	2020-8-20	4 月	-5 600.00	0.00	0.00	0.00	调整到预收账款
5	永华电器厂	货款	2019-6-8	1 年 6 月	30.00	30.00	30.00	0.00	
6	预达经营部	货款	2019-12-25	1 年	8.26	0.00	0.00	0.00	结算尾款，长期挂账未清理
7	东方红电气集团公司	货款	2020-3-11	9 月	1 000.00	1 000.00	1 000.00	0.00	
8	省稀有金属公司	货款	2017-1-16	3 年 11 月	41 078.57	41 078.57	41 078.57	0.00	
9	灵通机器制造有限公司	货款	2020-8-8	4 月	2 800.00	2 800.00	2 800.00	0.00	
10	京南通讯公司	货款	2018-5-12	2 年 7 月	15 860.00	15 860.00	15 860.00	0.00	
11	市仪表八厂	货款	2020-12-13		80 000.00	80 000.00	80 000.00	0.00	
12	申晶表业发展有限公司	货款	2020-8-6	4 月	111 320.00	111 320.00	111 320.00	0.00	
13	津南航天实业公司	货款	2020-12-19		-80 000.00	0.00	0.00	0.00	调整到预收账款
14	光辉实业公司	货款	2020-11-18	1 月	2 800.00	2 800.00	2 800.00	0.00	
15	多彩宝石元件厂	货款	2020-10-28	2 月	64 250.00	64 250.00	64 250.00	0.00	
16	张海	货款	2017-3-3	3 年 9 月	17 000.00	17 000.00	0.00	-100.00	债务人失踪，确认为坏账
17	坏账准备				-9 632.66	0.00	-79 106.44		预计坏账损失
18	南峰精密机械公司					8 000.00	8 000.00	0.00	由预收账款借方余额调整而来
19	通达化工厂					25 247.00	25 247.00	0.00	由应付账款借方余额调整而来
小　计					1 916 898.98	2 045 370.38	1 949 263.94	-4.70	
合　计					1 916 898.98	2 045 370.38	1 949 263.94	-4.70	

资产占有单位填表人：孙小莉　　评估机构：华夏资产评估有限公司

填表日期：2021 年 1 月 15 日　　评估人员：李公平、魏可

附表 3-7　其他应收款清查评估明细表

资产占有单位：光华电器科技有限公司　　评估基准日：2020 年 12 月 31 日　　金额单位：元

序号	欠款单位名称	业务内容	发生日期	账龄	账面价值	调整后账面值	评估价值	增值率/%	备注
1	杨小虎	备用金	滚动发生		3 000.00	3 000.00	3 000.00	0.00	
2	陈山丹	备用金	滚动发生		245.00	245.00	245.00	0.00	
3	郑国宝	备用金	滚动发生		-1 680.00	0.00	0.00	0.00	调整到其他应付款
4	食堂	周转金	滚动发生		1 500.00	1 500.00	1 500.00	0.00	
5	市场经营部	周转金	滚动发生		68 250.00	68 250.00	68 250.00	0.00	
6	林红军	采购备用金	滚动发生		7 623.00	7 623.00	7 623.00	0.00	
7	张心宁	销售承包款	2018-4-1	2 年 9 月	2 000.00	2 000.00	0.00	-100.00	债务人失踪，确认为坏账损失
8	中德信息技术有限责任公司	周转借款	2019-12-1	1 年 1 月	200 000.00	200 000.00	200 000.00	0.00	
9	彩虹电子公司	周转借款	2018-9-1	2 年 4 月	451 520.00	451 520.00	451 520.00	0.00	
10	王超	生活费借款	2020-10-1	3 月	200.00	200.00	200.00	0.00	
11	汪洋	私人借款	2020-10-1	3 月	5 500.00	5 500.00	5 500.00	0.00	
12	市设计院	厂房设计图押金	2018-10-1	2 年 3 月	50 000.00	50 000.00	50 000.00	0.00	
13	科技投资担保实业公司	担保金	2020-6-1	7 月	500 000.00	500 000.00	500 000.00	0.00	
14	黄小鱼	加工咨询费	2020-11-1	2 月	50 000.00	50 000.00	50 000.00	0.00	
15	市建五公司	防水工程款	2020-6-1	7 月	2 240.00	2 240.00	2 240.00	0.00	
16	三星实业公司	租金	2020-10-1	3 月	3 000.00	3 000.00	3 000.00	0.00	
17	双新技术开发公司	咨询费	2020-1-1	1 年	-1 000.00	0.00	0.00	0.00	调整到其他应付款
18	坏账准备				-6 711.99	0.00	0.00	0.00	
19	天地房产开发公司		2020-10-1	3 月		1 050 000.00	1 050 000.00	0.00	由其他应付款借方余额调整而来
小　计					1 335 686.01	2 395 078.00	2 393 078.00	-0.08	
合　计					1 335 686.01	2 395 078.00	2 393 078.00	-0.08	

资产占有单位填表人：孙小莉　　评估机构：华夏资产评估有限公司

填表日期：2021 年 1 月 15 日　　评估人员：李公平、魏可

附表 3-8　预付账款清查评估明细表

资产占有单位：光华电器科技有限公司　　评估基准日：2020 年 12 月 31 日　　金额单位：元

序号	收款单位名称（结算对象）	业务内容	发生日期	账龄	账面价值	调整后账面值	评估价值	增值率/%	备注
1	大通贸易公司	材料款	2020-9-1	4 月	8 647.21	8 647.21	8 647.21	0.00	
2	科创金属有限责任公司	材料款	2020-11-1	2 月	4 512.00	4 512.00	4 512.00	0.00	
3	三星电器厂	材料款	2019-6-1	1 年 7 月	-65.50	0.00	0.00	0.00	结算尾款挂账
4	奥林装饰家具厂	办公楼装修款	2020-8-1	5 月	188 000.00	188 000.00	188 000.00	0.00	
5	宏大特殊材料厂	材料款	2020-12-1	1 月	7 600.00	7 600.00	7 600.00	0.00	
6	长征汽贸	购汽车预付款	2020-10-1	3 月	120 000.00	120 000.00	120 000.00	0.00	
7	先锋新材有限责任公司	材料款	2020-5-1	8 月	23 000.00	23 000.00	23 000.00	0.00	
8	诚德变压器厂	材料款	2020-12-1	1 月	4 000.00	4 000.00	4 000.00	0.00	
9	市仪表材料研究所	材料款	2020-7-1	6 月	1 350.00	1 350.00	1 350.00	0.00	
10	华联机器设备厂	购货订金	2020-11-1	2 月	12 000.00	12 000.00	12 000.00	0.00	
11	晶鑫电子有限公司	材料款	2020-10-1	3 月	-10 000.00	0.00	0.00	0.00	调整到应付账款
小　计					359 043.71	369 109.21	369 109.21	0.00	
合　计					359 043.71	369 109.21	369 109.21	0.00	

资产占有单位填表人：孙小莉　　评估机构：华夏资产评估有限公司
填表日期：2021 年 1 月 15 日　　评估人员：李公平、魏可

附表 3-10　存货清查评估汇总表

资产占有单位：光华电器科技有限公司　　评估基准日：2020 年 12 月 31 日　　金额单位：元

编号	科目名称	账面价值	调整后账面值	评估值	增值额	增值率/%
3-10-1	原材料	2 596 524. 27	2 600 750. 27	2 617 663. 84	16 913. 56	0. 65
3-10-2	材料采购（在途物资）					
3-10-3	在库低值易耗品	46 259. 38	46 107. 58	42 047. 58	-4 060. 00	-8. 81
3-10-4	包装物（库存物资）					
3-10-5	委托加工材料					
3-10-6	产成品（库存商品）	3 297 820. 00	3 297 820. 00	3 326 968. 80	29 148. 80	0. 88
3-10-7	在产品（自制半成品）	426 960. 00	426 960. 00	432 277. 20	5 317. 20	1. 25
3-10-8	分期收款发出商品					
3-10-9	在用低值易耗品					
3-10-10	委托代销商品					
3-10-11	受托代销商品					
	存货合计	6 367 563. 65	6 371 637. 85	6 418 957. 41	47 319. 56	0. 74
11-3	减：存货跌价准备					
3-10	存货净额	6 367 563. 65	6 371 637. 85	6 418 957. 41	47 319. 56	0. 74

资产占有单位填表人：周小敏　　评估机构：华夏资产评估有限公司

填表日期：2021 年 1 月 15 日　　评估人员：李公平、曹丹

附表 3-10-1　存货——原材料清查评估明细表

资产占有单位：光华电器科技有限公司　　评估基准日：2020 年 12 月 31 日　　金额单位：元

序号	名称及规格型号	计量单位	账面价值			调整后账面值	实际数量	评估价值		增值率/%	备注
			数量	单价	金额			单价	金额		
1	PVC 板	块	5 000	240. 00	1 200 000. 00	1 200 000. 00	5 000	240. 00	1 200 000. 00	0. 00	
2	电阻	支	14 892	7. 55	112 431. 11	112 431. 11	14 892	9. 06	134 921. 52	20. 00	
3	电容	支	8 730	10. 14	88 522. 20	88 522. 20	8 730	10. 14	88 522. 20	0. 00	
4	集成电路 IC-1	块	1 240	415. 32	514 996. 80	514 996. 80	1 240	415. 32	514 996. 80	0. 00	
5	集成电路 IC-2	块	515	363. 05	186 970. 75	186 970. 75	515	363. 05	186 970. 75	0. 00	
6	集成电路 IC-3	块	378	314. 02	118 699. 56	118 699. 56	378	314. 02	118 699. 56	0. 00	
7	集成电路 IC-4	块	268	256. 57	68 760. 00	68 760. 00	268	256. 57	68 760. 76	0. 00	
8	集成电路 IC-5	块	540	180. 00	97 200. 00	97 200. 00	540	180. 00	97 200. 00	0. 00	
9	焊锡丝	卷	316	5. 00	1 580. 00	1 580. 00	316	6. 50	2 054. 00	30. 00	
10	电位器	支	2 130	1. 00	2 130. 00	2 056. 00	2 056	1. 00	2 056. 00	0. 00	盘亏 74 个
11	卡座 S-1	个	38	10. 00	380. 00	480. 00	48	10. 00	480. 00	0. 00	盘盈 10 个
12	卡座 S-2	个	-257	15. 27	-4 200. 00	0. 00	0				对应调整暂估入库
13	卡座 S-3	个	428	21. 45	9 180. 60	9 180. 60	428	21. 45	9 180. 60	0. 00	
14	垫圈	个	36 850	0. 14	5 211. 00	5 211. 00	35 820	0. 14	5 014. 80	-3. 77	毁损 1 030 个
15	螺钉	个	56 892	0. 09	5 290. 96	5 290. 96	56 892	0. 09	5 290. 96	0. 00	
16	铝箔	张	4 230	2. 00	8 460. 00	8 460. 00	4 230	2. 00	8 460. 00	0. 00	
17	连杆	个	1 862	1. 60	2 979. 20	2 979. 20	1 862	1. 60	2 979. 20	0. 00	
18	耐高温多芯线	米	3 253	6. 00	19 518. 00	19 518. 00	3 253	4. 20	13 662. 60	-30. 00	超储积压
19	控制按钮	个	1 426	23. 43	33 411. 18	33 411. 18	1 426	23. 43	33 411. 18	0. 00	
20	其他	个	24 782	5. 04	125 002. 91	125 002. 91	24 782	5. 04	125 002. 91	0. 00	
	小　计				2 596 524. 27	2 600 750. 27			2 617 663. 84	0. 65	
	合　计				2 596 524. 27	2 600 750. 27			2 617 663. 84	0. 65	

资产占有单位填表人：周小敏　　评估机构：华夏资产评估有限公司

填表日期：2021 年 1 月 15 日　　评估人员：李公平、曹丹

附表 3-10-3 存货——在库低值易耗品清查评估明细表

资产占有单位：光华电器科技有限公司　　评估基准日：2020 年 12 月 31 日　　金额单位：元

序号	名称及规格型号	计量单位	账面价值			调整后账面值	实际数量	评估价值		增值率/%	备注
			数量	单价	金额			单价	金额		
1	手套	双	532	4.00	2 128.00	2 128.00	532	4.00	2 128.00	0.00	
2	口罩	个	437	1.00	437.00	437.00	437	1.00	437.00	0.00	
3	坩埚	个	32	6.00	192.00	192.00	32	6.00	192.00	0.00	
4	AG 检测表	个	126	43.40	5 468.00	5 555.20	128	43.40	5 555.20	0.00	盘盈 2 个
5	键盘	个	34	90.00	3 060.00	3 060.00	34	70.00	2 380.00	-22.22	
6	鼠标	个	26	65.00	1 690.00	1 690.00	26	50.00	1 300.00	-23.08	
7	垫子	个	62	3.50	217.00	217.00	62	3.50	217.00	0.00	
8	纸杯	打	350	24.00	8 400.00	8 400.00	350	24.00	8 400.00	0.00	
9	稿笺纸	本	2 674	2.00	5 348.00	5 348.00	2 674	1.00	2 674.00	-50.00	部分积压不能使用
10	打印纸	本	297	20.00	5 940.00	5 940.00	297	20.00	5 940.00	0.00	
11	灯泡	个	369	4.00	1 476.00	1 476.00	346	4.00	1 384.00	-6.23	毁损 23 个
12	书架	个	25	72.00	1 800.00	1 800.00	25	72.00	1 800.00	0.00	
13	电话机	个	7	160.00	1 120.00	1 120.00	7	128.00	896.00	-20.00	
14	签字笔	只	248	1.00	248.00	219.00	219	1.00	219.00	0.00	盘亏 29 支
15	拖鞋	双	49	3.00	147.00	147.00	49	3.00	147.00	0.00	
16	文件夹	个	26	5.00	130.00	130.00	26	5.00	130.00	0.00	
17	电烙铁	把	0		210.00	0.00	0				领耗时计价有误
18	拔线钳	把	18	131.08	2 359.38	2 359.38	18	131.08	2 359.38	0.00	
19	万用表	部	26	220.00	5 720.00	5 720.00	26	220.00	5 720.00	0.00	
20	改锥	把	13	13.00	169.00	169.00	13	13.00	169.00	0.00	
	小　计				46 259.38	46 107.58			42 047.58	-8.81	
	合　计				46 259.38	46 107.58			42 047.58	-8.81	

资产占有单位填表人：周小敏　　评估机构：华夏资产评估有限公司
填表日期：2021 年 1 月 15 日　　评估人员：李公平、曹丹

附表 3-10-6　存货——产成品（库存商品）清查评估明细表

资产占有单位：光华电器科技有限公司　　　　评估基准日：2020 年 12 月 31 日　　　　金额单位：元

序号	名称及规格型号	计量单位	账面价值			调整后账面值	实际数量	评估价值		增值率/%	备注
			数量	单价	金额			单价	金额		
1	STE-1 型机	台	220	4 200. 00	924 000. 00	924 000. 00	220	4 200. 00	924 000. 00	0. 00	
2	STE-2 型机	台	180	2 200. 00	396 000. 00	396 000. 00	180	2 200. 00	396 000. 00	0. 00	
3	STE-3 型机	台	246	3 400. 00	836 400. 00	836 400. 00	246	3 400. 00	836 400. 00	0. 00	
4	STE-4 型机	台	528	660. 00	348 480. 00	348 480. 00	528	660. 00	348 480. 00	0. 00	
5	STE-5 型机	台	310	680. 00	210 800. 00	210 800. 00	310	680. 00	210 800. 00	0. 00	
6	STE-6 型机	台	122	450. 00	54 900. 00	54 900. 00	122	450. 00	54 900. 00	0. 00	
7	BTG-1 型机	台	424	620. 00	262 880. 00	262 880. 00	424	654. 72	277 601. 28	5. 60	
8	BTG-2 型机	台	268	580. 00	155 440. 00	155 440. 00	268	612. 64	164 187. 52	5. 63	
9	BTG-3 型机	台	234	380. 00	88 920. 00	88 920. 00	234	400. 00	93 600. 00	5. 26	
10	BTG-4 型机	台	25	800. 00	20 000. 00	20 000. 00	25	840. 00	21 000. 00	5. 00	
	小　计				3 297 820. 00	3 297 820. 00			3 326 968. 80	0. 88	
	合　计				3 297 820. 00	3 297 820. 00			3 326 968. 80	0. 88	

资产占有单位填表人：周小敏　　　　评估机构：华夏资产评估有限公司

填表日期：2021 年 1 月 15 日　　　　评估人员：李公平、曹丹

附表 3-10-7 存货——在产品（自制半成品）清查评估明细表

资产占有单位：光华电器科技有限公司　　评估基准日：2020 年 12 月 31 日　　金额单位：元

序号	名称及规格型号	计量单位	账面价值			调整后账面值	实际数量	评估价值		增值率/%	备注
			数量	单价	金额			单价	金额		
1	STE-0-1	台	28	2 400.00	67 200.00	67 200.00	28	2 400.00	67 200.00	0.00	
2	STE-0-2	台	142	1 520.00	215 840.00	215 840.00	142	1 520.00	215 840.00	0.00	
3	STE-0-3	台	56	1 700.00	95 200.00	95 200.00	56	1 700.00	95 200.00	0.00	
4	BTG-0-1	台	21	430.00	9 030.00	9 030.00	21	430.00	9 030.00	0.00	
5	BTG-0-2	台	126	315.00	39 690.00	39 690.00	126	357.20	45 007.20	13.40	
小计					426 960.00	426 960.00			432 277.20	1.25	
合计					426 960.00	426 960.00			432 277.20	1.25	

资产占有单位填表人：周小敏　　评估机构：华夏资产评估有限公司

填表日期：2021 年 1 月 15 日　　评估人员：李公平、曹丹

附表 4　长期投资清查评估汇总表

资产占有单位：光华电器科技有限公司　　评估基准日：2020 年 12 月 31 日　　金额单位：元

编号	科目名称	账面价值	调整后账面值	评估价值	增值额	增值率/%
4-1	可供出售金融资产	512 213.00	512 213.00	568 181.82	55 968.82	10.93
4-2	持有至到期投资	300 000.00	330 000.00	334 347.00	4 347.00	1.32
4-3	长期投资——其他投资	2 745 787.00	2 745 787.00	2 883 076.35	137 289.35	5.00
	长期投资合计	3 558 000.00	3 588 000.00	3 785 605.17	197 605.17	5.51
11-4	减：长期投资减值准备					
4	长期投资净额	3 558 000.00	3 588 000.00	3 785 605.17	197 605.17	5.51

资产占有单位填表人：杨卫红　　评估机构：华夏资产评估有限公司

填表日期：2021 年 1 月 15 日　　评估人员：李公平、徐阳

附表 4-1　可供出售金融资产清查评估明细表

资产占有单位：光华电器科技有限公司　　评估基准日：2020 年 12 月 31 日　　金额单位：元

序号	被投资单位名称	股票性质	投资日期	持股数量	持股比例	基准日市价	账面价值	调整后账面值	评估价值	增值率/%	备注
	远大集团股份有限公司	非上市股票	2019-3-1	250 000	5%		512 213.00	512 213.00	568 181.82	10.93	初始投资额 524 213 元
小　计							512 213.00	512 213.00	568 181.82	10.93	
合　计							512 213.00	512 213.00	568 181.82	10.93	

资产占有单位填表人：杨卫红　　评估机构：华夏资产评估有限公司

填表日期：2021 年 1 月 15 日　　评估人员：李公平、徐阳

附表 4-2　持有至到期投资清查评估明细表

资产占有单位：光华电器科技有限公司　　评估基准日：2020 年 12 月 31 日　　金额单位：元

序号	被投资单位名称	债券种类	发行日期	到期日	票面利率	账面价值	调整后账面值	评估价值	增值率/%	备注
	方正集团股份有限公司	到期还本付息债券	2019-12-31	2022-12-31	10.000%	300 000.00	330 000.00	334 347.00	1.32	单利计息
小　计						300 000.00	330 000.00	334 347.00	1.32	
合　计						300 000.00	330 000.00	334 347.00	1.32	

资产占有单位填表人：杨卫红　　评估机构：华夏资产评估有限公司

填表日期：2021 年 1 月 15 日　　评估人员：李公平、徐阳

附表 4-3　长期投资——其他投资清查评估明细表

资产占有单位：光华电器科技有限公司　　评估基准日：2020 年 12 月 31 日　　金额单位：元

序号	被投资单位名称	投资日期	协议投资期限	投资比例	账面价值	调整后账面值	评估价值	增值率/%	备注
	通达高科技有限责任公司	2017 年 7 月		80%	2 745 787.00	2 745 787.00	2 883 076.35	5.00	初始投资额 200 万元
小　计					2 745 787.00	2 745 787.00	2 883 076.35	5.00	
合　计					2 745 787.00	2 745 787.00	2 883 076.35	5.00	

资产占有单位填表人：杨卫红　　评估机构：华夏资产评估有限公司

填表日期：2021 年 1 月 15 日　　评估人员：李公平、徐阳

附表 5　固定资产清查评估汇总表

资产占有单位：光华电器科技有限公司　　评估基准日：2020 年 12 月 31 日　　金额单位：元

编号	科目名称	账面价值		调整后账面值		评估价值		增值额		增值率/%	
		原值	净值	原值	净值	原值	净值	原值	净值	原值	净值
5-1	建筑物类合计	7 464 259. 00	6 565 635. 14	7 464 259. 00	6 565 635. 14	9 618 175. 75	7 658 135. 98	2 153 916. 75	1 092 500. 84	28. 86	16. 64
5-1-1	固定资产——建筑物	7 464 259. 00	6 565 635. 14	7 464 259. 00	6 565 635. 14	9 618 175. 75	7 658 135. 98	2 153 916. 75	1 092 500. 84	28. 86	16. 64
5-1-2	固定资产——构筑物及其他辅助设施										
5-1-3	固定资产——管道及沟槽										
5-2	设备类合计	6 362 700. 00	4 901 829. 00	6 362 700. 00	4 689 379. 00	5 842 868. 00	4 793 587. 70	-519 832. 00	104 208. 70	-8. 17	2. 22
5-2-1	固定资产——机器设备	5 033 200. 00	3 887 829. 00	5 033 200. 00	3 887 829. 00	4 585 468. 00	3 806 937. 70	-447 732. 00	-80 891. 30	-8. 90	-2. 08
5-2-2	固定资产——车辆	1 329 500. 00	1 014 000. 00	1 329 500. 00	801 550. 00	1 257 400. 00	986 650. 00	-72 100. 00	185 100. 00	-5. 42	23. 09
5-2-3	固定资产——电子设备										
5-4	工程物资										
5-5	在建工程合计	265 000. 00	265 000. 00	265 000. 00	265 000. 00	265 000. 00	265 000. 00				
5-5-1	在建工程——土建工程	265 000. 00	265 000. 00	265 000. 00	265 000. 00	265 000. 00	265 000. 00				
5-5-2	在建工程——设备安装工程										
5-6	固定资产清理										
5-7	待处理固定资产净损失										
11-5	减：固定资产减值准备										
11-6	在建工程减值准备										
5	固定资产合计	14 091 959. 00	11 732 464. 14	14 091 959. 00	11 520 014. 14	15 726 043. 75	12 716 723. 68	1 634 084. 75	1 196 709. 54	11. 60	10. 39

资产占有单位填表人：许林立　　评估机构：华夏资产评估有限公司

填表日期：2021 年 1 月 15 日　　评估人员：陈有志、高天

附表 5-1-1 固定资产——建筑物清查评估明细表

资产占有单位：光华电器科技有限公司　　评估基准日：2020 年 12 月 31 日　　金额单位：元

序号	权证号码	建筑物名称	结构	建成年月	建筑面积/m^2	成本单价/（元·m^{-2}）	账面价值		调整后账面值		评估价值			增值额		增值率/%	评估单价/（元·m^{-2}）
							原值	净值	原值	净值	原值	成新率	净值	原值	净值		
1	第 100111	车间	框架	2013. 12	6 082. 3	437. 90	2 663 421. 00	2 290 542. 06	2 663 421. 00	2 290 542. 06	3 364 795. 00	75%	2 523 596. 25	701 374. 00	233 054. 19	10. 17	553. 21
2	第 100112	仓库	砖混	2013. 12	2 304. 85	405. 96	935 685. 00	804 689. 10	935 685. 00	804 689. 10	1 182 053. 00	75%	886 539. 75	246 368. 00	81 850. 65	10. 17	512. 85
3	第 100113	综合楼	砖混	2013. 12	2 487. 05	420. 84	1 046 653. 00	900 121. 58	1 046 653. 00	900 121. 58	1 289 111. 00	78%	1 005 506. 58	242 458. 00	105 385. 00	11. 71	518. 33
4	第 111468	宿舍	砖混	2014. 12	3 233. 85	409. 58	1 324 530. 00	1 165 586. 40	1 324 530. 00	1 165 586. 40	1 642 663. 00	80%	1 314 130. 40	318 133. 00	148 544. 00	12. 74	507. 96
5	第 160511	商品住宅	框架	2019. 10	240	4 850. 00	1 164 000. 00	1 140 720. 00	1 164 000. 00	1 140 720. 00	1 354 500. 00	96%	1 300 320. 00	190 500. 00	159 600. 00	13. 99	5 643. 75
6	第 074720	商业铺面	砖混	2010. 9	109. 99	3 000. 00	329 970. 00	263 976. 00	329 970. 00	263 976. 00	785 053. 75	80%	628 043. 00	455 083. 75	364 067. 00	137. 92	7 137. 50
小计							7 464 259. 00	6 565 635. 14	7 464 259. 00	6 565 635. 14	9 618 175. 75		7 658 135. 98	2 153 916. 75	1 092 500. 84	16. 64	
合计							7 464 259. 00	6 565 635. 14	7 464 259. 00	6 565 635. 14	9 618 175. 75		7 658 135. 98	2 153 916. 75	1 092 500. 84	16. 64	

资产占有单位填表人：许林立　　评估机构：华夏资产评估有限公司

填表日期：2021 年 1 月 15 日　　评估人员：陈有志、高天

附表 5-2-1　固定资产——机器设备清查评估明细表

资产占有单位：光华电器科技有限公司　　评估基准日：2020 年 12 月 31 日　　金额单位：元

序号	设备编号	设备名称	规格型号	生产厂家	数量	单位	购置日期	启用日期	账面价值		调整后账面值		评估价值			增值率/%	备注
									原值	净值	原值	净值	原值	成新率	净值		
1	A	通用轻型设备	GL-560	济南通用机械厂	1	台	2013. 6	2013. 6	26 000. 00	15 600. 00	26 000. 00	15 600. 00	23 400. 00	50%	11 700. 00	-25. 00	
2	B	特种设备	SK-389	美国 NCA 公司	1	台	2015. 12	2015. 12	1 949 600. 00	1 267 240. 00	1 949 600. 00	1 267 240. 00	1 461 944. 00	80%	1 169 555. 20	-7. 71	
3	C	加工设备	MJK2-20	自制	1	台	2017. 1	2017. 1	45 000. 00	27 000. 00	45 000. 00	27 000. 00	66 204. 00	40%	26 481. 60	-1. 92	
4	D	调试设备	TRA888	绵阳五丰仪器厂	1	台	2010. 11	2010. 11	41 300. 00	10 430. 00	41 300. 00	10 430. 00	40 667. 00	30%	12 200. 10	16. 97	
5	E	装配生产线	FY-2-H65	君威成套设备公司	1	套	2020. 11	2020. 11	1 489 300. 00	1 489 300. 00	1 489 300. 00	1 489 300. 00	1 570 000. 00	100%	1 570 000. 00	5. 42	
6	F	脉冲老化线	PH-2-TY-5	精钻电子设备厂	1	套	2016. 4	2016. 4	853 000. 00	625 500. 00	853 000. 00	625 500. 00	837 400. 00	70%	586 180. 00	-6. 29	
7	G	多刀切片机	G5010	海门机床厂	1	台	2018. 3	2018. 3	32 600. 00	27 160. 00	32 600. 00	27 160. 00	35 800. 00	80%	28 640. 00	5. 45	
8	H	剪板机	Q11—4 000A	江海机床厂	1	台	2018. 3	2018. 3	49 880. 00	37 410. 00	49 880. 00	37 410. 00	40 275. 00	80%	32 220. 00	-13. 87	
9	I	数控立式铣床	XKA5032A	重庆光华机床厂	1	台	2014. 2	2014. 2	82 000. 00	58 083. 00	82 000. 00	58 083. 00	88 198. 00	60%	52 918. 80	-8. 89	
10	J	蒸汽锅炉	DZL4-1. 27A Ⅱ	无锡工业锅炉厂	1	台	2018. 6	2018. 6	215 800. 00	161 850. 00	215 800. 00	161 850. 00	218 600. 00	80%	174 880. 00	8. 05	
11		台式计算机	飞月 888	联想计算机公司	10	台	2018. 6	2018. 6	65 000. 00	32 500. 00	65 000. 00	32 500. 00	50 000. 00	50%	25 000. 00	-23. 08	
12		笔记本电脑	IBM-R40	美国商用机器公司	5	台	2018. 8	2018. 8	67 500. 00	33 750. 00	67 500. 00	33 750. 00	45 000. 00	50%	22 500. 00	-33. 33	
13		美的空调	KFR-50GW	美的空调设备公司	6	台	2019. 1	2019. 1	25 920. 00	20 736. 00	25 920. 00	20 736. 00	25 200. 00	80%	20 160. 00	-2. 78	
14		电路故障测试仪	ICT-8080P	北京无线电仪器厂	1	台	2019. 10	2019. 10	61 000. 00	54 900. 00	61 000. 00	54 900. 00	55 780. 00	90%	50 202. 00	-8. 56	
15		电力谐波分析仪	I61805	美国理想工业公司	1	台	2019. 10	2019. 10	29 300. 00	26 370. 00	29 300. 00	26 370. 00	27 000. 00	90%	24 300. 00	-7. 85	
小计									5 033 200. 00	3 887 829. 00	5 033 200. 00	3 887 829. 00	4 585 468. 00		3 806 937. 70	-2. 08	
合计									5 033 200. 00	3 887 829. 00	5 033 200. 00	3 887 829. 00	4 585 468. 00		3 806 937. 70	-2. 08	

资产占有单位填表人：许林立　　评估机构：华夏资产评估有限公司

填表日期：2021 年 1 月 15 日　　评估人员：陈有志、高天

附表 5-2-2　固定资产——车辆清查评估明细表

资产占有单位：光华电器科技有限公司　　　　评估基准日：2020 年 12 月 31 日　　　　金额单位：元

序号	车辆牌号	车辆名称及规格型号	生产厂家	数量	单位	购置日期	启用日期	已行驶里程/千米	账面价值		调整后账面值		评估价值			增值率/%	备注
									原值	净值	原值	净值	原值	成新率	净值		
1	×A12345	帝威轿车	××××汽车公司	1	辆	2016	2016	100 000	910 500.00	667 700.00	910 500.00	455 250.00	869 400.00	75%	652 050.00	43.23	
2	×A32456	豪骑轿车	××××汽车公司	1	辆	2017	2017	32 000	154 000.00	107 800.00	154 000.00	107 800.00	146.000.00	80%	116 800.00	8.35	
3	×A52311	长富旅行车	××××汽车公司	2	辆	2019	2019	21 000	265 000.00	238 500.00	265 000.00	238 500.00	242 000.00	90%	217 800.00	-8.68	
小　计									1 329 500.00	1 014 000.00	1 329 500.00	801 550.00	1 257 400.00		986 650.00	23.09	
合　计									1 329 500.00	1 014 000.00	1 329 500.00	801 550.00	1 257 400.00		986 650.00	23.09	

资产占有单位填表人：许林立　　　　评估机构：华夏资产评估有限公司

填表日期：2021 年 1 月 15 日　　　　评估人员：陈有志、高天

附表 5-3-12　无形资产——土地清查评估明细表

资产占有单位：光华电器科技有限公司　　　　评估基准日：2020 年 12 月 31 日　　　　金额单位：元

序号	土地权证编号	土地位置	取得日期	用地性质	准用年限	开发程度	面积/m^2	原始入账价值	账面价值	调整后账面值	评估价值	增值率/%	备注
1	第 101234 号	××××工业开发区	2013. 12	出让（工业）	50	六通一平	10 041. 00	610 000. 00	512 400. 00	524 600. 00	864 831. 33	64. 86	
小　计								610 000. 00	512 400. 00	524 600. 00	864 831. 33	64. 86	
合　计								610 000. 00	512 400. 00	524 600. 00	864 831. 33	64. 86	

资产占有单位填表人：许林立　　　　评估机构：华夏资产评估有限公司
填表日期：2021 年 1 月 15 日　　　　评估人员：陈有志、高天

附表 5-5-1　在建工程——土建工程清查评估明细表

资产占有单位：光华电器科技有限公司　　评估基准日：2020 年 12 月 31 日　　金额单位：元

序号	项目名称	开工日期	预计完工日期	形象进度	付款比例	账面价值	调整后账面值	评估价值	增值率/%	备注
	停车场及车棚改建	2020. 10	2021. 3			265 000. 00	265 000. 00	265 000. 00	0. 00	
小　计						265 000. 00	265 000. 00	265 000. 00	0. 00	
合　计						265 000. 00	265 000. 00	265 000. 00	0. 00	

资产占有单位填表人：许林立　　评估机构：华夏资产评估有限公司

填表日期：2021 年 1 月 15 日　　评估人员：陈有志、高天

附表 6-2　无形资产——其他无形资产清查评估明细表

资产占有单位：光华电器科技有限公司　　评估基准日：2020 年 12 月 31 日　　金额单位：元

序号	内容或名称	取得日期	法定/预计使用年限	原始入账价值	账面价值	调整后账面值	尚可使用年限	评估价值	增值率/%	备注
1	专利技术 A	2016-1	20	800 000. 00	600 000. 00	600 000. 00	15	2 200 000. 00	266. 67	转让取得
2	专有技术	2018					10	1 120 000. 00		自行开发
小　计					600 000. 00	600 000. 00		3 320 000. 00	453. 33	
合　计					600 000. 00	600 000. 00		3 320 000. 00	453. 33	

资产占有单位填表人：吴琼兰　　评估机构：华夏资产评估有限公司

填表日期：2021 年 1 月 15 日　　评估人员：郭书卫、高天

附表 7-2　长期待摊费用清查评估明细表

资产占有单位：光华电器科技有限公司　　　评估基准日：2020 年 12 月 31 日　　　金额单位：元

序号	费用名称或内容	形成日期	原始发生额	预计摊销月数	账面价值	调整后账面值	尚存受益月数	评估价值	增值率/%	备注
1	企业筹建相关费用	2010-8	52 000.00		52 000.00	0.00		0.00		
2	固定资产大修理	2018-12	146 200.00	60	87 720.00	87 720.00		0.00	-100.00	月摊销额 2 436.67，已在设备评估时考虑修理状况
3	办公楼装修	2016-6	150 000.00	60	30 000.00	15 000.00		0.00	-100.00	月摊销额 2 500，已在办公楼评估时考虑装修因素
小　计					169 720.00	102 720.00		0.00	-100.00	
合　计					169 720.00	102 720.00		0.00	-100.00	

资产占有单位填表人：孙小莉　　　评估机构：华夏资产评估有限公司

填表日期：2021 年 1 月 15 日　　　评估人员：李公平、魏可

附表 9　流动负债清查评估汇总表

资产占有单位：光华电器科技有限公司　　评估基准日：2020 年 12 月 31 日　　金额单位：元

编号	科目名称	账面价值	调整后账面值	评估价值	增值额	增值率/%
9-1	短期借款	5 000 000.00	5 000 000.00	5 000 000.00		
9-2	应付票据					
9-3	应付账款	1 057 213.82	1 096 302.82	1 096 302.82		
9-4	预收账款	653 272.83	746 872.83	746 872.83		
9-5	其他应付款	728 936.00	1 781 616.00	1 781 616.00		
9-6	应付职工薪酬——工资	139 135.50	139 135.50	139 135.50		
9-7	应付职工薪酬——职工福利费	254 896.35	254 896.35	254 896.35		
9-8	应交税费	369 742.93	369 742.93	369 742.93		
9-9	应付利润（应付股利）					
9-10	其他未交款					
9-11	预计负债					
9-12	一年内到期的非流动负债					
9-13	其他流动负债					
9	流动负债合计	8 203 197.43	9 388 566.43	9 388 566.43		

资产占有单位填表人：郑春风　　评估机构：华夏资产评估有限公司

填表日期：2021 年 1 月 15 日　　评估人员：李公平、魏可

附表 9-1　短期借款清查评估明细表

资产占有单位：光华电器科技有限公司　　评估基准日：2020 年 12 月 31 日　　金额单位：元

序号	放款银行或机构名称	发生日期	到期日	月利率	币种	外币金额	账面价值	调整后账面值	外币基准日汇率	评估价值	备注
1	市建一支行	2020. 8. 20	2021. 2. 20	0. 595%	人民币		2 000 000. 00	2 000 000. 00		2 000 000. 00	
2	中行经纬支行	2019. 12. 30	2020. 12. 30	0. 625%	人民币		3 000 000. 00	3 000 000. 00		3 000 000. 00	已获准贷款展期
小　计							5 000 000. 00	5 000 000. 00		5 000 000. 00	
合　计							5 000 000. 00	5 000 000. 00		5 000 000. 00	

资产占有单位填表人：郑春风　　评估机构：华夏资产评估有限公司

填表日期：2021 年 1 月 15 日　　评估人员：李公平、魏可

附表 9-3　应付账款清查评估明细表

资产占有单位：光华电器科技有限公司　　评估基准日：2020 年 12 月 31 日　　金额单位：元

序号	户名（结算对象）	发生日期	业务内容	账面价值	调整后账面值	评估价值	备注
1	宇杰科技材料公司	2020-12	材料款	33 700.00	33 700.00	33 700.00	
2	春风有机化工厂	2020-5	材料款	1 872.80	1 872.80	1 872.80	
3	创维金刚石制品有限公司	2020-6	材料款	18 560.00	18 560.00	18 560.00	
4	讯捷运输公司	2020-10	运费	12 688.62	12 688.62	12 688.62	
5	西北有色金属材料厂	2020-12	材料款	12 709.90	12 709.90	12 709.90	
6	红光机器设备制造厂	2020-6	设备款	105 600.00	105 600.00	105 600.00	
7	科迪普信公司	2018-3	设备款	358.00	0.00	0.00	结算尾款，长期挂账未清理
8	通达化工厂	2020-9	材料款	-25 247.00	0.00	0.00	调整到应收账款
9	永胜商贸中心	2020-4	材料款	5 996.90	5 996.90	5 996.90	
10	大宇电子元器件公司	2020-10	材料款	384 000.00	384 000.00	384 000.00	
11	先锋新材有限责任公司	2019-1	材料款	11 222.00	11 222.00	11 222.00	
12	信成经贸有限公司	2020-11	材料款	370 862.60	370 862.60	370 862.60	
13	暂估材料	2020-12	材料款	124 890.00	129 090.00	129 090.00	因调整原材料“红字”对应调增 4 200 元
14	晶鑫电子有限公司				10 000.00	10 000.00	由预付账款贷方余额调整而来
小　计				1 057 213.82	1 096 302.82	1 096 302.82	
合　计				1 057 213.82	1 096 302.82	1 096 302.82	

资产占有单位填表人：郑春风　　评估机构：华夏资产评估有限公司

填表日期：2021 年 1 月 15 日　　评估人员：李公平、魏可

附表 9-4 预收账款清查评估明细表

资产占有单位：光华电器科技有限公司　　评估基准日：2020 年 12 月 31 日　　金额单位：元

序号	户名（结算对象）	发生日期	业务内容	账面价值	调整后账面值	评估价值	备注
1	浦西电子材料有限公司	2020-11	货款	56 000.00	56 000.00	56 000.00	
2	东方航空机械有限责任公司	2020-12	货款	16 487.00	16 487.00	16 487.00	
3	南峰精密机械公司	2020-9	货款	-8 000.00	0.00	0.00	调整到应收账款
4	省半导体研究所	2020-9	货款	19 878.00	19 878.00	19 878.00	
5	锦江电子设备公司	2020-6	货款	158 999.53	158 999.53	158 999.53	
6	宏明商贸公司	2020-12	货款	160 000.00	160 000.00	160 000.00	
7	瑞达高科技有限责任公司	2020-12	货款	186 654.00	186 654.00	186 654.00	
8	多彩宝石元件厂	2020-10	货款	63 254.30	63 254.30	63 254.30	
9	山峰电子公司				5 600.00	5 600.00	由应收账款贷方余额调整而来
10	津南航空实业公司				80 000.00	80 000.00	由应收账款贷方余额调整而来
小　计				653 272.83	746 872.83	746 872.83	
合　计				653 272.83	746 872.83	746 872.83	

资产占有单位填表人：郑春风　　评估机构：华夏资产评估有限公司

填表日期：2021 年 1 月 15 日　　评估人员：李公平、魏可

附表 9-5　其他应付款清查评估明细表

资产占有单位：光华电器科技有限公司　　评估基准日：2020 年 12 月 31 日　　金额单位：元

序号	户名（结算对象）	发生日期	业务内容	账面价值	调整后账面值	评估价值	备注
1	朱海森		公司周转借款	11 500.00	11 500.00	11 500.00	
2	邓林错		公司周转借款	150 000.00	150 000.00	150 000.00	
3	工会经费			16 122.18	16 122.18	16 122.18	
4	教育经费			39 783.27	39 783.27	39 783.27	
5	社保个人部分			−1 869.45	−1 869.45	−1 869.45	
6	工作服押金		押金	25 000.00	25 000.00	25 000.00	
7	市建一公司修缮队	2020-6	厂房维修金	165 400.00	165 400.00	165 400.00	
8	天地房产开发公司	2020-10-10	房产转让费	−1 050 000.00	0.00	0.00	调整到其他应收款
9	方正咨询服务公司	2020-9	咨询费	23 000.00	23 000.00	23 000.00	
10	东方红电气集团公司	2020-10	公司周转借款	1 350 000.00	1 350 000.00	1 350 000.00	
11	郑国宝				1 680.00	1 680.00	由其他应收款贷方余额调整而来
12	双新技术开发公司				1 000.00	1 000.00	由其他应收款贷方余额调整而来
小　计				728 936.00	1 781 616.00	1 781 616.00	
合　计				728 936.00	1 781 616.00	1 781 616.00	

资产占有单位填表人：郑春风　　评估机构：华夏资产评估有限公司
填表日期：2021 年 1 月 15 日　　评估人员：李公平、魏可

附表 9-6　应付职工薪酬——工资清查评估明细表

资产占有单位：光华电器科技有限公司　　评估基准日：2020 年 12 月 31 日　　金额单位：元

序号	部门或内容	发生日期	账面价值	调整后账面值	评估价值	备注
	工资、津贴、奖金等	2020-12	139 135.50	139 135.50	139 135.50	
小　计			139 135.50	139 135.50	139 135.50	
合　计			139 135.50	139 135.50	139 135.50	

资产占有单位填表人：郑春风　　评估机构：华夏资产评估有限公司
填表日期：2021 年 1 月 15 日　　评估人员：李公平、魏可

附表 9-7　应付职工薪酬——职工福利费清查评估明细表

资产占有单位：光华电器科技有限公司　　评估基准日：2020 年 12 月 31 日　　金额单位：元

序号	部门或内容	发生日期	账面价值	调整后账面值	评估价值	备注
	应付福利费结存数		254 896. 35	254 896. 35	254 896. 35	
小　　计			254 896. 35	254 896. 35	254 896. 35	
合　　计			254 896. 35	254 896. 35	254 896. 35	

资产占有单位填表人：郑春风　　评估机构：华夏资产评估有限公司

填表日期：2021 年 1 月 15 日　　评估人员：李公平、魏可

附表 9-8　应交税费清查评估明细表

资产占有单位：光华电器科技有限公司　　评估基准日：2020 年 12 月 31 日　　金额单位：元

序号	部门或内容	发生日期	税种	账面价值	调整后账面值	评估价值	备注
1	市国家税务局	2020-12	增值税	-175 268.00	-175 268.00	-175 268.00	
2	市地方税务局	2020-11	营业税	52 500.00	52 500.00	52 500.00	
3	市地方税务局	2020-12	企业所得税	489 865.33	489 865.33	489 865.33	
4	市地方税务局	2020-12	个人所得税	2 645.60	2 645.60	2 645.60	
小　计				369 742.93	369 742.93	369 742.93	
合　计				369 742.93	369 742.93	369 742.93	

资产占有单位填表人：郑春风　　评估机构：华夏资产评估有限公司

填表日期：2021 年 1 月 15 日　　评估人员：李公平、魏可

附表 10　长期负债清查评估汇总表

资产占有单位：光华电器科技有限公司　　评估基准日：2020 年 12 月 31 日　　金额单位：元

序号	科目名称	账面价值	调整后账面值	评估价值	增值额	增值率/%
10-1	长期借款	4 000 000.00	4 377 280.00	4 377 280.00		
10-2	应付债券					
10-3	长期应付款					
10-4	专项应付款					
10-5	其他非流动负债					
10-6	递延所得税负债					
10	长期负债合计	4 000 000.00	4 377 280.00	4 377 280.00		

资产占有单位填表人：郑春风　　评估机构：华夏资产评估有限公司

填表日期：2021 年 1 月 15 日　　评估人员：李公平、魏可

附表 10-1　**长期借款清查评估明细表**

资产占有单位：光华电器科技有限公司　　评估基准日：2020 年 12 月 31 日　　金额单位：元

序号	放款银行或机构名称	发生日期	到期日	月利率	币种	外币金额	账面价值	调整后账面值	外币基准日汇率	评估价值	备注
	中行经纬支行	2019. 12. 28	2021. 12. 28	0. 786%	人民币		4 000 000. 00	4 377 280. 00		4 377 280. 00	
小　计							4 000 000. 00	4 377 280. 00		4 377 280. 00	
小　计							4 000 000. 00	4 377 280. 00		4 377 280. 00	

资产占有单位填表人：郑春风　　评估机构：华夏资产评估有限公司

填表日期：2021 年 1 月 15 日　　评估人员：李公平、魏可

附录二　资产评估管理法规与行业管理文件目录汇编

1.《中华人民共和国城市房地产管理法》，中华人民共和国主席令〔1994〕第29号。

2.《土地估价报告规范格式》，国家土地管理局国土（籍）字〔1996〕第180号。

3.《关于企业资产评估等有关会计处理的通知》，财政部财会字〔1997〕第72号。

4.《中华人民共和国土地管理法》，中华人民共和国主席令〔1998〕第28号。

5.《中华人民共和国国家标准房地产估价规范》（GB/T50291-1999）。

6.《城镇土地分等定级规程》（GB/T18507-2001）。

7.《城镇土地估价规程》（GB/T18508-2001）。

8.《企业国有资产监督管理暂行条例》，国务院〔2003〕第378号令。

9.《城市房屋拆迁估价指导意见》，建设部建住房〔2003〕第234号。

10.《国有企业清产核资办法》，国资委〔2003〕第1号令。

11.《国有企业清产核资经济鉴证工作规则》，国资委，2003。

12.《房地产抵押估价指导意见》，建设部建住房〔2006〕第8号。

13.《中国资产评估协会会员管理办法》，中评协〔2006〕第19号。

14.《国有土地上房屋征收与补偿条例》，国务院〔2011〕第590号令。

15.《房地产估价基本术语标准》（GB/T 50899-2013）。

16.《房地产估价规范》（GB/T 50291-2015）。

17.《文化企业无形资产评估指导意见》，中评协〔2016〕第14号。

18.《中华人民共和国资产评估法》，中华人民共和国主席令〔2016〕第46号。

19.《资产评估行业财政监督管理办法》，中华人民共和国财政部令第86号，2017。

20.《资产评估职业道德准则》，中评协〔2017〕第30号。

21.《资产评估执业准则——资产评估程序》，中评协〔2018〕第36号。

22.《资产评估执业准则——资产评估报告》，中评协〔2018〕第35号。

23.《资产评估执业准则——资产评估委托合同》，中评协〔2017〕第33号。

24.《资产评估执业准则——资产评估档案》，中评协〔2018〕第37号。

25.《资产评估执业准则——利用专家工作及相关报告》，中评协〔2017〕第35号。

26.《资产评估准则——企业价值》，中评协〔2018〕第38号。

27.《资产评估准则——无形资产》，中评协〔2017〕第37号。

28.《资产评估准则——不动产》，中评协〔2017〕第38号。

29.《资产评估执业准则——机器设备》，中评协〔2017〕第39号。

30.《资产评估执业准则——珠宝首饰》，中评协〔2017〕第 40 号。

31.《资产评估执业准则——森林资源资产》，中评协〔2017〕第 41 号。

32.《企业国有资产评估报告指南》，中评协〔2017〕第 42 号。

33.《资产评估基本准则》，财资〔2017〕第 43 号

34.《金融企业国有资产评估报告指南》，中评协〔2017〕第 43 号。

35.《知识产权资产评估指南》，中评协〔2017〕第 44 号。

36.《以财务报告为目的的评估指南》，中评协〔2017〕第 45 号。

37.《资产评估机构业务质量控制指南》，中评协〔2017〕第 46 号。

38.《资产评估价值类型指导意见》，中评协〔2017〕第 47 号。

39.《资产评估对象法律权属指导意见》，中评协〔2017〕第 48 号。

40.《专利资产评估指导意见》，中评协〔2017〕第 49 号。

41.《著作权资产评估指导意见》，中评协〔2017〕第 50 号。

42.《商标资产评估指导意见》，中评协〔2017〕第 51 号。

43.《金融不良资产评估指导意见》，中评协〔2017〕第 52 号。

44.《投资性房地产评估指导意见》，中评协〔2017〕第 53 号。

45.《实物期权评估指导意见》，中评协〔2017〕第 54 号。

46.《国有建设用地使用权出让地价评估技术规范》，国土资厅发〔2018〕第 4 号。

47.《人民法院委托司法执行财产处置资产评估指导意见》，中评协〔2019〕第 14 号。

48.《资产评估执业准则——资产评估方法》，中评协〔2019〕第 35 号。

49.《珠宝首饰评估程序指导意见》，中评协〔2019〕第 36 号。

50.《PPP 项目资产评估及相关咨询业务操作指引》，中评协〔2016〕第 38 号。

51.《最高人民法院关于人民法院确定财产处置参考价若干问题的规定》，最高人民法院法释〔2018〕第 15 号。

52.《人民法院委托评估工作规范》，法办〔2018〕第 273 号。